J. E. Wessely

Iconographie Gottes und der Heiligen

J. E. Wessely

Iconographie Gottes und der Heiligen

ISBN/EAN: 9783743333598

Hergestellt in Europa, USA, Kanada, Australien, Japan

Cover: Foto ©Lupo / pixelio.de

Manufactured and distributed by brebook publishing software
(www.brebook.com)

J. E. Wessely

Iconographie Gottes und der Heiligen

ICONOGRAPHIE

GOTTES UND DER HEILIGEN.

VON

J. E. WESSELY.

LEIPZIG,

T. O. WEIGEL.

1874.

Inhalt.

ICONOGRAPHIE

GOTTES

und der

HEILIGEN.

Einleitung.

ahlreich und mannigfaltig sind die Quellen, aus denen der Historiker schöpft, wenn er sich bemüht, ein getreues Bild vergangener Zeiten und Geschlechter zu entwerfen. Wir wollen nicht einzeln diese Quellen anführen, müssen aber um unseres Gegenstandes willen eine hervorheben: es ist die reiche Literatur der Heiligen-Legenden, die besonders zur Kenntniss des Mittelalters einen reichen, noch immer nicht erschöpften Stoff liefert. Wer nur einigermassen in diesem Quellengebiet sich umgesehen hat, wird zugeben, dass in dem unscheinbaren, oft verächtlich abgeurtheilten reichen Materiale die kostbarsten Darstellungen des religiösen wie socialen Lebens enthalten sind. In diesen Legenden spiegelt sich eine ganze Menschenwelt ab: sie sind der Barometer des herrschenden Zeitgeistes und wie dieser sich nach Ort und Zeit änderte, nehmen auch die Heiligen und ihre Legenden verschiedene Formen an. Es wiederholt sich hier fortwährend die grosse psychologische Wahrheit: „Sage mir, wie dein Gott und deine Heiligen aussehen, ich sage dir, wer und wie du bist."

Die Legende der Heiligen, wie sie in unzähligen katholischen Büchern eingetragen erscheint, blieb aber nicht ein todter Buchstabe. Wie die derselben inwohnende Idee auf die Handlungsweise des Lesenden hinwirken sollte, so nahm diese, vermöge der historischen Form der Legende, auch äussere Gestalt an, ja sie drängte naturgemäss zur bildlichen Darstellung hin. Nehmen wir hinzu die historische Wahrheit, dass gerade im Mittelalter die Kunst in den innigsten Beziehungen zur Religion stand, so wird es Niemanden befremden, in jener Zeit einer reichen Fülle von bildlichen Darstellungen der Heiligen zu begegnen. Was und wie der Glaube dictirte, so kleidete es die Kunst in sinnlich wahrnehmbare Formen ein.

Die Darstellungen der Heiligen, sei es mittelst Meissel, Pinsel oder Grabstichel, sind, wie alle historischen Bilder (im weitesten Sinne des Wortes) zweifach. Entweder handelt es sich um die Darstellung einer Begebenheit aus dem Leben des Heiligen (historische Darstellung im eigentlichen Sinne) oder um die Darstellung des Heiligen überhaupt, ohne alle Handlung, als einzelne Person (Andachtsbild, gewissermassen Portrait). So kann man in der profanen Geschichte etwa einen Diogenes darstellen, entweder historisch, wie er den Alexander bei seiner Tonne empfängt, oder etwa als Brustbild oder alleinstehende Figur, den Holzbecher wegwerfend. So ist, um ein Beispiel anzuführen, das Bild des Procaccino im Dome zu Mailand, welches uns die an die Säule gebundene h. Apollonia zeigt, wie ihr ein Scherge

die Zähne ausreisst, eine historische Darstellung, der Stich von Marc
Anton, der dieselbe Heilige als Einzelfigur, eine Zange mit dem Zahn
haltend, vorstellt, ein Andachtsbild.

Es ist uns in beiderlei Arten ein solcher Reichthum von bildlichen
Darstellungen der Heiligen übermittelt worden, dass der Kunstforscher
Mühe hat, den gebotenen Stoff auch nur in allgemeinen Umrissen zu
überwältigen. Was den künstlerischen Werth des Gebotenen anbelangt,
so ist dieser natürlich sehr verschieden; derselbe Heilige bietet oft in
dieser Hinsicht eine ganze Scala der Kunstfertigkeit dar, vom rohem
Holzschnitt oder Steindruck, der etwa für das fromme Landvolk an irgend
einem Wallfahrtsorte bestimmt war, bis zur Perle der Kunst, wie etwa
Raphaels Madonna Sixtina zu Dresden oder Correggio's Vermählung der
h. Catharina im Louvre. Kann man wohl welche immer der zahlreichen
europäischen öffentlichen oder privaten Galerien durchwandern, ohne
jeden Schritt auf ein Bild zu stossen, welches der von uns geschilderten
Gattung angehört? Welcher Reichthum von Holzschnitten Kupferstichen,
etc. liegt in den Mappen der Sammler und Kupferstich-Cabinete auf-
gespeichert, die gleichfalls Darstellungen der Heiligen zum Gegenstande
haben! Und in jeder katholischen Kirche wird man einem Kunstwerke
oder mehreren derselben (Statuen oder Bildern) begegnen, die in unser
Fach einschlagen.

Der Kunstwerth der Darstellung hat jedoch für uns hier nur eine
secundäre Bedeutung; uns handelt es sich darum, jede Heiligen-
darstellung gleich richtig zu erkennen und zu benennen.
Zum Verständniss der historischen Darstellung ist die Kenntniss der
Legende, zum Erkennen der einzelnen Heiligenfigur die Bedeutung des
sie begleitenden Attributs oder Symbols nothwendig. Die Legende theilt
uns den historischen Hergang der dargestellten Begebenheit aus dem
Leben des betreffenden Heiligen mit, das Attribut oder Symbol ist gleichsam das Monogramm, unter welchem der Name des Heiligen verborgen ist.

Wir müssen hier Einiges über Attribute und Symbole vorausschicken.
Nach dem Gesagten versteht es sich von selbst, dass wir hier nicht von
historischen Darstellungen, sondern von Andachtsbildern reden.

Als das Nycänische Concil eine bildliche Darstellung der Person
Christi zuliess, war die Schranke gefallen und vom symbolischen Zeichen
Fisch, Lamm etc., oder typischen Vorbilde (Christus unter der Gestalt
des Moses, Jonas, Simson etc.) ging man zu eigentlichen Christusbil-
dern über. Ein Uebergang zur freien Entwicklung der Kunst auf diesem
Gebiete waren die wunderbaren εἰκόνες ἀχειροποίηται, imagines non manu
factae. S. Seite 11.

Nach und nach traten die Bilder der Heiligen auf. Diese wurden
als Freunde Gottes, Helden und Beschützer der Christen aufgefasst.
Deshalb erscheinen sie wenn als einzelne Figuren), isolirt von der historischen Unterlage, in der Glorie, über alles Irdische, erhaben, gekrönt,
mit Palmen des Sieges in der Hand. Wie sollte man aber die einzelnen Heiligen von einander unterscheiden? In der ältesten Zeit behalf
man sich damit, den Namen des Heiligen irgendwo, meist in der Gloriole
anzubringen. Als Ausnahme begegnen wir diesem Gebrauche zuweilen
bis in die neueste Zeit. Später fügte man gewisse Zeichen hinzu, die
einen Heiligen vom anderen unterscheiden und dem Eingeweihten den

Namen des Dargestellten verrathen. Solcher Zeichen gibt es zweierlei,
Attribute oder Symbole. Attribute sind reale (historische),
Symbole dagegen ideale Zeichen. Die ersteren sind dem Leben,
dem weltlichen Stande, einer prägnanten Begebenheit oder der Todesart
(bei Martyrern) eines Heiligen entnommen. Ein Beispiel wird das Ge-
sagte deutlich machen. Die h. Catharina von Alexandrien soll gerädert werden, aber das Rad zerbricht während der Execution mit solcher
Gewalt, dass die Splitter die Schergen zu Boden werfen. (Wandgemälde
von Masaccio in S. Clemente zu Rom, oder Gemälde von P. Veronese
zu Florenz). Das ist die historische Begebenheit. Ihr ist das Attribut
für die Einzelfigur derselben Heiligen, ein zerbrochenes Rad, entnommen.
(Boucher-Desnoyers' Stich nach Raphael z. B.)

Symbole dagegen sind ideale Zeichen, sie drücken irgend eine religiöse Idee aus, oder beziehen sich auf irgend eine Tugend, durch
welche sich der betreffende Heilige besonders auszeichnete. So bedeutet
die Lilie die Unschuld (bei vielen Heiligen vorkommend), ein Pfeil die
innige Liebe zu Gott (bei der h. Catharina von Genua, der h. Theresia
etc.) Oft kommen bei den Heiligen verschiedene Thiere als Symbole
vor. Sie haben eine doppelte Bedeutung; einzelne Thierarten sind Symbole von Tugenden, welche die von ihnen begleiteten Heiligen zierten,
andere sind Symbole von Lastern, die die Heiligen überwunden haben.
Zu der ersteren Gattung gehören z. B. das Lamm (h. Agnes) als Symbol
der Sanftmuth, das Einhorn (h. Agatha, h. Justina) als Symbol der
Jungfräulichkeit etc.; zur zweiten Gattung die Schlange (h. Johannes
Evang.) als Symbol der Bosheit, des Giftes, oder das Schwein (h. Antonius) als Symbol der Unlauterkeit. Beide genannten letzteren Symbole haben noch eine weitere Bedeutung; Thiere, die als Symbole des
Lasters angesehen werden, bilden zugleich ein Substrat des Teufels, der
eine grosse Rolle in den Legenden spielt; einmal erscheint der Böse
in einer Thiermaske, das anderemal als verführerisches Mädchen; oft
auch in unverblümter abschreckender Gestalt. Für den Iconographen
ist der Teufel auf bildlichen Darstellungen auch nur ein Symbol — des
Bösen κατ' ἐξοχήν.

Ein Handbuch, welches dem Historiker (specifisch dem Kunstforscher) das Verständniss der Heiligendarstellungen zu vermitteln oder
auch nur zu erleichtern die Aufgabe hat, führt den Namen: Iconographie der Heiligen. Diesen Titel führt auch gegenwärtiges Werk;
es soll eine Iconographie Gottes und der Heiligen sein, d. h. in Form
eines Nachschlagewerkes die Symbolik Gottes und der Heiligen geben
und erklären.

Es existiren bereits Werke ähnlichen Inhalts, wie z. B. Iconographie
der Heiligen von Radowitz, 1834. — Christliche Kunstsymbolik, 1839. —
Die Heiligenbilder, von Alt. 1845, und ähnliche. Wozu also ein neues?
Ein oberflächlicher Vergleich dieses Buches mit den genannten Werken
wird den Unterschied, aber auch den Grund angeben, warum der Verfasser den ehrenvollen Auftrag T. O. Weigels, ein solches Werk zu ver-

fassen, mit Freude erfasst, und so weit menschliche Kräfte reichen, dasselbe praktisch zu machen sich bemüht hat.

Die genannten Werke sind gänzlich auf dem theoretischen Standpunkte stehen geblieben; nun aber galt es, nicht allein im Allgemeinen und oberflächlich zu sagen, dieser oder jener Heilige wird mit diesem oder jenem Symbole dargestellt, wir haben uns auch zum Zwecke gesetzt, so weit es uns möglich war, durch Anführung von Beispielen, also durch Citationen von Bildwerken das iconographische Merkmal zu erklären und zu beweisen. Erst so ist das Werk zu einer Iconographie geworden.

Husenbeth's Werkchen: Emblems of Saints, 1860, hat bereits in ähnlicher Weise einen Anflug genommen, es führt, wenn auch kurz und ohne Quellenangabe oder nähere Andeutung, ob Bild, Stich oder Statue gemeint sei, Künstlernamen bei einzelnen Attributen an, auch nimmt der Verfasser natürlich zumeist auf englische Kirchen etc. Rücksicht. — Wir schmeicheln uns, dass wir einige Schritte weiter gegangen sind.

Bei alledem müssen wir es hier besonders betonen, dass unser Handbuch kein den Gegenstand erschöpfendes Werk ist. Es hätte sich auch in den Rahmen eines einzigen Bandes nicht bannen lassen, und es bleibt der Zukunft überlassen, eine Encyclopädie über diesen Gegenstand zu schreiben.

Bei manchen Heiligen konnten wir bei allem Nachforschen keine Darstellung namhaft machen; bei anderen häuften sich wieder dieselben so massenhaft an, dass wir oft nur einen kleinen Theil auswählen konnten, um nicht zu weitläufig zu werden. Es sind eben gewisse Heilige in der Mode und beliebt gewesen und darum oft dargestellt worden; auch hat jedes Land seine besonderen Lieblinge, jenseits der Grenze desselben ist der Heilige so zu sagen unbekannt geblieben.

Wir werden oft demselben Gedanken bei verschiedenen Heiligen begegnen, zuweilen werden wir unwillkürlich vor einer frappanten Aehnlichkeit des Legendeninhalts mit einer Begebenheit aus dem heidnischen Alterthum erstaunen. Wir müssen nicht gleich immer mit einer Uebertragung aus dem Heidnischen in's Christliche diese Aehnlichkeit zu erklären suchen: gleiche Bedingungen haben ein gleiches Resultat und auch die Heiligen waren Menschen und ähnliche Lebensverhältnisse können sich wiederholen, so ausserordentlich die Begebenheit auf den ersten Blick auch aussieht.

Wir werden auch oft wunderlichen Heiligen begegnen, die uns durch ihre Handlungsweise, besonders durch die Art ihrer Wunderthaten überraschen, so z. B. Baradat, Deicola, Ebba u. andere. Aber auch solche abenteuerliche Züge dürfen wir als Forscher nicht unbeachtet lassen und als Narrenthum bei Seite werfen; es sind einzelne Phasen der Menschengeschichte und des Zeitgeistes.

Noch ein Wort über die Gliederung des Werkes. Es ist eigentlich seiner Natur nach zweitheilig; der erste Abschnitt führt die Heiligen in alphabetischer Ordnung auf; bei jedem ist kurz eine biographische Notiz nebst dem Tage seines Festes vorangeschickt. Der Festtag ist stets aus den Bollandisten genommen, also jener Tag, auf den der Heilige im römischen Kalender gesetzt ist. Einzelne Diöcesen variiren darin und konnten wir also, um einem Principe getreu zu bleiben, uns nur an eine Norm halten. Dann folgen die iconographischen Nachweise. Der dem eigentlichen Werke vorangeschickte Abschnitt über die Iconographie Gottes dürfte um so willkommener erscheinen, als der darin entwickelte Stoff in keiner Iconographie sonst vorkommt und stückweise aus vielen Werken erst zu gewinnen ist. Warum wir die Madonna aus der Reihe der Heiligen ausgeschieden und an die Spitze derselben gestellt haben, ist am betreffenden Orte angegeben. — Die zweite Abtheilung ist gleichsam der Index der ersten; hier erscheinen die Attribute und Symbole alphabetisch, mit Hinweisung auf die betreffenden Heiligen. Sollte das Handbuch praktisch werden, so war dieser Abschnitt unumgänglich nothwendig. Hinzugefügt ist eine dritte Abtheilung, das Patronat der Heiligen. Die Bedeutung dieses Abschnittes haben wir an betreffender Stelle erklärt.

Wie wir bereits oben gesagt haben, soll gegenwärtiges Buch den Gegenstand nicht erschöpfen. Um dem Leser, der sich über einzelne Materien näher unterrichten will, die Gelegenheit dazu zu bieten, geben wir aufrichtig die benützte Literatur an. Einzelne Werke (Monographien über einzelne Heilige) sind vollständig an Ort und Stelle angeführt. Auf die grosse Literatur wird verwiesen, die speciell hier aufgeführt erscheint. Für das biographische Material ist das Werk von Potthast (Bibliotheca historica) von grossem Werthe; wir sind dem Werke und seinem liebenswürdigen Verfasser zu grossem Danke verpflichtet. Für die Feststellung der kunsthistorischen Angaben hat uns die Kenntniss der berühmtesten Gallerien Europa's, sowie die freie vollständige Benützung der vorzüglichsten Galleriewerke und des reichen Berliner Kupferstich-Cabinets erhebliche Dienste geleistet.

Auch eine kurze Andeutung der verschiedenen Ordenstrachten, deren h. Träger im Buche vorkommen, schien uns unerlässlich und haben wir diesem Bedürfniss abzuhelfen gesucht.

Berlin im März 1874.

Der Verfasser.

Benützte Literatur.

Seroux d'Agincourt: Sammlung der vorzüglichsten Denkmäler der Kunst. 3 Vol. Fol.

Dr. H. Alt: Die Heiligenbilder. Berlin 1845.

Batavia sacra. Brux. 1714.

Bavaria sancta von Raderus. Monachi 1615. Stiche nach Kager's Zeichnungen von R. Sadeler u. Anderen.

Gallerie Boisserée, lithographirt von Strixner. Die Gemälde der Sammlung sind meistentheils jetzt in München.

Die Bollandisten.

Bosio: Roma sotterranea.

Burgmair: Die österreichischen Heiligen. Sammlung von Holzschnitten. Fol.

Lib. Caglieri: Compendio delle vite de santi Orefici ed Argentieri. Roma. 1727.

B. Carter: Specimens of ancient sculpture and painting in England. 1838.

—— A Series of the ancient painted glass of Winchester Cathedral. London. 1845.

Ciampini: Vetera monumenta. 2 Vol. Rom. 1690.

J. Corblet: Revue de l'art chrétien. 8 Vol. Paris 1857—1864.

—— Hagiographie du Diocèse d'Amiens. Amiens. 1868. 3 Vol.

Couché: Gallerie du Palais Royal. 1786. Fol.

Cabinet Crozat. Paris 1763. 2 Vol. Fol.

Didot: Musée.

Didron: Annales archéol. Paris 1844 flg.

—— Histoire de Dieu. Paris 1843.

Düsseldorfer Verein zur Verbreitung religiöser Bilder.

Duchesne: Musée de peinture et sculpture. Paris. 1820 flg.

Ecclesiae anglicanae trophaea. Rom. 1584. Die Stiche von J. B. de Cavalleriis.

Ecclesiae militantis triumphi. Rom. 1585. Die Stiche von Demselben.

Sacra Eremus. Stiche nach Zeichnungen von Abr. Bloemaert.

Etruria pittrice, ovo storia della pittura Toscana. 2 Vol. Firenze. 1791. 95.

Förster. Denkmäler ital. Malerei.

H. Frauen. Mit Stahlstichen. Leipzig bei Brockhaus.

Galerie des Saints d'Alsace. Mit Lithographien.

J. Galle: Iconum sacrarum Farrago. Antv. 1618.

Gonzati: La Basilica di S. Antonio. Pad. 1852. Fol.

L. J. Guenebault: Dictionnaire iconographique. 2 Vol. Paris. 1845.

Guhl und **Caspar**: Denkmäler der Kunst. Stuttg. 1845.

Heideloff: Die Kunst des Mittelalters in Schwaben.

Leben der **Heiligen**. Leipz. bei Meline. Mit Holzschnitten.

Hortulus animae. Lustgarten der Seelen. 1520. Mit Holzsch. von L. Cranach. Die spätere Ausg. vom J. 1550.

F. C. Husenbeth: Emblems of Saints. 2 edit. Lond. 1860.

L. Jacobilli: Leben der Heiligen von Fuligno. 1626. Mit Holzschnitten.

Mrs. Jameson. Legends of the Madonna as represented in the fine arts. Lond. 1852.

—— Sacred and Legendary Art. Lond. 1850.

—— Legends of the monastic Orders, as represented in the fine arts. Lond. 1872.

L'invocation et l'imitation des Saints. Paris chez G. Audran. 1687. 3 Vol.

Christl. **Kunstsymbolik** und Ikonographie. Frankf. a. M. 1839.

Lacroix: Les arts au moyen age. 1869.

Landon: Annales du Musée.

G. B. Meloni: Atti e memorie degli uomini illustri in Santità in Bologna. 1818.

Menzel's Symbolik. 2 Vol.

Spencer Northcote: Roma sotterranea or some account of the Roman Catacombs. 1869.

Otte: Handbuch der kirchlichen Kunst-Archäologie des deutschen Mittelalters.1868.

Paciaudi: Antiquitates christianae.

Passional (Leben der Heiligen). Strassb. bei Joh. Grüninger. 1502. Mit Holzschnitten.

L. Pevret: Les Catacombes de Rome. 1851.

A. Potthast: Bibliotheca historica medii aevi. Berl. 1862. 2 Vol.

Quast und Otte: Zeitschrift für die christl. Archäologie und Kunst.

Ludw. Rabus von Memmingen: Der Heiligen auserwählten Gottes Zeugen, Bekennern und Martyrern etc. Strassb. 1552. Mit Holzschnitten. Auch J. Hus kommt unter den Blutzeugen vor.

Radowitz: Ikonographie der Heiligen. Berl. 1834.

E. Reusens: Éléments d' Archéologie chrétienne. 1871.

Ribadeneira: Leben der Heiligen. übers. von Rassler. Mit Stichen.

Ricci: Triumphus Jesu Christi crucifixi. Antv. 1611. Mit Stichen von Adr. Collaert.

Rosaspina: La Pinacoteca di Bologna. 1830.

G. Rosini: Storia della pittura italiana.

Rossi: Peintures à fresque du Camposanto de Pise. 1833.

G. Bat. Rossi: Mosaici cristiani. Rom. 1872.

Salazaro: Studj sui Monumenti. 1871.

Salus animae. Nürnb. 1520. Mit Holzschnitten von Springinklee.

Vita Sanctorum. Nürnb. 1488. Mit Holzschn.

Sanctorum et martyrum Christi Icones quedam artificiosissimae. Franc. ap. Ch. Egenolphium. Mit Holzsch. (von H. S. Beham?)

Solitudo, sive vita Patrum eremicolarum. Mit Stichen von Sadeler.

Speculum pudicitiae. Mit Stichen von Sadeler nach M. de Vos.

Tarbé: Trésors des églises de Reims. 1843.

Les vies des S. Pères de deserts. (von Jos. Bourgoing de Villeforce.) Anvers 1714. 4 V. l. Stiche nach Bloemaert.

J. á Voragine: Legenda aurea.

Fr. Wagner: Der kgl. Bildersaal in der Moritzkapelle zu Nürnberg. 1833.

T. O. Weigel und **Dr. A. Zestermann:** Die Anfänge der Druckerkunst in Bild und Schrift. Leipz. 1866. 2 Bände. Fol.*)

---

*) Bekanntlich enthält das Werk eine genaue Beschreibung jener kostbaren Incunabeln des Kunstdruckes, welche die weltberühmte Sammlung von T. O. Weigel in Leipzig bildeten und welche, nachdem vergebens Schritte gethan waren, sie vereint in einem öffentlichen Institute zu erhalten, 1872 versuctionirt wurde. Es thut uns leid, obiges Werk nicht gleich bei der Hand gehabt zu haben, da sich besonders für den Artikel „Madonna" viele interessante Kunstobjecte verzeichnet, zum Theil auch abgebildet darin vorfinden, wesshalb wir hier unsere Leser insbesondere auf diesen Umstand aufmerksam machen.

E. aus'm Werth: Zur Iconographie des Crucifixes.
Wicar: Gallerie von Florenz.
Zani: Enciclopedia.
Zanotto: Pinacotheca Veneta. 2 Vol. Ven. 1858.

Ausserdem Galleriewerke von Berlin (Lithogr.), London (Stiche), Dresden (Stiche), Wien (Stiche nach Perger's Zeichnungen, 4 Vol.), Turin (Stiche), Madrid (Lithogr.), Petersburg (Lith. und Stiche, die früher im Galleriewerk von Houston verwendet wurden), die Publicationen der Arundel-Society etc.

Kurze Beschreibung der Tracht jener Orden, aus denen Heilige in gegenwärtigem Werke vorkommen.

Augustiner. Stifter der h. Augustin. Schwarzes Kleid mit Riemen, von derselben Farbe der Mantel, an welchem die Kapuze angebracht ist.

Benedictiner. St. der h. Benedict von Nursia. Kleid, darüber Scapulier und Mantel, alles von schwarzer Farbe. Der Schnitt variirt in verschiedenen Ländern.

Bernhardiner. St. der h. Bernhard 1118. Weisses Kleid, schwarzer Kragen und Kapuze.

Brigittenorden. St. h. Brigitta von Schweden 1370. Schwarzes Kleid, weisse Kapuze und Scapulier, auf diesem ein rothes Kreuz.

Brüder (barmherzige). St. der h. Johannes von Gott. Schwarzes Kleid und Scapulier, nebst Riemen.

Camaldolenser. St. der h. Romuald. Kleid, Scapulier, Kapuze und Gürtel, alles weiss.

Carmeliter. St. h. Albert von Sicilien. Schwarzes Kleid und Scapulier, weisser Mantel, darüber weisser Kragen mit Kapuze.
Unbeschuhte Carmeliter tragen ein braunes Kleid, sonst ebenso.

Carthaeuser. St. der h Bruno. Weisses Kleid, Scapulier und Kapuze.

Cistercienser. Weisses Kleid, Scapulier, Mantel und Kapuze schwarz.

Clarissinnen. St. die h. Clara. Schwarzes Kleid mit weissem Strick, weissem Busentuch und schwarzem Kopfschleier.

Coelestiner. St. Papst Coelestin V. Himmelblaues Kleid.

Dominikaner. St. der h. Dominik. Weisses Kleid und Scapulier, schwarzer Mantel und Kapuze, letztere inwendig weiss.

Franciskaner. St. der h. Franciscus von Ass. Ursprünglich ein Orden, spaltete er sich in drei Hauptzweige, davon die Kapuziner Farbe und Strenge des ursprünglichen Ordens behielten. Die Franciskaner sind von der laxen Observanz. Kleid schwarz, weisser Strick, ebenso Mantel, darüber ein Kragen mit der Kapuze.

Jesuiten. St. der h. Ignaz von Loyola. Schwarzes Kleid mit breiter Binde, schwarzer, weiter Talar.

Kapuziner (s. Franciksaner). Kleid braun, weisser Strick, brauner Mantel und Kapuze.

Maria della mercede-Orden. St. der h. Petrus Nolascus. Kleid, Scapulier, Mantel, Kragen mit Kapuze, alles weiss, auf der Brust ein Wappenschild, darin im rothen Felde ein weisses Kreuz.

Minoriten (mindere Brüder), der dritte Zweig des ursprünglichen Ordens (s. Franciskaner). Schwarzes Kleid, weisser Strick, breiter schwarzer Kragen und Kapuze. Sie wählen feinere Stoffe als ihre Stammverwandten.

Oblaten (Nonnen). St. die h. Francisca Rom. Schwarzes Kleid und langer weisser Schleier.

Observanten. St. der h. Bernhardin von Siena. Wie die Kapuziner.

Oratorianer. St. der h. Philippus Neri. Schwarzes Kleid und Mantel, wie die Weltgeistlichkeit.

Paulaner (oder Minimen). St. der h. Franciscus de Paula. Schwarzes Kleid, Mantel und Kapuze.

Piaristen. St. der h. Joseph von Calasanz. Schwarzes Kleid, Binde und schmales Mäntelchen.

Prämonstratenser. St der h. Norbert. Weisses Kleid und Binde, darüber ein Scapulier von gleicher Farbe.

Serviten (Diener Mariae). St. sieben Kaufleute aus Florenz. 1233. Kleidung im Schnitt wie die der Dominikaner, aber alles von schwarzer Farbe.

Theatiner. St. der h. Cajetan. Schwarzes Kleid mit Binde und Mantel von gleicher Farbe.

Trinitarier. St die h. Felix von Valois und Johannes de Matha. Weisses Kleid mit gleichem Scapulier, auf diesem ein Kreuz, halb blau, halb roth; weisser Mantel.

Ursulinerinen (Nonnen) St. die h. Angela von **Merici.** Schwarzes Kleid, weisses Brusttuch, weiter schwarzer Schleier.

Vallumbroser Mönche. St. der h. Johannes Gualbertus. Graues Kleid,

Vallumbroser Nonnen. St. die h. Humilitas. Schwarzes Kleid, weisses Scapulier, grosser schwarzer Weibel.

Weibliche Orden, die ihre Namen aus entsprechenden männlichen **ableiten,** wie Benedictinerinnen, Carmeliterinnen etc, tragen adäquate Kleidung und **Farbe** mit diesen.

Bischöfe und infulirte Aebte haben in vollem Kirchenornat gleiche Abzeichen: die Infel auf dem Kopfe, die Diaconendalmatik unter der Casula (Messgewand) oder Rochette unter dem Pluviale (Vespermantel), violette Handschuhe, Ring und Pectoralkreuz; in der Rechten das Pedum (den Krummstab). Der Bischof hält den letzteren so, dass die Krümmung nach auswärts gerichtet ist, während diese beim Abte zu diesem selbst gewendet erscheint. Diess ist der auf Gemälden wahrnehmbare Unterschied zwischen einem Bischof und einem infulirten Ordensabt.

DIE TRINITÄT

UND

DIE DREI GÖTTLICHEN PERSONEN.

Die heiligste Dreieinigkeit (Trinität).

Das Grunddogma des Christenthums, ausgedrückt mit den Worten: In der Einheit des göttlichen Wesens drei von einander verschiedene göttliche Personen. Die Gottheit, als solche, entzieht sich eigentlich als geistiges Wesen einer Darstellung in einer sinnlich wahrnehmbaren Form. Die christliche Kunst, befreit von dem alttestamentlichen Verbot, Gott darzustellen, hat die christliche Idee der drei Personen in ihrer verschiedenen Thätigkeit ins Auge gefasst und darin einen Anhaltspunkt für die Darstellung Gottes gefunden. Anknüpfend an das göttliche Wort: Lasset uns den Menschen zu unserem Bilde machen, hat sie die menschliche Gestalt, zugleich die vollkommenste aller lebenden Wesen, als Substrat zur Darstellung Gottes gewählt und nur beim h. Geiste, der dritten göttl. Person, die biblisch gegebene symbolische Taube vorzugsweise angewendet. In der Einzelndarstellung der drei Personen erscheint der Vater (die erste Person) als Greis, thätig als Schöpfer, Erhalter der Welt, segnend, schützend, erhaltend; der Sohn (die zweite Person) in ewiger Jugendfrische, als Erlöser und Lehrer der Welt, der h. Geist als Hüter und Förderer der Sohneslehre. Davon später.

Vereint zur Dreieinigkeit zeigen sich die Personen in gleicher Weise; als Bindungsmittel erscheint die himmlische Glorie. Jede Symbolik auf diesem Gebiete ist sonst schwierig, weil man in der Formenwelt keine Figur findet, die in gleicher Vollkommenheit den Centralpunkt der Einheit, die Theilung in Drei und die alle gleichförmig umschliessende Peripherie darböte. (Menzel.)

In der Inconographie der Heiligen kommen zuweilen Symbole vor, die sich auf eine Manifestation der h. Dreieinigkeit beziehen; so die drei Fenster am Thurme der h. Barbara, die drei Steine der h. Ida, die drei Kugeln des h. Franziscus.

Das allgemeinste Symbol Gottes ist das Kreuz im Kreise ⊕, welches auch als ausschliesslicher Nimbus für jede der drei Personen angebracht wird.

1*

In unserer Iconographie berücksichtigen wir nur die anthropomor-
phischen Darstellungen der Trinität.*)

Gott Vater (wohl in menschlicher Gestalt), der Sohn als Lamm, der h. Geist als Taube.

Aelteste Darstellung der Trinität in der Apsis der Basilica S. Felice
zu Nola (vom h. Paulin um 400 erbaut). Nicht mehr erhalten.
Aehnliche Darstellungen in S. Cosma e Damiano zu Rom (530), in
S. Marco (ebenda, 774), in S. Prassede (ebenda, 818), in der
Cathedrale zu Padua (8. Jahrh.); in der Apsis des Lateran zu
Rom (1290).

Die drei Personen, alle in menschlicher Gestalt, neben einander.

Abbildung im Manuscript des h. Dunstan, Erzb. von Canterbury
(† 908); Gott Vater und Sohn erscheinen älter und gekrönt.

Abbildung im Manuscript: Hortus deliciarum (12. Jahrh.). Alle
drei Personen in gleichem Alter, gleicher Stellung und gleichem
Gesichtsausdruck; die mittlere Person hat Wundmale an den
Füssen, es wäre also der Sohn; sie halten eine Bandrolle, darauf steht: Faciamus hominem ad imaginem et similitudinem no-
stram et praesit cunctis animantibus terrae. Abbildung bei Didron

Franz. Miniatur des 14. Jahrh. Gott Vater in der Mitte, gekrönt,
mit der Weltkugel; zu seiner Rechten der Sohn, bärtig, mit dem
Buche. zur Linken der h. Geist, jugendlich. Abbildung ebenda.

Franz. Miniatur des 14. Jahrh. (Pariser Bibl.); alle drei Personen
bärtig, gleichen Alters; der Vater (Mitte) mit der Weltkugel,
der Sohn mit dem Kreuz, der h. Geist mit den Gesetztafeln.
Abbildung ebenda.

Franz. Sculptur des 16. Jahrh. (in der Kirche zu Verrières).
Alle drei Personen mit einem Mantel umhüllt; Gott Vater mit
der Tiara und Weltkugel, der Sohn mit dem Kreuz, der h. Geist
mit der Taube auf dem linken Arm. Alle drei krönen Maria.
Abbildung ebenda.

Franz. Miniatur des 15. Jahrh. Drei stehende Figuren, links
der Vater mit der Tiara und der Weltkugel, in der Mitte der
h. Geist mit der Taube auf dem Haupt, rechts der Sohn mit dem
Kreuz. Abbild. ebenda.

---

*) Als Curiosum führen wir nur einen Stich von Math. Greuter an, der
sich im Pariser Cabinet befindet: Gott, als bärtiger Greis sitzend in einem
Kreise, hält mit beiden Händen ein gleichschenkliges Dreieck. Noch compli-
cirter ist eine Darstellung der Trinität in einem Horarium (Paris 1524, bei
Simon Vostre gedruckt) und eher als eine Tafel für eine theologische Abhandlung, denn als iconographische Darstellung zu nehmen. Eine Abbildung bei
Didron pag. 551

Die Trinität manifestirt sich bei der Taufe Christi im Jordan.

Italienische Holzsculptur aus dem 14. Jahrh. Gott Vater als Greis oben von Engeln umgeben, unten Christus im Wasser von Johannes getauft, von Fischen und dienenden Engeln umringt; zwischen beiden der h. Geist als Taube in einer Aureole herabfliegend. Abbildung bei Didron.

Schöner Stich vom Meister E. S. vom J. 1466. (Pass. 128.)

Eben so von M. Schongauer B. 8.

Rosaspina sc. nach einer Zeichnung von F. Mazzuoli.

Gott mit dreifachem Antlitz*), von Engeln umgeben, hält das Weltall.

Franz. Miniatur aus dem 16. Jahrhundert (in der Bibliothek zu Paris). Abbildung bei Didron.

Franz. Miniatur mit drei Köpfen und einem Körper aus dem 14. Jahrh. (Bibl. S. Geneviève), der h. Geist als Kind. Abbild. ebenda.

Ital. Holzschnitt in einer Ausgabe des Dante vom J. 1491. Abbildung ebenda.

Drei Köpfe in einander geschoben, so dass man drei Nasen, dreifachen Mund und vier Augen sieht. Alte Sculptur in Notre-Dame zu Chalon. Abbild. in Didron: Annales II.

Ebenso; Glasgemälde ebenda. Abbildung ebenda.

Gott Vater und Sohn, neben einander sitzend, jeder mit einer Tiara gekrönt, beide von einem Mantel bedeckt, halten ein Buch, über dem in der Mitte die Taube schwebt. Der Vater hält die Weltkugel, der Sohn (zu seiner Rechten), hat als Hoherpriester die Stola an.

Französische Miniatur im Manuscript: Cité de Dieu, 16. Jahrh. Abbildung bei Didron.

Gott Vater hält das Kreuz, darauf Christus; vom Vater steigt die Taube herab.

Franz. Miniatur aus dem 13. Jahrh. (Bibl. zu Paris). Abbild. bei Didron.

Desgleichen aus dem 12. Jahrh. (Stadtbibl. zu Troyes). Abbild. ebenda.

Alter Holzschnitt in einem Horarium. Abbild. ebenda.

Holzschnitt von Springinklee B. 59. In: Hortulus animae 1520.

---

*) Aehnliche Darstellungen, mit dreifachem Antlitz, dreifachem Munde etc. verbot Papst Urban VIII. 1628 als häretisch. Solche Darstellungen, wo sie vorkommen, sind also als Curiositäten aufzufassen.

Holzschnitt von E. Schön. Das Ganze ist von einem Rosenkranz eingefasst; die erste Person hat die Kaiserkrone.

A. Dürer px. Im Belvedere zu Wien. Gest. von Schlemmer.

Barnabas von Mutina pinx. (1374.) Die Taube steigt auf Strahlen herab; Gott Vater in mandelförmiger Glorie, umgeben von den Symbolen der vier Evangelisten. Umriss bei Agincourt.

M. Anton Raimondi sc. B. 13S.

Mariotto Albertinelli px. Im Berl. Museum.

Altes Bild in der Cathedrale zu Neapel (Capelle Minutoli).

Vinc. Catena px. In S. Simeone zu Venedig. Abbild. in Zanotto· Pin. Veneta.

J. Matham sc. nach Hemskerk (?) B. 163.

Gott Vater mit dem Scepter hält mit der Rechten die Hostie, über welcher die Taube schwebt.

Salv. Carmona sc. nach Piazetta.

Der Vater mit dem Scepter, der (auferstandene) Sohn mit der Fahne; beide legen die Hand auf die Weltkugel, über welcher die Taube schwebt.

Dom. Tibaldi sc. B. 2.

Der Vater und der Sohn mit Weltkugeln; zwischen beiden die Taube.

C. Cort sc. nach Tizian. (Im Kreise vieler Engel und Heiligen.)

Der Sohn steht vor dem sitzenden Vater, für einen sündhaften Menschen sprechend (der das ganze Menschengeschlecht darstellt); darüber die Taube.

H. Wierix sc. Al. 6.

Der Vater hält den todten Christus; über beiden die Taube.

Holzschnitt von A. Dürer B. 122. Der Vater hat die Tiara; Engel mit Leidenswerkzeugen umgeben die Gruppe.

Copirt von M. Rota B. 26.

J. Ladenspelder sc. B. 4.

Ribera pinx. In der Academie S. Fernando zu Madrid. Lith. im Gall.-Werk. Die Taube sitzt auf der Brust des Vaters.

G. Ghisi sc. B. 14.

S. à Bolswert sc. nach Rubens.

H. Wierix sc.

Joh. Wierix sc. Al. 1829. Gott Vater sitzt auf der Weltkugel.

Der Vater und der Sohn sitzend, der letztere mit dem Kreuze; zwischen beiden schwebt die Taube.

Hier. Wierix. sc. Al. 7.

Lommelin sc. nach Rubens.

Luc. Vorsterman jun. sc. nach demselben.

Gott Vater sitzend mit Kaiserkrone, Schwert und Weltkugel, der h. Geist als Taube, der Sohn mit der Siegesfahne vor dem Vater stehend.

Holzschnitt von I. F. nach Holbein (Pass. 75).

Gott Vater und Sohn gekrönt, über beiden die Taube; der Sohn hält einen Weihwedel.

Auf dem berühmten Stiche vom Meister E. S. Maria von Einsiedeln. B. 35.

Die Dreieinigkeit mit der Krönung Mariae vereint.

Basrelief im Dom zu Erfurt. Abbild. bei Otte: kirchl. Arch.

Basrelief in der Burgkapelle zu Nürnberg.

Desgleichen in der Frauenkirche daselbst.

A. Dürer fec. B. 94.

G. und **A. Vivarini** px. In der Pinac. Veneta. Von vielen Heiligen umgeben. Umriss bei Guhl und Caspar.

Diego Velasquez px. In der Acad. S. Fernando zu Madrid. Im Gall.-Werk lithographirt.

Holzschnitt von J. F. nach Holbein.

Rubens pinx. Im Berl. Museum.

Der gekrönte Vater hält im Schoosse den dorngekrönten Sohn, der über der Patene die Hostie hält; die Taube sitzt auf der Weltkugel.

Holzschnitt von L. Cranach B. 81. Im Buche: Hortulus animae 1550.

Die Dreieinigkeit mit dem auf Erden sich vorbereitenden oder abschliessenden Erlösungswerke verbunden:

Im Verhältniss zu Maria s. Maria, Verkündigung.

Gott Vater und die Taube in Wolken, Maria das Kind säugend.

A. Dürer sc. B. 45.

Gott Vater und die Taube in Wolken, das Christuskind liegt in der Wiege, dabei sitzt Maria. Joseph arbeitet.

A. Dürer fec. Holzschn. B. 90.

Ebenso; das Christkind liegt im Grase in einer schönen
Landschaft; Maria betet es an.

Fil. Lippi px.   Im Berliner Museum.

Gott Vater mit Krone und Scepter im Himmel oben;
die Taube steigt herab auf das Kind Jesus, das zwischen Maria und Anna auf Erden wandelt.

Israel van Mecken sc. B. 148.

L. Cranach fec. Holzsch. B. 68.

F. Poilly sc.

Oben Gott Vater, von dem sich die Taube über die
Monstranz herabsenkt, in welcher auf der Hostie das
Lamm auf dem Kreuze ruht.

Cl. Mellan sc.

Oben Gott Vater, von dem die Taube herabsteigt über
den Leichnam Christi, den Engel emportragen.

Holzschnitt von H. Baldung Grün B. 43.

Wollte man jede einzelne göttliche Person, wo sonst keine
Attribute vorkommen, symbolisiren, so könnte es durch den
Nimbus geschehen. Dieser ist bei dem **Vater** ein Dreieck △,
beim **Sohn** ein Kreuz im Kreis ⊕, beim h. **Geist** ein Kreis.

Bekanntlich ist Nimbus der Strahlenkranz, der das Haupt allein
umgibt, während die Aureole die ganze Gestalt einfasst.

Gott Vater.
Der Schöpfer.

Derselbe kommt als Einzelperson in seinem Verhältniss zur Welt
und zur Menschheit als Schöpfer und Erhalter derselben thätig vor.
In dieser schöpferischen Thätigkeit gehört er eigentlich der Iconographie
der Bibel an und sei nur dieses Verhältniss des Schöpfers zum Ge-
schöpfe nebenbei erwähnt. Die Erschaffung der Welt, des Menschen,
der Umgang mit demselben im Paradiese, die Sabbatruhe Gottes ist

unzähligemal von Künstlern dargestellt worden. Hervorzuheben sind hier beispielsweise die Compositionen Raphael's; zu erwähnen ist die klassische Darstellung der Erschaffung Adam's und der Eva auf der Decke der Sixtinischen Capelle im Vatican durch Michel Angelo. Die grossartigste Auffassung des zürnenden und doch mitleidigen Gottes ist eben da die Scene, wo Gott mit verschränkten Armen den sündigen Menschen ruft: Adam wo bist du?

Von höchstem Interesse ist auch der seltene Kupferstich von J. Duvet (B. 1), auf welchem Gott Vater, mit Krone und Mantel angethan, in feierlichster Weise in Gegenwart unzähliger Engel das nackte erste Elternpaar copulirt.

Gott Vater als Einzelfigur kommt in der Kunstgeschichte verhältnissmässig selten vor. Gewöhnlich steht er auch so in der höchsten Lunette etwa über dem Altare angebracht, in Beziehung zu dem Altarbilde.

Sein Attribut ist zumeist die Weltkugel, zuweilen auch Krone oder Tiara und Scepter; er ist als kräftiger Greis*) dargestellt und seine Thätigkeit besteht gewöhnlich darin, dass seine Rechte segnet. Die Bedeutung dieser Darstellung erklärt sich von selbst.

Nur nebenbei wollen wir hier noch andeuten, dass zuweilen Gott Vater durch eine oder zwei Hände, die aus den Wolken hervortreten, angedeutet wurde. Dies geschah besonders vor dem 12. Jahrhunderte, bevor man sich überhaupt an eine anthropomorphische Darstellung Gottes wagte. Von der Hand gehen Strahlen aus (Symbol des Segens) oder die geöffneten drei Finger deuten auf die Segnung hin.

In einem griech. Manuscript (10. Jahrb.). Abbildung bei Didron.

Die Hand in einem vom Kreuz getheilten Nimbus; ital. Sculptur des 12. Jahrh. am Portal der Cathedrale von Ferrara.

Die Hand über Isaias; in einem griech. Manuscript des Vatican. Abbild. bei Agincourt.

Mit dem Königsmantel und der Weltkugel, segnend.

Van Eyck pinx. auf dem berühmten Bilde: Anbetung des makellosen Lammes in der Cathedrale zu Gent. Arundel-Soc.

Dasselbe von M. Coxcie copirt im Berl. Museum.

H. Baldung Grün sc. B. 40.

O. Gatti sc. B. 1.

---

*) Παλαιὸς τῶν ἡμέρων. Dan. 7, 9.

Gott Sohn.

Jesus Christus. Der Welterlöser.

In seiner mannigfaltigen segenvollen Thätigkeit auf Erden, wie ihn die Bibel vorführt, gehört auch er der Iconographie der Bibel an und ist hier nur im concreten Sinne als Sanctus Salvator aufzufassen. Die Kunst hat ihn oft symbolisch aufgefasst, besonders in der ersten Zeit des Christenthums; man wagte nur auf die Person Christi hinzudeuten, um das Heilige vor dem Profanen zu schützen (Arcandisciplin). Zu solchen Symbolen gehört der Fisch (s. Menzel's Symbolik). Die Deutung des griech. Wortes ἰχθύς, aufgelöst in Ἰησοῦς Χριστὸς Θεοῦ υἱὸς σωτήρ ist wohl nur ein Wortspiel. Die Erklärung ist tiefer zu suchen, und wird sich das Symbol auf die Sündenlosigkeit des neuen Adam beziehen (Augustin Civit. Dei). Sinnig malte Raphael den Tobias, wie er dem Christkind den Fisch reicht (im Escurial). Ein weiteres ähnliches Symbol ist das Brod „Ich bin das Brod des Lebens" sagt Jesus Joh. 6, 35. Eben so der Weinstock. Im Doppelsinne ist es zugleich auf das Sacrament auszudehnen. Auch das Symbol des Lammes mit dem Kreuze gehört hierher und wird bis auf den heutigen Tag als Ornament bei Tabernakeln, kirchl. Gefässen, Fahnen etc. angebracht.

Unter diesen Symbolen ist Christus in den Catacomben von Rom wiederholt dargestellt; wir erinnern noch an das Mosaik in S. Cosma e Damiano zu Rom aus dem 5. Jahrh. (Abbild. bei Agincourt), an eine alte Sculptur in den Vaticanischen Grotten, an ein Mosaik in S. Clemente zu Rom (12. Jahrh.), auf welchem das Lamm von zwölf anderen Lämmern (Aposteln) umgeben ist. Hierher gehört auch das Hauptwerk des H. van Eyck: Anbetung des Lammes, in der Cathedrale zu Gent.

Als Curiosum sei erwähnt: C. Mallery sc. Das Lamm mit der Fahne trägt auf seinem Rücken die Köpfe verschiedener Thiere, die den personificirten Lastern beigesellt werden. Das soll bedeuten: Agnus Dei, qui tollit peccata mundi. Im Jesuitischen Buche: Iconum sacrarum Farrago. Auto. 1648.

Zuweilen schob man auch eine andere, prophetische, allegorische oder selbst mythische Person vor, um bei der Betrachtung derselben an den Erlöser zu denken. Dieser kommt in den Catacomben oft unter der Gestalt des Jonas (hindeutend auf die Auferstehung am dritten Tage) als guter Hirte von Schafen umgeben (in der Catacombe der h. Agnes oft wiederkehrend, Mosaik in Sta. Costanza zu Rom, Mosaik in S. Nazaro e Celso in Ravenna, um 440. Abbild. in Agincourt), ja selbst als Orpheus, der wilde Thiere bezähmt, vor. Als letzterer namentlich in der Catacombe des h. Calixtus, Via Ardeatina, abgebildet in Perret: Les Catacombes de Rome, 1851.

Als der Kirche der Friede geworden, streifte man diese Symbolik ab und brachte Christum unmittelbar zur Darstellung; zuerst in idealer Gestalt, als unbärtigen Jüngling, in ewiger Schönheit und Jugend. Als Beispiel diene eine Freske in der Catacombe S. Agnete, Abbild. bei Perret: Les Catacombes. Vol. 2. — Römische Sculptur am Grabmal des Junius Bassus. 4. Jahrh. Abbild. bei Didron.

Später erst beschäftigte die Christenheit die Frage, wie hat Christus in der Wirklichkeit ausgesehen? Schön oder hässlich? Justin. Martyr, Clemens v. Alex., Tertullian verfechten die Hässlichkeit und berufen sich auf Isaias 53, 2. 54, 14. Chrysostomus tritt ihnen entgegen, indem er die prophet. Stelle auf seine Leiden bezieht, führt dagegen für die Schönheit die Stelle aus Ps. 45, 3 an. Mit ihm stimmt Hieronymus überein. Die christliche Welt war aber mit den mit der Feder beschriebenen Gesichtszügen des Erlösers nicht zufrieden, sie wollte etwas Concretes, Wirkliches, Sichtbares besitzen. Die Legende kam der Sehnsucht hülfreich entgegen. Eine Legende brachte das Edessinische Bildniss Christi, eine andere das schmerzerfüllte auf dem Tuch der Veronica. Abgarus, König von Edessa, wünschte das Bildniss Christi zu besitzen; er schickte einen Maler ab, der es aufnehmen sollte, diesem glückte es aber nicht, weshalb Christus ein Tuch nahm und darauf sein Antlitz abdrückte. Die Sage variirt in den Nebenumständen; einmal soll der Maler, das anderemal der Apostel Judas Thaddaeus dieses wunderbare Bildniss an Abgarus überbracht haben. Wir verweisen auf: Baudri, Organ für christliche Kunst. Jahrg. 13 u. 14.

Ein für wunderthätig gehaltenes Bildniss existirte wirklich in Edessa; das Nicänische Concil (787) verbürgt es. Später (1204) soll es nach Rom gekommen sein. Auf jeden Fall diente es als Prototyp für die Christusbilder der nachfolgenden Jahrhunderte. Charakteristisch ist das lange Haar, der mittlere getheilte Bart, ernste Züge.

Zu den ältesten Darstellungen dieser Art gehören:

Mosaikbild in der Catacombe S. Calisto, jetzt im christlichen Museum des Vatican. Abbildung in L. Perret: Les Catacombes. Vol. 3.

Freske in den Catacomben zu Neapel. (6. Jahrh.) Abbild. in D. Salazaro: Studi sui Monumenti etc. 1871.

Freske im Cimeterio S. Pontiano am Eingang zum Baptisterium. Abbild. bei Perret. Vol. 3.

Byzantinisches Christusbild in der Domkirche zu Prag; auf Goldgrund. Abbild. in Ambros: Der Dom zu Prag.

Eine zweite Sage beschäftigt sich mit dem Antlitze Christi, welches er auf dem Tuche, das ihm eine fromme Frau auf seinem schmerzenvollen Gange zum Calvarienberg reichte, abdrückte. In neuerer Zeit will man die Sage in ihrem Kern verdünnen, indem man nur im Allgemeinen von einem Bildnisse, Portrait, „Vera icon" spricht; aber die Alten hielten sich, wie die Sage, an eine wirkliche Person, Veronica (der Name verwandt mit Berenike). Dieselbe Sage lässt Veronica das Schweisstuch nach Rom bringen und damit den kranken Tiberius heilen. Die Kirche St. Peter zu Rom glaubt es in Originali zu besitzen und lässt es in der Charwoche dem Volke zeigen.

Dieses Bild Christi auf dem Schweisstuche wurde Prototyp für alle nachfolgenden Darstellungen des leidenden Christusantlitzes, des Ecce homo.

Als blosser Kopf auf dem Schweisstuche dargestellt kommt er in der Geschichte der Kunst unzählbar vor. Wir können hier nur einzelne Beispiele hervorheben.

Ein früher dem Allegri da Correggio zugeschriebenes, auf Seide gemaltes Bild im Berl. Museum.

A. Dürer's Holzschnitt B. App. 27.

H. Burgmair fec. Holzsch. B. 22.

Beatrizet sc. B. 36.

Mellan sc. Das bekannte Blatt mit der Spirallinie.

Morin sc.

Ch. Simonneau sc. nach D. Feti. Bei Crozat.

Das Schweisstuch von einem oder zwei Engeln getragen.

A. Dürer sc. B. 25. 26.

Bart. Zeitblom px. 1495. In Eschnach.

H. Wierix sc. A. 1120.

R. Sadeler sc. nach P. Candito.

Das Schweisstuch von den Aposteln Petrus und Paulus gehalten.

Meister E. S. vom J. 1466. B. 86.

Luc. von Leyden sc. B. 105.

Das Schweisstuch von der h. Veronica gehalten.

Siehe Veronica.

Wir gehen nun zur Iconographie der Person Christi, als solcher, über, ohne Beziehung zur Thätigkeit, wie sie die Bibel erzählt. Wir verstehen darunter Andachtsbilder, in denen Christus in poetischer, idealer, typischer oder symbolischer Weise aufgefasst und dem frommen Betrachter vorgeführt wird.

Wenn wir die grosse Mannigfaltigkeit und reiche Auswahl solcher Darstellungen sichten wollen, so finden wir den Erlöser theils als Kind, theils im vollendeten Mannesalter dargestellt.

Was die erste Vorstellungsweise anbelangt, so beginnen wir mit einer zwar naiven, aber doch wohl unziemlichen Darstellung.

Das kleine Kind im Strahlenkranze über dem Schoosse der betenden stehenden Madonna.

> Franz. Glasgemälde aus dem 16. Jahrhundert in der Kirche Jouy bei Reims. Darstellung bei Didron.*)

Das Kind Jesus steht nackt vor seinem **Vater**, der ihm den Pilgerstab, das Buch und die Pilgertasche reichen will.

> Franz. Miniatur des 14. Jahrhunderts.
>
> Gegenstück zum Vorigen ist die Rückkehr Christi mit Pilgerstab und Tasche (im männlichen Alter) zum Vater und dem h. Geiste, welcher letzterer auch als bärtiger Mann dargestellt ist. Von beiden Abbild. bei Didron.

Das Christkind schlafend, von Engeln bewacht.

> **W. Sharp** sc. nach H. Caracci.

Das Christkind auf der Streu liegend.

> **G. Garavaglia** sc. nach C. Maratti.
>
> Wer auf diesem Gebiete allerlei Ueberschwenglichkeiten und Spielereien liebt, der sehe im Werke der Gebr. Wierix A. 1103 bis 1119 nach, ferner in: J. Galle's Iconum Sacrarum Farrago. Antv. 1648.

Das Christkind als Hirte mit Stab.

> **Murillo** px. In der Acad. S. Fernando zu Madrid. Lith. im Gall.-Werk.

---

*) Noch weiter ging ein Maler des 15. Jahrhunderts, der eine Heimsuchung malte. Maria und Elisabeth, beide gesegneten Leibes, begrüssen sich; über ihren Leibern sind Jesus und Johannes als kleine Kinder dargestellt, die sich gleichfalls gegenseitig begrüssen; Johannes lässt sich tief verneigt von Jesus segnen. Es soll wohl eine bildliche Erklärung der Bibelworte sein: Exultavit infans in utero etc. Das Bild ist im Museum zu Lyon. — Noch weiter ging der Maler eines Bildes, auf welchem sogar die ganze Dreieinigkeit über dem Schoosse Mariae abgebildet war. Dieses Bild, welches sich in der Carmeliterkirche zu Paris befand, erweckte den ganzen Zorn des Kanzlers Gerson, der sogar in einer Predigt offen das Unziemliche der Darstellung geisselte, als ob alle drei Personen Fleisch geworden wären. Das Bild ist seit der Zeit verschollen.

Das Christkind segnend, ein Buch in der Linken.

B. Jenichen sc. Pass. 42.

Das Christkind mit der Weltkugel.

Cranach fec. Holzsch. B. 73.

M. Schongauer sc. B. 67. Copirt von I. v. Mecken B. 144.

A. Altorfer sc. B. 10.

H. Wierix sc. A. 1116. 1289.

W. Hollar sc. Parth. 217.

P. de Jode sc. nach van Dyck. (Er tritt auf eine Schlange.)

Das Christkind mit der Dornenkrone.

R. Strange sc. nach Murillo. Bl. 10.

W. Schuldes sc. nach Amigoni. Er probirt die Stacheln.

Das Christkind mit dem Kreuze.

B. Jenichen sc. Pass. 43.

W. Hollar sc. Parth. 216.

G. Reni sc. B. 7. S. 'Das Kind schläft auf dem Kreuze.'

S. Carmona sc.

H. Wierix sc. A. 1105. „In laboribus a juventute mea"

Das Christkind mit dem Johannesknaben spielend.

C. Galle sc. nach Rubens.

F. Ludi sc. nach Pinturicchio.

Das Christkind im Nimbus von Engeln.

J. Matham sc. nach Goltzius. B. 260.

Christus im reifen Mannesalter bietet dem Künstler verschiedene Standpunkte zur Auffassung dar; man kann ihn als Lehrer, Märtyrer, Sieger über Tod und Hölle, Helfer in der leiblichen oder geistigen Noth oder in seiner göttlichen Würde auffassen.

Christus in mandelförmiger Glorie Mandorla), die von zwei Engeln getragen wird.*)

Wandbild in der Catacombe Platonia via Appia. Abbild. bei Perret. Vol. 1.

---

*) Mandorla, Glorie in mandelförmiger Gestalt, wird von den Künstlern nur bei Christus oder Maria angewendet. Das rosige Aufblühen des Mandelbaums an dem vorher dürren Baume legt die symbolische Bedeutung und Anwendung auf Maria nahe. Hier ist es die Form der Frucht, welche zu berücksichtigen ist. Nach alter Auffassung wurde Christus in Maria gezeugt, wie der Mandelkern sich in der unverletzt bleibenden Schale bildet. Menzel.

Christus als Herrscher mit Krone, Stola und Weltkugel; segnend.

Mosaik am Triumphbogen von S. Paolo bei Rom.

Isr. van Mecken sc. B. 144.

M. Schongauer sc. B. 70.

Christus als Schöpfer, von Engeln und Thieren umgeben.

M. Schongauer. B. Appond. 6.

Christus als göttlicher Segenspender.

Meister E. S. vom J. 1466. B. 84.

Ant. Wierix sc. A. 30.

S. à Bolswert sc. nach van Dyck.

A. C. Reindel sc. nach Thorwaldsen's Statue in Kopenhagen.

Christus als Lehrer, mit dem Evangelium.

Miniatur des 13. Jahrh. im Psalter des h. Ludwig. Er ist umgeben von sieben Tauben (sieben Gaben des h. Geistes). Abbild. bei Didron.

Ein Glasbild des 11. Jahrh. in der kgl. Bibliothek zu Paris. Umgeben von den Attributen der vier Evangelisten. Abbild. ebenda.

Gio. Bellini px. Im Berl. Museum.

Derselbe. Dresden. Gest. von Folkema, G. Planer.

J. Bink sc. B. 14.

R. Morghen sc. nach L. da Vinci.

G. B. Leonetti sc. nach L. da Vinci.

Christus als Ecce homo, mit Leidenswerkzeugen, oder mit dem Kreuze.

Meister E. S. vom J. 1466. Pass. 155.

H. Baldung Grün fec. Holz. 42.

Sodoma pinx. Im Berl. Museum.

N. Beatrizet sc. nach der Marmorstatue von M. Angelo in S. Maria sopra Minerva. B. 23.

J. Matham sc. nach derselben Statue. B. 82.

G. Ghisi sc. B. 15.

L. Carracci px. In der Eremitage zu Petersburg.

Marco Palmezzano px. Im Berl. Museum.

M. Rota sc. B. 13.

C. Cort sc.

F. Polanzani sc. nach H. Carracci.

J. Scolari sc.

F. Basan sc. nach M. A. Caravaggio (Cab. Brühl).

C. G. Schulze sc. nach G. Reni. Dresden.

Christus als Ecce homo, die Kelter tretend. (Nach Isaias 63.)

Raphael pinx. Im Berl. Museum.

Luc. v. Leyden px. Gall. Florenz. Gest. v. E. Damele.

Luc. von Leyden sc. B. 76. ähnlich dem Bilde.

P. Fontana sc. nach Fr. Barbieri. Pal. Corsini zu Rom.

C. Mallery sc. In: Iconum sacr. Farrago. Die Weinpresse drückt das Blut aus den Wundmalen. Jesuitische grob-sinnliche Interpretation.

H. Wierix sc. A. 1179.

Christus als Ecce homo an die Säule gebunden.

Zurbaran px. Im Berl. Museum.

Christus am Kreuz; Crucifixus. Nicht als historische Darstellung des Calvarienberges, sondern als Andachtsvorstellung gedacht. Natürlich kann eine erschöpfende Hinweisung auf alle Kunstwerke dieser Art nicht gegeben werden und mögen hier einige allgemeine Bemerkungen erlaubt sein.

In frühester christlicher Zeit gab es nur leere Kreuze; der Crucifixus auf denselben fehlte. Das Kreuz war Symbol des Sieges, darum wollte man mit demselben nicht die Idee der Marter vereinigen. Als Uebergang zum Crucifixus ist die Anbringung des Lammes mit der Fahne an dem Orte, wo sich die Balken durchkreuzen, anzusehen. Das Lamm wurde liegend (quasi mortuus) oder stehend, triumphirend vorgestellt. Ein Beispiel ist das Kreuz des Kaisers Justinian II. aus dem 6. Jahrhundert (bei S. Peter in Rom). Abbild. in den Annalen von Didron, Bd. 26. Ausser dem Lamm ist hier auch im Medaillon der segnende Christus angebracht, aber nicht gekreuzigt. Eigentliche Crucifixe (mit dem am Kreuz angenagelten Heilande, beginnen erst mit dem 6. Jahrhundert. Zu den ältesten bekannten gehört jener von Monza.* Die Anwendung des Lammes findet sich mitunter wenn auch spärlich in späterer Zeit, so ein Basrelief am Ciborium in S. Marco zu Venedig, aus dem 11. Jahrhundert.

*) Der älteste ist eigentlich eine Caricatur, ein Graffito, der an der Mauer des Palatins (jetzt im Museo Kircheriano) gefunden wurde; der Gekreuzigte hat einen Eselkopf, den ein Mann anbetet. Er gehört dem 3. Jahrhundert an und ist das Werk eines Heiden, der nach der Inschrift einen (Christen) Alexamenes damit verspotten wollte. Abbildung in Didron's Annalen Bd. 26.

Das Kreuz erscheint in ältester christlicher Zeit als zwei Balken, die sich durchkreuzen; im späteren Mittelalter als T.

Abweichend ist die Auffassung des Kreuzes als Baum (des Lebens); grüner Stamm mit abgehauenen Aesten, deren Narben roth sind.

Ein Beispiel im Manuscript Mater verborum im Museum zu Prag.

Christus erscheint in früherer Zeit jung und ohne Bart, erst später wird ihm der letztere beigegeben. In der älteren Periode (seit dem 6. Jahrh.) ist Christus ganz bekleidet oder hat nur ein Lendentuch. Die volle Bekleidung ist im späteren Mittelalter fast ganz aufgegeben.

Mit vollständigem, mehr oder weniger kostbarem Kleide:

Eine Miniatur im Evangelium des Bischofs Egbert in der Stadtbibliothek zu Trier.

Elfenbeinschnitzerei des 9. Jahrh. in der Sammlung Soltikoff.

Emailcrucifix in der Sammlung des Prinzen Carl v. Pr. in Glienicke bei Berlin.

Miniatur im Evangelienmanuscript des h. Bernward im Dom zu Hildesheim. (Unbärtig und ohne Nägel am Kreuz schwebend — die freiwillige Hingabe bezeichnend.)

Die bekleideten Crucifixe sind nicht zu verwechseln mit der h. Wilgefortis, welche stets einen goldenen Schuh hat.

Christus hat die Füsse nebeneinander (in der Frühperiode) oder übereinander (in späterer Zeit); im letzteren Falle in der Regel den rechten Fuss über dem linken und beide nur mit einem Nagel durchbohrt.

Beispiele der ersten Art im Cimeterio S. Giulio, Via Flaminia bei Rom. Abbild. bei Agincourt.

Miniatur in einem syr. Manuscript in S. Lorenzo zu Florenz. Abbildung ebenda.

Christus am Kreuz, lebend, ohne Seitenwunde, gehört der älteren Zeit an. Die Seitenwunde ist stets auf der rechten Brustseite. (Eine alte Tradition soll hier zu Grunde liegen, dass Christus auf der rechten Seite von der Lanze durchbohrt wurde.)

van Dyck px. Berühmtes Bild im Belvedere.

Edelinck sc. nach le Brun.

G. **Audran** sc. nach le Brun.

F. **Forster** sc. nach Seb. del Piombo.

F. de **Poilly** sc. nach Champagne.

F. **Langot** sc. nach Rubens.

Der todte Christus vom himmlischen Vater unter dem Kreuze gehalten.

Stich vom Meister vom J. 1464.

Der todte Christus von Maria unter dem Kreuze im Schoosse getragen.

Siehe Maria (Pietà).

Der todte Christus von einem oder zwei Engeln am Grabe gehalten.

A. Mantegna px. Im Berl. Museum.

P. Cagliari Veronese px. Ebenda; zwei verschiedene Darstellungen.

Lor. Sabattini px. Ebenda.

Alonso Cano px. In der Academie S. Fernando zu Madrid. Lith. im Gall.-Werk.

F. de Ribalta px. Ebenda.

H. Goltzius sc. nach B. Spranger. B. 273.

N. Pitau sc. nach L. Caracci.

Der auferstandene Heiland.

Mosaik in S. Lorenzo fuori le Mure (bei Rom) vom J. 578. Auf der Weltkugel sitzend und segnend. Abbild. bei Agincourt.

Alter Stich im Buche der Antonia Bettini von Siena: Il Monte Sancto di Dio. Flor. 1477. Abbild. ebenda. In der Mandorla, zwischen Cherubim.

Isr. van Mecken sc. B. 138.

L. Cranach fec. Holz. B. 97. Mit Fahne, im Hort. animae. 1550.

Stich vom Meister P. M. B. 1. Zwischen zwei Engeln.

H. S. Beham sc. B. 30. Mit der Siegesfahne.

H. Aldegrever sc. B. 116. Ebenso.

A. von Worms fec. Holzsch. Auf den Drachen tretend. Hort. Animae.

H. Wierix sc. A. 118. Auf ein Skelett tretend.

F. A. Lorenzini sc. nach Bartolomeo.

Christus im Triumph von den Heiligen begleitet.

Tizian inv. Holzsch. von A. Andreani. Copirt von Theer

Fürich inv 11 Bl. gest. von Petrak.

T. Mintrop inv. F. Ludy sc. Christus auf dem Lamm sitzend, von blumenstreuenden und musicirenden Engeln und dem Johannesknaben begleitet.

Der Heiland als Richter der Welt.

Altes Mosaikbild an der Aussenwand des Prager Domes. In der Mandorla. Abbild. in: Ambros, der Dom zu Prag.

A. Dürer fec. Holz. B. 124. Mit Schwert und Lilie. (Strafe und Lohn.)

Derselbe. B. 62. Mit Schwert und Buch. (Legislatorische und executive Gewalt.)

Ph. Livy sc. nach Fra Angelico.

V. Vibert sc. nach V. Orsel. Mit Randbildern, welche das Leben eines tugendhaften und eines verführten Mädchens vorstellen.

Aus seinen Wunden fliesst Blut in den Kelch.

H. S. Beham sc. B. 26.

J. B. Fontana sc. B. 17.

H. Wierix sc. A. 1169. 1170. 1173.

Christus steht am Brunnen, in welchen aus seiner Seite Blut fliesst. (Fons vivae aquae.)

M. A. Hannas fec. Holz. B. 1.

H. Wierix sc. A. 1171. 1172.

C. Mallery sc. In Sacr. Iconum Farrago.

Christus mit Kelch und Brod.

C. Dolce px. Gest. von L. Buchhorn, F. Oldermann, geschabt von R. Earlom.

Fr. Poilly sc.

J. Fonseca sc. nach D. Meriano Maella.

Der auferstandene Heiland hält ein mit der Dornenkrone umwundenes brennendes Herz in der Hand. (Herz-Jesu Fest.)

M. Pitteri sc. nach P. Battoni.

Christus als Tröster der Betrübten.

Henriquel-Dupont sc. nach Ary Scheffer.

F. E. Eichens sc. nach C. Begas (Altarbild in Altlandsberg).

Christus und der Sünder.

C. H. Merz sc. nach G. König. Der begnadigte Sünder in der Glorie.

Christus als guter Hirt trägt das Schaf auf seiner Schulter.
(Joh. 11, 14.)

In den Catacomben zu wiederholten Malen.

Führich px. Gest. von Döbler.

F. Keller sc. nach C. Müller. Düsseld. H.-Bilder.

Rittinghaus sc. nach Overbeck. Ebenda.

H. Wierix sc. nach M. de Vos. A. 1096.

Christus steht an der Pforte und klopft an. (Apoc. 3, 20.)

Bedeutet die Sorgfalt der den Menschen aufsuchenden Gnade.

Rittinghaus sc. nach Ph. Veit. Düsseld. H.-Bilder.

F. Ruschweyh sc. nach demselben.

C. Mallery sc. Das Kind Jesus klopft an der Thüre, die an einem Herzen angebracht ist. Der h. Geist (Taube) bläst oben in's Herz hinein. In: Icon. sacrarum Farrago. Antv 1648. Eine der jesuitischen Hyperbeln.

Der h. Geist (Paraclet).
Der Heiligmacher.

Von dessen menschlicher Personificirung wie alleg. Darstellung unter der Gestalt der Taube haben wir bereits bei der Trinität gesprochen. Als Einzel-Darstellung kommt er in der christlichen Iconographie immer unter der Gestalt der Taube vor und zwar nie als selbständige für sich auftretende göttliche Person, sondern entweder durch symbolische Embleme oder historische Begebenheiten getragen.

Wo wir der isolirten Taube begegnen, da ist sie mehr als Decoration denn als Selbstzweck anzunehmen.

So eine franz. Miniatur in einem Horarium des 15. Jahrh. (in der Bibliothek zu Paris).

Ein Glasbild in der Cathedrale von **Auxerre** (13. Jahrh.).

Auf einer Kriegsfahne angebracht (Horarium des Herzogs von **Berry**, Miniatur des 15. Jahrh.).

Bekanntlich auch auf dem franz. h. Geist-Orden. Wiederholt auf Kelchen, Tabernakeln, Taufbrunnen u. s. w.

So bildete die Gestalt einer Taube jenes h. Gefäss des h. Remigius zu Rheims, in welchem das Chrisma zur Salbung der franz.

Könige aufbewahrt wurde. Diese Reliquie, die nebst dem kirchlichen auch einen hohen antiquarischen Werth besass, wurde 1793 im October von den Republicanern zerstört. Abbildung findet sich in Tarbé: Trésors des églises de Reims.

Der h. Geist symbolisirt durch emblematische Figuren, die ihn umgeben.

Tad. Gaddi px. In S. Maria Novella zu Florenz. Die Taube ist in der Mitte von alleg. Gestalten, welche die sieben freien Künste, die göttlichen und christlichen Tugenden darstellen.

Griech. Miniatur des 10. Jahrhunderts. (In der Bibliothek zu Paris.) Die Taube schwebt über dem Könige David, der von zwei Frauengestalten umgeben ist. Die angebrachten Namen geben die Erklärung: Σοφια (Weisheit) und Προφητια (Prophetie).

Der h. Geist in Verbindung mit biblischen Historien.

Unzählbar bei Darstellungen der Verkündigung Mariae. S. daselbst.

Ebenso bei Vorstellungen der Taufe Christi.

Eine der ältesten Darstellungen im Baptisterium des Cimeterio di S. Pontiano. Abbild. bei Perret. Vol. 3.

Bei Vorstellungen des Pfingstfestes, der ersten Firmung, welche Petrus und Johannes ertheilen u. s. w. Diese Darstellungen gehören aber nicht hieher, sondern in die Iconographie der Bibel*).

Auch erscheint die Taube bei verschiedenen Heiligen und wird am entsprechenden Orte davon gehandelt werden.

Endlich kommen, bei älteren Darstellungen zumeist, auch mehrere Tauben vor, die aber nicht den h. Geist, sondern dessen verschiedene Gaben oder Kräfte bedeuten.

Auf einer franz. Miniatur des 14. Jahrh. (Pariser Bibliothek) steht Maria mit dem Kinde und sieben Tauben umkreisen ihr Haupt. Abbildung bei Didron (Iconogr. chrét.).

Auf einem Glasgemälde der Cathedrale von Chartres sitzt Maria, der kleine, segnende Christus, von einem Kreise eingefasst, befindet sich in ihrem Schoosse und von sechs Tauben, die im Kreise herum schweben, gehen Strahlen zu ihm. Abbildung ebenda.

---

*) Sollte dieses Werk einen geneigten Leserkreis finden, so wollen wir gern auch eine solche nachliefern.

I.

DIE HEILIGEN

MIT

IHREN ATRIBUTEN.

Maria die h. Jungfrau und Mutter Christi.

Die Mutter Christi genoss seit der ersten Zeit des Christenthums einer besonderen Verehrung von Seite der Gläubigen. Wenn man auch in frühester Zeit sie noch nicht mit einem solchen Nimbus umgab und sie nicht mit solchen hyperbolischen Ueberschwenglichkeiten beschwerte, wie die spätere Zeit sie erfand, so nahm sie doch immer eine bevorzugte Stellung in der Hierarchie des Himmels ein. Auch die Kunst bemächtigte sich frühzeitig des fruchtbaren Gedankens, in einer Person die jungfräuliche Schönheit neben der mütterlichen Liebe zur Darstellung zu bringen und war der Wetteifer auf diesem Gebiete das vollendetste Ideal zu gewinnen erklärlich, auch von den glücklichsten Erfolgen mitunter begleitet. In der That hat die Geschichte der Kunst der Madonna-Idee die herrlichsten Triumphe auf ihrem Gebiete zu verzeichnen und darum haben wir uns auch von diesem Standpunkte bestimmen lassen, aus der Reihe der Heiligen Maria herauszuscheiden, und als Königin derselben (nach der Lehre der kath. Kirche) an die Spitze derselben zu stellen und da sie auf dem Felde der iconographischen Behandlung ein grosses, vielseitiges Gebiet einnimmt, sie eingehender, wenn auch nicht erschöpfend zu behandeln.*)

Schliesslich sei hier bemerkt, dass alle Andacht, die auf Bildern Engel, Heilige, Donatoren oder gewöhnliche Christen vor der Madonna verrichten, stets, wie sonst bei allen Heiligen, Verehrung genannt wird, und nie Anbetung, die das Geschöpf nur dem Schöpfer schuldig ist. Die Bemerkung scheint mir desshalb hier nicht überflüssig zu sein, weil ich in unzähligen Handbüchern diese zwei Begriffe als synonyme gebraucht finde, was sie doch nicht sind.

---

*) Erschöpfend schon deshalb nicht, weil eine solche Behandlung allein schon ein sehr umfangreiches Werk ergeben würde. Jede kath. Kirche der Welt hat wenigstens ein Madonnenbild oder Statue. Und welcher Menge begegnen wir in allen Gallerien, welchen Reichthum bergen die Mappen der Sammler und Kupferstichcabinete!

I. Scenen aus dem Leben Mariae.

a. In Folgen.

Giotto pinx. 1320. In Madonna dell' Arena zu Padua, 43 Wandgemälde, zugleich das Leiden Christi enthaltend.

Tad. Gaddi pinx. 1334. In der Kapelle Baroncelli in S. Croce zu Florenz. Wandbilder.

Andr. di Cione fec. 1359. Basreliefs am Tabernakel in Or S. Michele zu Florenz.

Glasgemälde im Seitenschiff des Mailänder Domes.

Basreliefs an der Aussenseite der casa santa in Loretto von verschiedenen Meistern.

Bern. Luini px. Fresken in Saronno bei Mailand.

Nicoletto da Modena sc. 1450. B. 6—20.

Isr. van Mecken sc. B. 30—41.

Albr. Dürer fec. 1510. Bekanntes vorzügliches Holzschnittwerk. B. 76—95.

H. Wierix sc. 18 Bl.

Callot sc. M. 76 flg.

Als Specialität werden in Folgen behandelt:

Die sieben Schmerzen Mariae: Simeon's Prophezeihung, Flucht nach Egypten, **Verlust** des zwölfjährigen Jesus, Christi Verrath, Kreuzigung, Grablegung, Himmelfahrt (da Maria auf Erden verwaist zurückbleibt).

Gewöhnlich, wenn in einem Bilde vereint, nimmt Maria das Centrum ein, während die schmerzenreichen Scenen in besonderen Feldern sie umgeben.

H. Memling px. Turiner Gallerie. Auf einem Bilde vereint.

H. Wierix sc. A. 571. 572.

Die sieben Freuden Mariae: Verkündigung, Heimsuchung, Geburt Christi, Anbetung der Könige, Darstellung im Tempel, Auffindung Christi im Tempel, Himmelaufnahme*) und Krönung.

Memling px. In München. Auf einem Bilde vereint. Gest. von E. E. Schäfer auf 3 Bl.**)

H. Wierix sc. A. 573. 574.

Glasbild aus dem 13. Jahrh. Abbild. in Didron's An. III.

---

*) In der kirchlichen Sprache wird Himmelfahrt (Ascensio) bei **Christus** und Himmelaufnahme (Assuntio) bei Maria angewendet.
**) Fälschlich von Burkhardt: die sieben Schmerzen, und von Waagen: die Passion Christi genannt.

Die Geheimnisse des Rosenkranzes: die fünf freudigen: Verkündigung, Heimsuchung, Geburt, Darstellung, Auffindung Christi;
die fünf schmerzhaften: Christus im Oelgarten, Geisselung, Dornen-
krönung, Kreuztragung, Kreuzigung; die fünf glorreichen: Auferstehung, Himmelfahrt, Pfingstfest, Himmelaufnahme, Krönung.

> Ant. **Wierix** sc. A. 554—61.
>
> H. **Wierix** sc. öfters.
>
> s. auch Madonna vom Rosenkranz.

Die Legende vom Gürtel oder Scapulier.

> s. Madonna della cintola.

b. In einzelnen Darstellungen.

Ihre Empfängniss.*) Von alten Künstlern auf die naivste Weise
als Begegnung Joachim's mit Anna unter der goldenen Pforte aufgefasst.

> Tad. **Gaddi** px. (s. Folgen.)
>
> Rid. **Ghirlandajo** px. Von verschiedenen Heiligen umgeben,
> darunter auch die Jungfrau Maria (!).
>
> A. **Dürer** f. Holzschnitt. B. 79 in oben erwähnter Folge.
>
> L. von **Leyden** sc. B. 34.
>
> Vent. **Salimbeni** sc. B. 1. Eigenthümliche Auffassung; aus dem
> Herzen beider steigen Sprossen zu den Wolken empor, wo Maria
> in den Wolken schwebt.

Ihre Geburt.

> Alte Freske des 14. Jahrhunderts in Florenz.
>
> T. **Gaddi** px.
>
> R. **Ghirlandajo** px. Im Chor von Maria Novella zu Florenz. Ab-
> bildung bei Jameson und Crowe.
>
> A. del **Sarto** px. In S. Annunziata zu Florenz.
>
> Isr. van **Mecken** px. In der Moritzcapelle zu Nürnberg. Ebenso.
> Abbildung in F. Wagner's: Der kgl. Bildersaal etc.
>
> **Dürer** fec. Holzsch. B. 80 (gibt zugleich getreu ein Bild des
> Zimmers einer Wöchnerin im Mittelalter).
>
> L. **Massard** sc. nach Murillo. Louvre.
>
> C. **Faucig** sc. nach P. Berettino.
>
> R. V. **Audenaerd** sc. nach H. Caracci.

---

*) Die symbolische Darstellung der unbefleckten Empfängniss siehe weiter.

Opferung im Tempel*); gewöhnlich die Stufen zum Tempel emporsteigend, wo sie der Hohepriester empfängt. Jungfrauen aus guten Häusern wurden beim Tempel in Jerusalem bis zu ihrer Verheirathung erzogen, wo sie die Tempelwäsche und andere Dienste für den Tempel besorgten.

T. Gaddi p. S. Croce zu Florenz.

Ghirlandajo px. In S. Maria Novella zu Florenz.

Tizian px. Für die scuola della Carità gemalt, jetzt in der Academie zu Venedig.

Isr. v. Mecken px. Lith. bei Boisserée.

Alb. Dürer fec. Holzsch. B. 81.

Vict. Carpaccio px. (Abbildung bei Jameson).**)

G. F. Schmidt sc. nach P. Testa (Eremitage) J. 172.

Maria's Jugendleben.

Ang. Gaddi px. In Gesellschaft anderer Mädchen.

Luini px. Sie unterrichtet ihre Gespielinnen. In der Brera zu Mailand.

G. Reni px. bei Lord Ellesmore, **Beauvarlet** sc. (les Couseuses) Nähend im Kreise von Mädchen.

G. Edelinck sc. nach **Fr. Cozza.** Nähend.

Vermählung. Der h. Joseph hält einen blühenden Stab; ein Jüngling bricht einen Stab entzwei. Die Bewerber um die Hand der Jungfrau erscheinen vor dem Oberpriester; nur der dürre Stab Joseph's blühte als Zeichen seiner Erwählung.

Giotto px. In Madonna dell' Arena zu Padua.

B. Luini px. In Saronno. Farbendr. in Arund.-Soc.

Angelico px. Florenz. Umriss im Gall.-W.

P. Perugino px.

Raphael px. (Lo Sposalizio) in der Brera zu Mailand.

Ghirlandajo px. In Maria Novella zu Florenz.

Isr. v. Mecken px. Lith. bei Boisserée.

Dürer fec. Holzs. B. 82.

Girolamo da Cotignola p. In S. Giuseppe zu Bologna.

L. Giordano px. Belvedere.

---

*) Darstellungen der Jugend Mariae, d. h. ihrer Erziehung durch die h. Anna, s. H. Anna.
**) Wenn bei dieser Darstellung so wie bei jener von Dürer, Tizian etc. auch ein Einhorn vorkommt, so ist dieses als (altes) Symbol der Jungfräulichkeit zu nehmen.

Vinc. Meucci px. In S. Paolino. B. Eredi sc.

Ag. Marti p. In S. Michele zu Lucca. Abbild. in Rosini.

Dupuis sc. nach Vanloo.

Verkündigung durch den Erzengel Gabriel. Dieser hält einen Oelzweig oder einen Lilienzweig, oder die Lilie steht als Blumenstock
neben Maria. Symbol der Jungfräulichkeit. Die Taube (der h. Geist)
senkt sich auf Strahlen zur betenden Jungfrau herab.

> Altes (wunderthätiges) Wandbild in S. Annunziata zu Florenz (aus
> dem 14. Jahrh.), das nur bei besonderen Festen dem Volke ge-
> zeigt wird. Abbildung bei Jameson.

Cimabue px. Abbild. ebenda.

Miniatur im Horarium der Anna v. Bretagne. Abbild. in Lacroix.

Angel. da Fiesole px. In S. Marco zu Florenz.

Benozzo Gozzoli px. In Maria sopra Minerva zu Rom. Auch im
Berl. Museum.

Donatello fec. Basrel. Florenz. Abbild. bei Agincourt.

A. Gaddi px. Florenz.

Pinturicchio p. Farbendr. in Arundel-Soc.

Giovanni Santi p. In der Brera zu Mailand.

Sim. Memmi px. in der Gal. zu Florenz. Abbildung bei Jameson.
Umriss von F. Livi im Gall.-Werke.

Fra Bartolomeo px. In der Pinacoth. zu Bologna.

Fr. da Cotignola px. In Berlin.

Tizian px. in S. Salvatore zu Venedig. C. Cort sc.

Andr. del Sarto px. Abbild. bei Jameson.

G. Reni px. Carmeliterkirche zu Paris. Gest. von Strange.

Meister E. S. vom J. 1466 sc. B. 9.

J. van Eyck px. Im Berliner Museum (Genter Altarbild).

Derselbe px. Lith. bei Boisserée.

M. Schongauer sc. B. 3

v. Mecken sc. B. 3.

Isr. v. Mecken px. Lith. bei Boisserée.

Alb. Dürer fec. Holzschn. B. 83.

L. v. Leyden sc. B. 35.

H. Goltzius sc. nach M. de Vos B. 294.

J. Matham sc. nach B. Pocetti. B. 188.

Desplaces sc. nach Boullogne.

P. Rubens px. Im Professhaus zu Antwerpen. S. à Bolswert sc.

Duflos sc. nach Dominichino.

V. Green sc. nach Basocci. Schabkunst.

Fr. Barbieri px. Piaristenkirche alla Pieve di Cento, gest. von Guadagnini. Maria betet, oben in Wolken sendet Gott Vater den Engel mit dem Auftrag fort.

Siehe auch Guénebault, wo noch mehr Kunstwerke älterer Zeit aufgezählt sind.

Zuweilen, doch selten, schwebt auf dem Strahl zu Maria herab das kleine Christkind.

Deutscher Meister des 14. Jahrh. im Berliner Museum. Das Kind trägt das Kreuz.

Basrelief am Domportal zu Würzburg. Das Kind als Embryo nimmt auf dem Strahl seinen Weg zum Schoosse Mariens. Ruinirt.

Altarbild in einer kleinen Kirche zu Aix (Provence), aus dem 16. Jahrh.

In Manuscripten des 14. u. 15. Jahrh. Biblioth. zu Paris.

Die Heimsuchung. Besuch Mariae bei ihrer Base Elisabeth und Begrüssung durch dieselbe. Luc. 1.

Alte Darstellung in den Catacomben. (Bosio, Roma sotterana.)

Cimabue px. (Abbildung bei Jameson.)

Luc. della Robbia fec. Abbildung ebenda.

Basrelief von **Orcagna** in Or-S. Michele. Florenz. Abbildung in Didron's Annales XXVI.

Albertinelli px. in Florenz (Abbild. in Crowe & Cavalcaselle.). Gest. von Demeersman im Gall.-Werk, von Vascellini in Etruria pittrice.

Meister E. S. vom J. 1466. B. 10.

Luc. von Leyden px.

Albr. Dürer fec. Holzsch. B. 84.

Seb. del Piombo px. Im Louvre.

Pinturicchio px. Abbildung bei Jameson.

Derselbe px. im Vatican.

L. Giordano px. Belvedere.

Luini px. in der Brera zu Mailand.

Aless. Tiarini px. im Louvre.

Matham sc. nach P. Cagliari. B. 83.

Rembrandt px. Gal. Grosvenor in England.

Geburt Christi zu Betlehem, nach einer alten Tradition in den Ruinen eines alten Schlosses David's, die von den Hirten (wie in der Campagna bei Rom) zum Stalle benutzt wurden.

Die Geburt Christi wurde von den Künstlern real (historisch) oder ideal (als Mysterium) aufgefasst und behandelt.

In der realen Aufassung betet Maria und Joseph oder nur Maria das neugeborne Kind an. (Virgo, quem genuit adoravit. Offic. Mariae). Im Grunde gewöhnlich der Ochs und der Esel, gleichfalls den Schöpfer anbetend. Cognovit bos posessorem suum.

> **Albertinelli** pinx. Abbild. in Jameson's Madonna.
>
> **Memling** px. Brügge. Farbendr. in Arund.-Soc.
>
> **M. Schongauer** sc. B. 4 und 5.
>
> **B. Zeitblom** px. Abbild. bei Otte: Arch.
>
> **Lor. di Credi** pinx. In der Gall. Borghese zu Rom.

In der idealen Auffassung nehmen Engel oder Heilige an der Anbetung oder Hilfeleistung Antheil.

> **Meister E. S.** vom J. 1466. B. 13.
>
> **Perugino** pinx.
>
> **Lor. di Credi** pinx. Im Palast Pitti zu Florenz.
>
> **Catarina Piotti** sc. nach B. Luini (Engel spielen auf Instrumenten).
>
> **Poilly** sc. nach P. Berettino.
>
> **P. de Jode** nach G. Seghers. S. Franciscus und Clara beten das Kind an. Der Erstere ist Erfinder der sogenannten h. Krippen, des Krippenspiels.

Anbetung der Hirten, denen die Geburt des Heilandes durch den Engel ist verkündigt worden.

> **Raphael** pinx. In den Loggien des Vatican. Gest. in der Folge der Bibel.
>
> **Allegri** px. (h. Nacht). Dresden. Gest. von Lefévre, Surugue.
>
> **A. Gaddi** px. Florenz. Umriss im Gall.-W.
>
> **A. Buonvicino Moretto** px. Berl. Museum.
>
> **P. Monaco** sc. nach Seb. Ricci.
>
> **Giac. Barri** sc. nach P. Cagliari.
>
> **F. Poilly** sc. nach G. Reni.
>
> **S. à Bolswert** sc. nach Rubens.
>
> **L. Vorsterman** sc. nach demselben.

Anbetung der Weisen*), die der Stern zur Geburtsstätte des Weltenherrn leitete.

> **Meister Wilhelm** Cölner Dombild. F. P. Massau sc.
>
> **Meister E. S.** vom J. 1466 sc. P. 125.

---

*) Die Namen der drei Könige kommen bereits 1166 auf einer Sculptur über dem Thor von S. Andrea in Pistoja vor. Agincourt, Scultura Taf. 27.

Memling px. Brügge. Farbendr. in Arundel-Soc.

J. van Eyck px. In den Uffizien zu Florenz.

M. Schongauer sc. B. 6.

Zwoll sc. B. 1.

Albr. Dürer px. In Florenz. Holzschn. von ihm. B. 87.

T. Gaddi px. (die drei Weisen sehen im Stern ein Kindlein).

Pinturicchio px. Berl. Mus.

Leonardo da Vinci pinx. In den Uffizien. In den drei Königen sind die drei Mediceer Cosmo, Lorenzo u. Giuliano dargestellt.

Ghirlandajo px. Palast Pitti, Florenz. A. Tricca sc. Im Gall.-W.

Fil. Lippi px. Florenz. F. Ravano sc. im Gall.-W.

Baltasar Peruzzi px. In der engl. National-Gallerie.

Francia px. In Dresden.

Palma vecchio p. In der Brera, Mailand.

C. Dellarocca sc. nach B. Luini.

N. Dorigny sc. nach C. Maratti.

L. Vorsterman sc. nach Rubens.

Nic. Pisano fec. Basrelief in der Sacristei zu Pisa. Abbild. bei Agincourt.

Benozzo Gozzoli p. Freske im Campo Santo zu Pisa. Gest. von Lasinio.

Die Darstellung im Tempel. (Reinigung.)

v. Eyck px. Sammlung Boisserée.

A. Dürer fec. Holz. B. 88.

Fra Bartolomeo px. Belvedere. Gest. von Perfetti. Rahl.

B. Luini px. in Saronno. Farbendr. in Arundel-Soc.

Drevet sc. nach Boullogne.

A. Ghiberti sc. nach Luini.

Die Flucht nach Egypten. Ein beliebter, oft wiederholter Vorwurf für Maler aller Zeiten und Schulen. Theils als wirkliche Reise, theils als Ruhe auf derselben aufgefasst.

Als wirkliche Reise:

Pinturicchio px. Freske in S. Onofrio zu Rom. Auszug aus Bethlehem, im Grunde der Kindermord. Abbild. bei Jameson.

G. Reni px.

N. Poussin px. (über den Fluss setzend).

Vallet sc. nach C. Maratti. Ebenso.

H. Hess px. Ebenso. Gest. von A. Schultheiss im K. Ludwig's Album.

Als Ruhe während der Flucht, oder in Egypten.

Jan Schoreel px.

A. Allegri px. La Zingarella. Neapel. Gest. von Porporati, Toschi, Earlom, Houston, Trasmondi etc.

Derselbe. La scodella, früher in der Kirche S. Sepolcro, jetzt in der Academie zu Parma. Gest. von Brizzio, Ravenet, Toschi.

Tizian px. Gest. von Bonasone, J. B. del Moro, M. Rota.

Barocci px. Madonna della scodella. Auf die Legende von dem Brunnen in der Wüste anspielend, in dem Maria die Windeln wusch. Das Kind bei Barocci ist indessen zu gross. H. Guttenberg sc. Auch ältere anonyme Stiche.

Tad. Zuccaro px. Einkehr im Hause eines Räubers, der sich dann nach der Legende bekehrte. Abbild. bei Jameson.

L. Massari px. Florent. Gall. Maria wäscht die Windeln.

Poilly sc. nach P. Berettino. Joseph reicht dem Kinde Obst.

F. Bartolozzi sc. nach C. Maratti. Der h. Joseph bringt dem Kinde Kirschen.

Oft ist diese Scene durch einen oder mehrere Engel belebt.

Luc. Cranach fec. Holzsch. B. 3. 4. Engeltanz. Köstliche Composition.

v. Dyck px. Engeltanz. Sammlung des Lord Ashburton. Gest. von C. Galle, S. à Bolswert.

Aug. Carracci sc. nach Giul. Campi.

Die Rückkehr aus Egypten.

Rubens px. Gall. Blenheim. Darnach ein Stich aus dessen Schule; auch gest. von Vorsterman, geschabt von R. Laurie.

Vascellini sc. nach F. Vanni. In S. Quirico zu Siena. In Etruria Pittrice.

Maria findet den zwölfjährigen Jesus im Tempel.

Giotto pinx.

A. Dürer fec. Holz. Im Leben Mariae. B. 91.

B. Luini px. in Saronno. Farbendr. in Arund.-Soc.

Pinturicchio px.

C. Rampoldi sc. nach B. Luini.

Die Hochzeit in Cana.

Luini px. Freske in S. Maurizio zu Mailand.

P. Cagliari px. Dresden.

Christus nimmt vor seinen Leiden Abschied von seiner Mutter.

Diesen Gegenstand behandelten vorzüglich Künstler der deutschen Schule mit besonderer Vorliebe.

Dürer fec. Holz. B. 92.

Dan. Hopfer sc. B. 8.

Maria begegnet dem kreuztragenden Sohne. Lo Spasimo.

Raphael px. Berühmtes Bild, das nach Palermo in Sicilien bestimmt war, auf dem Meere verunglückte und auf den Meereswellen glücklich und unversehrt bis in den Meerbusen von Genua getrieben wurde. Jetzt im Madrider Museum. Gest. von Toschi.

Gaud. Ferrari px. In S. Cristoforo zu Vercelli.

C. Galle sc. nach van Dyck.

F. Poilly sc. nach H. Carracci. (Einzelfiguren.)

Die Kreuzigung.
Maria nimmt auf dem Calvarienberge immer die rechte Seite ihres Sohnes ein. Zuweilen sinkt sie in Ohnmacht. Entsprechender und würdiger ist das standhafte Ausharren der „grandissima Donna" wie Zani sagt.

A. Mantegna px. Maria von Frauen gehalten.

Dan. da Volterra px. Trinità de' monti zu Rom. Gest. von Dorigny. Maria in Ohnmacht.

Desplaces sc. nach H. Carracci.

Kreuzabnahme.

Nic. Pisano fec. Basrelief in Lucca. Maria umfasst die freigewordene Hand des todten Sohnes.

Duccio da Siena px. Maria sucht den Leichnam ihres Sohnes in ihren Armen aufzufangen. Ergreifende Composition.

Toschi sc. nach Volterra (Trinità de' monti, Rom).

Barocci px. Perugia. Maria in Ohnmacht. Gest. von Villamena, Faleini.

M. Steinla sc. nach Fra Bartolomeo.

Rubens px. Gest. von Vorsterman, Clouvet.

Maria mit dem Leichnam Christi im Schoosse unter dem Kreuze sitzend.
Ein beliebter Vorwurf, oft wiederholt. Sie ist

von Johannes, Magdalena, den frommen Frauen oder (in idealer Auffassung) von verschiedenen Heiligen, z. B. Franz von Assisi, Clara etc. umgeben. Nur einzelne Hauptwerke können hier angedeutet werden. S. auch Mater dolorosa und Pietà.

Michel-Angelo fec. Marmorgruppe in S. Peter.

G. Bellini px. Mailand (am Grabe).

Francia pinx. Darnach eine gute Lithographie.

Allegri px. Louvre. Gest. von Rosaspina.

H. Carracci px. Castel Howard.

van Dyck px. Belvedere.

S. à Bolswert sc. nach van Dyck (nicht das Bild aus dem Belvedere).

Rob. de Bolten sc. nach J. Robusti.

F. Poilly sc. nach H. Carracci.

Roullet sc. nach demselben. Andere Composition.

Grablegung Christi.

Giotto px. In der Arena zu Padua.

Giottino px. In den Uffizien zu Florenz.

Perugino px. Ebenda. Gest. von Amilcare Daverio. J. N. Hoff.

Raphael px. In der Gallerie Borghese zu Rom. Hauptbild des Meisters und dieser Gattung. Gest. von Amsler.

Tad. Gaddi p. Berl. Museum.

Zurbaran px. In München. Johannes und Maria kehren von dem Begräbniss heim.

Der auferstandene Heiland erscheint seiner Mutter. Als
Gegenstück zum Abschied ebenfalls bei Künstlern beliebter Gegenstand. Er ist zwar nicht biblisch festgestellt, aber wer wird die Wahrheit dieser Begebenheit bezweifeln? Auch suchte Maria (die einzige unter den frommen Frauen) am Ostermorgen das Grab ihres Sohnes nicht auf, was auf unseren Gegenstand ein grosses Licht wirft. Darum die österliche Begrüssung: Regina coeli laetare etc.

Fr. Barbieri Guercino px. In der Cathedrale zu Cento, von Goethe sehr gelobt.

G. Reni px. Dresden; gest. von J. Tardieu.

H. Wierix sc. nach B. Passari.

Alte Stickerei auf einer Casel in Xanten. Gest. von A. Glaser. Düsseld. H.-Bilder.

Himmelfahrt Christi. Maria erscheint nicht immer bei dieser
Begebenheit.

A. Giotto pinx In der Arena zu Padua.

Pfingsten. Sendung des h. Geistes. Maria nimmt im Kreise der Apostel die Stelle Christi ein. Apostelgesch. 1, 14.

 H. Memlinck p.

 C. Cort sc. nach Tad. Zuccaro.

 Menarola sc. nach L. Bassano.

Der Tod Mariae. Nach der Legende starb Maria zu Ephesus, wo sie bei Johannes dem Evang. wohnte und sollen sich vor ihrem Absterben die Apostel um ihr Sterbebette versammelt haben, nachdem ihr der Erzengel Michael die nahe Auflösung verkündigt hat.

a. Der Tod vom Erzengel verkündigt.

 Alte Sculptur am Altar von Or-San-Michele in Florenz.

 Fra Filippo Lippi px. Der Engel reicht der Madonna eine brennende Kerze dar.

 H. Schäufelein px. München.

b. Der Tod im Kreise der Apostel.

 Orcagna fec. Lasinio sc. Christus erscheint beim Lager und nimmt ihre Seele in Gestalt eines kleinen Kindes zu sich.*)

 Taddeo Bartoli px. Ebenso. Siena.

 Ang. da Fiesole px. Christus erscheint in Wolken im Kreise vieler Engel. Ufficien zu Florenz.

 Jan Schoreel px. Gall. Boisserée. Lith. v. Strixner.

 M. Schongauer sc. B. 33. Copirt von I. v. Mecken. B. 50. Glockenton B. 17.

 A. Dürer fec. Holz. B. 93.

 Rembrandt sc. B. 99.

 Caravaggio px. In La Scala in Trastevere zu Rom. Sehr naturalistisch, aller Poesie baar. S. Vallée sc.

 J. Fischer sc. nach Saraceno.

c. Grablegung der Maria durch die Apostel.

 Tadd. Bartoli px. Siena.

 L. Carracci px. Parma.

Himmelaufnahme Mariae. Nach der Meinung der Kirche hatte das allgemeine Gesetz (der Verweslichkeit des Leibes) keine Gewalt über sie, indem auch ihre begnadigte Leiblichkeit sogleich an der himmlischen Verklärung Theil nahm, die dem frommen Christen erst

---

*) In dem Werke: Il Tabernacolo della Madonna d'Or-Sanmichele. Firenze, 1851 Im Mittelalter wurde oft die Seele als kleines geschlechtsloses Kind dargestellt.

nach der Auferstehung verbürgt wird. Im leeren Grabe fanden die Apostel blühende Rosen.*) Dramatisch ist der ganze Vorgang beschrieben in Jac. Voragine: Legenda aurea.

Giunta Pisano fec. 1230. Sie ruht bei Jesus in der Mandorla, die von Engeln getragen wird.

Andrea Orcagna fec. 1359. Basrelief in Or-San-Michele zu Florenz. Ebenso.

Taddeo Bartoli px. Siena.

Domenico di Bartolo px. 1430. Siena.

Raphael px. Im Vatican. Gest. von Stölzl.

Gaud. Ferrari px. 1525. In Vercelli.

A. Allegri px. In der Kuppel des Domes zu Parma. 1530. Toschi sc.

Tizian px. Gall. Venedig.

H. Carracci px. In der Pinac. zu Bologna.

G. Reni px. Garavaglia sc.

Rosso de' Rossi px. Cortile della Nunziata. Lasinio sc. In Etruria Pittrice.

Rasaspina sc. nach H. Carracci. Früher bei S. Francesco, jetzt in der Pinacothek zu Bologna.

Aug. Carracci px. Früher in S. Salvatore, jetzt in der Pinacothek zu Bologna, gest. von Mitelli, J. Wagner, G. Asioli (Pinacotheca).

Isr. v. Mecken px. München. Christus empfängt sie auf die lieblichste Weise.

Rubens px. öfters mit Veränderungen.

Krönung Mariae.

a. Von der Dreieinigkeit. Siehe daselbst.

b. Von Gott Vater allein.

Fra Filippo Lippi px. Spoleto.

c. Von Christus allein. (L'Incoronata.)

Mosaik vom J. 1290 in S. Maria Maggiore zu Rom. Abbildung bei Jameson.

---

*) Didron führt in s. Annalen (XIII. 242) ein Bild aus der van Eyck'-schen Schule an, welches ein ganz nacktes Mädchen vorstellt, das von Engeln emporgetragen wird, und glaubt hier eine Vorstellung der Himmelfahrt Mariae zu haben, freilich in ungebührlicher Auffassung. Trotz allen Gründen, die dort für diese Ansicht angeführt werden, können wir uns nicht entschliessen ihm beizustimmen und müssen hier nur an Maria v. Egypten denken, wie sie auch von Dürer, Cranach etc. auf diese Weise dargestellt wurde. Siehe diese.

Mosaik vom J. 1130. In Maria in Trastevere zu Rom. Abbildung
ebenda.

Elfenbein des 13. Jahrh. im Louvre. Abbild. Didron Annales XXI.

Mosaik von Gaddo Gaddi ober dem grossen Thor der Cathedrale
zu Florenz. 1330.

Giotto px. In S. Croce zu Florenz (Kapelle Baroncelli).

P. Laureati px. Abbild. bei Jameson.

Ang. da Fiesole px. Im Louvre.

Derselbe, in der Acad. zu Florenz. Gest. von Elena Perfetti.

Derselbe, anders. Von vielen Heiligen umgeben. Gest. von
Chiossone, Forsell etc. Als Farbendruck in Arundel-Society.

Raphael del. (war für die Sixtin. Capelle bestimmt). Abbild. bei
Jameson.

Vivarini px. In der Academie zu Venedig.

Fil. Lippi px. In Spoleto. Abbild. bei Jameson.

Lor. di Credi px. Coll. Rogers.

M. Schongauer sc. B. 72.

Altdeutsches Bild in der Lorenzkirche zu Nürnberg. Abbild. bei
Otte, Archeol.

Rubens px. Für die Jesuitenkirche in Brüssel. P. Pontius sc.

Pacchiarotti px. In S. Spirito zu Siena. Lasinio sc. In Etruria
Pittrice.

Meister mit dem Würfel sc. B. 9. 10.

Maria von Engeln gekrönt. Regina angelorum.

s. Maria, Königin der Engel.

II. Andachtsbilder der Madonna.

Einzelfigur oder Brustbild. Betend. (In erster Zeit des Christenthums ist das Beten durch ausgebreitete Hände vorgestellt.)

Griech. Basrelief aus dem 6. Jahrhundert. Abbild. bei Jameson
Madonna.

Mosaik im Oratorium des h. Venantius im Lateran zu Rom. 642.
Abbild. ebenda.

Mosaik in Spoleto vom J. 1209.

Meister E. S. vom J. 1466. Pass. 139. Eine der gemüthlichsten
und lieblichsten Compositionen der altdeutschen Schule.

G. F. Schmidt sc. nach Sassoferato.

Als Mater dolorosa. Die Künstler ersten Ranges verzichteten in der Regel auf das durch die Bibel gegebene Symbol (Luc. 2, 35), mit dem Schwerte und bemühten sich vielmehr, den Schmerz in den Gesichtszügen auszudrücken, ihn aber zugleich zu verklären.

Hierher können wir alle Madonnen einbeziehen, die nebst Johannes neben dem Kreuze stehen. Stabat mater dolorosa juxta crucem etc.

Fra Angelico pinx. Abbild. bei Jameson.

Lorenzo da Credi px. Abbild. ebenda.

G. Reni px. Berl. Mus. Gest. v. Trossin.

Springinklee f. Holz. B. 12. In Salus animae.

Solimena px. Dresden. F. Müller sc.

Ph. de Champagne px.

S. à Bolswert sc.

G. J. Felsing sc. nach L. da Vinci.

Maria mit dem todten Heiland. Pietà. Nicht als biblische Begebenheit, sondern als Andachtsbild aufgefasst.

Gruppe bei S. Jacob in Nürnberg.

M. Anton sc. nach Raphael. B. 34. 35.

Goltzius sc. B. 41.

Rietschel fec. Marmorgruppe in der Friedenskirche zu Potsdam. Abbild. in Egger's Kunstbl. 1855.

Maria mit dem göttlichen Kinde. Die Darstellungen sind unzählbar. In ältester Zeit sind Mutter und Kind in idealer, ernster Weise gedacht. Erst in späterer Zeit wurden einzelne oder mehrere Züge des gewöhnlichen Familienlebens auf mehr oder weniger würdige und poetische Weise mit hinein bezogen.

Maria sitzt (gekrönt) und hält im Schoosse das Kind, welches segnet. Mosaik in der Cathedrale zu Capua. 8. Jahrh.

Ebenso, doch nicht gekrönt, schon in der Catacombe der h. Agnes. Abbild. bei Perret.

Die Madonna del Voto zu Siena.

Guido da Siena px. Abbild. bei Jameson. Byzant. Character.

Cimabue px. Ebenso.

La Madonna di San Brizio, in Orvieto, sehr alt. Ebenso die Madonnen in den Cathedralen von Udine und Padua, die dem h. Lucas zugeschrieben werden.

Miniatur in der Pariser Bibl. Engel lehren das Kind Cither spielen. Abbild. in Didron Annal. III.

Raphael px. Diverse Compositionen, die wohl allgemein bekannt sind.

M. Anton sc. nach Raphael. B. 63.

Fra Bartolomeo px.

Murillo px.

Correggio px. In den Uffizien. Gest. von Rahl.

M. Schongauer sc., verschiedene Compositionen.

I. v. Mecken sc. B. 28—30.

A. Dürer sc. Oft, und ist eine Composition reizender als die andere.

V. Stoss sc. B. 3.

Monogrammist WCIEF 1586. Maria lässt am Bindfaden einen Vogel fliegen.

C. Crivelli px.

Mabuse px. Berl. Museum.

F. Granacci px. Im Berl. Museum.

Squarzione px.

P. Bettelini sc. nach Fr. Barbieri. Maria hält einen Vogel.

Maria das Kind säugend — um die Mutterschaft Mariae anzudeuten. Oft war indessen den Künstlern mehr an der Darstellung der nackten Brust als an einer ernsten Auffassung der Mutterliebe, mit der sich die reinste Jungfräulichkeit vereinte, gelegen.

van Eyck pinx.

Roger v. der Weyden px. In Sevilla. Abbild. in Quast: Zeitschrift.

A. Dürer sc. B. 34. 36.

Temperabild der flor. Schule um 1360. Im Berl. Museum.

Carillo px. 15. Jahrh. Ebenda.

Andrea Solario px. Im Louvre.

D. Zenoi sc. nach einer Statue in Parma (Madonna della Steccata.

van Dyck pinx.

E. Steinbrück px. Lith. von A. Arnst im K. Ludwigs-Album.

Bartolozzi sc. nach C. Dolce.

G. Reni sc. B. 51.

C. van Dalen sc. nach G. Flinck.

J. C. Ulmer sc. nach A. Solari.

A. v. der Werff px. Gest. von R. Cardon.

H. Wierix sc. A. 351. Schönes Bildchen.

Zur Madonna mit dem Kinde gesellt sich zuweilen der kleine Johannes, der entweder Blumen, Obst oder ein Thierchen dem Heilande bringt, oder als Spielcamerad auftritt.

Raphael px. Im Belvedere. Gest. von Rahl.

Raphael px. Madonna della sedia, Pal. Pitti. Gest. von R. Morghen, Mandel etc.

Pinturicchio px. Abbild. bei Jameson.

Tizian px.

Andrea del Sarto px. Gest. von Morghen.

A. Veneziano sc. B. 49.

In gleicher Weise ein oder mehrere Engel.

A. Botticelli px. Florenz.

Fil. Lippi px.

Raff. del Garbo px. Berlin. Gest. v. F. E. Eichens.

H. Memling px. Florenz. Die Engel musiciren. Ein ähnliches in Madrid. Stich davon im Gall.-Werk.

A. Dürer fc. Holz. B. 101.

H. Baldung Grün fec. Clair-obscur. Pass. 66.

Giov. Bellini px. Venedig. Abbild. in Zanotto. Pin. Ven.

Poilly sc. nach Maratti.

Maria mit dem Kinde auf dem Throne von zwei oder mehreren Heiligen umgeben. Wo ein solches Bild als Altarbild gestiftet wurde, stellen die angebrachten Heiligen gewöhnlich die Patrone der Donatoren vor. Hier sind nur einige Beispiele anzuführen möglich.*)

H. Memling px. Im Johannes-Hospital zu Brügge (mit den h. Catharina und Barbara).

B. Montagna px. Im Berl. Museum (mit den h. Homobonus und Franciscus).

P. Perugino px. Vatican. D. Marchetti sc.

S. Botticelli px. In S. Barnaba zu Florenz; gest. von Carboni. Etruria Pittr.

Raphael pinx. Madonna della pesche. Marc Anton sc. B. 54.

Allegri px. Dresden. Gest. von Lutz. (Madonna di S. Francesco.)

Derselbe. Madonna di S. Sebastiano. Dresden. A. Lefévre sc.

Andrea del Sarto px. Florent. Gallerie.

Bagnacavallo px. P. Lutz sc.

_____

*) Maria mit dem Kinde, das sich mit der h. Catharina vermählt, s. Catharina.

H. Familie. Wenn neben Maria mit dem Kinde auch der h. Joseph am Bilde sichtbar erscheint, so haben wir die h. Familie. Diese Bezeichnung wird auch zuweilen bei der Madonna mit dem Kinde angewendet, was jedoch ganz irrthümlich ist.

Lor. di Credi px. Gal. Borghese zu Rom.

A. del Sarto p. Wandbild in S. Annunziata zu Florenz. Gest. v. R. Morghen. Bartolozzi.

H. Carracci px. Joseph als Zimmermann beschäftigt, wird vom h. Kinde bedient. Ehemals in der Gall. Orleans. Gest. von J. Couché.

Goltzius sc. B. 20. Eins seiner Meisterwerke.

Callot sc. M. 65. Die h. Familie bei Tisch, Joseph gibt dem Kinde zu trinken.

Edelinck sc. nach C. le Brun. RD. 8. Ebenso. Christus ist mehr erwachsen.

Zur h. Familie gesellt sich auch die weitere Verwandtschaft Christi, die h. Anna, Elisabeth u. s. w.

A. Dürer fec. Holz.

A. Altorfer sc. B. 14. Die h. Anna bringt die Wiege in Ordnung.

L. Cranach fec. Holzsch. B. 5.

H. Baldung Grün fec. Clair-obscur. Pass. 67.

Raphael px. Louvre.

G. Romano px. Dresden.

G. Benaglia sc. nach H. Salaino. (L. da Vinci inv.)

H. Familie mit verschiedenen Heiligen oder Engeln.

Die Kunstwerke dieser Art sind unzählbar.

Raphael px. Louvre. Gest. von Edelinck, Richomme, Caraglio, Rousselet, J. Frey, Picart etc.

Bartolozzi sc. nach N. Poussin.

Tizian px. Oefters mit verschiedenen Heiligen. Die Stiche nach solchen Bildern Tizian's bilden eine ganze Sammlung.

A. van der Does sc. nach E. Quellinus.

Maria in der Glorie. Oft hat die Glorie die mandelförmige Gestalt (Mandorla).

Ital. Freske des 14. Jahrh. Abbild. bei Didron: Icon. chrét.

P. Perugino px. Pinac. von Bologna, gest. von Rosaspina im Gall.-Werk.

Ruscheweyh sc. nach Steinle.

Rasaspina sc. nach L. Sabattini. Pinac. von Bologna. Maria in Glorie von Engeln.

Maria als Königin der Engel. Meist in der Glorie, über Wolken und der Erde entrückt. Zuweilen von Engeln gekrönt.

Cimabue px. In Maria Novella zu Florenz, Capelle Rucellai, gest. von Carboni in Etruria Pittr.

Domen. di Bartolo px. Berl. Museum.

Fra Bartolomeo px. Ebenda. Die Engel musiciren.

Meister E. S. 1466. Pass. 143.

Isr. van Mecken sc. B. 49.

H. Schäuflein fec. Holz. B. 31.

N. Beatrizet sc. B. 27.

Meister mit dem Würfel sc. B. 5.

C. Visscher sc. nach Rubens.

Unbefleckte Empfängniss. Symbolische Darstellung derselben. Diese nimmt ihre Symbole aus der Apocalypse Cap. 12.

Murillo px. Madrid. Lith. im Gall.-Werk.

Derselbe px. Louvre. Gest. v. A. Lefévre. P. H. Eichens.

Isr. v. Mecken. B. 49.

H. Ladenspelter sc. Pass. 13.

G. Reni px.

Roelas px. In der Academie zu Sevilla.

A. S. Carmona sc. nach Math. Zarozo.

Rosaspina sc. nach G. A. Sirani. Pinac. Bolog.

Nebenbei gehören hieher die Darstellungen von Kirchenlehrern, welche über dieses Dogma disputiren. Madonna erscheint über ihnen in Wolken.

G. Reni px. W. Sharp sc.

Dosso Dossi px. Dresden.

Maria als Beschützerin.

Basrelief in Venedig. Eingang zur scuola della charità. Abbild. bei Jameson.

Holbein px. (Madonna der Familie Meyer.)

Pierro della Francesca px. Im Hospital von Borgo S. Sepolcro Abbild. bei Jameson.

Ag. Carracci sc. nach P. Cagliari. B. 105.

C. G. Saunders sc. nach Fra Bartolomeo.

Durch besondere Heilige, die man zu Maria gesellte, wollte man auch die besondere Art des Schutzes von Seite der Letzteren andeuten. So

Gegen Pest und andere Krankheiten. Als Patrone erscheinen hier die H. Sebastian, Rochus, Georg, Cosmas und Damian und Andere.

Tizian px.   Im Vatican.

Allegri px.   Dresden.   Madonna di S. Sebastiano.

G. Reni px.   Pinacoth. von Bologna.

Gegen Feuer oder Wassernoth. Als Patrone die H. Georg, Barbara.

Allegri px.   Madonna di S. Giorgio.

Gegen Krieg s. Maria della Vittoria.

Madonna della stella. Stella matutina, nach dem Ausdruck der Kirche, oder Stella maris.

Cimabue px.   In Maria Novella zu Florenz.   Abbild. bei Agincourt.

Maria als Fürsprecherin bei Christus für die Menschen.

A. Orcagna px.   Wandbild im Campo santo zu Pisa.   Abbildung bei Rossi.

M. Angelo px.   In der Sixtina.

Raphael px.   In der Disputa.   Vatican.

Madonna vom Rosenkranz.

Isr. v. Mecken sc.   B. 48.

M. A. da Caravaggio px.   Belvedere.   Maria lässt durch die h. Dominik und Petrus Martyr Rosenkränze austheilen.

A. Gimignani sc.   B. 4.

Jer. David sc. nach G. Reni.

D. M. Canuti sc.   B. 1.

Ch. Alberti sc.   B. 37.

Nüsser sc. nach A. Müller.   Düsseld. H.-Bilder.

Madonna della cintola (Gürtel). Zu Vercelli zeigt man den Gürtel, den Maria, als sie zum Himmel emporstieg, fallen liess, um den h. Thomas zu überzeugen, dass sie oben sei.

Palma vecchio px.   1535.   In der Academie zu Florenz.

Agnolo Gaddi px.   1365.   In der Capelle della Cintola der Cathedrale zu Prato.

F. Granacci px.   1530.

Madonna als Königin des Himmels.

Giunta Pisano px. 1230. Assisi. Abbild. bei Jameson.

Meister E. S. vom J. 1466. B. 34. Sie theilt mit Christus den Thron.

Maria am Brunnen. Puteus aquarum viventium. Hohel. 4, 15. Ein Brunnen aller Güte. Kirchenlied.

M. Zagel sc. B. 2.

S. à Bolswert sc. nach Rubens.

P. Facchetti sc. nach G. Romano. Dresden.

Maria die verschlossene Pforte; Porta clausa. Ezech. 44, 2. Gott geht durch die verschlossene Pforte, ohne dass sich diese zu öffnen braucht.

M. Schongauer sc. B. 32. Im Hofe oder Garten mit dem Kinde sitzend; im Grunde ein Thurm mit einer Pforte. Cop. von Is. van Mecken. B. 46.

Maria die Pforte des Himmels. Felix coeli porta. Kirchenlied.

Vinc. Lopez px. Carthause von Valenzia. Gest. v. V. Capilla.

F. E. Eichens sc. nach E. Steinbrück.

Maria der verschlossene Garten; Hohel. 4, 12. Der Sinn derselbe, wie oben bei der verschlossenen Pforte.

J. v. Eyck. Im Besitz des Königs von Holland. Verkündigung Mariae, im Grunde der verschlossene Garten.

J. Wierix sc. A. 486. 487.

Maria im Garten oder im Rosenhag. Hohel. 2, 2. Eine Rose ist entsprungen, Von Jesse war die Art. Altes Kirchenlied.

Das Schönste, was der Garten an Blumen hervorbringt, war von den Künstlern mit Vorliebe mit Maria in Verbindung gebracht. Besonders musste die Rose, die Königin der Blumen, es sich gefallen lassen, Mariä-Bilder und Altäre zu zieren.

Altes Bild in Strassburg: Maria in einer Rosenhecke voll singender Engel.

Bild aus der Schule von Cöln im Berl. Museum.

M. Schongauer pinx. In Colmar.

Derselbe sc. B. 30.

Fil. Lippi px. Maria im Garten vor dem Kinde betend, auf welches Engel Blumen streuen.

Francia px. München.

Cesare di Sesto px. Mailand.

F. Keller sc. nach Steinle.

S. Botticelli px. Berl. Museum. Maria wird von Engeln mit Rosen bekränzt.

Nicht allein Rosen, auch andere Blumen werden von Künstlern gewählt.

So Nelken:

J. Convay sc. nach Raphael; ebenso J. Boulanger, Bridoux, **E. Hainzelmann** sc.

Garofalo px. (oft); die Nelke war des Malers Monogramm.

Eine Lilie.

C. E. Hess sc. nach C. Dolce. s. auch Verkündigung.

Nicht allein Blumen, auch Obst kommt oft mit der Madonna in Berührung, besonders ein Apfel, eine Birne oder eine Weintraube.

A. Dürer sc. B. 41.

Monogr. **B. M.** Pass. S. Madonna mit der Birne.

Monogr. **H. W.** B. 1. Madonna unter Weintrauben.

Goltzius sc. B. 24. H. Familie mit Kirschen.

E. F. Lignon nach B. Douven. Kirschen. Musée Napoleon.

Maria oder die h. Familie in Gesellschaft von verschiedenen Thieren. Nach dem apocryphen Evangelium kamen, als die h. Familie nach Egypten floh, die wilden Thiere der Wüste herbei, um in friedlicher Eintracht das Christkind anzubeten.[*] Einzelne Beispiele sind bereits erwähnt.

Raphael px. Madonna del cardellino (mit dem Stieglitz). Florenz.

Francia px. Ebenso. Gall. Giustiniani in Rom.

Andrea del Sarto p. Ebenso. Pal. Sciarra in Rom.

Dürer sc. Maria mit dem Affen, B. 42; mit dem Schmetterling, B. 44.

Derselbe. Holz. Madonna mit dem Häschen. B. 102.

F. Baroccio px. Coll. Rogers. Eine Katze.

Tizian px. Louvre. Hase.

M. Schongauer sc. B. 29. Mit einem Papagei.

---

[*] Der Sinn liegt noch tiefer. Die Sünde störte die allgemeine Harmonie der erschaffenen Wesen; wie sich der Mensch Gott gegenüber feindlich stellte, so empörte sich die Natur auch gegen ihn und nur durch Gewalt konnte er die Naturkräfte sich theilweise dienstbar machen. Der Erlöser tilgte die Schuld, wesshalb das raubgierigste Thier in seiner Nähe sanft erscheint.

A. Corot sc. nach G. Romano. Mit der Eidechse.

C. Cort sc. nach T. Zuccaro. Eine Katze beschleicht den Vogel.

Maria Schnee. Maria ad nives, Madonna del neve, Notre Dame aux nièges.

Mitten im Sommer fiel auf einem Felde bei Rom so viel Schnee, dass er den Grundplan zu einer Kirche vorstellte. Auf diesem Platze wurde unter Papst Liberius eine Kirche (eine der vier Patriarchalkirchen), zugleich die älteste Marienkirche um 440 erbaut. Es ist S. Maria maggiore oder Maria ad nives zu Rom. Diese wird auch in vielen andern Ländern verehrt, besonders in Capellen in hohen Alpenregionen; so auf dem Rigi in der Schweiz. Die nördlichste Kirche der Madonna ist tief im Schnee Sibiriens begraben, zu Abalak bei Tobolsk. Der Schnee ist Symbol der jungfräulichen Reinheit. Das Fest fällt auf den 5. August.

Vier alte Mosaikbilder in S. Maria Maggiore zu Rom, die Geschichte der Gründung der Kirche vorstellend, und zwar an der Façade der Kirche; links der Traum des vornehmen Römers, dem Maria erscheint, dann derselbe Traum des Papstes; rechts der Vornehme vor dem päpstlichen Throne, dann der Schneefall, den Cherubim so begränzen, dass der Schnee die erwähnte Fläche bedeckt, die der Papst in der Erde bezeichnet. Chromolithogr. getreue Abbild. in G. B. Rossi: Mosaici cristiani. Roma 1872.

Maria della Vittoria. Der Sieg über die Türken bei Lepanto wurde der Fürsprache Mariae zugeschrieben und sie dann unter der Bezeichnung della Vittoria verehrt.

Andrea Mantegna px. (bezieht sich auf einen anderen Sieg).

Wierix sc. M. 146.

Die schwarze Maria, Maria als Negerin Diese Darstellungsart kam aus dem Orient und basirt wahrscheinlich auf dem Bibeltext Hohel. 1, 4. Nigra sum, sed formosa.

Eine Darstellung von der Hand eines namhaften Künstlers ist mir nicht bekannt.

Abacum und Audifax.

Mart. Brüder. † 270. 19. Januar.

An einen Pfahl gebunden und mit Hacken gemartert.

Ihr Martyrium zu Ostia, weil sie die Leiber der Martyrer in Rom begruben.

Alter anonymer Stich.

Abdon.

Persischer Prinz. Mart. unter Decius. 30. Juli.

Ein Löwe begleitet ihn.

Wilde Thiere haben sich oft gegen Heilige, besonders Einsiedler, freundlich und selbst dienstfertig bewiesen.

Hält mit dem h. Senon ein Schwert.

Beide wurden gemeinschaftlich mit demselben Schwerte hingerichtet.

Er ist mit Senon an eine Säule gebunden und werden beide enthauptet.

Alter Holzschnit in: Vita Sanctorum 1488. Fol. 88.

Abercius.

Bischof von Hierapolis in Phrygien. † um 167. 22. Oct.

Er zerstört die Statue des Apollo.

Er wollte damit dem Götzendienste Abbruch thun. Euseb. V.

Ablebert siehe Emebert.

Abraham.

Eremit, von Chidone um 550 in Syrien. 16. März.

In der Wüste oder Einsiedlerhütte betend; in Felle gekleidet.

B. à Bolswert sc. nach A. Bloemaert (Sacra Eremus).

Sadeler sc. nach M. de Vos (Solitudo).

Abundius.

Priester aus Ananello bei Cordova in Spanien. 11. Jul.

Von einem Speer durchbohrt und enthauptet.

Also von den Saracenen 854 gemartert.

Callot sc.

Acacius (Achatius).

Mart. Feldherr, der mit zehntausend christl. Kriegern (?) (darunter Theodorus) in Armenien beim Berge Ararat unter Hadrian den Martyrtod erlitt. 22. Jun.

Mit seiner Heldenschaar auf dem Felde todt ausgestreckt.

A. Collaert sc. In Ricci: Triumphus J. Chr. crucifixi.

Mit einem dürren Baumast oder mit Dornen in der Hand.

Nach einer anderen Legende soll er auf einem Baumast aufgehangen worden sein.

Holzschnitt c. 1460. **T. O. Weigel's** Sammlung No. 110.

Accatius (Achatius).

Mart. Bischof von Antiochien. 8. Mai.

Mit bischöflichen Insignien, Inful und Stola. Neben ihm Fesseln.

Er erlitt den Martertod unter Decius um 250.

Seb. le Clerc sc.

Heiligenbilder aus Bohmanns' Verlag in Prag.

Accursius.

Mart. Schüler des h. Franciscus. † 1220. 16. Januar.

Mit dem Schwerte in der Brust.

In Mauretanien 1220 als Missionär gemartert und getödtet.

Acepsimus.

Einsiedler, später Bischof. † 350. 22. April.

Betet, mit schwerer Kette beladen.

Abtödtung.

Stich nach Bloemaert in: Les Vies des SS. Pères.

Acherius s. Eligius.

Achilleus s. Nereus.

Adalard (Alard).

Mart. Gefährte des h. Bonifacius. † 827. 2. Januar.

Theilt Almosen aus.

Nächstenliebe.

Burgmair. Holzsch. (Die österr. Heiligen.

Mit einer Lanze durchbohrt.

Sein Martertod.

Cavalleriis sc. nach Nic. Circignano. In: Ecclesiae christ. trophaea. Romae 1584.)

Adalbert (Vojtěch).

Sohn des Grafen Slavnik v. Lylicze, Bischof von Prag, Bekehrer der Preussen und Polen. 24. April.

Folge von Darstellungen aus seinem Leben.

Kupferstiche in: M. B. Boleluczky de Hradišt: Rosa boemica sive Vita Sancti Woytiechi. Pragae 1756.

Fruchtbarer Regen.

Während er betete, floss ein solcher über das dürre Land.

Führich px. In der Gallerie zu Prag.

Von einer Lanze durchbohrt.

Von heidn. Priestern am **23.** April 996 also getödtet in Samland.

Stich in: Hil. Koszntski: Żywot świętego Wojciecha. Poznań. 1864.

Adalbert.

Mönch in Althan. 1311. 26. Dec.

Er predigt dem Volke.

R. Sadeler sc in Bavaria Sancta.

Adauctus und Felix.

Mart. unter Diocletian. 30. Aug.

Sie zerstören Götzenbilder und werden enthauptet.

Alter Holzschnitt in: Vita Sanctor. 1488. Fol. 139.

Adelaide.

Gemahlin des h. Lupus, Herzogs von Bergamo, Mutter des h. Mart. Alexander. 900.

Mit Krone und langem Schleier.

Salmeggia px. In der Brera zu Mailand.

Adelaide (Adelheid).

Gemahlin Kaiser Otto III. 581. 16. Dec.

Scenen aus ihrem Leben.

Holzschn. in: Leben der Heiligen. Leipzig. J. P. Meline.

Theilt Armen Almosen aus.

Ingres del. für ein Glasbild der Capelle des h. Ferdinand in Neuilly.

Adelbertus (Ethelbert).

König in England. Martyr. † 616. 24. Febr.

Christus erscheint ihm mit Leidenswerkzeugen.

Burgmair fec. Holzschnitt.

Wird im Bett getödtet.

J. B. de Cavalleriis sc. in: Eccl. angl. trophaea.

Adelbert.

Erzdiakon von Utrecht, früher Herzog. Um 690. 25. Juni.

Lilie und Buch, zu seinen Füssen Krone und Scepter.

Entsagung irdischer Hoheit.

Abbildung in Batavia Sancta.

C. Visscher sc. nach Soutman. (Heilige von Flandern.)

Adelgunda (Aldegonda).

Fürstliche Jungfrau und Nonne. † um 683. 30. Jan.

Eine Taube hält einen Nonnenschleier im Schnabel.

Sie wollte sich nicht vermählen und floh in ein Kloster, wohin ihr eine Taube den Schleier brachte. (Die Liebe zum Klosterleben ein Werk des h. Geistes.)

J. Callot sc.

Sie schreibt die Offenbarungen eines Engels nieder.

Schouten sc. in: Les Vies des SS. Pères.

Adelheid s. Adelaide.

Adelindis.

Oberin eines Nonnenklosters in Buchau um 900. 28. Aug.

Sie theilt Almosen aus.

R. Sadeler sc. In Bavaria Sancta.

4*

Adeltrudis (Aldedrudt).

Aebtissin von Gotschauf. 8. Jahrh. 25. Febr.

Mit dem Pedum in der Hand.

Auf ihre Würde bezüglich.

Sie treibt aus einem Mädchen den Dämon aus.

Burgmair fec. (Holzschn. Die österr. Heiligen.)

Adjutor.

Benedictinermönch zu Tiron in der Normandie, gest. um 1131. 30. April.

Fesseln in einen Abgrund werfend.

Von den Saracenen gefangen, wurde er sammt seinen Fesseln in sein Vaterland gebracht. Als er diese in die Seine warf, wurde damit ein gefährlicher Abgrund verstopft.

Holzschnitt c. 1460. T. O. Weigel's Sammlung No. 110.

Adolph.

Holsteinischer Graf, dann Mönch. 17. Juni.

Maria in Wolken.

In seiner Todesstunde soll ihm Maria erschienen sein.

Adrian.

Röm. Offizier. Mart. † 290. 8. Sept.

In Ritterkleidung; ein Amboss neben ihm.

Auf diesem wurde ihm unter Maximian die Hand abgehauen.

Miniatur im Breviarium der Maria v. Medicis.

Hemling px. Im Besitz von Harcourt Vernon.

Heiligenbilder aus Bohmanns' Verlag in Prag.

An eine Klippe im Meer verschlagen.

Aus seinem Leben.

J. Callot sc.

Ein Löwe zu seinen Füssen.

Abbildung in Carter's: Specimens of Ancient Engl Painting.

Die Hände werden ihm abgehackt.

Sein Martyrium.

Alter Holzschnitt in: Vita Sanctor. 1488. Fol. 152.

Abbildung in Ribadeneira.

Aegidius s. Egidius.

Aegil (Eigil).
Abt in Fulda, um 822.

Er baut eine Kirche.

R. Sadeler sc. in Bavaria Sancta.

Aemilian.
Bischof zu Trevi in Umbrien. Mart. unter Diocletian. 28. Jan.

Ein Balken.

Durch Gebet verlängerte er einen solchen, der beim Kirchenbau zu kurz befunden wurde.

Ein blühender Baum.

Der Heilige wurde an einen dürren Baum gebunden und gemartert; dieser blühte sogleich.

Ein Löwe begleitet ihn.

Er wurde den Löwen vorgeworfen, die ihn verschonten.

Aeschillus.
Bischof. Martyr. Ende des 11. Jahrh. 12. Juni.

Er wird gesteinigt.

Seine Todesart.

J. B. de Cavalleriis sc. in: Eccl. angl. trophaea.

Afra.
Mart. in Brescia † 133. 21. Mai.

Wird vom H. Apollonius getauft,

nachdem sie durch Faustinus und Jovita bekehrt worden war.

Bassano px. in Brescia.

Sie wird enthauptet.

Apollonius spricht ihr Muth zu.

Paul Cagliari px. zu Brescia in S. Afra.

Afra.
Mart. aus Cypern † 304. 5. Aug.

Ein Fichtenzapfen.

Der Fichtenzapfen steht in Beziehung zum Venusdienst, die h. Afra ist aber Patronin reuiger Dirnen; sie war früher selbst leichtfertig, wurde aber von den h. Narcissus und Felix bekehrt und litt in Augsburg den Martyrtod.

Bei einem Scheiterhaufen.

> Ihre Todesart.

> Alter Holzschnitt in: Vita Sanctor. 1488. Fol. 104.

> **R. Sadeler** sc. in Bavaria Sancta.

> Heiligenbilder aus Bohmanns' Verlag in Prag.

Agapetus.

Papst. Mart. † 273. 18. Aug.

Mit einer Mitra.

> Auf seine kirchliche Würde hindeutend.

> Gemälde des S. Jahrh. in S. Marco zu Rom.

> **J. Callot** sc.

Ueber Flammen verkehrt aufgehangen.

> Sein Martyrium.

Agatha.

Mart. unter Decius † 252. 5. Febr.

Im Kerker, der Brüste beraubt. Ein Engel bringt im Gefäss Heilmittel.

> Sie wird gemartert, weil sie die Liebe des Gouverneurs Quintian nicht erwiedern wollte.

> **Fr. Barbieri Guercino** p. Bild im Cabinet D'Aguillez.

> **Coelemans** sc 1706. Dasselbe, im Werke.

> **P. Cagliari** p. (Im Escurial.

Sie wird der Brüste beraubt.

> Alter Holzschnitt in: Vita Sanctor. 1488. Fol. 336.

> **M. Anton Raimondi** sc. B. 170.

> **Seb. del Piombo** p. (Pal. Pitti zu Florenz.) Umriss bei Didot VI. 57.

> **Ant. Wierix** sc. nach J. Stradanus. A. 834.

> **A. v. Dyck** pinx.

Sie hält die abgeschnittene Brust in der Hand.

> Sie sprach zu den Henkern: Schämt ihr euch nicht, mir diese Schmach anzuthun, die ihr doch selbst an der Brust eurer Mutter genährt wurdet?

> An ihrem Feste werden die Brüste derselben zu Catanea in Sicilien, wo sie begraben liegt, feierlichst in Procession herumgetragen. An demselben Orte wurden bereits vor 2000

Jahren beim Jahresfest der heidnischen bona Dea zwei colossale Brüste als Symbole des mütterlichen Natursegens herumgetragen. Auch der Name Agatha (die gute) erinnert an die Dea bona.

Phil. Lippi px.

J. Sadeler sc. nach M. Voss. (Speculum Pudicitiae.)

Mit einer abgeschnittenen Brust auf der Schüssel.

S. à Bolswert sc.

Im Feuer gemartert.

Ben. Steffani sc. nach Giulio Campi. (Bild in der Kirche S. Agatha zu Cremona.)

Mit Zange, Palme und Kohlenbecken.

Ittenbach px. Düsseld. Bilder-Verein.

Sie hält das Horn eines Einhorns.

Das Einhorn ist Symbol der Jungfräulichkeit.

Israel van Mecken sc. B. 117.

Ein Schleier.

Ihr Schleier wird in Catanea in Procession herumgetragen, wenn ein Ausbruch des Aetna die Stadt bedroht.

Agathocles.
(Griech. Kirche.) Mart. 10. März.

Mit glühenden Stacheln.

Mit denselben wurden ihm die Augen ausgestochen.

Agathon.
Einsiedler, Abt in Egypten. 21. Oct.

Ein Krug.

Er floh in die Wüste, um nicht zu sündigen; hier zerbrach er einen Wasserkrug und ward zornig. Dabei lernte er, dass der Ort allein den Menschen nicht heilig mache.

Alter Holzschnitt in: Vita Sanctor. 1488. Fol. 379.

Stich nach Abr. Bloemert.

Agathopius.
Diacon und Martyr. 4. Jahrh. 4. April.

Mühlstein.

An einen solchen gebunden wurde er in's Meer geworfen.

Agericus.
Abt zu Tours † 680. 11. April.

Ein Kind liegt im Kornfeld.
Die Bedeutung des Symbols unbekannt.

J. Callot sc.

Agilolf.
Erz-Bischof von Köln † 717. 9. Juli.

Ein Falke.

Ein Ritter meinte, dieser (bereits verstorbene) Bischof sei so wenig ein Heiliger gewesen, als sein Falke singen könne, worauf der Falke schön zu singen anfing.

Agnebertus (Emebertus).
Bischof von Cammerich (Cambray). † 633. 15. Jan.

Im bischöflichen Gewande, mit der Geissel.
Er führte eine strenge Lebensweise.

Burgmair fec. (Holzsch. Die österr. Heiligen.)

Mit Pedum und Buch.
Bischöfliche Würde.

Burgmair fec. Holz.

Agnes.
Mart. Anfang des 4. Jahrh. unter Diocletian. 21. Jan.

Auf dem Scheiterhaufen wird sie erdolcht.
Vergebens wird der Scheiterhaufen angezündet, er brennt nicht und die Anzündenden fallen todt hin. Da erdolcht sie ein Scherge.

Dominicho p. Gemalt für die Klosterkirche S. Agnese in Bologna, jetzt in der Pinacothek daselbst. (Gest. von **Gérard Audran**. Umriss bei Didot VI. 25.

Robusti Tintoretto px. in S. Maria dell' Orto zu Venedig.

Joanes px. In Madrid.

Alter Holzschnitt in: Vita Sanctor. 1488. Fol. 315.

Erstochen; neben ihr der Rost zum Verbrennen.
Elis. Sirani sc. B. 20. nach dem Bilde von Giamperius in S. Agnese in Bologna.

Schwert und Flamme.
Altes Mosaik-Bild in der Apsis bei S. Agnese fuori di mura zu Rom. Abbild. bei Perret.

Mit einem Lamm.

> Nach einer Erzählung des h. Ambrosius erschien den Eltern der Heiligen, die am Grabe derselben wachten, diese unter einer Schaar von Jungfrauen, ein schneeweises Lamm tragend. Auch eine Anspielung auf ihren Namen.

J. van Eyck px. Farbendruck in Lacroix.

Joh. von Melen p. Sammlung Boisserée. Lith. von Strixner.

Israel van Mecken sc. B. 118. 119.

Metallschnitt c. 1515. T. O. Weigel's Sammlung No. 68.

J. Sadeler sc. nach M. Vos. (Speculum Pudicitiae.)

Schwert oder Dolch und Palme.

P. Cagliari Veronese px. Belvedere zu Wien.

Ant. Wierix sc. A. 836.

Mit Lamm und Palme.

Holzschnitt c. 1450. T. O. Weigel's Sammlung No. 102.

Andrea del Sarto p. im Dom zu Pisa. Abbildung bei Jameson.

L. Cunego sc. nach A. del Sarto.

Giottino p.

M. Anton Raimondi sc. B. 171.

M. Schongauer sc. Abbildung bei Jameson.

Luc. von Leyden px. Im Werke von Boisserée lith.

S. à Bolswert sc.

Fra Benedetto px. S. Martelli sc.

L. Massard sc. nach C. Landelle. (H. Frauen.)

Agnes.

Tochter des Königs Przemysl Ottokar von Böhmen, Oberin der Clarissinnen. Geb. 1205, † 1282.
2. März.

Als Aebtissin mit Pedum und Krone; im Grunde zwei Klöster.

> Attribute ihres Standes, als Stifterin des Spitals der Kreuz-herren und des Agnesklosters in Prag.

J. E. Wessely inv. et sc.

Agnes.

Tochter des Kais. Ludwig (der Baier) 1352. 11. Nov.

Sie umarmt am Altar die Monstranz.

R. Sadeler sc. in Bavaria Sancta.

Agnes de Monte Pulciano.
† 1317. 20. April.

Mit Lamm, Lilie und Buch.

Unschuld und Frömmigkeit.

Altes Bild in der Kirche S. Domenico in Orvieto.

Holzschnitt auf dem Stammbaum des Dominikanerordens v. J. 1473.
T. O. Weigel's Sammlung. No. 181.

In einem offenen Grabe; Kranke flehen zu ihr.

J. Callot sc.

Agricola und Vitalis.
Herr und Diener. Mart. 4. Nov.

Als Greise, gekreuzigt.

In Bologna, unter Diocletian. Martyrol. Romanum.

A. Collaert sc. In Ricci: Triumphus J. Chr. crucif.

Agricolus.
Einsiedler. 2. Sept.

Storch.

Um ihn sammelten sich gern die Störche.

Agunda.
Jungfr. Mart.

Mit zerschnittener Brust.

Ihr Martyrium.

Ant. Ricci Barbalunga px. Im Museo del Prado zu Mailand.

Aichardus.
Abt. Benedictiner † 680. 15. Sept.

Er vertreibt den Teufel mit dem Weihwasser aus der
Zelle seiner Ordensbrüder.

J. Franck sc. nach J. Fischer.

Aidan.
Bischof in Irland. † 651. 31. Juli.

Er schenkt sein Pferd einem Armen, besänftigt einen
Sturm, löscht ein Feuer.

Aus seinem Leben.

Aigulf.
Abt zu Lyron. Mart. um 680. 3. Sept.

Predigend auf dem Schiff.

Er wurde von Feinden entführt und predigte, obwohl ihm die
Zunge herausgerissen wurde.

Alanus a Rupe.
Dominikaner. † 1471 zu Zwoll.

Trinkt an der Brust der Maria.

Eine der Ueberschwänglichkeiten des Marienultus im Mittelalter.

Alban.
Erster Martyr von England. 303. 21. Juni.

Geht trockenen Fusses über den Fluss. (Coln.)

Da die Brücke mit Menschen besetzt war, ging er so hinüber.

Er wird enthauptet.

Seine Todesart.

Cavalleriis sc. nach N. Circignano (Eccl. angl. trophaea). Beide Scenen in einem Bilde.

Mit Schwert, Palme und Crucifix.

Mit Bezug auf seine Todesart.

Altes Gemälde in der Marienkirche zu Cöln.

Holzschnitt c. 1460. T. O. Weigel's Sammlung N. 124.

Alban.
Bisch. Mart., aus Africa stammend, 7. Jahrh. 21. Juni.

Mit einem abgehauenen Kopf in der Hand.

In Mainz von den Hunnen gemartert, will er zeigen, wo er begraben werden soll.

Altes Bild in der St. Albanskirche zu Cöln.

Alberic.
Abt der Cistercienser um 1107. 26. Jan.

Er erhält von Maria einen weissen Habit.

Die Standeswahl soll hiemit eine höhere Weihe erhalten.

Albert von Siena.
Einsiedler 1180. 7. Jan.

Einen Hasen im Arm.

Dieser hat sich zu ihm geflüchtet. Deutet auf die nähere Beziehung und Freundschaft der Heiligen zu den Thieren hin, die in ihrer Gegenwart die natürliche Wildheit verlieren. Es wiederholt sich oft im Leben der Heiligen, besonders der Einsiedler, die in ihrer Weltabgeschiedenheit der Natur näher stehen.

Maria reicht ihm ein Brod.

> Dieses nahm nie ab. Symbol des göttlichen Segens.

Albert von Ogna.
Bauer. † 1190. 7. Mai.

Eine Taube bringt ihm die Hostie.

> Sein Brodherr wollte ihn des Sonntags nicht in die Kirche gehen lassen; er wurde auf diese Weise entschädigt. — Eine andere Version berichtet, dass der Priester mit dem Abendmahl, da es mit ihm zum Sterben kam, lange nicht erschien und er also die Communion erhielt.

Er zerhaut mit der Sense einen Stein.

> Ein solches Wunder wird von ihm berichtet.

Albertus magnus.
Dominikaner, Bischof von Regensburg. 1280. 15. Nov.

Mit dem Buche in der Hand.

> Als berühmter Theolog des Mittelalters.

> **Fra Angelico** px. In der Academie zu Florenz.

Lehrend im Kreise von Mönchen.

> **R. Sadeler** sc. In Bavaria Sancta.

Albert von Schottland.
Bischof von Regensburg.

Als Pilger mit Stab; ein Engel bringt ihm die Bischofsmitra.

> Auf seine Wahl zum Bischof von Regensburg bezüglich.

> **R. Sadeler** sc. In Bavaria Sancta.

Albert von Lüttich.
† 1192. 21. Nov.

Mit einer Palme und drei Schwertern.

> **Rubens** px. Auf dem Bilde des h. Ildefonsus.
> **Burgmair** fec. Holzschnitt.

Albert.
Bischof von Vercelli † 1214. 8. April.

Mit einem Messer in der Hand.

> Auf seine Marter sich beziehend.

Albert von Sicilien.
Stifter der Carmeliter † 1306. 7. Aug.

Lilie, Buch und Lampe.

Unschuld, Gelehrsamkeit, Andacht.
Altes Bild im Hennegau, in einer Benedictinerkirche.

Auf dem Titel zu: Privil. fratr. discalceat. b. Mariae de Monte Carmelo 1624. Joh. Schorquens sc.

H. Wierix sc. A. 471.

Ein Teufel mit weiblichem Oberkörper, in einen Fisch endigend, flieht vor ihm.

Bedeutet den Sieg über Versuchungen.
J. Callot sc.

Albinus (Albuinus).
Bischof v. Brixen † 1015. 5. Febr.

Mit bischöfl. Insignien.

P. da Brescia px. In Turin. Im Tur. Gall.-W. gest. von Spagnoli. IV. 142. (Mit Amelius und Amicus.)

Regen.

Während eines solchen predigend, ward er doch mit allen Zuhörern vor demselben bewahrt.

Messe lesend.

R. Sadeler sc. in Bavaria Sancta.

Aldegonda s. Adelgunda.

Alexander.
Papst. Martyr. † 117. 3. Mai.

An eine Säule gebunden, mit Zangen gepeinigt.

Alter Holzschn. in Vita Sct. 1488.

Ein Schwert; in päpstlicher Kleidung.

Sein Martyrium anzeigend.

Fiesole p. Dinger sc. (Düsseldorfer Bilder-Verein.)

Alexander.
Bisch. Mart., früher Kohlenbrenner, † 255. 11. Aug.

Als Kohlenbrenner, mit Kohlen.

Seinen früheren Stand bezeichnend, den er aus Demuth gewählt hatte.

Der h. Gregor Thaumaturgus überreicht ihm Mitra und Inful.

Auf dessen Empfehlung wurde er zum Bischof erwählt.

J. Callot sc.

Alexander.
Früher Soldat, Mart. von Bergamo. 3. Jahrh. 26. Aug.

Er stösst einen heidnischen Opfertisch um.

Er that es vor dem Kaiser, um seinen Glauben zu bekennen.

Gekreuzigt, mit offenem Leibe.

Seine Todesart in Lyon unter Antoninus Verus. Martyr. Rom. Baronius II.

A. Collaert sc. In Ricci: Triumphus J. Chr. crucifixi.

Abbild. in L'invocation des Saints.

Mit der Palme.

Als Martyr.

Lor. Lotto p. In S. Bartolomeo zu Bergamo.

Alexander (der Akömet).
Syrischer Mönch im 5. Jahrh. 15. Jan.

Räuber.

Auf einer Reise unter solche gerathen, bekehrte er sie und brachte sie dahin, ihr Räubernest in ein Kloster umzuwandeln. Er stiftete die Akömeten (Schlaflosen), die abwechselnd Tag und Nacht Loblieder auf Gott anstimmten.

Alexandra (ina).
Einsiedlerin. 4. Jahrh. 18. Mai.

Betend, mit der Geissel in der Hand.

Zeichen des ascetischen Lebens.

B. à Bolswert sc. nach Bloemaert. (Sacra Eremus.

Spinnend.

Die Arbeitsamkeit mit dem Gebet vereinend.

D. Jonkman sc. nach Bloemaert in Les Vies des SS. Pères.

Alexius.
Römer. † um 400. 17. Jul.

Als Pilger mit dem Stabe.

Um nicht zu heirathen, floh er aus dem Elternhause und pilgerte in das h. Land. Baronius.

Statue an der Fassade der Kirche S. Trinità zu Florenz.

H. Carracci px. Mit anderen Heiligen in der Kirche der Mendicanten zu Bologna.

Heiligenbilder aus Bohmanns' Verlag in Prag.

Unter einer Treppe sterbend.

> Als Bettler von seinen Eltern aufgenommen, lebte er unerkannt im väterlichen Hause.

Cl. Mellan sc. Mont. 49.

J. Callot sc.

P. Berettino px. in Alton Towers.

Unter einer Treppe liegend; eine Magd giesst unreines Wasser über ihn aus.

Alter Holzschnitt in Vita Sanctor. 1488. Fol. 66.

Stich in Ribadeneira.

Metallschnitt c. 1440. (Für die Magd ist hier ein Knecht.) In T. O. Weigel's Sammlung No. 28. Abbild. ebenda, pag. 58.

Alexius Falconieri.

Tauben mit Blumen im Schnabel.

> So flogen sie dem Heiligen zu, als er im Sterben war.

P. Berettino da Cortona pinx.

Alferius.

Abt und Einsiedler im Neapolitanischen. † 1050. 12. April.

Er baut in der Wüste ein Kloster.

J. Sadeler sc. nach M. de Vos (Solitudo).

Alipius.

Bischof, Mart., früher Augustinermönch. 12. Aug.

Mit Palmzweig, auf der Erde Ritterrüstung.

Ein Stich (in der Weise des A. Collaert).

Alloynus s. Bavo.

Aloysius.

Aus dem fürstl. Geschlecht der Gonzaga, geb. 9. März 1568, † als Jesuit 1591. 21. Juni.

Folge von Darstellungen aus seinem Leben.

Stiche in: Gabr. Hevenesis Speculum Innocentiae seu Vita angelica

B. Aloysii Gonz. Monachii 1699.

Lilie, Kreuz und Todtenkopf.

Unschuld und Verachtung des Irdischen; er trat das Marquisat von Castiglione an seinen jüngeren Bruder ab.

G. Wagner sc. nach J. B. Cignaroli.

Steifensand sc. nach Molitor. Düsseld Ver.

Krone und Lilie.

Die Krone deutet entweder auf den verschmähten Fürstenstand, oder auf die Belohnung für die bewahrte Unschuld.

A. Bossi sc. nach P. Eduars.

J. Collaert sc. **in:** Virg. Cepario Vita b. Aloysii Gonz. Valencenis 1609.

Vor dem Crucifix betend; auf der Erde die Krone.

B. Bolswert sc.

In Entzückung.

Innigkeit der Andacht.

Basrelief von **P. le Gros**, gest. von Frezza. (In der Jesuitenkirche al Gesú in Rom.)

Er erhält vom h. Carl Borromaeus die Communion.

Aus dem Leben.

Causaeus sc. nach Fr. de Cayro. (In der Jesuitenkirche zu Mailand.)

Alphons (Maria de Liguori).

Bischof, geb. 27. Sept. 1696, † 1. Aug. 1787.

Segnend.

Steifensand sc. nach E. Kratki. Düsseld. Verein.

Altho.

Abt aus Schottland, Gründer von Altmünster um 760. 9. Febr.

Er schlägt mit dem Pedum eine Quelle aus dem Boden.

Aus dem Leben.

R. Sadeler sc. in Bavaria Sancta.

Er fällt Bäume mit einer Handsäge.

Urbarmachung der Wildniss.

Metallschnitt c. 1500. T. O. Weigel's Sammlung No. 66. Daselbst auch die Abbildung.

Amadeus

† um 675. 6. April.

In fürstlicher Tracht; Maria reicht ihm ein Paar Handschuhe.

Ein Zeichen, wie seine Heiligkeit ihn bei Maria in Gunst setzte.

Amandus.

Bischof von Mastricht † 620. 6. Febr.

Er hält eine Kirche.

Um den Kirchenbau verdient.

Er ermahnt einen vornehmen Sünder.

Den König Dagobert von Frankreich, wo er früher Bischof war; desshalb wurde er vom Könige ins Exil geschickt.

S. B. Götz sc. nach Bergmiller.

Amatus.

Eremit und Abt † 627. 13. Sept.

Ein Rabe (Dämon) raubt ihm das Brod und wirft den Wasserkrug um.

Solche Neckereien erlaubte sich der Böse oft den Heiligen gegenüber, um ihre Geduld auf die Probe zu stellen.

R. Sadeler sc. nach M. de Vos. (Solitudo.)

Er wirft eine Münze ins Wasser.

Diese wurde in einem Fisch wieder gefunden. Aus dem Leben.

J. Callot sc.

Ambrosius.

Bischof von Mailand, lat. Kirchenlehrer † 397. 4. April.

Wehrt dem Theodosius den Eintritt zur Kirche.

Aus dem Leben.

Rubens px. Das Bild im Belvedere zu Wien. Dasselbe von J. Schmutzer gestochen.

Cl. Mellan sc. M. 50.

R. Golding sc. nach P. Cagliari.

Eine Geissel.

Bezieht sich hier auf die Züchtigung desselben Kaisers, oder wie er während einer Schlacht zwischen den Scaliger und

5

Visconti mit der Geissel in der Hand unter den Kämpfenden
erschien.

Vivarini px.   Bild in der Academie zu Venedig, gest. von G. Zuliani in Zanotto: Pinacoteca.

Statue von Silber im Schatz des Mailänder Domes.

Er tauft den h. Augustin.   Siehe Augustin.

Ein Bienenkorb.

Symbol der Beredtsamkeit.

J. Callot sc.

L. Gaultier sc.

Ant. Wierix sc.   A. 837.

S. Stang n. Schraudolph. (Düsseld. Bilder-Verein.)

Siehe auch Kirchenlehrer.

Ambrosius von Siena. (Sansedonius.)
Dominikaner.   † 1287.   29. März.

Betend.

Er betete ohne Unterlass für das Glück der Brautleute.

Amelburga (Amalberga).
Wittwe, später Nonne zu Aubego † 650.   10. Juli.

Betet ein Herz an, darin die Kreuzigung Christi sich
befindet.

Sie zeichnete sich durch besondere Andacht zum leidenden
Heilande aus.

Burgmair f.   Holzschn. (Die österr. Heiligen.)

H. Wierix sc.   A. 838.

Amelie.
Königin von Ungarn.   8. Oct.

Blumen zum Altar bringend.

Mercury sc. nach Delaroche.

Blumen und Disciplin.

Ingres del. für das Glasbild der Kapelle S. Ferdinand zu Neuilly

Amelius und Amicus.
Freunde, Ritter.   † um 773.   12. Oct.

Jugendlich, mit einem Schwert.

Auf ihren Stand sich beziehend.

P. da Brescia p. Spagnoli sc. im Turiner Gall.-W. IV. 142. (Mit
Amicus und Albinus.)

Amicus s. Amelius.

Ammianus.

Martyr. 4. Sept.

Er tauft einen König.

Aus dem Leben.

B. Gennari px. In S. Giovanni in Monte zu Bologna.

Ammon.

Einsiedler, Nitriota † um 350. 4. Oct.

In der Einsamkeit betend.

B. à Bolswert sc. nach A. Bloemaert. (Sacra Eremus.)

Sadeler sc. nach M. de Vos. (Solitudo.)

Einen Drachen überwindend.

Der Drache ist hier Stellvertreter des Teufels.

Stich nach A. Bloemaert; in Vies des SS. Pères.

Amphibalus.

Mart. um 304. 25. Juni.

Er wird gegeisselt, während er mit seinen Eingeweiden
an einen Baum gebunden ist.

Seine Todesart.

Darstellung in der St. Alban's Abtei.

J. B. Cavalleriis sc. nach Circignano (Eccl. angl. trophaea).

Anastasia.

Jgfr., Mart. † 304. 25. Dec.

Brüste.

Diese wurden ihr mit Zangen herausgerissen. Acta SS. April.

Ein Scheiterhaufen.

Auf demselben in Illyrien zu Tode gemartert.

Alter Holzschnitt in: Vita Sanctor. 1488. Fol. 279.

Ant. Wierix sc. A. 839.

Eine Vase.

Sie balsamirte die Leiber der Martyrer ein.

Eine Glassculptur des 18. Jahrh. Abbild. bei Paciaudi Antiquitates christ.

Anastasius.

Mart. † 627. 6. Jan.

Von wilden Pferden geschleift.

Seine Todesart.

Alte Freske in S. Vincente ed Anastasio zu Rom

Anastasius.

Kirchenlehrer.

Im Zimmer studirend.

Bailliu sc. nach Rembrandt.

· Mit Buch und Bischofstab, er zeigt auf die Sonne, darin ein Dreieck.

Symbol der Dreieinigkeit.

G. Edelinck sc. R.-D. 24. (Nach Champagne.)

Anastasius.

Goldarbeiter aus Persien, Martyr in Assyrien. 22. Jan.

Er arbeitet, noch als Heide, bei einem christlichen Goldarbeiter.

Durch diesen ward er bekehrt.

C. Gregori sc. nach Fr. Vieira. In S. Cagliari Compendio.

Er wird enthauptet.

Seine Todesart mit 70 Leidensgefährten.

C. Gregori sc. nach Fr. Vieira. In L. Cagliari: Compendio.

Anatolia.

Jgfr., Mart. unter Decius. 240. 9. Juli.

Sie befreit einen Mann vom Drachen.

J. Callot sc.

Mit Fackeln und Schlangen.

Ihre Todesart.

Anatolius.

Bischof. 3. Jahrh. 3. Juli.

Mit einem Globus und arithmetischen Büchern.

Seine weltliche Beschäftigung.

Er betet während der Schlacht.

Abbildung in L'invocation des Saints.

Kohlen im Gewande tragend.

Um seine Unschuld zu beweisen.

Wierix sc.

Andochius und **Thyrsus.**

Priester und Diacon, Mart. unter Aurelian. 24. Sept.

Ueber dem Feuer ·hängend.

Ihre Todesart in Frankreich.

J. Callot sc.

Andreas.

Apostel, Mart. † 67 zu Patras. 30. Nov.

Folge von Darstellungen aus seinem Leben.

Dominichino px. In S. Andrea della Valle zu Rom. Gest. von
R. Audenaerde. 5 Bl.: a) Johannes Bapt. macht A. auf Jesum
aufmerksam. b) A. wird von Jesus berufen. c) A. wird gefoltert. d) Er betet das Kreuz an. e) Er wird von Engeln
zum Himmel getragen.

Er wird auf die Folterbank zur Geisselung gelegt.

C. Maratti sc. B. 11. Bild bei S. Gregorio zu Rom.

G. Folo sc. nach Dominichino.

Er betet vor dem Kreuze.

Er soll, als er des Kreuzes ansichtig ward, ausgerufen haben:
Salve crux preciosa!

P. F. Mola sc. B. 5. nach Dominichino's Bild in S. Andrea della
Valle zu Rom.

Andr. Sacchi px. Im Vatican.

C. Cesio sc. nach G. Reni.

Quer gekreuzigt (am sogenannten Andreaskreuz, crux decussata,
ähnlich der röm. Zehn **X**).*)

In Patra (Achaja), unter Nero. Martyrol. Rom.

A. Collaert sc. In Ricci: Triumphus J. Chr. crucif.

Mit dem Andreaskreuze überhaupt.

Isr. van Mecken px. Lith. bei Boisserée.

Statue von **P. Vischer.**

*) Auf einer alten Darstellung in S. Paolo bei Rom hat das Kreuz die
Form **Y.**

Hiac. Rigaud px. Umriss bei Didot. IX. 66.

Keller sc. nach Overbeck. Düsseld. Heiligenbilder.

Siehe auch Apostel.

Andreas Corsini.
Aus vornehmer Familie in Florenz, Bischof von Fiesole † 1373. 30. Jan.

Scenen aus seinem Leben.

Basreliefs aus weissem Marmor in seiner kostbar ausgestatteten Capelle in Maria del Carmine zu Florenz.

Maria erscheint ihm mit dem Christkinde.

Aus dem Leben. Er war früher wild und ausschweifend und bekehrte sich.

L. Gaultier sc.

Im bischöflichen Kleide, mit Buch.

G. Reni px. Rosaspina sc. Pinac. von Bologna.

Kniecnd, von einem Engelchor umgeben.

G. Reni px. Im Palast Corsini zu Rom.

Andreas Avellinus.
Theatiner in Neapel † 1608. 10. Nov.

Er betet die Monstranz an.

Stich in Ribadeneira.

Andreas Bobola.
Jesuit. Martyr † 1657.

Er wird mit feurigen Zangen und Geisseln gemartert.

Stich in: X. A. Świętomiana Dzieje — Andrzeja Boboli. Paryż 1854.

Andreas von Creta.
Martyr † 761. 17. Oct.

Er malt fromme Bilder.

Vertheidiger der H.-Bilder gegen den Kaiser Constantin Copronymus, desshalb gegeisselt und getödtet.

Andreolus (Andeolus).
Bischof von Smyrna. Mart. † 275. 1. Mai.

Mit einer Keule.

Werkzeug seines Todes.

Andronicus und Athanasia.

Er Goldarbeiter, sie Tochter eines Goldarbeiters. 5. Jahrh. 9. Oct.

Goldgeschirre.

J. de Franceschi sc. nach Conr. Giaquintus.

Andronicus wird mit Probus etc. in der Arena wilden Thieren vorgeworfen.

Luycken inv. et sc.

Im Atelier, Almosen austheilend.

Aus dem Leben.

Fr. Vieira inv. C. Gregori sc. Stich in L. Cagliari: Compendio.

Er steht mit seiner Frau Athanasia am Todtenbett seiner Kinder, deren Seelen sie in himmlischer Glorie sehen.

Fr. Vieira inv. C. Gregori sc. Stich in L. Cagliari: Compendio.

Angela v. Merici.

Stifterin des Ursuliner-Ordens. 31. Mai.

Sie unterrichtet Mädchen.

Beruf des Ordens.

Lauenstein inv. Eitel sc. Düsseld. H.-Bilder.

Angela v. Foligno.

Contessa di Civitella † 1309. 4. Jan.

Der h. Geist.

Sie gelobte dem h. Franz Ser. nach dessen Regel zu leben, worauf ihr der h. Geist erschien und wunderbare Offenbarungen r .chte.

Ein Stern.

Während ihrer Extase wurde sie von einem Stern beleuchtet.

Sie trägt das Modell einer Kirche und Feuer in der Hand.

Holzschnitt in L. Jacobelli: Heilige v. Fuligno 1626.

Angelina.

Stifterin des Ordens der Franciscanerinnen, aus der Familie der Conti di Marsiano. † 1450. 29. Juni.

Sie bietet Maria die Regel ihres Ordens dar.

Caes. G. Mazzoni px. in Orvieto.

Angelus.

Carmeliter. Mart. in Sicilien † 1220. 5. Mai.

An einem Baume hängend.

> Seine Marter.

> Lud. **Carracci** px. für die Carmeliterkirche in Bologna, jetzt in der Pinacothek daselbst.

Er wird erstochen.

> Seine Todesart.

> P. **Testa** p. Gemälde in S. Martino di Monte zu Rom. (Stich bei Baldinucci fol. 83.) Die Zeichnung dazu bei Crozat, gest. von Caylus.

Rosen und Lilien fallen aus seinem Munde.

> Wohl eine Allegorie auf seine Beredsamkeit.

Mit Buch, Palme und Schwert in der Brust.

> Gemälde in Paris in der Carmeliterkirche.

Engel bringen ihm drei Kronen.

> Für seine Verdienste: Keuschheit, Gelehrsamkeit, Martyrium.

> P. **Clouwet** sc. nach Diepenbeck in Th. Bellorosius Vita S. Angeli Hieros. Brux. 1665.

Anna.

Mutter der h. Jungfrau. 26. Juli.

Wird von Joachim an der goldenen Pforte umarmt.

> S. auch Maria an betreffender Stelle.

> A. **Dürer** f. Holz.

> F. **de Ribalta** p. Bild in der Eremitage.

Der Engel verkündigt ihr, dass ihr Gebet um Kindessegen erhört sei.

> V. **de Juanes** p. Bild in der Eremitage.

Sie unterrichtet die jugendliche Maria aus einem Buche.

> Die mütterliche fromme Erziehung vorstellend.

> **Rubens** p. Das Bild im Antwerpner Museum. Gest. von S. à Bolswert, C. Waumanns, Caukercken.

> Ph. **Lauri** p. Bild in der Eremitage.

> J. **Callot** sc.

> Ph. **Veit** px. Düsseldorfer Heiligenbilder.

Sie stirbt.

C. Fantetti sc. nach A. Sacchi. Auch von J. J. Frey gest.

Sie wird von Maria im Himmel empfangen.

L. Giordano sc. B. 6.

Anna a Cruce.

Ponce de Leon, Nonne in Spanien.

Christus überlässt ihr sein Kreuz.

B. Thibaust sc. nach Laz. Baldi in: G. Villalon Vita di Anna Ponce de Leon, Contessa di Feria. (Soror Anna della Croce.) Roma. 1666.

Ansanus.

Mart. in Siena. 4. Jahrh. 1. Dec.

Mit einem Dattelzweig und Kreuzfahne.

Sim. Memmi p. Gemälde in der Florent. Gallerie. F. Livi sc. im Galleriewerk.

Ansbert.

Bischof von Rouen † 695 in Hautemont im Exil. 9. Febr.

Mit einer Disciplin in der Hand.

Zeichen des strengen Lebens.

Burgmair fec. Holzschn.

Anselm.

Bischof von Lucca † 1096. 18. März.

Abbildung seiner unverwesten Leiche.

C. Orsolini sc. nach Ant. Balestra in: A. Rota Notizie istoriche di S. Anselmo. Verona 1733.

Anselm.

Bischof von Canterbury. † 1100. 21. April.

Maria mit Christus erscheint ihm.

Bezieht sich vielleicht auf seine Schrift: Cur Deus homo?

Er heilt einen besessenen Mönch.

Legenda aurea.

Er hält das Modell eines Schiffes.

Ansgar.

Bischof, früher Benedictiner von Corbey. † 865. 3. Febr.

Im bischöflichen Kleide; mit dem Modell einer Kirche.

Der nordische Apostel genannt. Da er ganze Völker bekehrte, so baute er auch viele Kirchen.

Kommans inv. Düsseld. Bilderverein.

Ansovinus.

Bischof zu Camerino um 840. 13. März.

Aehren oder eine Scheuer.

Durch sein Gebet wurde die Hungersnoth gehoben.

Anthemus.

Bischof von Nicomedien. Mart. um 302. 27. April.

Metallschuhe.

Mit glühenden Metallschuhen gefoltert.

Ein Schwert.

Sein Martyrium.

Holzschnitt in: L. Rabus.

Anton.

Eremit, Vater der Einsiedler. † 356 in der thebaischen Wüste. 17. Januar.

Nackt in der Wüste betend, bei sich einen Todtenschädel.

Ribbera p. Gemälde in der Turiner Gallerie.

Der Kreuzstock in der Erde, er betet aus dem Buche.

Im Grunde die Stadt (Nürnberg).

Dürer sc. B. 58. Gewiss wollte der Künstler mit der Stadt anzeigen, dass man selbst im Getümmel einer solchen ein einsames Leben führen kann.

St. Paul der Eremit besucht ihn.

Aus dem Leben. Der Rabe, der immer täglich ein Brod brachte, bringt des Gastes wegen zwei.

Pinturicchio p. im Vatican.

Velasquez p. im Madrider Museum.

Von einem oder mehreren Dämonen gepeinigt.

In der Gestaltung derselben haben oft die Maler die lebhafteste Phantasie walten lassen, so wie sie auch in der Darstellung der verschiedenartigsten Neckereien des Heiligen erfinderisch waren. Merkwürdig ist es, dass man selten die Versuchung durch Vorspiegelung der Schönheit hervorrufen, vielmehr durch Abenteuerlichkeit erschrecken will. Entsprechend abenteuerlich beschrieben in Acta SS. 17. Januar.

Hier. Bosch px. Im Berliner Museum.

P. Breughel p. das Bild in Dresden.

M. Schongauer sc. B. 47. Hauptblatt.

Luc. Cranach f. (Holzsch.) B. 56.

D. Teniers p. Bild in der Eremitage zu St. Petersburg.

Derselbe p. Bild im Berliner Museum.

Salv. Rosa p. Bild im Palast Pitti zu Florenz. (Abenteuerlich!)

Dequevauviller sc. Dasselbe, im Gall.-W. von Wicar.

J. Callot sc. Ungeheuerliche Phantasie. M. 138.

B. à Bolswert sc. nach Abr. Bloemaert. (Sacra Eremus.)

Sadeler sc. nach M. de Vos. (Solitudo.)

A. Bloteling sc. Schwarzk. W. 68.

Aug. Carracci sc. B. 63. nach J. Robusti.

G. Duvivier sc. nach A. v. Heuvel.

Von einer schönen Frau versucht, die zuweilen gehörnt erscheint.

Teniers px. Im Berl. Museum.

Lucas v. Leyden sc. B. 117.

Goltzius sc. B. 59.

Gallait px. Davon eine Lithographie von Simonau.

Couvay sc. nach Barbieri Guercino.

Eine lustige Gesellschaft sucht ihn zu verführen.

S. Antonius ins 19. Jahrhundert übersetzt.

Brune px. Pariser Kunstausst. 1834. Kstbl. p. 211.

Bäume und Felsen der Einöde nehmen gespenstische Formen an.

Auch hier ist es nur auf ein Aengstigen des Heiligen abgesehen.

M. Schongauer px. In Colmar.

Der Teufel prügelt ihn während des Gebetes.

Nachdem die Versuchung nichts half, setzt ihm der Böse also zu.

Springinklee fec. Holz. in: Salus animae. B. 26.

C. Bloemaert sc. nach A. Bloemaert.

Mit dem Kreuzstock (Antoniuskreuz T) auf den Teufel tretend.

Ueberwindung der Versuchung, der Buchstabe T deutet hier auf Theos (Gott).

Israel van Mecken sc. B. 85. 86.

Mit Glocke und Fackel, zu den Füssen der Teufel.

Israel v. Mecken px. Samml. Boisserée. Lith. von Strixner.

Mit Kreuz, Buch und Schwein.

Holzschnitt c. 1470. T. O. Weigel's Samml. Abbildung im Werk No. 151.

Mit Glocke und Schwein, von Kranken umgeben.

Diese sind von sogen. Antoniusfeuer behaftet; auf diese Krankheit deutet die Fackel oder das Feuer hin.

Metallschnitt c. 1500. T. O. Weigel's Samml. Abbild. im Werk No. 64.

Aehnlich auch ein Schrotblatt, 1450. Ibid. No. 329.

Ein Schwein begleitet ihn.

Das Schwein ist Symbol der Unreinigkeit. Der Teufel soll ihn in dieser Gestalt versucht haben.

Zurbaran p. Umriss bei Duchesne.

Lucas von Leyden sc. B. 116.

Ant. Wierix sc. A. 841—43.

Mit Schwein und Glocke.

Im Mittelalter hatten einzelne relig. Genossenschaften das Recht, ein Schwein mit einer Glocke am Halse zu Ehren des Heiligen überall frei weiden zu lassen.

M. Schongauer sc. B. 46.

M. Anton Raimondi sc. B. 141.

Carotto px. In der Leuchtenberg-Gallerie.

Mit dem Stabe, daran zwei Glöcklein.

Gaud. Ferrari p. Turiner Gallerie.

Anton von Padua (früher Ferdinand Bullone).

Franciscaner. † 1231. 13. Juni.

Das Christkind tragend, mit einer Lilie.

Das göttliche Kind soll ihm nach der Legende erschienen sein. Die Lilie bedeutet seine Sittenreinheit.

Murillo p. Im Berliner Museum. Gest. von Caspar, Trossin.

Alonso Cano p. (Maria dabei über Wolken, die das Kind dem Heiligen anzuvertrauen scheint.) Auch vom Meister selbst radirt. Ein Umriss in Lebrun: Recueil. 1809. II. Das Bild bei Lord Shrewsbury in Alton Towers.

Elis. Sirani p. Bild der Pinacothek von Bologna, früher bei S. Leonardo daselbst Gest. von Fr. Rosaspina im Gall.-Werk. Radirt von J. M. Mitelli. B. 22.

Bern. Strozzi p. Umriss bei Didot IX. 52.

Carpioni sc. B. 11.

Er betet das Christkind an.

Ribera px. in der Academie zu Madrid; gest. von Navarrete. Gall.-W.

Bartolozzi sc. nach C. Maratti.

Sim. Cantarini sc. B. 25.

E. Picart sc. nach v. Dyck.

H. Wierix sc. A. 850.

Umbach sc. Radirung.

In der Entzückung. Das Christkind erscheint ihm zwischen musicirenden Engeln.

L. Carducho px. Das Bild in der Eremitage.

Er verehrt Maria mit dem Kinde.

v. Dyck px. Umriss bei Didot III. 39.

Maria reicht ihm das Christuskind dar.

J. Mariette sc. nach A. Dieu.

Er predigt den Fischen.

Die Einwohner von Ariminum wollten seine Predigt nicht hören; er wendet also diese den Fischen zu, die herbeieilen, ihn zu hören. Die das Wunder natürlich erklären wollen, verstehen unter den (stummen) Fischen andächtig zuhörende Christen. P. Abraham: Judas I. 252.

J. Callot sc.

Ein Esel kniet vor dem Sacrament, das ihm der Heilige vorhält, nieder.

> Um einen Ketzer zu beschämen, that also der Heilige, worauf das Thier ehrfurchtsvoll niederkniete.

Donatello fec. Basrelief in S. Antonio zu Padua.

v. Dyck px. Für die Franciscaner (Recollets) in Mecheln.

J. Callot sc.

F. J. Geiger sc.

Er erweckt eine todte Frau.

> Diese hat der Mann aus Eifersucht getödtet.

Tizian p. im Oratorium des h. Georg in der Antoninskirche zu Padua. (Umriss bei Gonzati: La basil di S. Antonio). Davon ein alter anonymer Stich.

Er heilt einen Besessenen.

> Gemälde in der Basil. di S. Antonio zu Padua. Tullii Lombardi opus. Umriss bei Gonzati.

Er erweckt einen todten Jüngling.

Hier. Campana Veron. pinx. Ebendaselbst. Umriss bei Gonzati.

Er erweckt ein Mädchen, Namens Carilla, das ertrunken war.

Basrelief von **Sansovino**.

Er erweckt einen Todten.

> Dieser war ein reicher Geizhals; der Heilige hielt dessen Grabpredigt und citirte den Todten, dass er bezeuge, wie sein Geiz bestraft wurde.

Basrelief von **Tullio Lombardi**. (In S. Antonio zu Padua.)

Pesellino px. In der Academie zu Florenz. Abbild. in Jameson Legends.

Mit einem Buch und Herzen.

M. Anton Raimondi sc. B. 142.

Mit Lilie und Buch.

Fr. Barbieri (Guercino) radirt. B. 1.

Mit vereinten Symbolen: Buch, Christkind, Sacrament, Fisch, knieender Esel.

J. Barbé sc. nach P. de Jode.

Anton da Olivadi.

Kapuziner in Calabrien. † 1720. 22. Febr.

Mit dem Todenkopf, die Mater dolorosa verehrend.

Fromme Betrachtung.

Stich in: Ludovico da Olivadi Vita del servo di Dio Antonio da Olivadi. Venezia 1755.

Antonia.

Jgfr., Mart. um 300. 7. Dec.

Ein Fass.

In einem solchen wurde sie erstickt.

Antonin.

Früher Dominikaner, Erzbischof von Florenz. † 1459. 2. Mai.

Als Dominicaner, mit dem Pallium.

Er war Mitglied dieses Ordens, bevor er zum Erzbischof erwählt wurde.

Giov. da Bologna fec. Statue in S. Marco zu Florenz.

Cosimo Roselli px.

Ghirlandajo px. Abbildung in Jameson: Legends.

Eine Waage.

Der Heilige erhielt von einem Bauer einen Korb mit Obst und sagte: Vergelt's Gott. Der Bauer glaubte was Besseres zu verdienen; da schrieb A. seine Worte auf ein Stück Papier und wog dieses gegen das Obst auf der Waage ab, und siehe, das Papier war schwerer. Silbert: Legenden.

Nimmt Bittschriften an und theilt Almosen aus.

Durch seine Liebe zu den Armen ausgezeichnet.

Lor. Lotto p. Das Bild in der Kirche S. Giovanni e Paolo in Venedig. Umriss in Zanotto: Pinac. Ven.

Antonin von Sorrent.

Abt, † 850. 14. Febr.

Mit einer Fahne, eine Stadtmauer neben sich.

In eine solche wurde er begraben.

Anub.

Einsiedler, † 460. 6. Juni.

Ein Engel erscheint ihm während des Gebetes.

> Himmlische Erscheinungen sind im Leben der Heiligen häufig zu finden.

Sadeler sc. nach M. de Vos. (Solitudo.)

Christus erscheint ihm über Wolken.

Stich nach A. Bloemaert.

Apelles.

Einsiedler. 22. April.

In der Einsamkeit betend. An seiner Hütte ist eine Schmiede angebaut.

> Er war früher Schlosser und hatte dem Teufel, der ihn in Gestalt eines schönen Mädchens verführen wollte, das glühende Eisen ins Gesicht geworfen.

Sadeler sc. nach M. de Vos. (Solitudo.)

Er treibt ein halbnacktes Mädchen, die ihn bei seiner Schmiede versuchen will, fort.

Stich nach A. Bloemaert. In: Vies des SS. Pères.

Aper.

Bischof. 5. Jahrh. 15. Sept.

Er heilt Besessene.

J. Callot sc.

Aphraates.

Einsiedler in Edessa; ein Perser. 4. Jahrh. 7. April.

Er weist eine vornehme Kleidung von sich.

> Symbol der Entsagung.

Er lässt eine Quelle aus der Erde hervorspringen.

Abbildung in: L'invocation des Saints.

Apollinaris.

Bisch. von Ravenna, Mart., Schüler des h. Paulus † 79. 23. Juli.

Scenen aus seinem Leben.

J. B. de Cavalleriis sc. in: B. Apollinaris Mart. I. Ravennatum epi res gestae. Romae 1586. 13 Bl.

Er predigt in einem Garten, darin Schafe weiden.

Schafe sind das Symbol der christlichen Gemeinde.

Altes Mosaikbild in S. Apollinare in Classe zu Ravenna.

Eine Keule, oder Knittel.

Seine Todesart bezeichnend.

Alter Holzschnitt in: Vita Sanctor. 1488. Fol. 75.

Kornähren.

Er wendet durch sein Gebet eine Hungersnoth ab.

Apollinaris.

Anachoretin, Tochter des Kaisers Anthemius. 5. Jahrh. 5. Jan.

Als Mönch in der Einsamkeit lebend.

Sie wählte männliche Kleidung, um unerkannt zu bleiben. Beschuldigt, ihre Schwester verführt zu haben entdeckte sie ihr Geschlecht, und bewies ihre Unschuld.

Apollinaris Sidonius.

Bisch., Bek. † 482.

Religiöse Gedichte schreibend.

Man hat von ihm 9 Bücher Briefe und viele poetische Schriften geistlichen Inhalts.

Er hält das Modell einer Kirche in der Hand.

Um den Kirchenbau verdient.

F. Dinger sc. nach J. Settegast. Düsseld. Verein.

Apollonia

Jgfr., Mart. unter Decius † 250. 9. Febr.

An die Säule gebunden, ein Scherge zieht mit Gewalt ihr die Zähne aus.

Ihr Martyrium.

Alter Holzschnitt in: Vita Sanctor. 1488. Fol. 373.

Desgleichen in: Sanctorum et Mart. Christi Icones.

G. Reni p. B. A. Nicolet. sc. Gallerie Orleans.

Marinus sc. nach Jordaens. Grosse Composition.

J. Callot sc.

Procaccino px. Im Dom zu Mailand.

Sie hält eine Zange mit dem Zahn und die Palme.

Es wurden ihr die Zähne mit glühender Zange herausgerissen.

M. Anton Raimondi sc. B. 173.

6

Metallschn. um 1450. Sammlung T. O. Weigel. Abbild. im Werk
No. 25.

R. Sadeler sc. nach M. de Vos. (Specul. Pudicitiae.)

Joh. Wierix sc. A. 852.

Springinklee f. Holz. In: Salus animae. B. 40.

Mit dem Zahn in der Zange und brennendem Scheiterhaufen.

Das Feuer hatte keine Gewalt über sie.

Barthelmess sc. nach einem alten Bild der Schule von Siena.
Düsseld. Bilderverein.

Heiligenbilder aus Bohmanns' Verlag in Prag.

Mit einer Lanze.

Holzschnitt im Leben der Heil. von Rabus.

Paul Bramer p. J. Matham sc. B. 79.

Apollonius.
Einsiedler. Mart., Abt um 395. 25. Jan.

In der Wüste betend; im Waldesgrunde ein Hirsch beim
Wasser.

Sadeler sc. nach M. de Vos. (Solitudo.)

Apollonius.
Diacon, Mart. † 300. 10. Juli.

Scheiterhaufen. Mit der Palme im Feuer stehend.

Dieses beschädigte ihn nicht, wesshalb er dann (nach einer
anderen Version) im Meer ertränkt wurde. Die Leiche schwamm
an's Land.

Stich nach A. Bloemaert in: Les Vies des SS. Pères.

Gekreuzigt.

In Iconium, unter dem Präfecten Perennius. Martyrol. Rom.

A. Collaert sc. In Ricci: Triumphus J. Chr. crucifixi.

Apostel. *)

Sehr oft kommen dieselben in Folgen vor. Jeder der Apostel hat
sein eigenes Symbol. Mit Ausnahme des h. Johannes erscheinen sie

---

*) In der frühesten christlichen Aera werden die Apostel symbolisch als
Lämmer dargestellt, die um den guten Hirten versammelt sind. So auf einem
Sarkophag in Cimeterio S. Cyriaca (abgeb. bei Bosio); so in Mosaiken, wie in
Maria Maggiore zu Rom (5. Jahrh.), in S. Apollinare in Classe zu Ravenna
(7. Jahrh.) u. A. Auf einem anmuthigen Gemälde der Catacombe des h. Ca-
lixtus erscheinen sie als Tauben. In Verbindung mit den zwölf Zeichen des
Thierkreises (Christus als Sonne der Geisterwelt gedacht) erscheinen sie im
späteren Mittelalter.

alle als ältere Männer. In der Reihenfolge wird in der h. Schrift Petrus immer zuerst genannt, die Reihenfolge der anderen wechselt. Vgl. Math. 10, 2. Marc. 3, 16. Luc. 6, 14. Apg. 1, 13. Paulus kommt später dazu und reiht sich als der zweite an den Petrus an. Judas der Verräther ist natürlich weggelassen, dafür nimmt Mathias seine Stelle ein. Auch Barnabas ist später hinzugetreten, als Gefährte des Paulus. Ihre speciellen Attribute sind:

Petrus: Schlüssel; Paulus: Schwert; Andreas: das schräge Kreuz; Jacobus d. ä.: Pilgerstab und Kürbisflasche; Johannes: Kelch mit der Schlange; Thomas: Winkelmaass; Jacobus minor: Keule; Philippus: Kreuzstab und Geissel; Bartholomaeus: Messer; Mathaeus: Beutel; Simon: Säge; Judas Thaddaeus: Keule; Mathias: Lanze; Barnabas: Stein.

Manchmal sind die Worte des apostol. Glaubensbekenntnisses auf Folgen unter sie vertheilt.

Raphael del. Fresco nach dessen Zeichnungen in S. Vicenzo e Anastasio alle tre Fontane bei Rom. Ruinirt; gest. von M. Anton B. 64—76.

Marmorstatuen in der Lateranensischen Basilica von Rusconi und le Gros.

Statuen am Sebaldusgrab zu Nürnberg von P. Vischer.

Meister E. S. vom J. 1466 sc. B. 63.

Schule des Meisters **E. S.** c. 1460—1470. Kupferstich-Sammlung T. O. Weigel No. 481. P. II. No. 36 u. m.

M. Schongauer sc. B. 34—45.

Isr. van Mecken sc. B. 66—78 und B. 79—84.

Luc. Cranach fec. Holz. B. 23—36.

Luc. v. Leyden sc. B. 86—99.

Dürer sc. nur 5 Bl., wahrscheinlich wollte er auch die ganze Folge geben.

H. Baldung Grün fec. B. 6—18.

Bocholt sc. B. 5—17.

H. S. Beham sc. B. 36—42.

A. Allegri da Correggio px. In S. Giovanni zu Bologna.

Meldola sc. B. 38—50.

M. da Ravenna sc. B. 79—91.

Aug. Carracci sc. B. 48—62.

Rubens px. Gest. von Isselburg, Ryckemans.

S. à Bolswert sc. Eben so Caukercken nach v. Dyck.

J. de Gheyn sc. nach Manderen.

Goltzius sc. B. 43—56.

Callot sc. M. 104. etc. etc.

Auch die Martern der Apostel sind in Folgen behandelt worden, z. B. von

Cranach, Holzschn.

Callot M. 120.

Holzschn. in: Sanctor. et Mart. Christi Icones.

Aquila und Prisca (Priscilla).

Mart., Gehülfen des Paulus † um 65. 8. Juli.

Zelttücher verfertigend.

Ihre weltliche Beschäftigung, wie bei Paulus.   Apostelg. 18, 2. 3. 26. Röm. 16, 3.

J. Callot sc.

Schustergeräth.

Ohne Grund im Mittelalter für Zelte gewählt.

Aquilina von Byblos.

† 293. 13. Juni.

Ein Ohr.

Als zwölfjähriges Mädchen unter Diocletian gemartert, indem man ihr glühende Nadeln durchs Ohr in das Gehirn stiess.

Aquilinus.

Mart. in Mailand † 1220. 29. Jan.

Als Priester, mit dem Schwert im Halse.

Er wurde beim Messelesen ermordet.

Joh. Leopolt sc. 1653.

Arbogastus.

Benedictinerabt, Bischof v. Strassburg † 678. 21. Juli.

Heilt Lahme.

J. Franck sc. nach J. Fishes.

Er betet in der Einsiedlerhütte.

Abbild. in der Gallerie des Saints d'Alsace.

Arcadius.

Mart. † 269. 12. Jan.

Gekreuzigt.

Er starb als Martyrer in der Barbarei.

Cecchi sc. nach Ant. Sogliani (In der Basilica Laurenziana). In Etruria Pittrice.

Abbildung in: L'invocation des Saints.

Ein brennendes Licht haltend.

Wohl ein Symbol des lebendigen Glaubens.

Ariadne.

Jgfr., Mart. in Phrygien unter Hadrian. 17. Sept.

Ein Fels, der sich öffnet.

Dieser verbirgt sie vor den Verfolgern. Klingt hier die Mythe von der griech. Ariadne im Labyrinth nicht nach?

Aristion.

Bischof von Alexandria, Mart. 372. 3. Sept.

Ein Scheiterhaufen.

Unter dem Ostgothenkönig Athanarich verbrannt.

Armogastes.

Mart. † 457. 29. März.

Als Kuhhirt.

So lebte er im Exil bei Carthago.

Abbildung in: L'invocation des Saints.

Arno.

Erster Erzb. von Salzburg. † 821. 24. Jan.

Er wird vom Papst investirt.

Stich in Bavaria pia.

Arnolf (Arnold).

Bisch. von Metz † 640. 18. Juli.

Mit einem Fisch, der einen Ring im Maul hält.

Es wird hier eine ähnliche Legende zu Grunde liegen, wie beim h. Benno.

Burgmair f. Holzsch. (Die österr. Heiligen.)

Er wäscht Armen die Füsse.

Aus dem Leben.

Schouten sc. nach Bloemaert. In: Les Vies des SS. Pères.

Arnulph.

Bisch. von Soissons. 1127. 15. Aug.

In einer Höhle betend.

J. Callot sc.

Ein Wolf geht vor ihm in eine Stadt.

> Aus dem Leben.

Arsenius.
Einsiedler † um 455. 19. Juli.

In einer aus Bast geflochtenen Hütte in der Einsamkeit
betend.

> **R. Sadeler** sc. nach M. de Vos. (Solitudo.)

In der Felsenhöhle betend.

> **B. à Bolswert** sc. nach Bloemaert. (Sacra Eremus.)

Er flicht einen Korb.

> Thätigkeit neben dem Gebet.
> Stich nach Abr. Bloemaert.

Als Erzieher des Prinzen Arcadius, der ihn dann vergiften wollte.

> Stich in Ribadeneira.

Artemius.
Mart. unter Julian Apost. † 360. 20. Oct.

Mit einem Schwert, neben ihm ein brennender Götzen-
tempel.

> Er zündete diesen an und wurde dafür enthauptet.

Asterius, Claudius und Neon.
Mart., Brüder. 23. Aug.

Zugleich im jugendlichen Alter gekreuzigt.

> In Aegis (Cilicien) unter Diocletian. Martyrol. Rom. — Ba-
> ronius II
> **A. Collaert** sc. In Ricci Triumphus J. Chr. crucifixi.

Astius (Astejus).
Bischof von Dyrrachium in Macedonien, Mart. 6. Juli.

Gekreuzigt und verbrannt.

> Unter Trajan. Martyrol. Rom.
> **A. Collaert** sc. In Ricci: Triumphus J. Chr. crucifixi.

Athanasia.

Wittwe, Aebtissin † um 850. 14. Aug.

Mit einem Weberstuhl; ein leuchtender Stern auf der Brust.

Der Stern erschien, als sie mit dem Weben beschäftigt war. Symbol, wie Arbeitsamkeit den Menschen adelt.

J. Callot sc.

Athanasia s. Andronicus.

Athanasius (Magnus).

Bischof von Alexandrien (Pater orthodoxiae) † 373. 2. Mai.

Als Bischof mit dem Pallium, zwischen zwei Säulen stehend.

Altes Gemälde in Alexandrien; gest. in den Werken desselben. Paris 1627.

Brandi sc. nach R. Ximeno.

Als Bischof, mit Buch.

F. Bartolozzi sc.

Eine Taube.

Bedeutet die Einwirkung des h. Geistes.

Athenogenes.

Bischof von Sebaste (Armenien), Mart. unter Diocletian. 17. Juli.

Er wird gegeisselt, wobei die Hand des Peinigers gelähmt wird.

Aus dem Leben.

Attala.

Erste Aebtissin des Klosters S. Stephan zu Strassburg. 3. Dec.

Als Aebtissin vor dem Altar betend.

Abbildung in: Galerie des Saints d'Alsace.

Attalus.

Mart. † 177. 31. Dec.

Auf einem glühenden Stuhle verbrannt.

Martyrium zu Lyon. Euseb. V. 1.

Holzschnitt im Leben der Heil. von Rabus.

Attracta (Tarabata).

Jgfr. aus Irland. 5. Jahrh. 9. Febr.

Ein Hirsch.

> Dieser trug ihr Holz zum Bau einer Zelle in der Einsamkeit
> herbei.

Aubert.

Bisch. von Cambray † 669. 27. Febr.

Bäckerschaufel.

> Wohl Anspielung auf seinen früheren weltlichen Stand.

Auf einer Dalmatik der Genter Cathedrale.

Audifax siehe Abacum.

Augusta.

Mart. † um 300. 20. März.

Ein Zahn.

> Es wurden ihr die Zähne herausgerissen.

Scheiterhaufen und Schwert.

> Ihr Martyrium, das ihr eigener Vater über sie verhängte.

N. Barthelmess sc.   Düsseld. Verein.

Augustin.

Kirchenlehrer und Bischof von Hippo † 430. 28. Aug.

Sein Leben und seine Wunder. Text von G. Maigreto.

S. à Bolswert sc.   Folge von 25 Bl.

Monica, seine Mutter bringt ihn zur Schule.

Altes Bild aus dem 14. Jahrh. im Vatican.

Benozzo Gozzoli px. in S. Geminiano zu Volterra.   Fresco.

Im Garten zu Alippe sitzend, mit Bibel.

> Hier wurde er durch die Stimme: Tolle lege zum Nachschla-
> gen in der Bibel aufgemuntert und bekehrt.

Cl. **Mellan** sc. M. 52.

Er wird vom h. Ambrosius getauft.

> In Mailand. Zu dieser feierlichen Gelegenheit dichtete Am-
> brosius den Lobgesang: Te Deum laudamus.

Amico Aspertino p. in S. Frediano zu Lucca.   Umriss in
G. Rosini.

Cam. **Procaccino** px. in Cremona.

P. A. Kilian sc. nach J. B. Pittoni.

Als Bischof auf dem Throne sitzend.

B. Vivarini px. In S. Giovanni e Paolo zu Venedig.

Dosso Dossi px. In der Brera zu Mailand.

Schreibend.

In seiner Eigenschaft als Kirchenlehrer.

Carletto Veronese p. Bild im Belvedere zu Wien. Gall.-W. von Perger.

Fra Felippo Lippi p. In Florenz.

Gaet. Guadagnini p. Ebenda.

Ein Engel das Meer ausschöpfend, neben ihm.

Unter den Engeln ist zuweilen das Christkind verstanden. Augustin wollte das Geheimniss der Trinität ausforschen und soll auf diese Art von dem Kinde über die Fruchtlosigkeit seiner Grübelei belehrt worden sein.

Garofalo px. P. W. Tomkins sc. Das Bild in der Nat.-Gall. zu London.

Holzschn. c. 1470. Sammlung T. O. Weigel No. 183.

Schrotblatt c. 1470. Ebenda No. 388.

Kupferstich c. 1475. Ebenda No. 452.

Holzschn. in Sanctor. et Mart. Christi Icones.

Rubens px. (bei S. Augustin in Prag). Gest. von J. Schmidt; W. Schuldes.

J. Callot sc.

Mit dem schöpfenden Engel und durchbohrtem Herzen.

H. Burgmair f. (Holzschn. Der Heilige ist Luther's Bildniss.)

Mit Kreuz und durchbohrtem Herzen.

Das Kreuz Symbol des Glaubens; das durchbohrte Herz spielt auf eine Stelle im 9. Buche seiner Confessiones an.

Israel van Mecken sc. B. 88.

H. van der Goes p. Berliner Museum.

Ein Engel mit der Schale und brennendem Lichte.

Das Licht Symbol des lebendigen Glaubens.

L. Gaultier sc.

Ein Engel legt ihm Feuer an's Herz.

Caukercken sc. nach van Oost.

Ein Herz haltend.

Ant. Wierix sc. A. 853.

N. de Poilly sc. nach Ph. de Champagne.

Eine Flamme bricht aus dem Herzen hervor.

Die innige Gottesliebe bedeutend.

C. Casanova sc. nach Herrera.

S. à Bolswert sc.

In der Entzückung.

P. de Jode sc. nach van Dyck.

Augustin's letzte Unterredung mit seiner Mutter Monika.

S. Confessiones.

Ary Scheffer px. Gest. von A. V. Beaugrand, G. T. Deo.

Augustin von England.
Bisch. † 608. 26. Mai.

Er tauft Ethelbert, König von Kent.

Aus dem Leben.

Aurea.
Jgfr., Mart. † 856. 19. Juli.

Mit einem Mühlstein um den Hals ins Meer geworfen.

Ihr Martyrium in Spanien.

J. Callot sc.

Aurelia.
Jungfr. aus Paris. † 1027. 15. Oct.

Als Pilgerin.

Sie entflieht als Pilgerin aus Paris, um nicht heirathen zu müssen, und kommt als Pilgerin zum h. Romuald in S. Emmeram.

R. Sadeler sc. In Bavaria Sancta.

Austreberta (Astreberta).
Aebtissin von Port. † 704. 10. Febr.

Scenen aus ihrem Leben.

Fünf Stiche in: Sim. Martin, La vie perfaicte de saincte Austreberthe.

Auxentius.
Bisch. 13. Dec.

Er weigert sich dem Bacchus zu opfern.

Desshalb unter Diocletian enthauptet.

Aventin.
Einsiedler von Troyes † 540. 1. Febr.

Er zieht einem Bär den Dorn aus der Tatze heraus.

Diese Vertraulichkeit der Heiligen mit wilden Thieren kehrt oft wieder. Wer erinnert sich hier nicht an den Römer Androclus, der einem Löwen denselben Liebesdienst erwiesen? Sculptur aus dem 12. Jahrh.

Avitus.
Abt, Einsiedler aus Orleans, † um 527. 17. Juni.

Er wird in der Wildniss von zwei Schäfern entdeckt.

Diese waren taubstumm, und wollten sich ihre Fackeln bei seiner Lampe anzünden. Der Heilige gestattete diess und gab ihnen zugleich die Sprache.

Balbina
Römische Jungfrau, Tochter des Quirinus, † 130. 31. März.

Mit Ketten und Fesseln.

Sie fand die Ketten des h. Petrus wieder, welche sie sterbend der h. Theodora schenkte.

Bild in der alten Kirche S. Balbina in Rom von unbekanntem Meister.

Baldomer (Galmier).
Früher Schlosser, dann Diacon zu Lyon. † 650. 27. Febr.

Als Diacon. Eine Zange in der Hand, Schlosserwerkzeug neben sich.

Auf seinen weltlichen Beruf deutend.

Baradat.
Einsiedler in Syrien, † um 100. 22. Febr.

Im metallenen Kleide; die Hände stets erhoben.

Eine besondere Methode der Selbstpeinigung.

Barbara.

Jungfrau aus Nicomedien. Mart. Tochter des Heiden Dioscurus. † 306. 4. Dec.

Sie wird enthauptet, bei ihr ein Kelch.

Ihres Glaubens wegen hat sie der eigene Vater selbst getödtet.

Zagel sc. B. 9.

Peter Rosa p. In der Kirche Madonna della Grazia zu Brescia.

Brusasorci p. In S. Barbara zu Mantua.

W. Schuldes sc. nach Screta. Malteserkirche zu Prag.

Thurm und Palme, mit den Füssen den Ritter tretend
(den **Vater**, der sie eigenhändig tödtet).

Den Vater schlug nach der blutigen That sogleich der Blitz nieder.

Cosimo Roselli p. Das Bild in der Academie zu Florenz.

Mit einem Thurm (der in der Regel drei Fenster hat).

Die drei Fenster, auf ihre Anordnung angebracht, deuten auf die Dreieinigkeit hin.

Holzsch. c. 1470. Sammlung T. O. Weigel No. 153.

M. Anton Raimondi sc. B. 174.

Meister mit dem Würfel. B. 12.

Wandmalerei vom J. 1466) in S. Maria im Capitol zu Cöln.

J. Sadeler sc. nach M. de Vos. (Specul. Pudic.)

Mit einem Thurm in der Hand.*)

H. Memling p. 1488. Im Museum zu Brügge.

H. Nüsser sc. nach einem alten Cölner Meister. Düsseld. Bilder-Verein.

Holzschn. c. 1440. Sammlung T. O. Weigel No. 88, b.

Schrotbl. c. 1460. Ebenda 362.

Mit einem Thurm, darüber eine Hostie in der Monstranz.

H. Memling p. 1479. Im Hospital S. Johannes zu Brügge.

Wohlgemuth p. um 1490. Im städtischen Museum zu Brügge.

Mit Thurm und Palme.

J. van Eyck p. (1435). Im Burleigh-House, England.

---

*) Barbara ist Patronin des Towers in London, wie Georg von England. Das Leben beider ist dargestellt im Tower (Horse-armour).

Mateo da Siena pnx. (1479) in S. Domenico zu Siena. Stich bei Jameson.

S. à Bolswert sc. nach Rubens.

Mit Thurm und Kelch.

J. A. Beltraffio p. um 1500. Im Berliner Museum.

Ebenso, und gekrönt.

H. Holbein p. In der Münchner Pinacothek.

Mit Kelch und Palme; gekrönt mit rothen Rosen.

Hans von Kulmbach p. In Nürnberg bei S. Sebald.

Thurm und Kelch, darüber die Hostie.

Meister E. S. vom Jahre 1466. B. 81.

Schrotbl. c. 1470. Sammlung T. O. Weigel No. 373 u. 394.

Israel van Mecken sc. B. 122.

L. Cranach f. (Holzsch.) B. 69.

M. Schongauer p. Lith. bei Boisserée. (Brust. und ganze Figur.)

Hollar sc. nach Holbein. P. 176.

Thurm und Kanonläufe.

Was einst in der Mythologie Pallas oder Bellona war, ist sie im Christenthum. Kanonläufe, weil sie Patronin der Artillerie ist.*)

J. Palma sen. p. Altarbild in S. Maria Formosa zu Venedig. Umriss in Zanotto: Pinac. Ven. — Auch ein Holzschnitt bei Jameson. (Portrait der Voilante.)

Mit Palme, Kelch und Thurm.

Mich. Bisi sc. nach Bern. Lovinus.

Mit einer Pfauenfeder.

Der Pfau als Symbol der Auferstehung.

Hugo van der Goes p. In Florenz. Gest. von D. Testi. Im Galleriewerke.

Mit Pfauenfeder und Thurm.

Alter Cölnischer Meister im Berliner Museum.

Desgleichen im Museum Wallraf-Richartz zu Cöln.

Conrad Fyol p. im Berliner Museum.

Michael Cocxcie p. In der Münchner Pinacothek (lith. in der Sammlung von Boisserée).

---

*) Ueberhaupt des Kriegerstandes, desshalb ihr Bild oft auf Armaturen, Schildern etc. vorkommt.

Mit Lanze und Palme.

Frater Paolo da Pistoja p.   Im Belvedere zu Wien.

Wird von Martyrjungfrauen im Himmel empfangen.

Jos. Mazzuoli p.   Hauptaltarbild in S. Barbara zu Ferrara.

> Die Heilige wird oft in Verein mit der h. Catharina (v Alexandrien) dargestellt, besonders neben der thronenden Maria. Sie ist hier als Ausdruck des thätigen Lebens aufgefasst, während Catharina das contemplative bedeutet. (Kriegerstand — Gelehrtenstand.) In Flandern werden die drei H Barbara, Catharina und Magdalena verehrt als. „de Drie Sanctinnen" und symbolisiren die drei göttlichen Tugenden.

Barlaam und Josaphat.
Mart. 3. Jahrh. 27. Nov.

Beide in einer Höhle betend.

> Barlaam, ein Eremit, erhielt von Gott den Auftrag, nach Indien zu gehen und den königl. Prinzen Josaphat zu unterrichten. Dieser verliess dann den Thron und ging mit Barlaam in die Einsamkeit. Damasceni: Vita Barlaam et Josaphat.

Callot sc.

Sieh in Ribadeneira.

Barnabas.
Apostel, Gehülfe des h. Paulus, Apostel von Cypern † 53. 11. Juni.

Er hält das Evangelium des h. Mathaeus.

> Man fand bei seiner Leiche ein Exemplar des Evangeliums.

Bonifazio px.   In der Kirche S. Barnaba zu Venedig.

Er wird gesteinigt.

> Seine Todesart als Bischof von Cypern.

Callot sc.

Batholomaeus.
Apostel, † c. 70. 25. Aug.

Er heilt eine Prinzessin von Armenien.

> Deutet auf eine unbekannte Begebenheit aus seinem Leben.

Ein Bild in Notre-Dame zu Paris.

Gekreuzigt und lebendig der Haut beraubt.

> In Armenien, unter Astiages. Martyrol. Rom.

J. Ribera p. Malte die Scene mehrmals, jedesmal mit schrecklicher Natürlichkeit. Das Bild in Dresden ist gest. v M. Pitteri.

Ebenso **Aug. Carracci** (in der Southerland-Gallery).

Ribalta px. (im Louvre).

A. Collaert sc. In Ricci: Triumphus J. Chr. crucif.

Mit kurzem Messer und Buch in der Hand.

> Das Messer als Werkzeug seiner Marter, das Buch deutet auf seinen Lehrerberuf.

Cimabue p. In Florenz. (Hält ausserdem ein Fähnchen mit dem Marcuslöwen.)

Seb. Luciani p. Altarbild in S. Bartolomeo zu Venedig. Umriss in Zanotto: Pinac. Veneta.

Israel v. Mecken p. Lithogr. bei Boisserée.

Er hält seine abgeschundene Haut in der Hand.

> Bekannte Darstellung auf M. Angelo's letztem Gerichte in der Sixtina.

Siehe auch: Apostel.

Basilissa und Anastasia.

Römische Damen des 1. Jahrhunderts, Jüngerinnen Petri. † 66. 15. April.

Sie begraben die Martyrer-Apostel Petrus und Paulus.

> Desswegen verrathen, werden sie der Brüste und Zungen beraubt, endlich enthauptet.

J. Callot sc.

Sie werden enthauptet.

> Abbildung in L'invocation des Saints.

Basilius (Magnus).

Kirchenlehrer. geb. zu Caesarea 329, † als Bischof daselbst 379. 14. Juni.

Im Patriarchenkleide sitzend und die Ordensregel dictirend.

> **Fr. Herrera sen.** p. Das Gemälde war bei Marschall Soult. Umriss bei Duchesne.

Auf seinem Arm sitzt die Taube (den h. Geist vorstellend).

Callot sc.

Basilius von Ancyra.

Mart. um 361. 22. März.

Mit einer Löwin.

> Von einer solchen zerrissen.

Bathilde (Baltilde oder Bandour).

Königin von Frankreich. Stifterin der Abtei Chelles † 669. 26. Jan.

Vor dem Marienbilde knieend. Zwei Engel bringen ihr ein Kind.

> Ihr Gebet um Kindersegen wird erhört.
>
> **Burgmair** fec. Holz. (Die österr. Heiligen.)

Unter einem Thronhimmel, vor ihr drei Könige.

> Es sind ihre Söhne: Clotar III., Childeric II. und Theodo-rich I., denen sie gute Lehren gab. Bolland.
>
> **W. Hollar** sc. P. 175.

Sie hält das Modell der von ihr gestifteten Kirche.

> Alte Statue des 14. Jahrh. aus der Kirche zu Corvai. Abbild. in Taylor: Voyages pitt.

Mit Brod und Geld.

> Sie war mildthätig gegen Arme.
>
> **Nargeot** sc. nach H. Chopin. (H. Frauen.)

Bavo (Allovin).

Einsiedler bei Gent, früher Edelmann. † 654. 1. Oct.

Mit einem Falken in der Hand; im herzoglichen Kleid.

> Eine Statue über dem Thor der Genter Cathedrale, die ihm geweiht ist (von Verbrüggen).
>
> **J. Matham** sc. B. 12.
>
> **C. Visscher** sc. nach P. Soutman. (Die Heil. von Flandern.)
>
> **Koogen** sc. B. 4.

Er verlässt den weltlichen Stand, und wird vom h. Amandus an der Pforte der Kirche empfangen, nachdem er sein Hab und Gut an die Armen vertheilt hat.

> **Rubens** p. In der Genter Cathedrale. Die Figur des Heiligen soll den Künstler darstellen.

Kreuz und Gemüse.

> Früher ein wüstes Leben führend, bekehrte er sich nach dem Tode seiner Frau und lebte als Einsiedler.
>
> **R. Sadeler** sc. nach M. de Vos. (Solitudo.)

Er wohnt als Einsiedler in einem hohlen Baume.

> **Schouten** sc. in: Les Vies des SS. Pères.

Er heilt einen Besessenen.

Burgmair fec. Holzsch.
Jordaens pinx.

Beatrix.

Jgfr., Mart., Schwester der Martyrer Simplicius und Faustin, † 303 zu Rom. 29. Juli.

Mit einem Tau erdrosselt.

Unter Diocletian; sie wurde von Lucretius als geheime Christin angegeben, um sich ihres Landgutes zu bemächtigen.

J. Callot sc.

Beda (Venerabilis).

Geb. 672 bei Durham, † 735. 27. Mai.

In einem Zimmer studirend. (Das Zimmer [Zelle] Copie nach jenem vom h. Hieronymus von Dürer.)

Stich in C. Stengel: Imag. Sanct. ord. S. Benedicti.

Abbildung in: L'invocation des Saints.

Begga.

Wittwe, † 689. 6. Sept.

Als Aebtissin, mit zwei Klöstern.

Erwähnt im Leben des h. Meduald, Erzbischofs von Trier.

Chorographia sacra Brabantiae.

Burgmair fec. Holz.

Benedict.

Ordensstifter. Als Stifter der Benedictiner in schwarzem Ordenskleide, als Patriarch der reformirten Benedictiner (Cistercienser, Camaldulenser etc.) im weissen Habit. Geb. 480 in Nursia. † 543. 21. März.

Folge von Darstellungen aus seinem Leben.

Spinello Aretino px. 13 Wandgemälde in der Sacristei von S. Miniato zu Florenz.

Zingaro px. 17 Frescobilder in S. Severino e Sosio zu Neapel.

50 Kupferst. ohne Namen.

Er erhält vom Volke in seiner Klause Geschenke.

G. Reni px. in S. Michele in Bosco zu Bologna, gest. von G. Giovanni, M. Borboni.

Zwischen Dornen liegend oder knieend (in Subiaco).

Um Versuchungen Widerstand zu leisten, soll er sich zwischen Dornen herumgewälzt haben. Aus diesen hervor blühten dann die schönsten Rosen.

le Clerc px. in der Brera zu Mailand.

Abbildung in: L'invocation des Saints.

R. Sadeler sc. nach M. de Vos. (Solitudo.)

Schouten sc. in Les Vies des SS. Pères.

Mit einem zerbrochenen Sieb.

Lo Zingaro px. Im Kloster Severino zu Neapel. Kupferst. davon in: Pitture dello Zingaro nel chiostro de S. Severino in Napoli. Publ. da S. d'Aloe. Nap. 1846.

Mit einem zerbrochenen Becher, aus dem die Flüssigkeit läuft.

Die Mönche von Vicovaro bei Tivoli wollten ihn wegen seiner Strenge vergiften. Die Darstellung ruht auf der Stelle Marc. 16, 18.

Mit einem Becher, darin Schlangen sich befinden.

Dieselbe Idee liegt zu Grunde.

Schreibend; über ihm der h. Geist, neben ihm der Kelch mit der Schlange; zu den Füssen der Rabe mit dem Brode.

Heiligenbilder aus Bohmanns' Verlag in Prag.

Er schreibt, zwei Engel zeigen ihm das Buch Canticus Cantic.

Auf seine schriftstellerische Thätigkeit als Kirchenlehrer deutend.

Morin sc. nach Ph. de Champagne.

Mit einem Raben, der ein Brod im Schnabel hat.

Dieser soll das zu seiner Vergiftung bestimmte Brod davongetragen haben.*) Der Heilige siedelte sich dann auf Monte Cassino an, wo er auch mit seiner Schwester Scholastica begraben liegt.

Er erweckt auf Monte Cassino ein todtes Kind.

Bon Boulogne px. In Versailles. Umriss bei Didot.

Er heilt einen Besessenen.

Es werden ihm überhaupt viele Wunder zugeschrieben.

Lud. Carracci p. et sc.

Dasselbe gest. von Mathioli, B. 24. und Sim. Cantarini B. 27

Christus umarmt ihn vom Kreuze.

Holzschnitt in: Sanct. et Mart. Icones.

Metallschnitt c. 1440. T. O. Weigel's Samml. Abbild. im Werke No. 32.

Holzschnitt c. 1440. Ebenda. Abbild. ebenda No. 82.

---

*) Auf Monte Cassino braucht ein Benedictiner nur auf den Altan hinauszutreten und seinen Ruf ertönen zu lassen, so fliegen aus dem nahen Walde sogleich Raben herbei, die sich ohne Scheu nähern und füttern lassen — wie ich es mit eigenen Augen beobachtet habe.

Maria erscheint ihm mit Heiligen.

E. le Sueur px. **Guérin** sc. Im Musée Royal.

Mit Buch und Geissel; den Finger auf den Mund gelegt.

E. Steinle inv. **Nüsser** sc. Düsseld. Heiligenbilder.

Mit Pedum und Buch. (Umgeben von 4 Heiligen seines Ordens).

Ben. Montagna sc. Abbildung in Jameson Legends.

Auf einem Throne sitzend, von verschiedenen Ordensleuten umgeben.

> Als Patriarch, dessen Regel verschiedene Orden angenommen haben.

Novelli px. In S. Martino bei Palermo.

Seine letzte Unterredung mit seiner Schwester Scholastica.

> Aus dem Leben.

P. Molitor px. **H. Nüsser** sc. Düsseld. Heiligenbilder.

Tod und Verklärung des Heiligen.

Lorenzino p. Fresco in der Kirche auf Monte Cassino.

Ueber Wolken knieend, eine strahlende Weltkugel betrachtend.

> Er sah in einer Vision die Seele des h. Germanus von Capne als feurige Kugel zum Himmel emporsteigen.

Benedict von Anian (Languedoc).

Abt, geb. 751, † 821. 12. Febr.

Er reicht dem h. Wilhelm von Aquitanien das Ordenskleid.

> Aus dem Leben.

Barbieri Guercino p. In der Pinacothek zu Bologna. Gest. von J. M. Mitelli. B. 26.

Benedicta.

Jungfr., Mart., eines römischen Rathsherren Tochter, litt in Gallien unter Diocletian. 29. Juni.

Nackt an's Kreuz gebunden, und gegeisselt.

> Weil sie den Götzen nicht opfern will. Ihre Todesart in Gallien. Maurolyci Martyrologium.
>
> Alter Holzschnitt in Vita Sanctor. 1488. Fol. 380.
>
> **A. Collaert** sc. In Ricci: Triumphus J. Chr. crucifixi.

Sie wird der Brüste beraubt.

> Alter Holzschnitt im Passional 1502.

7 *

Benezet.
Im 12. Jahrh. zu Avignon.

Als Architect; bei ihm eine Brücke.

> Er stiftete die Bruderschaft der Brückenbauer, erbaute 1188 jene von Avignon und liegt in einer Kapelle auf derselben begraben.

Alter Stich im Pariser Cabinet.

Benignus.
Bischof zu Dyon, unter Marc Aurel getödtet 178. 28. Juni.

Vor ihm stürzt ein Götzenbild nieder.

> Er machte ein Zeichen des Kreuzes über dasselbe. Baronius.

J. Callot sc.

Von zwei Lanzen in der Brust durchbohrt.

Hier. Wierix sc. A. 858.

Benignus aus Rom.
Ritter, Mart. unter Aurelian. 6. Juni.

Im Harnisch mit einer Fahne.

Benjamin.
Diacon und Mart. † 424. 31. März.

Von Pfeilen und einem Pfahle durchbohrt.

> Seine Todesart. Baronius.

J. Callot sc.

Bennet (Benedict).
Abt. † 690. 12. Januar.

Beim Flusse Tyne stehend; in der Ferne zwei Klöster.

> (Des h. Petrus und Paulus, die er stiftete.)

W. Hollar sc. P. 156.

Benno.
Bischof von Metz, † 940. 15. Aug.

Er betet vor einer Madonnenstatue.

> Abbild. in: Galerie des Saints d'Alsace.

Benno.
Bischof von Meissen (Graf von Woldenberg) 1010. † 1106. 16. Juni.

Mit Buch und Kreuz.

M. Anton Raimondi sc. B. 143.

Mit Fisch und Schlüssel.

Als Heinrich IV. Meissen eroberte, warf er den Schlüssel zum Dom in die Elbe; bei seiner Rückkehr fand man den Schlüssel im Bauch eines Fisches.

C. G. Amling sc.

Auf dem Siegel der Stadt Meissen. Davon gibt es einen Stich vom 18. Jahrh.

In: Acta Sanctor. Juni. Tom. III.

Stich nach dem alten Gemälde in Meissen in: M. Heidenreich Benno Episc. olim Misensis — Dresd. 1694.

Benus.
Einsiedler. 4. Jahrhundert.

Ueber einem Crocodil und Meerpferd wandelnd.

Wunder aus seinem Leben.

Der Teufel flieht in Gestalt eines Ochsen.

Stich nach Bloemaert in Les Vies des SS. Pères.

Benvenuta Bojana.
Dominikanerin aus Friaul.

Mit Ketten behängt vor dem Crucifix knieend.

Eine besondere Art der Kasteiung.

Zucchi sc. nach einem alten Bilde des 14. Jahrh. in: Vita b. Benvenutae Bojanae. Venet. 1757.

Bernhard (von Clairvaux).
Cistercienser-Abt (Doctor mellifluus). Geb. zu Fontaine 1091, † 1153. 20. Aug.

Er ertheilt dem bekehrten h. Wilhelm von Aquitanien das Abendmahl.

Cl. Mellan sc. M. 58.

Er versöhnt Feinde.

Er versöhnt den Gegenpabst Victor mit Innocenz II.

Maratti px. In S. Croce in Gerusalemme zu Rom. J. Frey sc.

Er zieht einen Mantel unversehrt aus dem Feuer.

Gemälde in Tempera in der Weise des Masaccio im Berl. Museum.

Er kniet vor dem Crucifix; bei ihm ein Buch, Tintenfass und Feder.

Die Intention seiner schriftstellerischen Thätigkeit anzeigend.

Cl. Mellan sc. M. 54.

Vor einem Marienbilde.

H. Wierix sc. A. 772.

Er schreibt in einer felsigen Wildniss; Maria, von Engeln begleitet, erscheint ihm.

Phil. Lippi px. In der Badia der Benedictiner zu Florenz. Gest. von Lapi in: Rosini La Pittura ital. Tab. 59.

Er kniet vor der über Wolken mit dem Kinde erscheinenden Madonna; zwei Engel halten ein Buch (s. Werke).

Er hatte stets eine besondere Verehrung für die h. Jungfrau gezeigt.

Cl. Mellan sc. (M. 300.)

F. Villamena inv. et sc.

M. Hartwagner sc. nach Amigoni.

Maria reicht ihm die Brust.

Sein Beiname melifluus (Symbol der Beredsamkeit) sollte im späteren Mittelalter also veranschaulicht werden.

Ein Bienenkorb und ein Hund ihm zur Seite.

Derselbe Gedanke; der Hund bedeutet die Wachsamkeit und Hirtentreue; doch kann er auch auf den Traum seiner Mutter sich beziehen.

Mit dem Pedum und einem Dämon. In den Wolken Maria.

M. Anton Raimondi sc. B. 144.

Schreibend, während ein Engel sein Pedum hält.

A. Mochetti sc.

Er trägt die Leidenswerkzeuge Christi.

Hier. Wierix sc. A. 863.

S. à Bolswert sc.

J. Oertl sc. nach J. C. Liška.

Stich in Vita St. Patris Bernardi. Bamberg 1678.

Er stirbt, von Engeln unterstützt.

G. B. Rolli sc. nach Canuti.

Bernhard von Ophyda.

Er stirbt in Gegenwart seiner Ordensbrüder.

A. Mochetti sc. nach F. Manno. 1795.

Bernhard von Abbeville.

Stifter der Congregation von Tiron, † 1114. 14. April.

Mit Drechseln beschäftigt.

Abbildung in: J. Corblet, Hagiographie.

Bernhard Ptolomäus.
In Siena. † 1349. 21. Aug.

Er sieht eine Leiter, auf welcher Mönche von Engeln zum Himmel geleitet werden.

Anpreisung des Mönchslebens, welches den sichern Weg zum Himmel abgeben soll. Columnae milit. eccles. Norimb. 1725.

Bernhard von Tironio.
Einsiedler. 1117. 21. Nov.

Er beschäftigt sich mit dem Drechslerhandwerk in der Einöde.

Dieses war auch seine Beschäftigung, bevor er Einsiedler wurde.

Ein Wolf bringt ihm ein verirrtes Schaaf oder Kalb zurück.

Entweder soll diess ein Wunder oder symbolisch die Macht des frommen Christen selbst über wilde Thiere andeuten.

Bernhard.
Markgraf von Baden. † 1458. 15. Juli.

Er empfängt die letzte Oelung.

Abbildung in: Galerie des Saints d'Alsace.

Bernhardin von Siena.
Stifter der Observanten, geb. 1380, † 1444. 20. Mai.

Maria erscheint ihm an der Pforte des Gefängnisses.

Er wurde falsch als Ketzer angeklagt und eingekerkert.

J. Callot sc.

Er hält einen Stab, an dessen oberem Ende eine Strahlensonne mit dem Zeichen I H S befindlich, in der Hand.

Missionszeichen; da er einige Zeit in Jerusalem seinen Orden vertrat.

L. Vivarini px.   **A. Viviani** sc. (Zanotto: Pinacoteca.)

P. Laureati px. Abbild. in: Challamel, Peintres primitifs. Paris 1843.

Bei seiner Leiche geschehen Wunder an Kranken und Besessenen.

Fr. di Georgio p. in der Acad. zu Siena. Gest. von Rossi in: Rosini La pittura ital. Tab. 44.

Bernward.
Bischof von Hildesheim. † 1021. 26. Oct.

Im bischöflichen Kleide, ein Reliquienkreuz in der Hand.

Rittinghaus sc. nach Deger. Düsseld. Bilder-Verein.

In alter bischöflicher Kleidung, mit Pedum und Buch,
sitzend.

Siegel der Stadt Hildesheim. Abbildung in H. A. Lüntzel Der
h. Bernward. Hildesh. 1856.

Bertha.

Aebtissin, früher verehlicht, in Avenay, Diöc. Rheims. † 725. 1. Mai.

Kniet mit ihrer Tochter vor dem Altare.

Abbild. in: L'invocation des Saints.

Hält das Modell einer Kirche.

Alter Stich in der Pariser Sammlung.

Bertha.

Biburgensis. † 1151.

Sie präsentirt die Stiftungsurkunde des Benedictinerklo-
sters in Biburg zwei Heiligen in Wolken.

R. Sadeler sc.   In Bavaria Sancta.

Berthold.

Erster Abt zu Garsten. † 1130. 27. Juli.

Trägt Brod und Fische.

Bedeutet seine Frugalität, da er nie mehr als eine Speise zum
Brode ass.

Abbild. in: Bavaria pia. (Die Fische kommen aus dem Wasser.)

Bertoldus.

Franciskaner. † 1272. 16. Juni.

Er predigt und erweckt ein todtes Weib.

In Regensburg. Das Weib, welches sich dessen Predigt ihrer
Sünden wegen so zu Herzen nahm, dass es aus Reue starb,
wird von ihm wieder erweckt.

R. Sadeler sc.   In Bavaria Sancta.

Bertulph.

Abt zu Rentoy (Belgien). † 710. 5. Feb.

Ein Adler schützt ihn vor dem Regen.

Auf dem Felde im Buche lesend wurde er vom Regen überrascht.

Mit einem Schiff.

Als er den Armen Wein und Brod zutrug, und ihm sein Herr,
der Graf Wambert begegnete, verwandelte sich das Brod in
ein Schifflein. Aehnliche Wunder bei anderen Heiligen, so
bei der h. Elisabeth u. A.

Bibiana.

Mart., gest. in Sevilla 362, unter Julianus Apost. 2. Dec.

Mit einem Zweig in der Hand und einem Dolch in der Brust.

Ihre Todesart, weil sie den Götzen nicht opfern wollte.
Statue von Bernino in S. Bibiana zu Rom.*)

Mit der Palme.

Sieg über das Martyrium.
Stich in: Franciotti La vita di S. Bibiana. Romae 1630.

Bilhildis.

Herzogin von Francken, Aebtissin unter Clodwig 1.

Im Nonnenkleid, ein Kirchenmodell haltend.

Als Stifterin des alten Klosters in Mainz.
Stich in: J. Gropp Christl. Frühlingsblume fränc. Heiligkeit, die
h. Bilhildis, Herzogin zu Francken. Würzb. 1727.

Birinus.

Bischof von Dorchester. † 650. 3. Dec.

Er geht mit dem Sacrament über Meereswogen.

J. Callot sc.

Er gibt einem Blinden das Gesicht.

Blandina.

Jungfrau, M. † um 177. 2. Juni.

Gekreuzigt, mit Netzen umgeben und einem wüthenden Stier preisgegeben.

So litt sie in Lyon unter Antonin. Baronius II.

A. Collaert sc. In Ricci: Triumphus J. Chr. crucifixi.

J. Callot sc.

v. Luycken sc.

J. B. de Cavalleriis sc. in eccl. milit. triumphi.

Blasius.

Bischof von Sebaste in Armenien. † 304. 3. Febr.

Wilde Thiere besänftigend.

Aus dem Leben.

J. Callot sc.

---

*) Ebendaselbst stellen fünf Fresken von Pietro da Cartona Scenen aus
ihrem Leben dar; s. Jameson. Mehrere Darstellungen aus ihrem Leben hat
R. Audenaerde nach Berettino und Bernino gestochen.

Ein Vogel bringt ihm Nahrung.

> Legenda aurea.

J. Callot sc.

Er hält kreuzweis zwei brennende Lichter über ein krankes Kind.

> Als Patron gegen Halsschmerzen. Am 3. Febr. wird in kath.
> Kirchen noch immer der sogen. Blasius-Segen auf diese Art
> ertheilt.

F. Ittenbach inv. **N.** Barthelmess sc. Düsseld. Heiligenbilder.

Ein eiserner Kamm wird von einem Engel gehalten, während er gegeisselt wird.

> Werkzeug seines Martyriums.

Monsignori px. Abbildung in Rossini's Storia della Pittura.

Blasius.
Eremit.

In der Höhle lebend, von wilden Thieren umgeben.

> Aus dem Leben.

J. Sadeler sc. nach M. de Vos. (Solitudo.)

Abbild. in: L'invocation des Saints.

Blasius.
Bischof von Ragusa. 22. Juni.

Als Bischof in Wolken über der Stadt Ragusa schwebend.

> Als Patron derselben.

J. B. Sinter sc. nach J. Pozzi in: A. Nicolai Memorie storiche
di S. Biagio. Roma 1752.

Bogumil (Theophil).
Camaldulenser, Erzb. von Gnesen. † 1182. 10. Juni.

Maria mit dem Kinde erscheint ihm.

> Stich in Steph. Damalevicio Vita S. Bogumili. Romae 1661.

Bonaventura.
Franciskaner. Doctor Seraphicus. Bischof von Albano, Cardinal, Ordensgeneral. † Lyon 1274. 14. Juli.

Als Franciskaner, mit Buch, zu seinen Füssen der Cardinalshut.

> Das Buch deutet auf den Kirchenlehrer.

Fiesole px. Rom. E. Rittinghaus sc. Düsseld. Ver. Dasselbe
von der Arundel-Society publicirt.

Als Bischof mit dem Cardinalshut.

Cosimo Roselli px.   Im Louvre.

Er zeigt den Ordensbrüdern seine Bibliothek.

> Diese vermutheten die reichhaltigste Büchersammlung; er zieht den Vorhang weg und an Stelle der Bücher ist nur ein Kreuz zu sehen.

Zurbaran px.   Vorzügliches Bild des Berliner Museums.

Er erweckt ein todtgebornes Kind.

G. Tomba sc. nach Fr. Gessi.   Pinac. Bologn., vordem bei S. Steffano.

Ein Engel reicht ihm das Sacrament.

> Da er sich oft aus Demuth weigerte, die Communion zu empfangen, brachte ihm ein Engel die consecrirte Hostie.

Callot sc.

Bonifazius.

Mart. Soldat. † 290. 14. Mai.

Mit einem Schwert.

> Er lebte früher auf unerlaubte Weise mit der röm. Courtisane Aglae, bekehrte sich dann und wurde enthauptet.

Alte Freske in der Crypta von S. Alessio e Bonifazio auf dem Aventin zu Rom. Abbild. in F. Nerenius Gesch. dieser Kirche.

Bonifazius.

Früher Winfried. Apostel der Deutschen. † 755. 5. Juni.

Als Bischof, er fällt die Eiche.

> Es ist die alte deutsche heidnische Eiche und ihr Sturz war gleichbedeutend mit dem Niederwerfen eines Tempels oder heidnischen Idols.

Abbild. in: L'invocation des Saints.

Hess px. In der Bonifaziuskirche zu München. (In derselben noch andere Fresken dieses Meisters und seiner Schüler aus dem Leben dieses Heiligen. Dieses Bild und des Bonifaz Abschied von England gest. von J. Burger.

Als Bischof, die Deutschen taufend.

H. Kipp sc. nach C. Clasen.   Düsseld. Heiligenbilder.

Als Bischof: während er vor dem Altar betet, wird er erschlagen.

> Seine Todesart.

Alter Holzschnitt in Vita Sctor. 1488. Fol. 39.

Abbild. in: Galerie des Saints d'Alsace.

J. B. de Cavalleriis sc. nach Circignano. (Eccl. anglic. trophaea).

R. Sadeler sc. In Bavaria Sancta.

Ein Fuchs oder ein Rabe.

> Weil sie ihm gehorsam waren.

Er hat die Disciplin und ein mit dem Schwert durchbohrtes Buch.

> Als er bei Dokkum von den Friesen getödtet wurde, ging das Schwert durch sein Buch.

J. Mattham sc. B. 10.

C. Visscher sc. nach P. Soutman. Heil. von Flandern.

Als Bischof, mit der Palme.

> Holzschnitt von **Burgmair**. (Die österr. Heiligen.)

Bonosus.

Eremit. Mart. 4. Jahrh. 21. Aug.

Unter einem Baume in der Einsamkeit betend.

B. à Bolswert sc. nach A. Bloemaert. (Sacra Eremus.)

Botholph (Botulph).

Abt in Ikanhoë. † um 700. 7. Juni.

Er hält eine Kirche in der Hand.

> Gewöhnliche Anspielung auf eifrigen Kirchenbau; er erbaute zwei zu Ehren der Apostelfürsten.

Bova.

Aebtissin zu Rheims. 7. Jahrh. 24. April.

Ein Schleier.

> Ein Vornehmer wollte sie ihrer Schönheit wegen entführen, als er aber ihren Schleier berührte, verdorrte ihm der Arm.

Bradanus (Brendanus)

Abt zu Cluainfert in Irland. 7. Jahrh. 20. Oct.

Ein Fisch.

> Als er auf einem Schiffe, mit dem er das Paradies suchte, Messe las, hörten ihm Fische um das Schiff herum andächtig zu.

Briccius (Brice).
Bischof von Tours um 400. 13. Nov.

Ein Kind in der Wiege vor ihm, Kohlen im Gewande.

Das Volk beschuldigte ihn, der Vater desselben zu sein; dieses fing an zu reden.

Alter Holzschnitt in: Vita Sanctor. 1488.

Glühende Kohlen im Gewande tragend.

Der Unkeuschheit beschuldigt, obgleich der Säugling durch ein Wunder redete und ihn des Verdachtes frei sprach, bezeugte der Bischof seine Unschuld damit, dass er in feierlicher Procession feurige Kohlen zum Grabe des h. Mauritius trug, ohne sich zu verbrennen.

J. **Callot** sc.

Brigida von Kildare (Schottland).
Thaumaturga. † 525. 1. Febr.

Ein Fuchs.

Diese Thiere benahmen sich zahm in ihrer Gegenwart.

Ein brennendes Licht, von dem sie das heisse Wachs auf ihren Arm tropfen lässt.

Metallschnitt c. 1450. T. O. Weigel's Samml. No. 71.

Abbildung in: Galerie des Saints d'Alsace.

Sie heilt die abgehauene Hand eines Mannes.

Burgmair. (Die österreichischen Heiligen.) Holzsch.

Alter Holzschnitt in Vita Sanctor. 1488. Fol. 329.

Brigitta von Holland.

Empfängt die Wundmale (Stigmata).

Brigitta von Schweden.
Schwedische **Prinzessin**, Wittwe, Sifterin des Brigittenordens. † 1373. 8. Oct.

Vita Seraphicae Matris Brigittae de Regno Sueciae. 50 Darstellungen aus ihrem Leben, gest. von Theysens.

Sie betet vor einem Crucifix; der Teufel flieht.

Frommes Gebet verscheucht die Versuchung.

J. **Callot** sc.

Eine Scheuer.

Die sie durch ihr Gebet anfüllt.

Als Pilgerin.

Sie machte eine Wallfahrt nach Compostella.

Als Aebtissin, ein Kind führend.

> Sie nahm ihre Tochter, die h. Catharina, auch zur Pilger-
> reise mit.

> Heiligenbilder aus Bohmanns' Verlag in Prag.

Sie schreibt nach den Eingebungen eines Engels.

> Ihre Offenbarungen machten sie berühmt. (Liber revelationum
> coelestium S. Brigittae de regno Swecie. In allen Sprachen.)

> **L. Heidtland** sc. nach S. Settegast. Düsseld. Verein.

> Holzschnitte c. 1470. 90. T. O. Weigel's Samml. No. 193. 226.

Sie erklärt ihre Schriften den Nonnen.

> Holzsch. (Dürer?) in: Das puch der himmlischen offenbarung der
> heiligen wittiben Birgitte. Nürnb. A. Koberger. 1500.

Ecce homo' erscheint ihr über Wolken.

> **Springinklee** fec. Holzsch. in Salus animae.

Ein Herz, darauf ein Kreuz.

> Man soll in ihrem Herzen ein Kreuz gefunden haben.

Eine Flamme über ihrem Haupte.

> Göttliche Eingebung bezeichnend.

Briocus (Brioche).
Bischof. † 502. 1. Mai.

Eine feurige Säule über ihm.

> Zeichen seiner Heiligkeit; sie erschien, als er zum Priester ge-
> weiht wurde.

Bruno.
Stifter der Karthäuser. † 1101. 6. Oct.

Das Leben des Heiligen.

> Folge von Darstellungen, gem. von **E. Le Sueur** im Louvre, gest.
> von Chaveau.

Inful und Pedum liegen auf der Erde neben ihm.

> Er schlug jede ihm angebotene kirchliche Würde (Bisth.
> Reggio) aus.

> Metallschn. c. 1515. T. O. Weigel's Sammlung No. 68.

> **Fr. Barbieri Guercino** p. Gemälde der Pinacothek zu Bologna.

> **G. Rosaspina** sc. Dasselbe; im Galleriewerk. Fol.

Er betrachtet einen Todtenkopf.

> Weltverachtung.

> **Ioan. à Palomino** sc. nach der Statue von E. Pereyra im Hospiz zu Madrid.

In der Höhle, bei ihm ein Hund.

> **Cl. Mellan** sc. M. 60.

In einer Zelle vor dem Kreuze betend.

> **E. le Sueur p.** Berliner Museum.

> **L. Desplaces** sc. nach J. Jouvenet.

In der Einsiedelei vor der Marienstatue betend.

> Schweigen und Einsamkeit die Hauptregel der Karthäuser

> **R. Sadeler** sc. nach M. de Vos. (Solitudo.)

Maria erscheint ihm, während er betet.

> **Rosaspina** sc. nach Fr. Barbieri. Früher im Castel Bolognese, jetzt in der Pinacothek zu Bologna.

Gesenkten Blickes, die Hände in einander gelegt.

> Meditation.

> **Andr. Müller px.** Nüsser sc. Düsseld. Heiligenbilder.

> **K. Audran** sc.

Engel zeigen ihm ein Kreuz in der Monstranz, das er anbetet.

> **Natalis** sc. nach Bertholet.

Mit einem Kreuz, aus dem Blätter oben heraussprossen.

> Ein Zeichen des durch ihn neubelebten christlichen Sinnes.

Ein Stern auf der Brust.

> Seine Heiligkeit bezeichnend.

Aus seinem Munde kommt eine Bandrolle mit den Worten: O bonitas; aus einem Sarge entspringt ein Quell.

> Der Karthäuser gräbt sich bei Lebzeiten sein eigenes Grab. In der Betrachtung des Todes soll demselben die Bedeutung des ewigen Lebens klar werden.

> **Hollar** sc. P. 157.

Burkhard.

Bischof von Würzburg. † 733 oder 754. 2. Febr.

Mit der Hostie in der Hand.

Caecilia.

Römische Jungfrau aus vornehmem Hause. Mart. ✝ 220. 22. Nov.

Scenen aus ihrem Leben.

Dominichino pinx. Fünf Bilder in ihrer Capelle der Kirche S. Luigi zu Rom; s. Jameson 335. Gest. von J. B. Poilly und anderen. Umrisse bei Landon: Oeuvres de Dominiquin.

B. Passari sc. 15 Bl. B. 55—69.

Sie theilt Armen Almosen aus.

F. Poilly sc. nach Dominichino.

Sie sträubt sich, den heidnischen Göttern zu opfern.

F. Rosa sc. B. 3.

Sie wird gemartert.

Giulio Pippi p. M. Dieu sc. (Bild in S. Caecilia zu Rom.)

Dominichino p. Das Bild in der franz. Nationalkirche S. Louis in Rom. Gest. von J. B. de Poilly und D. Cunego.

Im feurigen Kessel gemartert.

Cimabue px. Abbild. im Florent. Gall.-Werk.

Sie wird den heissen Dämpfen des Bades ausgesetzt.

Ihre Todesart.

Lionello Spada px. In S. Michele in Bosco zu Bologna.

Todt auf der Erde liegend, von Engeln beweint.

J. Scheffer p. Bild im Belvedere zu Wien. Gal.-W. von Perger, vom Maler auch lithographirt.

Stef. Maderno. Marmorstatue über der Confessio der Heiligen in der Kirche S. Cecilia in Trastevere. Genau in der Stellung nachgebildet, wie man 1599 ihren Leichnam fand. Baronius beschreibt diese Scene. S. Jameson 347. Abbild. der Statue ebend.

Mit Palmzweig und Buch.

Sieg nach dem Kampfe.

G. Cimabue p. In der Florentiner Gallerie. (War früher in der [jetzt zerstörten] Kirche S. Cecilia daselbst.) Abbild. bei Jameson.

Das Violoncell spielend.

Als Patronin der Musik wird sie mit verschiedenen Musikinstrumenten in Verbindung gebracht.

Dominichino p. Im Louvre. Gest. von Picart, J. G. Müller, F. Chauveau.

Eine Violine.

Romanelli px. In der Gallerie des Capitols zu Rom.

Die Orgel spielend oder neben sich.

C. Dolce p. Bild in der Eremitage zu St. Petersburg. (Im Gall.-Werk lithogr.)

Fr. Weber sc. nach C. Landelle.

Ant. Fantuzzi da Trento. Holzschnitt, Clair-obscur; nach Parmeggiano. B. IV. 37.

J. Cavedone px. Umriss bei Didot. XV.

M. Gàndolfi sc. nach G. Gandolfi.

Zurbaran px. im Louvre. Abbildung in Jameson. Wie eine moderne Modedame dargestellt.

L. v. Leyden px. Lith. in der Sammlung Boisserée.

Rubens p. Bild im Berliner Museum. (Im Gall.-W. lithogr.) Gest. von S. à Bolswert.

Goltzius inv. J. Matham sc.

Ebenso, von Engeln umgeben.

Herm. Müller sc.

Z. Dolendo sc. nach Gheyn.

Forster sc. nach Delaroche.

P. Tanjé sc. nach Fr. Parmeggiano.

Clavier spielend.

W. Dickinson sc. nach J. Reynolds. (Mstr. Sheridan.)

Die Harfe spielend, ein singender Engel bei ihr.

P. Mignard p. Das Bild war für Ludwig XIV. gemalt, jetzt im Louvre. Gest. von C. Duflos, Bouillard und Ulmer.

Mit Musikinstrumenten; von Heiligen umgeben.

Raphael p. Das berühmte Bild in der Pinacothek zu Bologna. Gest. von R. Strange, Lefevre, R. U. Massard, Et. Beisson, E. S. Chéron. Der Stich von Marc-Anton ist nicht nach dem Bilde, sondern nach der Zeichnung Raphael's. (B. 116.)

J. Sadeler sc. nach M. de Vos. (Speculum Pudicitiae.)

Mit der Martyrkrone.

Aelteste Darstellung in der Catacombe S. Lorenzo.

Ebenso mit anderen Heiligen, altes Mosaikbild in der Apsis ihrer Kirche zu Rom vom J. 817.

Gekrönt und eine zweite Krone haltend.

> Die erste wohl auf ihr Martyrium, die zweite auf ihre vornehme Herkunft hindeutend.

> Vorzügliches Bild im Cimeterium der h. Cyriaca. Abbild. in Perret Catacombes.

Von Engeln emporgetragen.

Fr. Spierre sc. nach Dominichino.

Caesarius.
Bischof v. Arles. ✝ 542. 27. Aug.

Vom Volke mit Wachskerzen geschlagen.

J. Callot sc.

Cajetan v. Thienae.
Stifter des Theatiner-Ordens. ✝ 7. Aug. 1547. 7. Aug.

Er schreibt, was ihm Christus dictirt.

> Göttliche Inspiration.

N. Poilly sc. nach Romanelli.

Er übergibt dem Papst die Ordensregel.

Lutz sc. In Ribadeneira.

Ein geflügeltes Herz.

> Seine Liebe andeutend.

J. A. Pfeffel sc.

Mit Buch und Lilie.

Cyro Ferri inv. B. de Balen sc.

Maria, über Wolken schwebend, reicht dem knieenden Heiligen das Kind.

Christus gibt ihm von seinem Blute zu trinken.

K. Audran sc.

Cajus.
Papst. Mart. ✝ 296. 22. April.

Ein Schwert.

> Martyrium.

Calepodius.
Priester, Mart. ✝ 222. 10. Mai.

Von wilden Pferden geschleift.

> Sein Martyrium.

> Stich in: Eccl. milit. triumphi. 1585.

Im altchristlichen Priesterkleid.

> Mosaik in S. Maria in Trastevere zu Rom. Abbild. in Acta
> Sanctor. Mai II.

Calliopia.
Jungfr., Mart. † 304. 7. April.

Um die Brust gefesselt.

> Martyrium.
>
> **J. Callot** sc.

Am Kreuz, mit dem Kopf nach unten, ihre Mutter Theoclia
am Fuss des Kreuzes sie tröstend.

> So geschehen unter dem Präfect Maximus in Pompejopolis in
> Cilicien am Ostersonntag. Martyrol. Rom.
>
> **A. Collaert** sc. In Ricci: Triumphus J. Chr. crucifixi.

Callistratus.
Martyr unter Diocletian. 26. Sept.

Von zwei Delphinen über dem Meer getragen.

> Ein Wunder aus seinem Leben.
>
> **J. Callot** sc.

Calixtus (1).
Papst, Martyr. † 226. 14. Oct.

Mit einem Stein am Halse in einen Brunnen geworfen.

> Sein Martyrium unter Alexander Severus.
>
> **J. Callot** sc.
>
> Holzschn. im Passional 1502.
>
> Holzschnitt in Vita Sanctor. 1488.
>
> Stich in: Eccl. milit. triumphi. 1585.

Caluppanus.
Einsiedler in Frankreich. † 576. 3. März.

Von Schlangen und Ungeheuern bedrängt, vertreibt er sie
durch das Kreuzzeichen.

> Die Schlange ist bekanntlich die Maske des Satan.
>
> **J. Sadeler** sc. nach M. de Vos. (Solitudo.)
>
> **Schouten** sc. in: Les vies des pères.

Camillus de Lellis.
Trinitarier. † 1614.

Er bedient Kranke.

8*

Candida und Gelasia.
29. Aug.

In der Wüste betend; ein Engel erscheint ihnen.

B. à Bolswert sc. nach A. Bloemaert. (Sacra Synodus.)

Cantian.
Mart. zu Aquileja. 30. Mai.

Er wird enthauptet.

Seine Todesart.

Abbildung in: L'invocation des Saints.

Canut.
Dänischer König, Martyr. 1086. 10. Juli.

Von Soldaten niedergestochen.

Martyrium.

Pfeile und Lanze.

In der Kirche zu Odensee mit einer Lanze niedergestossen und dann mit einem Pfeil getödtet.

Capistranus s. Johann Capistranus.

Caprais (Caprasius).
Abt von Lerius. † c. 430. 20. Oct.

Er vertreibt segnend Schlangen.

Wunder aus seinem Leben.

Schouten sc. in: Les Vies des SS. Pères.

Carl der Grosse.
Kaiser. † 814. 28. Jan.

Mit der Kaiserkrone.

Seine Würde.

Burgmair fec. Holzschnitt.

Mit Krone, Schwert und Reichsapfel.

Seine Würde.

L. Kilian sc. (Auf einem Bl. mit dem h. Kilian.)

Das Modell einer Kirche (von Aachen) tragend.

Als Stifter derselben.

Carl Borromaeus.

Cardinal und Erzb. von Mailand, † 1584. 4. Nov.

Er betet vor dem Krucifix.

S. à Bolswert sc.

Villamena sc.

Von Engeln umgeben, in Andacht versunken.

J. Frey sc. nach Han. Carracci.

C. Dellarocca sc. nach P. Battoni.

Er betet, mit dem Strick um den Hals.

Er wollte, wie ein Büsser, sich selbst Gott in der Zeit der Pest als Opfer darbieten.

G. Edelinck sc. nach le Brun.

Er betet für die Pestkranken 1576.

Puget fecit. Basrelief von Marmor. (Umriss im Musée de peinture. S.)

Bart. Flemael px. Umriss bei Didot XVI.

Er erweckt ein todtes Kind.

J. J. Frey sc. nach Berettino.

Er theilt den Pestkranken die Communion aus.

Unerschrockene Nächstenliebe und Berufstreue.

J. van Oost p. Das Gemälde im Louvre. (Umriss im Musée.)

C. Carlone sc.

P. Mignard px. In S. Carlo in Catinara zu Rom. Gest. von F. Poilly.

Verklärung des Heiligen. (Apotheose.)

Ces. Ferreri sc. nach C. Maratti. Bild in der Kirche de' Milanesi zu Rom.

Carloman.

Sohn Carl Martel's. † 755. 17. Aug.

Scenen aus seinem Leben.

Wandgemälde in einem Saale auf Monte Cassino.

Als Hirt unter Schafen.

Aus seinem Leben.

R. Sadeler sc. in Bavaria Sancta.

Carpophorus und Leontius.

Aerzte in Aquileja. 304. 7. Aug.

Gekreuzigt und mit Pfeilen durchbohrt.

Unter Diocletian.　Petrus Natalis: Catalogus.
A. Collaert sc.　In Ricci: Triumphus J. Chr. crucifixi.

Carpophorus allein.

Seine Leiche wird von Wölfen bewacht.

J. Callot sc.

Carpophorus s. Coronati.

Casilda.

Jungfr. aus Burgos in Spanien. † 1126. 6. April.

Rosen im Schoosse.

Das Brod, welches sie den Armen zutrug, wurde in Rosen verwandelt.

Casimir.

Sohn Casimir's III. von Polen, † 1483. 4. März.

Er tröstet sterbend seinen Vater.

Stich in Ribadeneira.

Mit Krone und Lilie.

Auf seine königliche Abstammung und Unschuld hinweisend.
C. Dolce px.　Im Pal. Pitti zu Florenz.

Caspar de Bono.

Paulaner.

Er betet vor dem Crucifix.

Jac. Rossi sc. in Fr. Folch: Vita del beato Gasparo de Bono.
Roma 1756.

Cassian.

Bischof von Imola. Mart. um 360. 13. Aug.

Er wird von seinen Schülern gemartert.

Aus dem Leben.

Stich in Bavaria pia.

Engel tragen die Stadt Imola.

Er ist Patron der Stadt.

L. Mathioli sc. nach Jos. Bartholinus.

Castor.
Priester in Coblenz. 4. Jahrh. 13. Febr.

Ein Schiff.

In einer wilden Gegend an der Mosel rettete er ein sinkendes Schiff.

Castorius.
Martyr in Tarsus, Cilicien. 28. März.

Eine Statue meisselnd.

Er war ein Bildhauer.

J. Callot sc.

Castulus.
Martyr um 286. 26. März.

Lebendig in einer Grube begraben.

Seine Todesart.

Catharina von Alexandrien.
Jungfr. und Mart. aus vornehmem Stande. † 307. 25. Nov.

Darstellungen aus ihrem Leben.

Drei Holzsch. Vermählung mit Christus. Zwischen dem gebrochenen Rade unversehrt stehend. Sie wird von Engeln aus dem Grabe gehoben. In: Pietro Aretino, La vita di Caterina Vergine. Venezia 1540.

Holzschnitte in: hec est noua ... agenda ... de vita S. Katherine. Argent. Joh. Gruninger. 1508.

Masaccio px. in der Kuppel der Kirche S. Clemente zu Rom.

Sie disputirt mit den Philosophen von Alexandrien.

Aus dem Leben.

Masaccio px. Wandbild in S. Clemente zu Rom. Abbild. in: Le Pitture di Masaccio essistenti in Roma nella Basilica di S. Clemente. 1809.

Barthélemy px. Umriss bei Didot XI.

Cecchi sc. nach Pocetti im Spedale degl' Innocenti zu Florenz. (Etruria Pittrice.)

Stich in Ribadeneira.

Von Christus im Kerker getröstet.

Cr. de Passe sc. nach Aug. Braun.

Zerbrochenes Rad und Palme.

Sie sollte gerädert werden, doch das Rad zerbricht, lässt sie
unversehrt und verwundet die Henker.

Jac. Lauri sc. nach Giulio de Mantua.

Masaccio px. S. Clemente zu Rom. Abbild. im Werk: Le Pitture etc. s. oben.

Georg Vasari p. Halbfigur. Umriss in Lebrun: Recueil I.

P. Cagliari p. in Florenz. (Das Rad zerbricht.) **A. B. Taurel** sc.
im Gall.-W.

Lasinio sc. nach G. Bugiardini (in Maria Novella zu Florenz, in
der Capelle Rucellai). Auch bei Rosini: Storia della pittura.

J. B. Cavalleriis sc. nach L. Agresti.

Ein Rad überhaupt.

Raphael p., gest. von Desnoyers.

Marc Anton Raimondi sc. B. 115. 175.

Luini px. Eremitage zu Petersburg. Abbild. im Gall.-Werke.

C. Dolce px. Ebenda.

G. Pedrini p. Bild im Berliner Museum.

Cl. Mellan sc. M. 96.

J. Matham sc. nach H. Goltzius. B. 116.

Ein Rad und Schwert.

Da die Marter mit dem Rade ihr keinen Schaden that, wurde
sie enthauptet.

Holzsch. c. 1440. In T. O. Weigel's Samml. No. 88". Abbild. im
Werke.

Holzschnitte c. 1460. 70. No. 121. 149. Ebenda.

Schrotbl. c. 1460. 70. No. 353. 361. 364. 372. Ebenda.

Anon. Stiche c. 1470. Ebenda No. 436. 451.

Glasfenster der Cathedrale zu Winchester. Abbild. bei Carter.

v. Eyck px. Coll. Quedeville. Mit der h. Agnes im Garten sitzend.
Farbendruck in Lacroix: Les arts au moyen âge.

Israel van Mecken sc. B. 123. 124.

Monogrammist L Cz sc. Pass. S.

Zagel sc. B. 11.

Bocholt sc. Pass. 51.

Luc. Cranach f. (Holzsch.) B. 71.

S. à Bolswert sc. nach Rubens.

Goltzius inv. J. Matham sc. B. 116.

Abr. Bloemaert px. J. Matham sc. B. 74.

J. Sadeler sc. nach M. de Vos. (Speculum Pudicitiae.)

Ein Schwert.

Willem Akersloot sc. nach J. van der Velde.

B. de Bruyn px. Gall. Boisserée.

Sie wird enthauptet.

Ihre Todesart.

Masaccio px. In S. Clemente zu Rom. Abbildung im Werk: Le Pitture etc. s. oben.

Sie wird als Leiche von Engeln auf den Berg Sinai getragen.

Mücke p., gest. von G. J. Felsing.

Luini px. Fresco, übertragen in die Brera zu Mailand. Abbild. in der Arundel-Society.

Vermählung mit dem Christkinde.

> Petrus de Natalibus, Bischof von Jasolo erzählt: Die h. Catharina, noch Heidin, hatte eine Vision gehabt: Maria bat ihren Sohn, dass er Catharina zu seiner Dienerin erwähle; doch dieser wies es ab mit der Bemerkung, C. sei eine Heidin. Als C. getauft war, hatte sie abermals eine Vision, in welcher sie das Christkind nicht als seine Dienerin, sondern als seine Braut annahm und ihr einen Ring an den Finger steckte.

Schrotbl. c. 1460. In T. O. Weigel's Samml. No. 357.

Metallsch. c. 1470. Ebenda No. 53.

Holzsch. c. 1470. Ebenda No. 156.

A. Correggio p. Das Gemälde war im Besitz des Card. Barberini, später des Card. Mazarin, jetzt im Louvre. Oft gestochen, die besseren Reproductionen sind von G. Folo, St. Picart, C. L. Lorichon, Caroline Watson, Henriquel-Dupont, Felsing.

Mazzuoli Parmeggiano p. Früher war das Bild im Besitz des Fürsten Borghese, später in London bei Morlan. Gest. von Giul. Bonasone, Cam. Tinti u. J. S. Agard.

P. Cagliari p. In S. Caterina zu Venedig. Umriss in Zanotto: Pinac. Ven. und gest. von Aug. Carracci. B. 97.

G. Ghisi sc. nach Fr. Primaticcio. B. 12.

J. Mostaert px. Eremitage zu Petersburg. Abbild. im Gall.-W.

J. Vendramini sc. nach C. Maratti. Musée Royal.

G. B. Cipriani sc. nach D. Gabbiani.

Sie protegirt bei Maria vier Studenten der Philosophie.

> Als Patronin der Philosophen.

K. Audran sc.

P. Laureati px. Abbild. in: Challamel, Peintres primitifs. Paris 1843.

Catharina von Siena.

† 30. April 1380 (33 J. alt). 30. April.

Darstellungen aus ihrem Leben.

> Folge von 32 Bl. und Titel: Catharinae Senensis Virg. Ord. Praedic.
> vita ac miracula. Antv. 1603. C. Galle sc.

Arme tränkend.

> Aus dem Leben.

Fr. Stöber sc. nach W. H. Rieder's Bild im Belvedere zu Wien.

Ein Crucifix haltend, in Entzückung.

> Sie gehört in die Zahl der ekstatischen Jungfrauen.

A. Tiarini p. Bild in der Pinacothek zu Bologna.

A. Marcchi sc. Dasselbe, im Gall.-Werk.

Bazzi da Sodoma px. (Arundel-Society.)

Mit einem Crucifix und einem Herzen.

Israel v. Mecken sc. B. 125.

Mit einer Palme und einem Herzen, darauf ein Kreuz.

M. Anton Raimondi sc. B. 176.

Mit Kreuz und Lilie.

Nicola della Matrice px. F. Keller sc. Düsseld. Heiligenbilder.

Von Christus mit Dornen gekrönt.

F. Bissolo px. In der Academie zu Venedig. F. Zuliani sc.
Zanotto: Pinac. Veneta.

Betend; um das Haupt die Dornenkrone.

Janota sc. nach Allori.

S. F. Ravenet sc. nach einem Basrelief von M. Caffa. Cabinet.
Crozat.

In Entzückung, mit dem Crucifix; Christus spricht zu ihr.

A. Bartsch sc. nach Han. Carracci.

Mit Christus vermählt.

> Fra Bartolomeo px. Im Pal. Pitti zu Florenz.

Mit den Wundmalen und einer Lilie. (Stigmatisirt.)

> Bazzi px. (Sodoma.) Freske in S. Domenico zu Siena. Gest. von
> Agost. Costa und J. Bonajuti.

Mit der Dornenkrone, Wundmalen und Lilie, das Kreuz umfassend.

> S. à Bolswert sc.
>
> J. Collaert sc. nach M. de Vos. (Solitudo.)

Catharina von Schweden.

Aebtissin von Watzen, Tochter der h. Brigitta und des Königs Ulfo, † 1381. 24. März.

Ein Hirsch.

> Durch einen solchen wurde sie von den Nachstellungen lüsterner
> Jünglinge befreit.

Sie verbindet die Wunden eines armen Mannes.

> J. Callot sc.
>
> Siehe auch Brigitta von Schweden.

Catharina von Bologna.

de' Vigri, Clarissin und Malerin. † 1463. 9. März.

Mit Palme und Buch.

> Holzschn. in: Beatae Catharinae Bononiensis vita et opuscula.
> Bon. 1653.

Catharina von Genua.

Flisca (Fiesca) Adorna, † 1510. 15. Sept.

Sie betet vor dem Crucifix, auf der Brust ein brennendes Herz.

> Besondere Andacht zum leidenden Heiland.
>
> F. Zucchi sc. in: Vita mirabile — di S. Caterina Adorna da Ge-
> nova. Padova 1743.

Sie verbrennt ein Herz, vom Himmel fliegt ein Pfeil ihr entgegen.

> G. Lairesse sc. in La theologie de l'Amour etc. Cologne 1691.

Catharina de Cardonne.
Carmeliterin in Spanien. † 1577. 21. Mai.

Schlange und Kette.

> Die Schlangen waren Vertreter des Teufels, mit Ketten hat
> sie sich gegeisselt.

Schouten sc. In Les Vies des SS. Pères.

Catharina de' Ricci.
Nonne.

Mit einem Buch.

> **J. Filosi** sc. nach G. A. Pucci in: Compendio della vita della
> beata Caterina de' Ricci. Firenze 1733.

Cerbonius.
Bischof in Ilva (Hetrurien). † c. 575. 10. Oct.

Ein Bär leckt seine Füsse.

> Abbildung in: L'invocation des Saints.

Ceslaus.
Dominikaner. † 1242 oder 1257 in Breslau. 16. Juli.

Er erweckt ein todtes Kind.

> Wunderwerk aus seinem Leben.

Commans inv. Kohlschein sc. Düsseld. Heiligenbilder.

Mit Lilie und Buch vor dem Crucifix betend; im Grunde
Feldlager und fliegende Bomben.

> Er beschützt die belagerte Stadt durch sein Gebet.

> **J. Oertel** sc. in: Abr. Bzov, De vita — B. Ceslai Odrovansii. —
> Vratisl. 1703.

Charitina.
Mart. Griech. Kirche. 304. 5. Oct.

Ein Engel löscht feurige Kohlen aus.

> Auf diesen sollte sie verbrannt werden.

Chariton.
Einsiedler aus Iconium. Abt in Palästina. 4. Jahrh. 28. Sept.

In der Felsenhöhle betend.

> Nachdem er in der Welt von Menschen viel Unbill erfahren
> hatte, zog er sich in die Einsamkeit zurück.

R. Sadeler sc. nach M. de Vos. (Solitudo.)

Chenelmus.

König von England, Martyr.

Er wird geköpft.

J. B. de Cavalleriis sc. nach Circignano. In Eccl. angl. Trophaea.

Christina.

Jgfr. Mart. Tochter eines heidn. Präfecten, † 11 J. alt 287. 24. Juli.

Folge von Darstellungen aus ihrem Leben.

P. Cagliari px. Pinac. Venedig.

Schlangen.

Der Biss giftiger Schlangen schadete ihr nicht.

J. Sadeler sc. nach M. de Vos. (Speculum Pudicitiae.)

Messer.

Mit einem solchen wurde ihr die Zunge herausgeschnitten.

Sie hält ein Stück ihres Fleisches dem Vater vor.

Dieser liess sie mit eisernen Gabeln zerfleischen. Sie rief dem Vater entgegen: Vescere carnibus, quas genuisti.

Lutz sc. in Ribadeneira.

Sie wird bei den Haaren gezerrt.

Marter.

D. Bonavera sc. nach D. Canuti.

Mit einem Mühlstein.

An diesen gebunden wurde sie in die Volsener See geworfen, tauchte aber wieder auf.

Meister des Boisserée'schen Bartholemäus px. Pinac. zu München. Lith. in der Sammlung Boisserée.

Vicenzo Catena px. Pinac. zu Venedig.

J. Schoreel px. zweimal. Lith. in der Boisser.-Sammlung.

Sie wird von einem Schiff in's Meer geworfen.

P. Cagliari px. G. Zuliani sc. Zanotto: Pinac. Veneta.

Pfeile.

Mit diesen wurde sie endlich getödtet.

Holzschnitt in Vita Sanct. 1488.

L. v. Leyden px. Lith. in der Sammlung Boisserée.

J. Callot sc.

Lor. di Credi px. mit anderen Heiligen. Collect. Rogers.

Jac. Avanzi px. Pinac. Bologna. Mit Pfeilen beschossen, während sie am Baume angebunden ist.

Christophorus.

Martyr. † 254. 25. Juli.

Mit dem Christkind auf der Schulter durch das Wasser gehend; am Ufer steht ein Einsiedler mit der Laterne.

Metallsch. c. 1375. In T. O. Weigel's Samml. No. 12. Abbild. im Werke.

Metallsch. c. 1420. Ebenda No. 19.

Desgl. c. 1450. Ebenda No. 39.

Holzsch. c. 1470. Ebenda No. 84. Abbildung im Werke.

Desgl. c. 1460 u. 1470. Ebenda No. 115. 152.

Schrotbl. Ebenda No. 324. 355. 375.

Niederl. Niello c. 1520. Ebenda No. 507. Der Heilige ist abweichend von der gewöhnlichen Auffassung hier zu Pferd dargestellt.

Memling px. Münchener Pinac.

M. Schongauer sc. B. 48.

Israel van Mecken sc. B. 90. 91.

Dürer sc. B. 51. 52. Holz. 105.

Zagel sc. B. 7.

Lucas Cranach f. (Holzsch.) B. 58.

H. Schäuflein f. (Holzsch.) B. 38.

H. Borgiani sc. B. 53.

W Vaillant sc. nach Elzheimer.

Ebenso; Teufelsgestalten suchen ihn zu verwirren.

Gest. vom Monogrammisten 𝄞, den man für Alaert du Hameel hält.

Jan. v. Hemessen px. Münchner Pinac.

Er wird enthauptet.

Sein Martyrium.

Leon. Spada px. Umriss bei Didot XV.

Holzschnitt in Vita Sanct. 1488.

Christophorus.
Knabe. Mart. 24. März.

Gekreuzigt und mit einer Lanze durchbohrt.

So wurde der achtjährige Knabe von den Mauren in Guardia bei Toledo zu Tode gemartert.

A. Collaert sc. In: Ricci, Triumphus J. Chr. crucifixi.

Chrysantus und Daria.
Martyrer, † um 283.

Beide ins Feuer geworfen.

Ihr Martyrium. Daria war ein Freudenmädchen; sie wollte den Chrysantus verführen, er aber bekehrte sie und Beide litten zugleich gleiche Marter.

Holzschnitt in Vita Sanctor. 1488.

Chrysogonus.
Martyr unter Dioclotian. 24. Nov.

Er wird enthauptet.

Seine Todesart.

Holzschnitt in Vita Sanctor. 1488.

Chrysologus s. Petrus.

Chrysostomus s. Johannes.

Ciomus.
Einsiedler.

Mit Stab und Rosenkranz bei der Einsiedlerhütte.

Sadeler sc. nach M. de Vos. (Solitudo.)

Cirus.
Mart. Arzt und Eremit, begraben zu Neapel in der Chiesa nuova.

Von Kranken umgeben, ein Engel bringt ihm einen Kranz und die Palme.

Solimena px. Darnach ein anonymer Stich.

Clara von Montfaucon.

Jungfr., von adeliger Geburt, aus Assisi. Stifterin der Clarissinnen. † 1308. 18. Aug.

Folge von Darstellungen aus ihrem Leben.

Deckenbilder von **Giottino** in S. Chiara zu Assisi.

A. Collaert sc.

Sie legt die Profession ab; in der Nacht vor dem Feste des h. Franz.

Zurbaran px. Gall. Aguado.

Im Ordenskleid, mit Buch und Palme.

Altes Bild im Chor von S. Francesco zu Assisi. Abbild. bei Jameson.

Mit der Monstranz.

Mit dieser vertrieb sie die das Kloster bedrohenden Saracenen.

Perugino px. In S. Cosimato zu Rom. Abbild. bei Jameson.

Lucio Massari px. Pinac. Bologna. Darstellung der Vertreibung der Saracenen.

G. Cesari px. Eremitage zu Petersburg. Abbild. im Gall.-Werk.

Israel van Mecken sc. B. 126.

Rubens px. S. à Bolswert sc.

J. Minguet sc. nach Aug. Esteve.

L. Desplaces sc. nach J. B. Gauli. Cab. Crozat.

St. Éve sc. nach Landelle. H. Frauen.

Die Hostie in der Glorie vor ihr.

Ponte Bassano px. Im Belvedere zu Wien.

Alter Holzschnitt in Vita Sanctor. 1488.

Claudius.

Er hat das ihm angebotene Bisthum abgelehnt, und wurde Abt zu St. Oyen im Burgundischen. † 696. 6. Juni.

Betet vor dem Kreuz.

Cl. Mellan sc. M. 64.

Schouten sc. nach Bloemaert, in Les Vies des SS. Pères.

Seb. le Clerc sc.

Lithogr. in: Galerie des Saints d'Alsace.

Er lehnt das ihm verliehene Bisthum ab.

Aus dem Leben.

J. Callot sc.

Clemens (Romanus).
Apostelschüler, Papst. † c. 100. 23. Nov.

Eine Quelle, die auf sein Gebet wunderbarerweise entstanden ist.

> Altes Wandbild in einer Capelle der alten Kirche S. Clemente zu Rom.

Anker.

> An einen solchen gebunden, wurde er ertränkt.

> Altes Mosaikbild in S. Clemente zu Rom. (12. Jahrh.)

> **J. Callot** sc.

> Abbildung in: L'invocation des Saints.

Clintanaeus (Clintancus).
König von Southwall. Mart. 5. Jahrh. (?) 19. Aug.

Mit der Lanze durchbohrt.

> Seine Todesart.

> **J. B. de Cavalleriis** sc. nach Circignano. In Eccl. angl. trophaea.

Clodoaldus (Cloud).
Aus k. Geblüt, Einsiedler zu Nogent, † 560. 7. Sept.

Als Benedictiner; mit Krone.

> Er war der erste Heilige aus dem franz. Königsgeschlecht. St. Cloud verdankt ihm seinen Namen und seine Entstehung.

Clodwig (Cleodoneus).
König. † zu Paris 515.

Ein Engel bringt ihm ein Tuch mit drei Lilien.

> **Burgmair** fec. Holz.

Clotilde (Chrotildis).
Königin, burgund. Prinzessin. † 545. 3. Juni.

Mit Krone und Schleier, ein Engel hält das Schild mit drei Lilien (Fleurs-de-lys).

> In vielen alten franz. Missalen, Breviarien, Horarien.

Sie heilt ein krankes Kind.

> **Vallot** sc. nach F. Barrias. H. Frauen.

Codrat.
Mart. zu Corinth. c. 258. 10. März.

Er wird gegeisselt.

> Abbildung in: L'invocation des Saints.

9

Coelestin I.
Papst. † 432. 6. April.

Im päpstlichen Kleide, segnend.

Mosaik in S. Paolo bei Rom.

Cointha (Quinta).
Jgfr. Mart. in Alexandrien. † 249. 8. Febr.

Bei den Füssen geschleift und gesteinigt.

Ihr Martyrium.

Coleta (Boyletta).
Sie reformirte den Orden der h. Clara, geb. 1388, † zu Gent 1447. 6. März.

Sie betet in der Einsamkeit vor dem Crucifix.

Adr. Collaert sc. nach M. de Vos.

Sie erhält vom Magistrat die Erlaubniss, ein Kloster zu bauen.

Paelinck px. In der Cathedrale zu Gent.

Sie geisselt sich.

Strenge Lebensweise.

Schouten sc. In: Les Vies des SS. Pères.

Sie erweckt eine todte Ordensschwester.

Sinkel inv. Forberg sc. Düsseld. Heiligenbilder.

Maria reicht ihr die Leidenswerkzeuge Christi dar.

Bombelli sc. 1796 in Fl. M. A. da Latera: Vita della Vergine Coletta. Romae 1807.

Als Nonne, mit Buch, blossfüssig.

Lithogr. in: Sellier, Lebensg. der h. Coletta. Innsbruck 1857.

Sie betet vor Maria.

Für die Seelen im Fegefeuer.

Stich in: P. Ignaz, Hist. des Maïeurs d'Abbeville, nach dem Bilde in S. Gilles zu Abbeville.

Coloman.
Mart., † zu Stockerau in Oesterreich 1012. 13. Oct.

Als Pilger mit Ruthe und Zange.

Marterwerkzeuge.

Burgmair fec. Holz.

Dürer fec. Holz. B. 106. 116.

Er wird mit einer Lanze durchstochen.

> Martyrium.
>
> Holzschn. im Passional 1502.

Columba.

Jgfr. Mart. † in Gallien 273 unter Aurelian. 16. März.

Mit Palme, einen Bär an der Kette führend.

> Altes Bild in der gleichnamigen Kirche zu Cöln.
>
> **Schouten** sc. in: Les Vies de SS. Pères.

In Ketten.

> **J. Callot** sc.

Auf dem Scheiterhaufen; ein Engel neben ihr.

> Dieser löschte das Feuer aus.
>
> . Abbildung in: Eccl. milit. triumphi.

Sie wird enthauptet.

> Ihre Todesart.
>
> Holzschnitt im Passional 1502.

Columba.

Jungfrau, Dominikanerin. † 1506. 20. Mai.

Mit Taube, Lilie und Buch.

> Altes Bild in S. Domenico zu Perugia.

Columban.

Bischof, später Einsiedler. † 615. 21. Nov.

Die Sonne über sich.

> Seine Mutter träumte, sie bringe eine strahlende Sonne zur Welt.

Ein Bär.

> Er wies einen solchen aus seiner Höhle, um diese für sich einzurichten.
>
> **Schouten** sc. in: Les vies des SS. Pères.

Eine Quelle; die auf sein Gebet in seiner Höhle entspringt.

Comgall.

Stifter des Klosters Bangor in Irland. † 601. 10. Mai.

Engel bringen ihm einen Fisch.

Er hält einen glühenden Stein, der ihn nicht verbrannte.

> Um seine Unschuld zu bezeugen.

9 *

Concordia.

Jgfr. Mart. † 252. 13. Aug.

Gegeisselt.

> Martyrium.

J. Callot sc.

Conon.

Mart. † 275. 5. März.

Ein mit Pferden bespannter Wagen, von dem er geschleift wurde.

J. Callot sc.

Conrad von Constanz.

Bischof, früher Eremit. † 976. 26. Nov.

Kelch, darüber eine Spinne und Spinnengewebe.

> Er trank im Abendmahlsweine eine giftige Spinne aus, die ihm nicht schadete.

Burgmair fec. Holzschnitt.

Mit der Geissel; ein Madonnenbild verehrend.

> Als Einsiedler.

Stich in **J. M. Giovene**: Vita beati Conradi. Napoli 1836.

Er treibt einen Teufel aus.

> Aus dem Leben.

J. Callot sc.

Er wandelt auf den Meereswogen.

> Wunder aus seinem Leben.

Holzschn. im Passional 1502.

Holzschnitt in Vita Sanctor. 1488.

Eine Vision.

> Während der Andacht in der Kirche zur Nachtzeit sieht er, wie Christus als Bischof, von Engeln begleitet, die neue Marien-Capelle consecrirt. Maria Einsiedeln.

Stich in Bavaria Pia.

Conrad Nantuinus.

Martyr. † 1286. 7. Aug.

Auf einem Scheiterhaufen verbrannt.

> Seine Todesart.

Stich in Bavaria Sancta.

Conrad von Piacenza.
Franciskaner. † 1351. 19. Febr.

Kleine Vögel um ihn.

Constantin.
† 337. 21. Mai.

Mit der h. Helena; zwischen beiden das Kreuz.

G. B. Cima da Conegliano p. in S. Giovanni in Bragora zu Venedig. Umrisss in Zanotto: Pinac. Ven.

Beide beten das h. Kreuz an.

L. Delignon sc. nach Rubens. Gall. d'Orleans.

Constantius.
Mart., römischer Ritter. 1. März.

Mit Fahne und Schwert.

Copres.
Einsiedler. 4. Jahrh. 8. Febr.

In der Wüste betend, einen Spaten haltend; Gemüse und Früchte liegen bei ihm, Gärten umgeben seine Hütte.

Neben dem Gebete befasste er sich mit Urbarmachung des sterilen Bodens.

Sadeler sc. nach M. de Vos. (Solitudo.)

Er gibt einem Bauer Sand.

Diesen nahm er aus seiner Höhle, damit er auf den Acker gestreut werde und ihn fruchtbar mache.

Stich nach A. Bloemaert in: Les Vies de SS. Pères.

Corbinian (Waldekies).
Erster Bischof von Freisingen. † 730. 8. Sept.

Ein Bär.

Der Heilige legte sein Reisegepäck auf einen Bären, der es geduldig als Strafe dafür trug, dass er dem Heiligen das Maulthier zerrissen hatte.

Holzschnitt von **Springinklee**.

Stich in Bavaria Sancta.

Holzsch. c. 1470 in T. O. Weigel's Sammlung No. 182.

Cornelia.
Jgfr., Mart. 31. März.

Kreuz und Taube.

Cornelius.

Papst, Mart. † 252. 14. Sept.

Bischöfliches Kleid, Kreuzstab und Horn.

> Auf einem Bilde von Meister **Wilhelm** zwischen Antonius und Magdalena stehend. Umriss bei Duchesne. — Auch in den Düsseld. Heiligenbildern, gest. von F. Ludy.

Israel v. Mecken sc. B. 89.

Als Papst, im Buche lesend.

> **B. Zeitblom** px. Münchner Pinac.

Er wird enthauptet.

> Holzschnitt in Vita Sanctor. 1488.

Corona.

Mart. 2. Jahrh. 24. April.

Zwischen vier Bäumen zerrissen.

> Ihre Todesart.

J. Callot sc.

Quatuor Coronati.

Die vier gekrönten Märtyrer, Brüder. † 304. 8. Nov.

Sie sollen Bildhauer gewesen sein.

> Ihre Namen sind: Severus, Severianus, Carpophorus und Victorinus. Doch sind diese Namen nicht historisch, sondern sollen ihre aufgefundenen Ueberreste (wie es mit Martyrer-Reliquien in den Catacomben oft der Fall ist) erst getauft worden sein. Mit ihnen sollen noch fünf andere Christen den Martertod gelitten haben. Diese fünf sind genannt: Claudius, Symphorion, Castorius, Simplicius und Nicostratus.

Drei Darstellungen aus ihrem Leben.

> **Alfani** fecit. Predella in der Academie zu Perugia.
>
> > a) Sie weigern sich, heidnische Idole zu meisseln. b) Sie werden an Pfähle gebunden und gebrannt. c) Sie werden in einen eisernen Käfig gethan und ins Wasser geworfen.

Sie werden an die Säule gebunden und gemartert.

> **G. B. Manelli** sc. nach Tomaso Sanvitano.
>
> **Avogadro** px. In S. Giuseppe zu Brescia.

Im siedenden Kessel gemartert.

> **J. F. Ravenet** sc. nach Bart. Neroni. . In der Metropol.-Kirche zu Siena.)

Sie liegen vereint im Sarkophag, Kronen auf dem Haupte.

Altes Bild in der Kirche „Quatro Coronati" zu Rom.

Sie werden von Engeln gekrönt.

G. Bat. Giorgy sc. nach Fr. A. Giorgioli.

Ph. Thomassin sc. nach B. Passari.

Vereint mit ihren Leidensgenossen, gekrönt. (Die neun gekrönten Martyrer.)

Altes Glasbild in der Kirche Saint-Denis.

Altes Gemälde in Nürnberg.

Coronatus.
Mart.

Eine Lanze in der Hand.

Martyrium.

Cosmas und Damian.
Mart., Brüder, Aerzte. † in Cilicien 303 (oder 297). 27. Sept.

Vasen (Arzneibecher) und Pfeile haltend.

Sie pflegten Kranke ohne Entgelt.

Schöne Miniatur im Horarium der Anna von Bretagne.

J. Carreño de Miranda px. (Damian allein.) Eremitage zu Petersburg. Lith. Abbild. im Gall.-Werk.

Bicci di Lorenzo px. 1418. Florentiner Gallerie. Abbildung bei Jameson.

Roger van d. Weyden px. Im Städel'schen Inst. zu Frankf. a. M.

J. Callot sc.

Sie bedienen einen Kranken.

Pesellino px. 1450. Louvre. Abbild. bei Jameson.

Auf dem Scheiterhaufen.

Das Feuer schadet ihnen nicht.

P. Simon sc. nach Salv. Rosa in S. Giovanni zu Florenz.

Gekreuzigt und mit Pfeilen durchbohrt.

In Aegaea (Cilicien) unter Diocletian. Martyr Rom. — Baronius 11.

A. Collaert sc. In: Ricci, Triumphus J. Chr. crucif.

Sie werden enthauptet.

> Ihr Martyrium.

> **Pesellino** px. Gallerie Florenz. Abbild. bei Jameson.

> **J. Bouttats** sc. in R. Dehn Syntagmatis hist. — Viennae 1660.

Mit anderen Heiligen der Madonna beigesellt.

> **Matteo di Siena** px. 1470. Academie von Siena.

> **Ghirlandajo** px.

> **Robusti** px. Academie zu Venedig.

> **Tizian** px. In La Salute zu Venedig, statt der Madonna ist S.
> Marco. Votivbild zur Zeit der Pest 1512.

Crescentius.

Diacon in Florenz. † 396. 19. April.

Kranke um sich, die er pflegte; es war das Amt der Diaconen in
der alten Kirche.

Crescius mit seinen Begleitern.

Martyrer in Thuscien. † 250. 24. Oct.

Ueber Wolken mit Palmen schwebend.

> Ueberwundener Kampf, erkämpfter Sieg.

> **Ferd. Moggi** sc. nach G. B. Foggini in: Lettera — de' Santi
> Martiri Cresci e Compagni. Firenze 1711.

Crispin und Crispinian.

Mart., Brüder, unter Diocletian. † 287 (300). 25. Oct.

Schusterwerkzeug.

> Sie lebten zu Soissons, wo sie das Evangelium predigten,
> nebenbei das Handwerk trieben, um das tägliche Brot für sich
> und für Arme zu erwerben.

> **B. Beham** p. Berliner Museum.

> **J. Callot** sc.

Sie werden geschunden.

> Ihr Martyrium.

> Holzschnitt in Vita Sanctor. 1488.

> **Avogadro** px. In S. Giuseppe zu Brescia.

Beide der thronenden Madonna beigesellt.

> **Guido Reni** px. Dresdener Gallerie.

Cunera.

Jungfrau, Mart. in Utrecht, Gefährtin der h. Ursula. † um 700. 12. Juni.

Ein Tuch um den Hals geschlungen.

Auf diese Weise wurde sie erdrosselt.

C. Visscher sc. nach P. Soutman. (Die Heiligen von Flandern.)

Cunibert.

Erz-Bischof v. Cöln. † 663. 12. Nov.

Mit dem Modell einer Kirche.

Um den Kirchenbau verdient.

Bart. de Bruyn px. Münchner Gallerie.

Mit einer Taube.

Nach den Eingebungen des h. Geistes lebend.

Altes Bild in seiner Kirche zu Cöln.

Cunigunde.

Kaiserin, Gemahlin Heinrich's II. † 1040. 3. März.

Scenen aus ihrem Leben.

Basreliefs an ihrem Grabmal in Bamberg von Tilman Riemenschneider.

Sie hält das Modell der Stephanskirche von Bamberg.

Als Gründerin derselben.

Feuer und Pflugschaar.

Sie wandelt mit blossen Füssen über scharfe Pflugschaareisen und berührt feurige Zangen, um ihre Unschuld zu beweisen.

Burgmair fec. Holz.

M. Kager figur. **Raph. Sadeler** sc. In Bavaria Sancta.

Dum premeret fervens pedibus Chunegundis ahenum
Inque fidem flammis virgo probaret, ait:
Testetur cunctis, me non violasse pudorem,
Ante virum corpus, spiritus ante Deum.

C. Callot sc.

Cuthbert von Durham.

Bischof und Einsiedler. † 687. 20. März.

Er trägt die Hand des h. Königs Oswald.

Alte Statue in der Cathedrale zu Durham.

Fischottern bedienen ihn.

>Er war früher Einsiedler in einer sumpfigen Gegend. Deuten die Fischottern darauf hin?

Schwäne.

>Vielleicht dieselbe Hinweisung auf eine wasserreiche Gegend?

Als Hirt.

>In der Einöde lebend.

Schouten sc. In: Les Vies des SS. Pères.

Er hält ein Götzenbild in der Hand.

>Zerstörer des Heidenthums.

Miniatur des 13. Jahrh. abgebildet in: Pictorial history of England.

Cyprian.

Mart., Bischof v. Carthago, † unter Valerian. 258. 14. Sept.

Er wird enthauptet.

>Seine Todesart.

Holzschnitt in Vita Sanctor. 1488.

Mit der Palme, dem h. Augustin zugesellt.

Auf einem Bilde von P. Cagliari in der Brera zu Mailand.

Cyprian.

Mart., früher Zauberer, dann bekehrt Bischof von Antiochien. † unter Diocletian 304. 26. Sept.

Er verbrennt die Werke der Magie.

>Bekehrung zum Christenthum.

J. Callot sc.

Ein Schwert.

>Martyrium.

In Gemeinschaft mit der h. Justina. Er wollte diese christl. Jungfrau mit Hilfe seiner Magie in den Besitz eines vornehmen Heiden bringen, aber seine Zauberei half nichts, weshalb er sich bekehrte. Er litt mit der h. Justina in derselben Zeit den Tod. Die Scene der Incantation, seine Busse und Beider Marterthum ist dargestellt in einem griech. Manuscript der Pariser Bibliothek vom J 867.

Cyr, St. Cyr s. Quirinus.

Cyriaca.

Römerin, Wittwe, Mart. unter Decius. 21. Aug.

Im antiken Frauengewande, die Rechte erhoben.

Altes Wandbild in Cimeterio S. Cyriaca.

Cyriacus.

Mart., Bischof von Jerusalem. † 281. 11. Sept.

Als Gärtner.

Als Einsiedler pflanzte er Gemüse.

Schouten sc. in: Les Vies des SS. Pères.

Als Bischof, segnend.

Altes Marmor-Basrelief in Ancona. Abbild. in: Relazione dello scuoprimento — dei sacri corpi di S. Ciriaco, Marcellino e Liborio. Roma 1756.

Mit Palme, einen Dämon an der Kette führend.

Bild in der Cathedrale zu Bonn.

Mit einer Fackel; über sein Haupt fliesst siedendes Pech.

Martyrium.

J. Callot sc.

Er wird enthauptet.

Sein Martyrium.

Holzschnitt in Vita Sanctor. 1488.

Cyrilla.

Jgfr., Mart. 28. Oct.

Sie hält Weihrauch über Kohlen.

Sie verbrannte sich die Hand, ohne den Weihrauch zu verschütten, indem sie sich weigerte, den Göttern zu opfern.

Cyrillus.

Bischof von Alexandrien. † 444. 28. Jan.

Mit dem Buch.

Als Kirchenlehrer.

F. Gregori sc.

Als Bischof, eine Taube auf der Schulter, den h. Geist bezeichnend.

Oft in griechischen Darstellungen und Manuscripten.

Die schmerzhafte Mutter Gottes erscheint ihm.

J. Callot sc.

Cyrillus und **Methodius.**
Slavenapostel im 9. Jahrhundert. 9. März.

Als Bischof der eine und als Coenobit der andere, mit dem Bilde des jüngsten Gerichts zwischen Beiden.

Marmorstatue von Em. Max in der Teynkirche zu Prag. Abgebildet in Guhl u. Caspar: Denkmale.

Dagobert.
König von Austrasien, Mart. 23. Dec.

Er wird im Wald erstochen.

Abbildung in: Galerie des Saints d'Alsace.

Damasus.
Papst. † 384. 11. Dec.

Er bespricht sich mit dem h. Hieronymus über die h. Schrift.

J. Palma px. et sc.

Damascenus s. Johannes Damasc.

Damian s. Cosmas.

Daria s. Chrysantus.

David.
Bischof von Meneven. † 544. 1. März.

Auf einem Hügel predigend, die Taube auf seiner Schulter.

Der Hügel erhob sich unter seinen Füssen, die Taube bedeutet den h. Geist.

J. Callot sc.

Davinus.
In Etrurien. † 1051. 3. Juni.

Ein Kreuz auf seiner Schulter tragend.

Decumanus.
Eremit und Martyr in Somersetshire. 27. Aug.

Er trägt seinen abgeschlagenen Kopf zur Quelle, in der er sich sonst zu waschen pflegte.

J. B. de Cavalleriis sc. nach Circignano in Eccl. angl. trophaea,

Deicola (Deicolus).
Abbas Lutrensis im Burgundischen. 7. Jahrh. 18. Jan.

Er hängt das bischöfliche Gewand auf einem Sonnenstrahle auf.

Er wollte die bischöfliche Würde nicht annehmen.

Hollar sc. P. 159.

Delphinus.
Bischof. † 1051. 24. Dec.

Das Modell einer Kirche in seiner Hand.

Demetrius.
Martyr in Thessalonich c. 306. 8. Oct.

Mit Pfeilen und einer Lanze.

Marterwerkzeuge.

Der Teufel versucht ihn als Scorpion.

Aus dem Leben.

Deocarus.
Abt in Hernried. 9. Jahrh. 7. Juni.

Bei offenem Grabe, das süssen Wohlgeruch verbreitete.

Stich in Bavaria Pia.

Deodatus.
Bischof von Nevers, später zog er sich in ein Kloster zurück. † 729. 19. Juni.

Er heilt ein besessenes Weib.

Wunder aus seinem Leben.

Er hält die Hand gegen eine Gewitterwolke empor.

Um das Land gegen Gewitterschaden zu schützen.

Desideratus.
Bischof. † 550. 8. Mai.

Fruchtbarer Regen.

Einen solchen erflehte er durch sein Gebet.

Desiderius.
Mart., Bischof von Langres. † 2 Jahrh. 23. Mai.

Schwert.

Sein Todeswerkzeug.

Desiderius.
Bischof von Vienne in Frankreich. † 608. 21. Mai.

Ein Strick — mit dem er erdrosselt wurde.

J. Callot sc.

Didacus (Diego) von Alcala.

Franciskaner. † 1463. 13. Nov.

Eine Folge von Darstellungen aus seinem Leben.

Fünf Frescobilder waren in der Kirche S. Giacomo degli Spagnuoli in Rom. F. Albano führte sie nach Zeichnungen und unter Anleitung des Han. Carracci aus. Da die Kirche in den Vierziger Jahren abgetragen wurde, übertrug man die Bilder auf Leinwand. S. Guillain hat sie gestochen.

In Andacht vor dem Kreuze.

Murillo px. Gallerie Aguado. Gest. von Ch. Cousin.

Alter Stich in: **Fr. Pegna**, De vita miraculis et actis — S. Didaci. Romae 1589.

Alter Stich in: Hist. de el Gl. S. Diego. Madr. 1663.

Er trägt ein Kreuz auf der Schulter, Rosen im Gewande.

Murillo px. Louvre.

Er betet mit den Armen, bevor er ihnen die Klostersuppe austheilt.

Murillo px. In der Academie S. Fernando.   F. Navarrete sc. Im Gall.-Werk.

Er heilt einen Blinden.

H. Carracci px. In der Academia Spagnuola zu Rom. Abbild. in: G. Rosini, Storia.

In Extase.

Während derselben besorgen für ihn Engel das Kochen der Speisen.

Murillo px. War in der Gallerie Soult.

Didymus.

Einsiedler, Martyr. † 393. 28. April.

Betet in der Wüste und tritt unbeschädigt über Schlangen, Scorpione und anderes Ungeziefer.

Sadeler sc. nach M. de Vos. (Solitudo.)

Stich nach A. Bloemaert.

Diego s. Didacus.

Dionysia.

Mart. zu Carthago unter Decius. 6. Dec.

Der Brüste beraubt.

Holzschnitt in: L. Rabus.

Dionysius (Denis) Areopagita.

Bischof von Paris, Mart. † 814. 9. Oct.

Folge von Darstellungen aus seinem Leben.

Miniaturen in einem Manuscript der Pariser Bibliothek vom J. 1322.

Papst Clemens (I) übergibt ihm Gallien als Diöcese.

E. le Sueur px.

Er predigt zum ersten Male in Paris.

J. M. Vien px. War in S. Roche zu Paris. Umriss bei Didot III. 1.

Schreibend.

Lasinio sc. nach T. Gaddi. In Etruria pittrice.

In Wolken das Zeichen I H S.

Cl. Mellan sc. M. 65.

Getödtet bei einem Baume, der die Gestalt des Kreuzes hat.

Altes Bild in S. Denis bei Paris.

Er hält sein abgeschlagenes Haupt in den Händen über einem Buche.

Altes Bild der S. Catharinenkirche zu Esslingen.

Alter Holzschnitt im Passional 1502.

Holzschnitt in Vita Sanctor. 1488.

Seinen Kopf in den Händen tragend; zwei Engel halten eine Krone.

Altes Gemälde in der Cathedrale zu Rheims. „Der Kopf muss ihm beim ersten Schritt herabfallen", urtheilte eine Französin über die Vortrefflichkeit der Darstellung. Es handelt sich eben um den Schritt.

Dionys.

Mart., Bischof von Mailand. 3. Jahrh. 9. Oct.

Im bischöflichen Gewande gekreuzigt.

In Paris, unter Hadrian. Martyrol. Rom.

A. Collaert sc. In Ricci: Triumphus J. Chr. crucif.

Dionysius (Carthusianus).

Richelius. † 1471. 12. März.

Zwischen Flammen die Schrift: Benedictus Deus in saecula.

Er wird in der Kirche doctor ecstaticus genannt.

Ant. Woensam von Worms f. (Holzsch.) Pass. 85. (Von diesem unrichtig der h. Benedict genannt.)

Dioscorus.
Einsiedler, Mart. von Alexandrien, 20. Aug.

In der Einsamkeit betend.

Anonymer Stich nach A. Bloemaert.

Mit Fackeln an den Seiten gebrannt.

Martyrium.

J. Callot sc.

Disibodus.
Eremit und Bischof von Mainz. † 674. 8. Juli.

In der Einsamkeit im Buche lesend.

R. Sadeler sc. nach M. de Vos. (Solitudo.)

Er heilt eine Kranke.

Aus dem Leben.

Stich in den Bollandisten. Juli II.

Dismas.
Der reuige Schächer, der mit Christus gekreuzigt wurde. 25. März.

Gekreuzigt, neben ihm zwei leere Kreuze, die Fussbeine
gebrochen.

Nach dem Evangelium.

A. Collaert sc. In Ricci: Triumphus J. Chr. crucifixi.

Das Kreuz haltend.

Jac. de Gheyn sc. nach Manderen.

Doda.
Herzogin, Jungfrau. 28. Sept.

Sie hält ein Ostensorium, darin Christus am Kreuz mit Maria
und Johannes.

Burgmair fec. Holzsch.

Dominicus.
Einsiedler, Abt bei Sora, † 1031, 22. Jan.

Mit einer Geissel.

Strenge Lebensweise.

J. Sadeler sc. nach M. de Vos. (Solitudo.)

Dominicus.

Ordensstifter. † 1221. 4. Aug.

Folgen von Darstellungen aus seinem Leben.

Zehn Reliefs an seinem Grabmal in S. Domenico zu Bologna von
Schülern des Nic. Pisano: a) D. erweckt in Rom den jungen
Napoleon vom Tode. b) Bei einer Disputation mit den Mani-
chaeern bleibt das Buch D.'s in den Flammen unverletzt, während die ketzerischen Schriften verbrennen. c) D. empfängt von
den Apostelfürsten das Evangelium. (Abbild. bei Jameson.) d) Er
theilt dasselbe seinen Ordensbrüdern mit. e) Sein Schüler
Reginald fällt todtkrank nieder. f) Maria gibt ihm das Domi-
nikaner-Ordenskleid. g) Er befreit sich durch das Vertrauen
zu Dominicus von einer grossen Versuchung. h) D. beugt dem
Einsturz des Vaticans vor. i) Papst Honorius III. empfängt
und k) bestätigt die Ordensregel..

Darstellungen an der Predella der Krönung Mariae von Fra Angelico im Louvre.

Der Heilige mit Buch und Lilie, umgeben von 11 Darstellungen
aus seinem Leben. Franc. Traini px. In der Academie zu
Siena (früher bei S. Catharina daselbst).

Ein Hund mit der Fackel begleitet ihn.

Seine Mutter träumte, sie werde einen schwarz und weiss ge-
fleckten Hund gebären, der mit der Fackel die Erde erleuchte.
Allegorisch oft gebraucht von den Dominikanern (domini canes),
die eine solche Tracht haben und als wachsame Hunde die
Heerde Christi gegen die Wölfe beschützen.*)

Lucas von Leyden sc. B. 118.

Israel van Mecken sc. B. 92.

Cl. Mellan sc. M. 67.

Er empfängt die Bulle Honorii III, welche seinen Orden
bestätigt.

J. Robusti px. In der Sacristei in S. Giov. e Paolo zu Venedig.

Cl. Mellan sc. M. 68. S. auch Folgen.

Segnend, ein Buch haltend.

Stich in Melloni nach einem alten Bilde in S. Domenico maggiore
zu Neapel.

Schreibend, mit dem Stern auf der Brust; ein Engel bei ihm.

F. Poilly sc.

---

*) In der Kirche Maria Novella zu Florenz, in der Capelle degli Spa-
gnuoli ist das berühmte Wandgemälde von Sim. Memmi, die streitende und
triumphirende Kirche vorstellend, auf diesem verjagen Hunde in den Domini-
kanerfarben die Wölfe.

Stern über dem Haupte und Lilie in der Hand.

> **Fra Angelico** p. Gemälde in der Florentiner Gallerie. C. Müller sc.
> Düsseld. Heiligenbilder.
>
> **D. Feti** px. Im Belvedere zu Wien.
>
> **P. B. Bouttats** sc. In den Bollandisten.

Mit Lilie und Stern.

> **C. Cort** sc. nach B. Spranger.

Er verbrennt ketzerische Bücher; während diese verbrennen,
bleibt sein Buch unversehrt. S. Folgen.

> **L. Spada** p. (Das Bild in S. Domenico zu Bologna.) J. M. Mi-
> telli sc. B. 23. J Wagner sc.
>
> Stich in Ribadeneira.

Rosenkranz.

> Dieser wurde nach der Schlacht bei Lepanto 1571 eingeführt
> und da ihn die Dominikaner überall besonders verbreiteten,
> bald mit Dominicus selbst in Verbindung gebracht, weshalb
> dieser Heilige auf keinem sogenannten Rosenkranzbilde fehlt.
> Siehe auch Maria mit dem Rosenkranz.
>
> **Orcagna** px. In Maria Novella zu Florenz, Capelle Strozzi, wo
> auch andere Darstellungen aus dessen Leben zu sehen.
>
> **Dominichino** px. Pinacoteca di Bologna.
>
> **Mich. Angelo da Caravaggio** p. Das Bild des Rosenkranzfestes
> im Belvedere zu Wien. Im Gall.-W. von Perger.

Mit Lilie, Rosenkranz und Stab, auf welchem oben das Zeichen
I H S sich befindet.

> **C. Galle** sc. nach Seghers.

Mit Lilie und Buch.

> Holzschnitt c. 1470. T. O. Weigel's Samml. No. 165. (An der
> Lilie ist Christus gekreuzigt.)
>
> **C. Dolce** px. Privatbesitz in Florenz. Abbild. bei Jameson, und
> in G. Rosini: Storia.

Der Heilige erweckt ein todtes Kind.

> **Tiarini** px. In S. Domenico (Cap. dell' Arca) zu Bologna.

Maria reicht ihm die Brust.

> **Andrea dell' Asta** px. Freske in S. Pietro Mart. zu Neapel.

Apotheose des Heiligen.

> **G. Reni** px. In S. Domenico zu Bologna. Gest. von G. A. Lorenzini.

Dominicus Loricatus.

Camaldulenser, † 1079, 14. Oct.

Er geisselt sich.

> Strenge Lebensweise.
>
> Stich nach Bloemaert in: Les Vies des SS. Peres.

Domnina.

Einsiedlerin in Syrien. † um 460. 1. März.

Ein Crucifix küssend.

B. à **Bolswert** sc. nach A. Bloemaert. (Sacra Eremus.)

Domnolus von Mans.

Bischof. † 580. 16. Mai.

Er hält das Modell eines Klosters.

Als Erbauer desselben.

Holzschnitt in: L'invocation des Saints.

Donatian.

Mart., Bischof. † 287. 24. Mai.

Eine Lanze.

Mit dieser wurde er zu Nantes unter Diocletian mit seinem Bruder Rogatian getödtet.

Holzschnitt in: L'invocation des Saints.

Donatus.

Martyr, Bischof von Arezzo. † um 362. 7. Aug.

Folge von Darstellungen aus seinem Leben.

Auf dem Altarschrein im Dome zu Arezzo Basreliefs von Giov. Pisano (1286), theilweise bei Cicognara abgebildet.

In einer Höhle lesend.

J. **Callot** sc.

Ein Rad, das mit Lichtern besteckt ist, in der Hand haltend.

Er ist so mit dem h. Hilarion zu Arezzo gemartert und dann enthauptet worden. (Unter Julian. Apostata.)

Altes Bild in der Crypta der Genter Cathedrale.

Er erweckt einen Todten.

Diesen wollte der Gläubiger nicht begraben lassen, da er einen Schuldschein besass; doch war die Schuld bereits getilgt. Auf Bitten der Wittwe rief Donatus den Todten zum Leben, damit er seine Sache vertheidige. Dieser stand auf und zerriss den Schuldschein.

Stich in Ribadeneira.

Mit einem gebrochenen Kelch.

Joach. **Filidoni** sc. nach Lib. Guerrini in: Ag. Albergotti: Commentario storico-morale sugli atti di S. Donato. Lucca 1785.

10*

Er wird enthauptet.

Sein Martyrium.

Holzschnitt in Vita Sanctor. 1488.

Donatus.

Bischof von Fiesole, † um 874. 22. Oct.

Ein Wolf zu seinen Füssen.

Altes Bild in der Cathedrale zu Fiesole.

Dorothea.

Jungfr., Mart. 3. Jahrh. 6. Febr.

Mit einem Pfahle getödtet und mit Fackeln gebrannt.

Ihre Todesart. Sie sprach: Nun gehe ich zu meinem Bräutigam. Theophilus, ein heidn. Jüngling, hörte es und wünschte
von solch einem Bräutigam etwas zu sehen. In der Nacht
nach dem Tode der Jungfrau brachte ein Engel dem Spötter
ein Körbchen mit Rosen und den herrlichsten Früchten, worauf sich dieser bekehrte.

Jac. Ligozzi px. Altarbild bei den Conventualen in Pescia. Holzschnitt in Vita Sanctor. 1488.

Körbchen mit Rosen.

Auf die bekannte poetische Legende anspielend.

Holzschnitt c. 1460 (No. 129) und Schrotbl. c. 1470 (No. 363 u.
370) in T. O. Weigel's Sammlung.

Schule des Meisters E. S. Pass. 156.

Meister Christoph px.

Altes Bild in Siena.

Springinklee fec. Holzschnitt in Salus animae. B. 43.

J. Sadeler sc. nach M. de Vos. (Speculum Pudicitiae.)

Auf dem Grabe mit Blumen sitzend.

Desgleichen.

Raph. de Mey sc.

Sie kniet mit gebundenen Händen, neben ihr ein Engel
mit Früchten und Blumen.

Desgleichen.

Metallsch. c. 1443. T. O. Weigel's Samml. No. 28. Abbildung im
Werke.

Holzsch. in Sanct. et Mart. Icones.

C. Dolce px. In der Darmstädter Gallerie.

Dorothea.
Wittwe in Pomezan. 25. Juni.

Pfeile, Laterne und Rosenkranz.

Holzschnitt in: Lilienthal, Historia b. Dorotheae Prussiae Patronae.
Dantisci 1744.

Dorotheus.
Mart., Bischof von Tyrus, † 362. 5. Juni.

Mit Stock und Korb.

Bloemaert sc. In: Les Vies des SS. Pères.

Mit einer Keule erschlagen.

Seine Todesart.

Eine Illumination in einem altgriechischen Manuscript des Vaticans.

Drogo (Drugo, franz. Druon).
Einsiedler, † 1186. 16. April.

Als Hirte mit Schafen.

Seine Beschäftigung in der Einsamkeit.

Dubritius.
Erzbischof, † 1112.

Mit dem bischöflichen Kreuz.

Abbildung in einem Manuscript zu Oxford.

Dunstan.
Erzbischof von Canterbury, † 968. 19. Mai.

Eine Taube über ihm schwebend.

Symbol des h. Geistes.

Zeichnung im britt. Museum.

Engel umgeben ihn.

In einer Vision vernahm er ihren Gesang.

Er kniet vor Christus auf der Erde, sich niederbeugend.

Federzeichnung von des Heiligen Hand, in der Bodleian-Bibliothek
zu Oxford. Abbildung bei Jameson, Strutt (l'Angleterre an-
cionne) etc.

Er treibt den Teufel mit einer Lanze fort.

Aus dem Leben.

Alte Zeichnung in derselben Bibliothek.

Dympna.
Jungfr., Mart. † 7. Jahrh. 15. Mai.

Ein Schwert

Sie wurde von ihrem eigenen Vater, der sie nach dem Tode der Mutter heirathen wollte und dem sie sich widersetzte, ermordet.

J. Callot sc.

Holzschnitt in: L'invocation des Saints.

Eadmund s. Edmund.

Eanswida.
Aebtissin in Folkstone, Kent. † 640. 31. Aug.

Zwei Fische und ein halber Ring.

Bild in Folkstone.

Ebba.
Aus königl. Geblüt, Aebtissin in Schottland, Mart. † 683. 25. Aug.

Mit abgeschnittener Nase.

Um mit ihren Klosterjungfrauen nicht ein Opfer der Feinde (Dänen) zu werden, schneidet sie sich selbst, wie ihre Gefährtinnen, Nase und Lippen ab.

J. B. Cavalleriis sc. nach Circignano. In Eccl. angl. trophaea.

Eberhard.
Erzbischof von Salzburg. 1146—1164. 22. Juni.

Er bedient Arme bei Tisch.

Aus dem Leben.

Stich in Bavaria Sancta.

Eberhard von Freising.
23. Sept.

Als Hirt; das Lamm Gottes erscheint ihm in Wolken.

Stich in Bavaria Sancta.

Ecclesius.
Bischof von Ravenna, † 534. 27. Juli.

In altbischöflicher Tracht.

Altes Mosaik-Gemälde in S. Apollinare in Classe zu Ravenna.

Ecianus (Echenus).
Bischof in Irland, † um 577. 11. Febr.

Er führt einen mit Hirschen bespannten Pflug.

So bebaute er das Land.

Edelburga.
Aebtissin von York, † um 695. 7. Juli.

Sie hält die Passionswerkzeuge Christi.

Ihre Andacht zum leidenden Heiland wird damit angedeutet.

J. Callot sc.

Edeltrude s. Etheldreda.

Edigna.
Jungfrau, † 1109. 26. Febr.

Auf einem Wagen.

Aus fürstlichem Geschlecht entsprossen, entfloh sie aus dem Vaterhause, um in der Einsamkeit heilig zu leben.

R. Sadeler sc. in Bavaria Sancta.

Editha (Eadgitha).
Tochter des engl. Königs Edgar, Nonne in Wilton, † 984. 16. Sept.

Sie wäscht das Haupt eines Armen.

Leibliches Werk der Barmherzigkeit.

Edmund (Eadmund).
König von Ostengland, Martyr, † 870. 20. Nov.

Ein Bär sitzt neben ihm.

Ein solcher hütete dessen abgeschlagenes Haupt.

Burgmair fec. Holzschnitt.

An einen Baum gebunden und mit Pfeilen durchbohrt.

Seine Todesart.

Ein Diptychon im Besitz des Earl of Pembroke.

J. B. Cavalleriis sc. nach Circignano in Eccl. angl. trophaea.

Mit Pfeilen und dem Scepter.

Freske in der Kirche zu Whaddon.

Ein Wolf bewacht dessen Leiche.

J. Callot sc.

Edmund.
Erzbischof von Canterbury, † 1242. 16. Nov.

Er legt vor dem Bilde der Madonna ein Gelübde ab.

Aus dem Leben.

J. Callot sc.

Christus erscheint ihm in Kindesgestalt.

> Aus dem Leben.

J. Callot sc.

Eduard (I).
König von England, Martyr, † 978. 18. März.

Mit einem kurzen Schwert.

> Alte Gemälde in der Jakobskirche zu Norwich und in der Kirche .
> zu Denton, in England.

Von einem Stalljungen niedergestossen.

> Auf Befehl seiner Stiefmutter Alfrida.

J. Callot sc.

J. B. de Cavalleriis sc. nach Circignano in Eccl. angl. trophaea.

Mit einem Becher und einer Schlange.

Burgmair fec. Holzschnitt.

Eduard (II).
König von England, † 1066. 5. Jan.

Mit dem Scepter in der Rechten und einem Ring in der Linken.

> Altes Bild in der Kirche zu Denton in England.

Einen kranken Mann tragend, den er so heilte.

Burgmair fec. Holzschnitt.

Eduinus (Edwinus).
König von Northumberland, Martyr, † 633. 12. Oct.

Von Lanzen durchbohrt.

J. B. Cavalleriis sc. nach Circignano in Eccl. angl. trophaea

Egbertus.
Priester, Abt, † 729. 24. April.

Er unterrichtet seine zwölf Schüler.

> Diese verwendet er zu Missionaren in Friesland etc.

C. Visscher sc. nach P. Soutman. (Die Heiligen von Flandern.)
Abbildung in Batavia sacra.

Egidius.
Eremit, † um 711. 1. Sept.

Eine Hirschkuh.

> Er lebte an der Mündung der Rhone, wo ihn eine Hirschkuh ernährte. Der Gothenkönig Flavius entdeckte ihn auf der Jagd.

R. Sadeler sc. nach M. de Vos. (Solitudo.)

A. Wierix sc. A. 833.

Die verwundete Hirschkuh zu seinen Füssen.

> Der König traf diese mit dem Pfeil und fand dann, ihrer Spur folgend, den h. Eremiten.

Holzschnitt in Vita Sanctor. 1488.

Bild in der Norwich-Cathedrale.

J. Callot sc.

Schouten sc. nach Bloemaert, in: Les Vies des SS. Pères.

Mit einem Buch in der Rechten, mit der Linken die Hirschkuh schützend.

A. Dürer px. Im brit. Museum.

Abtstab und Hirschkuh.

Puccini sc. B. 1.

Egwin.
Bischof von Worcester in England, † um 708. 11. Jan.

Drei Frauen im Glanze erscheinen ihm.

W. Hollar sc. P. 160.

Ehrentrudt s. Erendrude.

Eleutherius.
Bischof von Tournay, Mart. † 531. 20. Febr.

Er segnet mit der Monstranz das Volk.

J. da Ponte Bassano px. G. Zuliani sc. In Zanotto: Pin. Veneta.

Ein Ofen.

> In diesem gemartert, blieb er verschont.

Eleutherius.
Abt in Spoleto, † um 586. 18. April.

Er heilt einen besessenen Knaben.

> Wunder aus seinem Leben.

J. Callot sc.

Elias.

Einsiedler in Egypten und Palästina. 4. Jahrh. 20. Juli.

In der Höhle betend.

B. à Bolswert sc. nach A. Bloemaert. (Sacra Eremus.)

Eligius (Eloy).

Bischof von Noyon (Noviomensis), früher Goldarbeiter, † 658. 1. Dec.

Folge von sieben Darstellungen aus seinem Leben.

C. Gregori sc. nach A. Masucci, in L. Caglieri. (Darunter: E. verfertigt für König Clothar zwei verzierte Sättel. — Er heilt Kranke. — Er befreit zum Tode Verurtheilte, indem er sie durch eine Wolke für die Schergen unsichtbar macht.

Als Goldarbeiter mit dem Hammer.

Statue des 15. Jahrhunderts in der Kirche Notre-Dame zu Armençon. Abbild. in Millin's Atlas zu Voyages dans le midi de la France.

Taddeo Gaddi px. Abbild. in G. Rosini: Storia della pittura ital.

Holzschnitt in Vita Sanctor. 1488.

Er arbeitet an einem Kelch.

J. de Gourmont sc. R. D. 13.

Er präsentirt dem König Dagobert ein Reliquienkästchen.

Empoli px. In der Academie zu Florenz.

Verschiedene Werkzeuge eines Goldarbeiters.

Cl. Mellan sc. M. 69.

J. Callot sc.

Jac. da Empoli px. Florentiner Academie. Gest. von G. Vascellini in Ettruria pittrice.

Er verehrt mit Acherius, Bischof von Noyon, Maria mit dem göttlichen Kinde.

Jac. Cavedone p. In der Kirche der Mendicanten zu Bologna.

J. M. Mitelli sc. B. 21.

Elisabeth.

Mutter des h. Joh. Bapt. 5. Nov.

Sie begrüsst Maria.

Mariotto Albertinelli px. Gall. Florenz. Demeersman sc.

S. auch Mariae Heimsuchung.

Elisabeth.

Aebtissin von Schönaugen, † 1165. 18. Juni.

Auf einen Drachen tretend.

J. Callot sc.

Elisabeth.

Tochter des ungar. Königs Andreas, Gemahlin Ludwig's, Landgrafen von Hessen, † 1231. 19. Nov.

Scenen aus ihrem Leben.

Holzschnitte in: Leben der Heiligen. Leip. J. P. Meline.

Im Kreise von Frauen spinnend.

Das Gesponnene theilte sie Armen mit.

H. Burgmair f. (Holzschnitt.) B. 28.

Armen Kleider austheilend.

Bild der alt-kölnischen Schule, in Boisserée.

Sie bekleidet ein Kind.

H. Holbein px. Münchner Pinacothek.

Sie theilt Almosen aus.

Werke der Barmherzigkeit übend.

Holzschnitt in Vita Sanctor. 1488.

Israel van Mecken sc. B. 127.

Burgmair fec. Holzsch.

C. E. Stölzel sc. nach H. Näke.

Sie wäscht Armen die Füsse.

Stich in Bavaria Sancta.

Mit Rosen im Gewande.

Die Almosen, die sie den Armen zutrug, wurden in Rosen verwandelt.

Fra Angelico px.

Gekrönt, das Modell einer Kirche haltend.

Statue in Marburg.

Almosen in ihrer Armuth empfangend.

J. Callot sc.

Mit Kanne und Brod.

Hans Holbein d. J. Berliner Museum.

Elisabeth.

Königin von Portugal, Wittwe, † 1336. 1. Juli.

Sie hält Rosen im Schooss zur Winterszeit.

> Sie hat damit ihre eheliche Treue vor ihrem Gemahl Dionys von Portugal bewiesen. Die Legende gab den Stoff zur bekannten Ballade von Schiller: Der Gang nach dem Eisenhammer.

J. Callot sc.

L. Massard sc. nach C. Landelle. H. Frauen.

Elmo s. Peter Gonzales.

Eloy s. Eligius.

Elphegus.

Mart., Erzb. von Canterbury, † 1012. 19. April.

Mit Steinen in der Casula. (Messgewand.)

> Glasgemälde in Greenwich.

J. B. Cavalleriis sc. nach Circignano in Eccl. angl. trophaea

Elpidius.

Abt, † vor 410. 2. Sept.

Belaubter Weinstock zur Winterszeit.

> Wunder aus seinem Leben.

Elzear.

Baron von Ansoy und Graf Ariani, † zu Paris 1323. 27. Sept.

Gekrönt mit verknüpftem Strick und Lilie.

J Callot sc.

Emebert s. Agnebert.

Emerentia.

Jungfrau in Rom, Mart. † um 301. 23. Jan.

Mit einem Stein.

> Sie wurde gesteinigt, weil sie als Catechumene am Grabe der h. Agnes betete.

Alter anonymer Stich.

G. T. Guidi sc.

Holzschnitt in Rabus.

Emerich.
Sohn des h. Stephan von Ungarn, † um 1030. 24. Oct.

Maria mit dem Kinde erscheint ihm.

> Aus dem Leben.

> **Burgmair** fec. Holzsch.

Ein Engel erscheint ihm. Während er betet.

> Stich in Bavaria Sancta.

Emilius (Emilion).
Mart. in Afrika. 19. Mai.

Ein Eber neben ihm.

> Bezieht sich wohl auf die Vertraulichkeit wilder Thiere mit Heiligen.

Emmeran (Emmerammus).
Mart., Bischof von Freisingen, † 652. 22. Sept.

Er copulirt ein vornehmes Paar.

> Stich in: Anselmi Siegreiche Unschuld des — Bischofs Emmeran — Regenspurg 1726.

Hände und Füsse werden ihm abgeschnitten.

> Seine Marter.

> Stich in Bavaria Sancta.

Im Rücken mit einer Lanze verwundet.

> Seine Todesart.

> Holzschnitt in Vita Sanctor. 1488.

Mit einem Messer.

> Holzsch. 1460. T. O. Weigel's Samml. No. 124.

Emydius (Emygdius).
Mart., erster Bischof von Ascoli, † 303. 5. Aug.

Er segnet die Erde, um das Erdbeben zu verhüten.

> **Hub. Vincent** sc. nach P. Lucatelli in P. A. Appiani: Vita di S. Emidio — Ascoli 1832.

Mit der Palme, die Stadt Ascoli segnend.

> Die Palme auf sein Martyrium hindeutend.

> Alter Stich in: M. Giovanelli: Vita di S. Emidio. Mart. Ronciglione 1631.

Encratis (Engratia).

Jungfr., Mart. in Spanien, † 304. 16. April.

Gerädert.

Martyrium.

Holzschnitt in: L'invocation des Saints. .

Engel.

Die Engel sind erschaffene geistige Wesen ohne Körperlichkeit. Der Zweck ihres Daseins ist ein doppelter, zu Gott verhalten sie sich als dessen Diener und Boten, zu den Menschen als deren Schutzgeister oder als Vollzieher des göttlichen Gerichtes.

Als Geister sind sie unsichtbar, entziehen sich also ihrem Wesen nach einer sinnlich wahrnehmbaren Darstellung.

Wenn die Bibel ihr Eingreifen in die Menschenwelt berichtet, lässt sie dieselben menschliche Gestalt annehmen. Die Kunst hat dies Moment benützt und bei der Darstellung der Engel ebenfalls die menschliche Gestalt angewendet.

Abweichend erscheint zuweilen in Darstellungen des Mittelalters die Anwendung lebloser Gegenstände als Symbol der Engel. So feurige Regenbogen oder feurige Räder, die auch geflügelt erscheinen.

Eine Abweichung ist auch die Darstellung der Engel als beflügelte Köpfe, ohne Körper, um ihre Körperlosigkeit anzudeuten. Die Cherubim haben zwei, die Seraphim sechs Flügel.

Italienisches Miniaturbild aus dem 13. Jahrhundert; Abbildung in Didron, Icon.

Medaillon auf das Concil, das Paul V. in Venedig hielt, bei einer Ausgrabung im Pal. Venezia zu Rom gefunden. Eine mandelförmige Glorie von lauter Engelsköpfen. Abbild. bei Agincourt Sculpt. Taf. 44.

Alunno px. in Foligno. Glorie von Cherubim.

Raphael px. auf dem Gemälde der sixtinischen Madonna zu Dresden.

A. Altorfer px. Münchener Pinacothek.

Die Engel mussten auch einer Probe unterworfen werden. ein Theil bestand sie gut: es sind die getreuen Engel; ein Theil fiel von Gott ab und bildet das Reich der verworfenen Geister. In die Iconographie der Heiligen kann selbstverständlich nur die treu gebliebene Schaar aufgenommen werden.

Diese bilden nicht wie die Menschheit, die durch die leibliche Abstammung eine Familie ausmacht, eine ähnliche Einheit, sie „stellen nur eine Mehrzahl, eine Peripherie um das göttliche Centrum dar."

(Menzel.)

Zu den allgemeinsten Symbolen der Engel gehören die Flügel, die Schnelligkeit ihres Gehorsams bezeichnend. Gewöhnlich sind diese weisse Taubenflügel, zuweilen auch — bei altdeutschen Malern — Flügel aus Pfauenfedern. So van Eyck auf dem Bilde der Verkündigung. Die Engel erscheinen baarfuss; auf altchristlichen Bildern tragen sie eine Tunica, im Mittelalter Mäntel. Die Renaissance, hat sie des Kleides beraubt und nackte Engel eingeführt, oft auf Unkosten der Decenz, besonders wo dem Künstler mehr am Ausdruck seiner anatomischen Kenntnisse als an einem Andacht erweckenden Kunstwerk gelegen war. So ist z. B. der Engel, welcher das Herz der h. Theresia verwunden will, von Santerre gemalt (in Versailles), weiter nichts, als ein Amor und die Heilige eine kokette Hofdame.

Besondere Verhältnisse fügen ihnen noch andere Symbole bei.

In Bezug auf ihre Würde gibt es eine Classification derselben. Die Kunst hat sich stets an die durch dieselbe gegebenen Begriffe gehalten. Diese Eintheilung der Engel basirt auf biblischen Stellen.

Wir werden hier nur die zwei gebräuchlichsten Classificationen anführen, die der Erzengel und der neun Chöre seliger Geister.

Die Erzengel.

Die Dreizahl der Erzengel ist wohl in der Dreieinigkeitslehre begründet. Der Gedanke dämmert in der Erscheinung der drei Engel bei Abraham. Doch sind diese drei Boten auch für die Offenbarung des dreieinigen Gottes selbst genommen worden. Die drei Erzengel heissen: Michael, Raphael, Gabriel. Diese Aufeinanderfolge ist durch ihre chronologische Erscheinung in der Menschengeschichte begründet. Michael scheidet im Auftrag Gottes die aufrührerischen Engel von den getreuen ab, Raphael begleitet Tobias auf seiner Reise, Gabriel bringt Maria die Botschaft der Menschwerdung des Erlösers.

Michael, Raphael, Gabriel.

Zuweilen erscheinen die drei Erzengel auf einer Darstellung vereint.

Alte griechische Malerei, Michael mit dem Schwert, Raphael mit dem Stab, Gabriel mit der Stola. Sie tragen in einem Stern das Christkind. Abbild. in Jameson: Sacred and legend. art.

Raphael px. Oben Maria mit dem Kinde, unten die Erzengel, Michael auf den Drachen tretend, Raphael den Tobias führend, Gabriel als der Engel der Verkündigung. Gest. von Diana Ghisi. B. 31.

Carotto px. Freske in der Raphaelcapelle der Kirche Sta. Euphemia zu Verona.

Erzengel Michael.

Bekämpfer der aufrührerischen Engel. Apoc. 12, 7. 29. Sept.

Beflügelt, mit Helm und Flammenschwert, unter den Füssen der gefallene Engel.

Luc. Giordano p. 1666. Bild im Belvedere zu Wien. Gall.-W. von Perger.

Raphael p. Das Gemälde bildete den Revers eines Damenbrettes, und befindet sich jetzt im Louvre. Umriss bei Duchesne.

Ebenso, mit der Lanze.

Raphael p. Für Franz I. Gest. von P. Alex. Tardieu, Rousselet, Larmessin, Duflos, Lüderitz und Anderen.

M. Schongauer sc. B. 58.

M. Schongauer px. im Dom zu Ulm. Stich in K. D. Hassler: Die Kunst des Mittelalters in Schwaben.

Mit Lanze und Schild.

Fra Angelico px. Academie zu Florenz.

L. Zucchi sc. nach St. Torelli.

Mit Wage, Schwert und dem Dämon.

L. Cranach f. (Holzsch.) B. 75.

M. Anton Raimondi sc. B. 158.

Jacobello del Fiore (c. 1401) p. Berliner Museum.

Signorelli px. In S. Gregorio zu Rom. Abbild. bei Jameson.

Albert van Ouwater px. auf dem grossen Bilde des jüngsten Gerichtes in Danzig.

Mit Kreuzfahne und Schild, hinter ihm der gefallene Dämon, vor ihm der Donator. Als Patron.

Mabuse px. Galerie Boisserée. Abbild. bei Jameson.

Mit dem Schwert auf den Dämon siegreich tretend.

G. Reni px. In der Kapuzinerkirche zu Rom, gest. von J. Frey, A. Kilian, R. Vuibert, Folo und Anderen.

Der Engelsturz.

Auf die Darstellung desselben verwendeten die Künstler oft viel Fantasie und Mühe, besonders um drastisch den vergeblichen Kampf und verworrenen Fall der Dämonen zur Geltung zu bringen.

L. Vorsterman sc. nach Rubens.

Neeffs sc. nach Demselben, eine andere Composition.

Loir sc. nach le Brun.

C. Simonneau sc. nach R. la Fage.

Erzengel Raphael.
<small>Als Pilger, meist den Tobias begleitend. 24. Oct.</small>

Mit dem jungen Tobias.

Tizian px. In S. Marziale zu Venedig.

Raphael px. auf dem Marienbilde: Madonna della Pesce. Madrider Gallerie. Gest. von Marc Anton.

Goudt sc. nach Elzheimer.

J. Callot sc.

Aug. Carracci sc. B. 3.

Mit dem Pilgerstab.

Murillo px. In der Leuchtenberg Gallerie.

Erzengel Gabriel.
<small>Der Engel der Verkündigung. 26. März.</small>

Mit der Lilie, oder dem Lilienstab.

M. Schongauer sc. B. 1.

G. Reni px. Darnach eine Lithographie.

Morin sc. nach Ph. Champagne.

Mit dem Lilienstock, vor Maria.

S. Mariae Verkündigung, pag. 29.

Zu den Erzengeln hat die Tradition noch andere namentlich hinzugefügt. So wird genannt

Uriel als der Engel, der das Grab Christi bewachte;

Zadkiel, der das Opfer Abrahams unterbrach;

Peliel, der mit Jacob kämpfte;

Malthiel, der das rothe Meer den Israeliten öffnete.

Diese und die drei Erzengel hat **Crisp. de Passe** nach M. de Vos gestochen.

Die neun Chöre seliger Geister.

So lautet die **zweite** Classification der Engel, wie sie Dionysius Areopagita in seinem Buch: de coelesti hierarchia aufgestellt hat. Ihre Namen sind: Throne, Cherubim, Seraphim, Herrschaften, Fürstenthümer,

Gewalten, Engel, Erzengel und Tugenden. Die Ausdrücke sind meist der Bibel entlehnt.

Vereint erscheinen sie auf einem ital. Miniaturbilde des 13. Jahrhunderts. Abbild. bei Didron, Icon.

Cornelius px. in der Ludwigskirche zu **München**. Die Deutung der einzelnen Chöre ist eine willkührliche.

Crispin de Passe sc. Einzeln. Hier sind eben so willkührlich Namen den einzelnen Chören unterlegt; als Illustration erscheint im Grunde je eine Scene des alten und neuen Testaments.

In der Cathedrale zu Norwich, auf einem alten Taufstein.

Die Wahl der Attribute für jeden einzelnen Chor variirt bei den verschiedenen Meistern. Am willkührlichsten dürfte die von Cornelius in der Ludwigskirche zu München angebrachte sein.

Das Verhältniss der Engel zu Gott äussert sich thätig als ununterbrochene Anbetung und Verherrlichung desselben. Die Kunst hat dies dadurch angedeutet, dass sie die Engel vor dem Throne Gottes singend oder verschiedene Instrumente spielend dargestellt hat.

Der Gesang ist besonders meisterhaft auf dem oft erwähnten Gemälde von van Eyck (im Berliner Museum) ausgedrückt.

Engel mit Musikinstrumenten (**Flöte, Mandoline,** Violine etc.) haben G. Ferrari, Francia, G. Bellini, **Carpaccio** und Andere angebracht.

Musik mit Gesang vereint ist besonders schön in dem Gemälde der Engelsglorie von Ambr. Borgognona dargestellt.

Die Engel, als göttliche Boten, vermitteln das unsichtbare Geisterreich mit dem sichtbaren Menschengeschlechte. Ihr Verhältniss zur Menschheit ist ein dreifaches; sie nehmen Antheil an der Erlösung der Menschen durch Christum, am Kampfe und Siege der Heiligen und an den Schicksalen des einzelnen Christen.

Theilnahme der Engel am Erlösungswerke.

Sofern es sich um die Darstellung einer sichtbaren Erscheinung des Engels handelt, wie das Evangelium sie erwähnt. gehört dieser Abschnitt eigentlich zur Iconographie der Bibel. Doch wollen wir, um den logischen Faden nicht zu zerreissen, mit einigen Andeutungen den Gang der Erörterungen fixiren.

Ein Engel verkündigt Maria die Geburt Christi.

S. Verkündigung.

Ein Engel verkündigt den Hirten auf dem Felde von Betlehem die Geburt Christi.

J. Saenredam sc. nach Bloemaert.

W. Vaillant fec. Schwarzk. W. 79.

Rembrandt sc. B. 44.

G. Sadeler sc. nach Jac. Bassano.

J. Sadeler sc. nach M. Vos.

Engel beten das Christkind an oder spielen sich mit demselben.

Rubens px. Berliner Museum.

S. auch Christus.

Ein Engel weckt Joseph auf, um auf die Christo drohende Gefahr aufmerksam zu machen.

P. Lombart sc. nach Champagne.

R. Mengs px. Im Belvedere zu Wien. (Gest. von Bl. Höfel im Gall.-Werke.

A. Bloemaert px. Im Berl. Museum.

Engel begleiten die h. Familie auf der Flucht nach Egypten.

Pontius sc. nach Jordaens.

R. von Audenaerde sc. nach C. Maratti.

C. Waumans sc. nach Diepenbecke.

P. Aquila sc.

Marinus sc. nach Rubens.

S. auch diese Begebenheit bei Maria.

Engel dienen Christo nach der überwundenen Versuchung.

J. Mariette sc. nach Ch. le Brun.

G. Bonnart sc. nach A. Coypel.

F. A. Lorenzini sc. nach L. Carracci.

Ein Engel tröstet den Heiland am Oelberg.

Correggio px. Gest. von G. Volpato, W. Ward, V. Antonelli etc.

Aug. Carracci sc.

E. Rousselet sc. nach Ch. le Brun.

L. Vorsterman sc. nach H. Carracci.

Jer. Falck sc. nach G. Reni.

Ch. Alberti sc. nach Rosso Fiorentino.

G. Bonasone sc. nach Tizian.

L. Cranach px. Im Berliner Museum.

Engel beten den Heiland am Kreuze an.

G. Edelinck sc. nach le Brun.

G. Reni px. In S. Trinità de' Pellegrini zu Rom, gest. von Dorigny, R. v. Audenaerde.

Engel fangen das Blut aus den Wunden Christi auf.

A. Dürer fec. Holzsch. B. 58.

J. Bonasone sc. B. 42 nach Tizian.

Engel betrauern den todten Heiland.

Eg. Rousselet sc. nach le Brun.

N. Pitau sc. nach L. Carracci.

H. Goltzius sc. B. 273 nach B. Spranger.

J. Müller sc. B. 57 nach H. Carracci (nicht Ligozzi).

R. Sadeler sc. nach Johann v. Achen.

Engel halten Christum im Grabe.

S. Christus.

Ein Engel verkündigt den frommen Frauen die Auferstehung Christi.

L. Roullet sc. nach Han. Carracci.

Patas sc. nach Berettino. (Im Gall.-Werk von Wicar.)

Theilnahme der Engel am Kampfe und Siege der Heiligen.

Sie warnen dieselben vor Gefahren und Versuchungen, retten sie aus Noth und Verfolgung, trösten und stärken sie in Leiden und Martern und begleiten sie nach erkämpftem Siege zum Himmel. Beispiele davon ziehen sich durch die ganze Iconographie der Heiligen. In der zweiten Abtheilung werden wir beim Worte: Engel die angeführten Heiligen registriren.

Die Beziehungen der Engel zu Maria, ihrer Königin, haben wir bereits im Artikel derselben besprochen und verweisen wir dahin.

Theilnahme der Engel an den Schicksalen der einzelnen Christen.

Engel schützen den Christen in leiblicher und geistiger Noth (in Gefahren und Versuchungen). Daher ihr Name: Schutzengel. Allgemeines Attribut ist ein Kind, das sie vor einem Abgrund bewahren, über einen gefährlichen Weg führen oder vor Raubthieren schützen.

H. Imperiali sc. B. 4.

N. G. Dupuis sc. nach D. Feti.

J. F. Boisselat sc. nach H. Decaisne.

E. A. Gibelin sc. Baudic. 2.

Fr. Dinger sc. nach Th. Mintrop. Düsseld. Heiligenbilder.

Die Art ihres Amtes Erwachsenen gegenüber ist auf einer Folge von vier Blättern von **Raph. Guidi** folgenderweise bezeichnet: Der Engel unterrichtet einen jungen Mann — docet et illuminat; er leitet ihn zur Andacht an — ad bonum inducit; er tröstet eine Sterbende — in agone defendit; er nimmt die Seele der Verstorbenen (in der Gestalt eines Kindes) auf — in vitam aeternam perducit.

Engelbert.
Erzbischof von Cöln. † 1225. 7. Nov.

Im bischöflichen Kleide, mit Pedum, Buch und Insignien des Churfürsten.

C. Classen px. F. Massau sc. Düsseld. Heiligenbilder.

Engelmarus.
Einsiedler in Baiern. Martyr. 12. Jahrh. 11. Jan.

Er wird erschlagen.

Seine Todesart.

Stich in Bavaria Sancta.

Engelmund.
Priester in Velsen, Holland. 8. Jahrh. 21. Juni.

Im Kleid des Benedictinerordens.

Dem er als Missionär angehörte.

J. Matham sc. B. 13.

Mit Pilgerstab und Buch.

Als Missionär.

C. Visscher sc. nach P. Soutman. (Die Heiligen von Flandern.

Er lässt mit seinem Stabe eine Quelle hervorspringen.

Aus dem Leben.

J. Mathieu sc.

Stich in Batavia sacra.

Eobanus.

Engländer, Gefährte des h. Bonifaz, Bischof von Utrecht, Martyr. 5. März.

Er wird geköpft.

Seine Todesart.

J. B. de Cavalleriis sc. nach Circignano in Eccl. angl. trophaea.

Ephesus (Ephysius).

Mart. in Sardinien. 4. Jahrh. 15. Jan.

Er erhält vom Engel eine Fahne, um gegen die Heiden zu kämpfen.

Spinello Aretino px. Freske im Campo Santo zu Pisa. Stich in Rossi: Peintures.

Er kniet unbeschädigt im feurigen Ofen.

Martyrium.

Spinello Aretino px. Ebenda. Stich in Rossi: Peintures.

Ephrem (Syrus).

Einsiedler in Mesopotamien, † 378. 1. Febr.

Scenen aus seinem Leben.

Anachoretenleben und Begräbniss, Bild eines griech. Künstlers des 11. Jahrhunderts im Vatic. Museum. Abbild. bei Agincourt.

Ein Buch schreibend.

Als Kirchenlehrer.

B. à Bolswert sc. nach A. Bloemaert. (Sacra Eremus.)

Eine feurige Säule erscheint ihm am Himmel.

J. Sadeler sc. nach M. Vos. (Solitudo.)

Epimachus und Alexander.

Mart. † 250. 12. Dec.

Mit Rasirmessern getödtet.

Ihr Martyrium.

Epiphanius.
Anachoret, dann Bischof. † 496. 21. Jan.

Eine Hacke und eine dem Felsen entspringende Quelle.

Mit der ersten hat er die Quelle geöffnet.

J. Sadeler sc. nach M. Vos. (Solitudo).

Er treibt einem Weibe den Teufel aus.

Aus dem Leben.

J. Callot sc.

Erasmus.
Bisch. von Antiochien, Mart. † 303. 2. Juni.

Mit einer Winde werden ihm die Eingeweide herausgezogen.

Seine Todesart.

Holzsch. c. 1490. T. O. Weigel's Samml. No. 223. Abbild. im Werke.

Holzsch. in Vita Sanctor. 1488 und im Kirchenkal. 1561.

Luc. Kranach f. (Holzsch.) B. 59.

G. M. Mittelli sc. nach N. Poussin. B. 25.

Alte Sculptur in Marmor im Museum zu Norwich.

P. Valentini px. Im Vatican.

Nic. Poussin px. Umriss bei Didot. Gest. von G. M. Mittelli.

Mit einer Winde.

M. Grunewald px.

Bild in der Michaelskirche zu Norwich.

Erendruda.
Erste Aebtissin in Salzburg, Baiern. Nichte des h. Rupertus. † um 699. 30. Juni.

Ein Crucifix und ein flammendes Herz erscheint ihr.

Ihre feurige Andacht zum leidenden Heiland versinnbildet.

Burgmair f. Holzschnitt.

Sie wäscht Arme.

Ein Werk der Barmherzigkeit.

Stich in Bavaria Sancta.

Erhard (Erard).
Bischof von Regensburg, Mart. 8. Jahrh. 8. Jan.

Er heilt als Einsiedler Kranke.

Aus seinem Leben.

Stich in Bavaria Sancta.

Ermenilda (Ermelindis).

Königstochter, Aebtissin in Elien. † um 700. 14. Febr.

Sie betet in der Einsamkeit.

Schouten sc. nach Bloomert, in: Les Vies des SS. Péres.

Zwei Ritter liegen zu ihren Füssen.

Burgmair fec. Holzschnitt.

Erminold.

Abt von Prüfling. 1114—1121. 6. Jan.

Er wehret dem Kaiser Heinrich den Eingang in's Kloster, weil derselbe im Bann war.

Stich in Bavaria Sancta.

Erpho.

17. Bischof von Münster. 1097. 9. Nov.

Bischöfliches Kleid über der Rüstung.

Engel bekränzen ihn.

W. Hollar sc. P. 161. Das Bl. kommt im späteren Abdruck vor in: Alb. Borchorst, Vita S. Erphonis. Münster 1649.

Ethelbert s. Adelbert.

Etheldreda (Edeltrude, Audry).

Königstochter, Aebtissin in Elien (England). † 679. 23. Juni.

Gekrönt, mit Pedum und Buch.

Auf ihre weltliche Abstammung und geistliche Würde hindeutend.

Gemälde in der Andreaskirche zu Burlingham, und in anderen engl. Kirchen.

Vor einem offenen Grabe stehend; um sich an die Hinfälligkeit der Welt zu erinnern.

Burgmair fec. Holzschnitt.

Der Teufel flieht vor ihr.

Aus dem Leben.

Anonymer alter Stich.

Etto.

Bischof, † um 650. 10. Juli.

Ochsen um ihn.

Die Bedeutung unbekannt.

Eucharius.
Bischof von Utrecht, † 450. 27. Febr.

Vor einem offenen Grabe stehend.

J. Callot sc.

Eugenia.
Einsiedlerin, Aebtissin in Hohenburg. 8. Jahrh. 16. Sept.

Mit Brod und Wasserkrug.

Sie betet in der Höhle.

B. à Bolswert sc. nach A. Bloemaert. (Sacra Eremus.)

Als Mönch, ihrem Vater die Brust zeigend, um ihre Unschuld zu beweisen und sich als dessen Tochter zu erkennen zu geben.

Holzschnitt in Vita Sanctor. 1488.

Eugenius.
Bischof von Toledo, Mart. † 275. 15. Nov.

Er wird ins Meer geworfen.

Seine Todesart.

J. Callot sc.

Eulalia.
Jungfr., Mart. in Spanien. † 303. 12. Febr.

Gekreuzigt und mit spitzigen Instrumenten der Brüste grausam beraubt.

Sie litt diesen Tod als 13 jährige Jungfrau in Spanien unter Diocletian. Martyr. Rom. Baronius II.

A. Collaert sc. In Ricci: Triumphus J. Chr. crucifixi.

J. Callot sc.

Eulalius.
Einsiedler, später Bisch. von Syracus. † nach 503. 16. Febr.

Verbrennt seine Strohmatte.

Als Zeichen der Abtödtung. Vielleicht im gleichen Sinne, wie Diogenes seinen Löffel wegwarf, als er einen Knaben aus hohler Hand trinken sah.

Stich nach A. Bloemaert.

Eulampius und Eulampia.
Mart. in Nicomedien (Bithynien). 4. Jahrh. 10. Oct.

An einem Pfahl zusammen verbrannt.

Martyrium.

Eulogius.

Einsiedler von Cordova, Mart. † 859. 11. März.

Er betet in der Wüste im Schatten von Bäumen.

Sadeler sc. nach M. de Vos. (Solitude.)

Er hält ein Herz.

Anonymer Stich nach A. Bloemaert.

Euphemia.

Jungfr., Mart. † 303 in Chalcedon. 16. Sept.

Zwischen Schlangen und wilden Thieren, die ihr nicht schaden.

Mosaikbild aus dem 7. Jahrh. in S. Eufemia zu Rom. Abbild. bei Ciampini, Vetera monumenta.

Holzschnitt in: Vita Sanctor. 1488.

Mit dem Löwen.

Cantarini px. Mit anderen Heiligen. Pinacoth. von Bologna. Im Gall.-Werk von Rosaspina.

Mit Lilie und Palme, das Schwert in der Brust, der Löwe fasst sie bei der Hand.

A. Mantegna px. Cremona. Abbild. bei Agincourt.

Lebendig verbrannt.

J. Callot sc.

Euphrasia.

Mart. in Nicaea, unter Diocletian. 19. Jan.

Vom Teufel versucht.

J. Callot sc.

A. Collaert sc. (Der Teufel will sie in einen Brunnen werfen.)

Ein Soldat mit dem Schwert bei ihr.

Sie beredet ihn, sie zu enthaupten und gibt vor, ein Mittel zu besitzen, sich gegen jede Wunde zu sichern.

Euphrosyna.

Einsiedlerin, Jungfr. aus Alexandrien. † um 470. 11. Febr.

Scenen aus ihrem Leben.

E. E. Schäffer sc. nach E. Steinle. Auf einem Blatte.

Sterbend im Kleid eines Mönchs, mit offenem Busen.

> Sie lebte als Mönch und ihr Geschlecht wurde erst nach ihrem Tode entdeckt, nachdem sie lange geduldig eine Anschuldigung wegen Verführung eines Mädchens getragen hatte.

B. à Bolswert sc. nach **A.** Bloemaert. (Sacra Eremus.)

Adr. Collaert sc. nach **M.** de Vos. (Solitudo.)

Eusanius.
Priester, Martyr unter Maximian. 9. Juli.

Er verehrt knieend Maria mit dem Kinde.

> Stich in: G. Coppola Relazione — del glorioso sacerdote e martire S. Eusanio. Roma 1749.

Eusebius.
Priester von Rom, Mart. † 357. 11. Aug.

Die Zunge wurde ihm herausgerissen.

> Trotzdem konnte er weiter reden.

Eusebius.
Bischof von Samosata in Syrien, † 379. 22. Juni.

Als Anachoret, betend, mit schweren Ketten beladen.

> Seine frühere Lebensweise.
>
> Stich nach Bloemaert in: Les Vies des SS. Pères.

Mit einem Ziegel von einem arianischen Weibe tödtlich am Kopf verwundet.

> Seine Todesart.
>
> Holzschnitt in Vita Sanctor. 1488.

J. Callot sc.

Eustachius.
Mart., römischer Feldherr. † 119. 20. Sept.

Darstellungen aus seinem Leben.

> Einige Lithographien. Eustachiusz. V. Lesznie 1838.
>
> Gemälde in der Cathedrale von Chartres.
>
> Glasbilder in der Kirche Saint-Patrice zu Rouen.
>
> Drei Basreliefs des 14. Jahrh. Abbild. in: Alex. Lenoir, Atlas des Arts en France.

Ein Hirsch mit dem Kreuz zwischen dem Geweih.

Dieser erschien ihm auf Monte Vulturello; durch die Erscheinung wurde E. bekehrt. Wie Paulus, rief er aus: Herr, was soll ich thun?

Meister mit dem Würfel nach Fr. Zuccaro. B. 22.

Breughel px. Madrider Gallerie.

Dominichino px.

El. Sirani sc. B. 10.

Alter Holzschnitt im Passional 1502, und in Vita Sanctor. 1488.

Alter Stich in: A. Kircher, Historia Eustachio-Mariana. Romae 1665. (Auf der Erde, wo E. kniet, ist der Umriss eines Kirchenplanes angedeutet.)

Verbrannt in einem ehernen Stier.

Todesart.

J. Callot sc.

Eustasius.

Abbas Luxoviensis, Schüler des h. Columban. † 625. 29. März.

Er stürzt heidnische Idole um, indem er das Christenthum verbreitet.

Stich in Bavaria Sancta.

Eustochium.

Jungfrau aus Rom, Einsiedlerin in Bethlehem. † 420. 28. Sept.

In einer Höhle, zu welcher aus der Tiefe eine Leiter führt, betend.

B. à Bolswert sc. nach A. Bloemaert. Sacra Eremus.)

Eustorgius.

Zweiter Bischof von Mailand, † 518. 6. Juni.

Im alten bischöflichen Gewande.

Statue am Grabmal des h. Petrus Martyr in der Kirche S. Eustorgio zu Mailand. Abbild. in d'Agincourt.

Euthymius.

Abt der Einsiedler, † 473. 20. Jan.

In der Einsamkeit betend.

Stich nach Bloemaert in: Les Vies des SS. Pères.

Euticius.

Priester und Martyr, † c. 555. 2. Juli.

Mit Kreuz und Todtenkopf, betend.

Ein Engel erscheint ihm.

Louis Gomier sc. in Sp. A. Pennazzi: Vita del glorioso S. Eutizio sacerdote e Martire (Soriano). Montefiascone 1721.

Eutropia.

Jungfr., Mart. in Alexandrien. 5. Jahrh. 25. Mai.

Mit einer Fackel.

Mit einer solchen wurde sie gebrannt.

Eutropius.

Bischof von Saintes in Frankreich, Mart. † 308. 30. April.

Scenen aus seinem Leben.

J. Cousin pinx. Glasbild in Saintes.

Schuhe mit Nägeln.

Diese hat man ihm zur Marter angelegt.

Ein grünender Baumstamm.

Der Pfahl, an dem er aufgehängt wurde, trieb Blätter.

Collaert sc. Triumphus J. Chr. Crucifixi.

Evangelista und Pellegrinus.

Augustiner in Verona.

Sie verehren die Madonna.

Stich in: Vita de' beati Confessori Euangelista e Pellegino di Verona.

Die vier Evangelisten.

Mathaeus, Marcus, Lucas und Johannes.

Sie bilden durch die Gleichmässigkeit ihres Amtes (Historiographie des Christenthums) wie die Apostel eine Gruppe und werden von der Kunst aller christlichen Jahrhunderte entweder vereint, oder in Folgen von Darstellungen mit ihren Attributen an Kanzeln, Taufsteinen, Glocken, Ambonen, Gewölbeschlusssteinen geschnitzt, gemeisselt oder gemalt angebracht oder von Malern und Stechern abgebildet.

Dem Mathaeus gehört als Symbol der Engel (menschliche Gestalt), dem Marcus der Löwe, dem Lucas der Stier, dem Johannes der Adler. Diese vier Symbole sind prophetisch von Ezechiel (1, 10) angedeutet.

Jüdische Lehrer bezogen diese Symbole auf die vier Erzengel, Michael, Raphael, Gabriel und Uriel. Da aber auch Johannes selbst in seiner Offenbarung (4, 7, diese vier Gebilde beschreibt, so haben schon im tiefen Alterthum die orientalischen Christen die Symbole auf die vier Evangelienschreiber übertragen und seit dem 5. christl. Jahrhundert sich auch die Kunst derselben bemächtigt.

Auch liegt eine Erklärung vor, warum gerade dem Marcus der Löwe und kein anderes Symbol angehört u. s. w. Die jedem Evangelisten zustehenden Symbole erklären sich nämlich aus dem Jnhalt des ersten Capitels eines jeden Evangeliums. Mathaeus beginnt mit der Anführung der menschlichen Abstammung Christi, daher die menschliche Gestalt, die durch Hinzufügung der Flügel (die auch dem Löwen und Stier angehören) zum Engel wurde. Marcus beginnt sein Evangelium mit „der Stimme des Rufenden der Wüste", die durch den Löwen interpretirt wird; Lucas erzählt vom Priester Zacharias; das Atribut des Priesters ist das Opferthier — hier der Stier. Johannes aber fliegt wie der Adler zur Sonne und verkündet die ewige Abstammung des Logos vom Vater.

In alter Kunst und später in bloss decorativer Anwendung (bei Kanzeln, Glocken etc., kommen die Symbole allein, ohne die Personen der Evangelisten vor.

So in der griechischen Kirche der Tetramorph, in dem die vier Symbole zu einer mystischen Gestalt zusammengeschmolzen sind. (Animal Ecclesiae.) Abbild. in Jameson.

Die Symbole ohne die Evangelisten.

Raphael px. Sie umgeben den Propheten Ezechiel, deuten also den Ursprung ihrer Entstehung an. Gest. von F. Poilly, Anderloni, Longhi, Eichens, Mogalli.

Am Portal der Kirche zu Mantua.

Hier wird auch die Bemerkung am Platze sein, dass diese Sinnbilder nicht allein die Evangelisten, sondern auch Christum selbst bezeichnen. In einem Pariser Evangelienbuch vom J. 1379 stehen folgende Verse:

> Quatour haec Dominum signant animalia Christum:
> Est homo nascendo, vitulusque sacer moriendo,
> Et leo surgendo, coelos aquilaque petendo;
> Nec minus hos scribas animalia et ipsa figurant.

Zuweilen werden den Gestalten der Evangelisten die Köpfe ihrer betreffenden Symbole gegeben.

Fra Angelico da Fiesole px. Florent. Academie.

Alte Bilder in der Kirche S. Steffano zu Bologna.

In Folgen von Darstellungen mit den Atributen.

Meister E. S. vom J. 1466. B. 63—66. 67—70.

Sculpturen des 14. Jahrh. im Campo santo zu Pisa: gest. von Lasinio jun. im Werk: Raccolta di sarcofagi.

Miniaturen in verschiedenen französischen Evangeliarien des 9. und 10. Jahrhunderts.

Schrotbl. c. 1470. T. O. Weigel's Samml. No. 386.

Holzchn. im Kirchenkalender 1561.

Lucas van Leyden sc.

H. S. Beham sc.

Aldegrever sc.

G. Pencz sc.

J. B. Barbé sc.

Weitere Nachweisungen s. Guenebault: Dictionnaire, Artikel: Évangélistes.

Die Iconographie der einzelnen Evangelisten siehe bei diesen im Alphabet.

Evagrius.
Anachoret.

In der Einsiedlerhütte schreibend und studirend.

Sadeler sc. nach M. de Vos. (Solitudo.)

Evelasius s. Fausta.

Evortius (Evurtius).
Bischof von Orleans, † um 340. 7. Sept.

Durch die Erscheinung einer Taube zum Bischof ausgerufen.

Unter der Taube glaubte man die Intervention des h. Geistes zu sehen.

Ewald.
Priester in Sachsen, Genosse des h. Bonifaz, Mart. † 695. 3. Oct.

Den Teufel aus einem Weib austreibend.

Aus dem Leben.

Bart. de Bruyn px. Gall. Boisserée.

Mit einer Keule todt geschlagen.

artyrium.

Bart. de Bruyn px. Gall. Boisserée.

Mit einer Keule.

Altes Bild bei S. Cunibert in Cöln.

Exuperantius.
Bischof, Mart. † 4. Jahrh. 30. Dec.

Scenen aus seinem Leben.

Fresken in der Capelle seines Namens der Cathedrale von Saint-Saturnin zu Toulouse.

Ein Aspergillum haltend.

Glasbild in der Cathedrale zu Toulouse.

Er trägt seinen abgehauenen Kopf.

Wunder bei seinem Tode.

Fabian.
Papst, Mart. † 250. 20. Jan.

Mit Papierrolle.

Als Lehrer der Kirche.

Geselschap del. F. Keller sc. Düsseld. Heiligenbilder.

Eine Taube zu seiner Seite.

Eine solche bezeichnete ihn als den zu erwählenden Bischof. Euseb. VI. 29.

An einen Pfahl gebunden und mit Zangen gepeinigt.

Holzschnitt im Passional.

Fabiola.
Einsiedlerin. *)

In der Höhle betend.

B. à Bolswert sc. nach Abr. Bloemaert. (Sacra Eremus.)

Mit Anachoreten über Glaubenssachen sich unterredend.

Schouten sc. in: Les Vies des SS. Pères.

Fabius.
Martyr von Caesarea. 31. Juli.

Mit Buch und Palme.

Galestruzzi sc. B. 2. Vereint mit dem h. Andreas.

---

*) Aus den Inschriften in den Catacomben ist auch eine Fabiola der ersten christl. Aera bekannt. Card. Wiseman machte sie zur Heldin seines bekannten Werkes.

Facius.

Silberarbeiter in Cremona, † 1272. 18. Jan.

Im Atelier, an einem Reliquiarium arbeitend.

> Er weiht sein Handwerk der Kirche.

C. Gregori sc. nach Fr. Vieira. In: L. Cagliari Compendio.

Im Kerker, Kranke heilend.

> Er wurde verleumdet und eingekerkert. Vor sein Kerkerfenster brachte man Kranke, die er heilte.

C. Gregori sc. nach Fr. Vieira.

Famianus.

Cistercienser, † 1150. 8. Aug.

Die h. Peter und Paul erscheinen ihm.

> Aus der Legende.

P. A. de Pietri sc.

Abbildung seines unverwest gefundenen Leichnams in: S. A. Penazzi, Vita del glorioso S. Famiano. Orvieto 1723.

Fara (Burgundofara).

Aebtissin, † 657. 3. April.

Eine Kornähre.

E. Rabel sc.

Fausta.

Jungfrau, Mart. 2. Jahrh. 4. Jan.

Ein Kessel.

> Sie wurde unter Maximin in einem Kessel voll siedenden Bleies gemartert.

J. Callot sc.

Fausta und Evelasius.

Mart. im Hellespont um 305. 20. Sept.

Fausta hängend unterrichtet Evelasium im Glauben.

> Fausta, eine dreizehnjährige Christin, wird ihres Glaubens wegen vom heidnischen Priester Evelasius der Marter preisgegeben. Als er ihre Standhaftigkeit sieht, fühlt er sich vom christlichen Glauben überwunden, nimmt Unterricht von der jungen Glaubensheldin und stirbt mit ihr den Tod der Martyrer.

Abbildung in: L'invocation des Saints.

Faustinus und Jovita.
Geschwister, der erste Priester, der zweite Diacon. Mart. zu Brescia. † 120. 15. Febr.

Ein Engel rettet sie aus dem Wasser.

J. Callot sc.

Sie theilen zur Nachtzeit das Abendmahl aus.

L. Bassano px. In S. Afra zu Brescia.

Sie vertheidigen die Stadt Brescia gegen die Feinde (1439).

Grazio Cossale px. in Brescia.

Abbildung in: Vita degli Santi Faustino e Giovita von Bern. Faino.
Brescia 1670.

Faustinus und Simplicius.
Mart. unter Diocletian. 29. Juli.

Eine Fahne.

In den Schildern drei Lilienstengel. (Das Simpliciuswappen,
als Patrone der Fuldaer Bruderschaft des Simpliciusordens.)

Ein Engel tröstet sie.

Sie liegen im Kerker gebunden.

Abbildung in: L'invocation des Saints.

Faustus.
Martyr in Cordova, † 312. 13. Oct.

Gekreuzigt und mit Pfeilen durchbohrt.

Unter Decius. Martyrol. Rom.

A. Collaert sc. In Ricci: Triumphus J. Chr. crucifixi.

Febronia.
Jungfrau, Mart. am 301. 25. Juni.

Füsse und Hände weit ausgestreckt und nackt über das
Feuer gehalten, dann gekreuzigt und mit scharfen Eisen zerfleischt.

So starb sie in Sibapolis (Assyrien) unter Diocletian. Martyr. Rom.

A. Collaert sc. In Ricci: Triumphus J. Chr. crucifixi.

Felician.
Bischof v. Foligno und Mart. unter Decius. 24. Jan.

Als Bischof, Hände und Füsse mit Hacken durchbohrt.

Sein Martyrium.

Holzschnitt in L. Jacobilli: Leben der Heiligen von Fuligno. 1626.

Felician s. Primus.

Felicitas.

Mit ihren sieben Söhnen. Mart. † 160. 23. Nov.

Sie stellt ihre Söhne unter den Schutz der Madonna mit dem Kinde.

Garbieri px. In S. Maurizio zu Mantua.

Sie steht mit ihren Söhnen vor dem Prätor.

Abbildung in: L'invocation des Saints.

Im Kessel über dem Feuer gemartert.

Marter derselben.

M. Anton Raimondi sc. nach Raphael, B. 117. (Das Bild war in der Villa Magliana.)

Ihre sieben Söhne werden enthauptet.

Eine christliche Niobe, oder besser Maccabäermutter.

Thronend, mit Evangelium und Palme, umgeben von ihren Söhnen, die auch Palmen tragen.

Neri de' Bicci (1476) px. In S. Felicità zu Florenz. Abbildung in Jameson.

Felicitas und Perpetua.

Jungfr., Mart. aus Afrika, † 203. 7. März.

Eine wüthende Kuh.

Dieser wurden sie im Amphitheater vorgeworfen.

J. B. de Cavalleriis sc. in Ecclesiae milit. triumphi.

Sie küssen sich.

Diess geschah in dem Augenblicke, in welchem sie enthauptet wurden.

Felix und Fortunat.

Röm. Ritter, Mart. † 296. 11. Juni.

In Ritterkleidung mit Palmen.

Sie litten den Martertod zu Aquileja.

G. Lago sc. in Seb. Soldati: Storia de' s. fratelli martiri Vicentini Felice e Fortunato. Venez. 1523.

Felix.

Martyr unter Diocletian um 301. 1. Aug.

An ein Bett gefesselt; ein Engel bringt ihm die Krone.

J. Callot sc.

Felix.
Bischof von Pisa, † 542. 1. Sept.

Kinder tödten ihn mit Griffeln.

Felix von Nola.
Priester, Mart. † nach 312. 14. Jan.

In einer Höhle, deren Eingang von einer Spinne mit dem Netz gedeckt ist.

So blieb er seinen Verfolgern verborgen.

Mit einem Topf.

Er musste im Gefängniss auf spitzen Scherben liegen.

Felix und Adauctus s. Adauctus.

Felix und Nabor s. Nabor.

Felix.
Diacon von Sevilla in Spanien, Mart. 2. Mai.

Ueber Wolken, die Stadt Sevilla segnend.

> Luc. Ciamberlani sc. in Th. Donnola de Ispallo: de loco Martyrii S. Felicis. Venet. 1620

Felix von Valois.
Stifter der Trinitarier, † 1212. 20. Nov.

Darstellungen aus seinem Leben.

> van Thulden px. Wandgemälde im Convent S. Mathurin zu Paris.

> van Thulden sc. 21 Bl. in: Revelatio Ordinis SS. Trinitatis. Paris 1633.

Ein Hirsch mit dem Crucifix zwischen dem Geweihe.

> Durch diese Erscheinung wurde er bekehrt.

> Gomez px.

> Erasm. Quellinus px.

Die Dreieinigkeit gibt ihm ein Kreuz auf die Brust.

> Mit Bezug auf das Ordenszeichen. Der Zweck des Ordens (mit Johann de Matha zugleich gestiftet) war Befreiung von Gefangenen aus der Hand der Ungläubigen.

Eine gebrochene Kette in seiner Hand.

> Aehnliche Hindeutung.

> Giov. Cosmata fec. Mosaik (in Rom?..

Mit einer Fahne; neben ihm ein befreiter Sclave. Auf der Fahne ist das Wappen von Valois.

Giac. Calendrucci px.

Felix de Cantalicio.
Kapuciner, † 1586. 18. Mai.

Das Jesuskind gibt ihm ein Brod in seinen Quersack.

Murillo px. Sevilla. Abbildung bei Jameson.

Mit einem Sack, darauf steht: Deo gratias.

Er sagte stets mit diesen Worten seinen Dank, ob man ihm Gutes oder Böses erwies.

Abbildung in Ribadeneira.

Abbildung in F. Ratte: Bruder Deo-gratias oder Leben des h. Felix von Cantalizio. Paderb. 1866.

Ferdinand III.
König von Castilien, † 1252. 30. Mai.

Scenen aus seinem Leben.

Leben der Heiligen. Leipzig bei Meline.

Mit dem Kreuze auf der Brust, Krone und Schwert.

Murillo px. Sevilla.

Zurbaran px. Louvre.

Er führt ein Madonnenbild in Procession in eine Stadt ein.

Abbildung in Ribadeneira.

Ferdinand.
Sohn Johann's I. von Portugal, † 1443. 5. Juni.

Als Stallknecht.

Diesen Dienst musste er einem Türken leisten.

Abbildung in Ribadeneira.

Ferreolus.
Herzog und Martyr, † um 304. 18. Sept.

Mit Nadeln und einer Geissel.

Marterwerkzeuge.

Burgmair fec. Holzschnitt.

Ferreolus.

Priester, Martyr in Burgund, † vor 217. 16. Juni.

Ein Galgen.

Er wollte sich für einen Verbrecher hängen lassen.

Beladen mit schweren Ketten.

Marter.

J. Callot sc.

Fiacrius.*)

Eremit in Breuil bei Meaux in Frankreich. 7. Jahrh. 30. Aug.

Einen Garten bebauend.

Er zog mit seinem Stabe Furchen wie mit einer Pflugschaar.

J. Callot sc.

Darstellung in: L'invocation des Saints

Schouten sc. in: Les Vies des SS. - Pères.

In der Einöde betend.

Hollar sc. P. 162.

Fidelis von Sigmaringen.

Kapuciner, Martyr in Graubünden, † 622. 24. März.

Er wird von Soldaten niedergestochen.

Seine Todesart durch die Calvinisten; sein weltlicher Name war Marcus; er war früher Advocat.

P. Campana sc. nach L. Stern.

M. Sorello sc. nach S. Conca.

Abbildung in: Galerie des Saints d'Alsace.

Fides.

Jungfr., Mart. in Aquitanien um 286. 6. Oct.

Ohne Hände in einem Bett liegend.

Die Hände wurden ihr abgeschnitten.

Bild in der Cathedrale zu Winchester.

Fides Spes und Charitas s. Sophia.

---

*) Bekanntlich erhielten Miethkutschen von diesem Heiligen dadurch ihren Namen, dass solche Gefährte in Paris bei der Kirche dieses Heiligen ums Geld zu miethen waren.

Filomena.

Römische Jungfrau und Martyr. 5. Juli.

Engel bringen ihr Lilien.

Ihre Ueberreste wurden 1802 in der Catacombe der h. Priscilla mit der Aufschrift gefunden. Dass sie unter Diocletian den Martyrtod wegen heldenmüthiger Vertheidigung ihrer Unschuld litt, ist nicht historisch begründet, sondern bezieht sich auf eine Vision, die ein Priester gehabt haben soll.

Sabatelli px. in ihrer Capelle in S. Francesco zu Pisa.

Führich px.

Amaury Duval px. in der Kirche Saint-Merry zu Paris.

Stich in G. de Povéda: Memorie intorno al Martirio e culto della Virgine Santa Filomena. Fuligno 1833.

Stich in P. G. Cancelotti: Vita di S. Severino etc. Roma 1642.

Fina.

Jungfrau in Etrurien, † 1253. 12. März.

Sie heilt ihre kranke Amme.

Wunder aus ihrem Leben.

Seb. Mainardi px. in der kleinen Capelle derselben in der Cathedrale zu San Gemignano.

Firminus.

Erster Bischof von Amiens, Mart. † um 370. 1. Sept.

Darstellungen aus seinem Leben.

Basreliefs im äusseren Chore der Cathedrale von Amiens. 15. Jahrh. Abbild. in Taylor & Cailleux: Voyages pitt. dans l'ancienne France.

Als Pilger.

Abbildung in: L'invocation des Saints.

Als Bischof, segnend.

Statue am grossen Portal der Notre-Damekirche zu Amiens. Abbild. in Ch. Salmon: Histoire de St. Firmin. Amiens 1861.

Er tauft die ersten Christen.

Lécurieux px. In Notre-Dame zu Amiens.

Im Kerker knieend.

Sanson sc. Im Brevier von Fr. Faure, 1667.

Er wird enthauptet.

Noblin sc. im Missal von Fr. Faure.

Er trägt seinen abgeschlagenen Kopf in der Hand.

Glasbild (13. Jahrh.) in der Cathedrale zu Amiens.

Mit einem Schwert.

Er wurde enthauptet.

Burgmair fec. Holzsch.

Ein Einhorn zu seinen Füssen.

Statue am Portal von Saint-Riquier.

Firmus, Proculus und Rusticus.

Ersterer Bischof, die anderen röm. Krieger. Mart. † um 304. 9. Aug.

Der Erstere steht in bischöflichem Kleide zwischen den beiden Kriegern.

Sie litten in Gemeinschaft den Martertod zu Verona.

A. Baratti sc. nach Fr. Capella in A. T. Volpi: Dell' identità de' sacri corpi de Santi Fermo, Rustico e Procolo. Milano 1761.

Stich in C. G. Finazzi: Atti dei S. Martiri Fermo e Rustico. Berg. 1852.

Flavia s. Placidus.

Florentius und Vindemialis.

Bischöfe in Corsica. 5. Jahrh. 2. Mai.

Ein Drache.

Sie tödten ihn mit dem Zeichen des h. Kreuzes.

Florentius.

Einsiedler, dann Bischof von Strassburg. 7. Jahrh. 7. Nov.

Waldthiere neben ihm.

Diese fürchteten sich nicht vor ihm, indem er sie segnete.

J. Callot sc.

Schouten sc. in: Les Vies des SS. Pères.

Bär und Schafe.

Der Bär hütete ihm die Schafe, da er noch Einsiedler war.

Schouten sc. in: Les Vies des SS. Pères.

Er macht eine Königstochter sehend.

Aus dem Leben.

Betend; im Grunde steht eine Jungfrau, vom himmlischen Licht erleuchtet.

Abbildung in: Galerie des Saints d'Alsace.

Florian.

Röm. Soldat, Mart. in Lorch (Oesterreich), † 304. 4. Mai.

Mit Schwert und Palme.

Auf einem Altarbilde von **Girol. da Santa Croce** in S. Giuliano zu Venedig. Umriss in Zanotto. Pinac. Ven.

A. Dürer fec. Holzsch. B. 116.

Mit einem Wasserkübel ein brennendes Haus begiessend.

Als Patron gegen Feuersgefahr.

Unzähligemal auf Häusern in Böhmen, Tyrol etc.

H. Guttlein sc. 1689.

Stich in: Heiligenbilder von Bohmann in Prag.

Mit einem Stein um den Hals.

So wurde er von der Brücke in den Fluss Ems geworfen.

Murillo px. Eremitage zu St. Petersburg.

Stich in Bavaria Sancta.

Fortunatus.

Mart. unter Diocletian. 23. Aug.

Eine Scheere.

Marterwerkzeug.

Fortunatus.

Bischof in Umbrien, † 537. 14. Oct.

Er heilt einen Kranken.

Wunder aus seinem Leben.

Abbildung in: L'invocation des Saints.

Fortunat s. Felix u. Fortunat.

Franca (Franchea).

Cisterciens. Aebtissin zu Piacenza, † 1218. 26. April.

Sie setzt auf ihrem Schleier über den Fluss.

Wunder aus ihrem Leben.

Francisca Romana.

Wittwe, Stifterin der Oblaten, † 1450. 9. März.

Vor der Monstranz, deren Strahlen ihr Herz treffen.

Andacht zum h. Sacrament.

Sie erweckt ein todtes Kind.

Dieses übergibt sie dann der Mutter

Tiarini px. Bologna.

Maria mit dem Kinde und ein Engel erscheinen ihr.

H. Wierix sc. Al. 936.

Maria zeigt ihr zerbrochene Pfeile.

Zum Beweise, dass ihr fürsprechendes Gebet erhört sei und die Pest aufhöre.

P. del Po sc. nach N. Poussin. B. 15.

G. Audran sc. nach demselben, die gleiche Composition.

Sie wird vom Schutzengel begleitet.

Dieser war stets um sie in sichtbarer Gestalt.

Kohlschein sc. nach Ittenbach. Düsseld. Verein.

F. Barbieri px. Im Vatican.

Bernini fec. Basrelief in der Crypta ihrer Kirche am Forum zu Rom.

C. Gregori sc.

Ein Engel und ein Korb mit Brod neben ihr.

F. Barbieri px. Turiner Gallerie.

Ein Engel mit einem Kind erscheint ihr.

Das Kind ist ihr verstorbener Sohn Evangelista.

Stich in Ribadeneira.

Francisca de Chantal s. Johanna Francisca.

Franciscus von Assisi (Seraphicus).

Ordensstifter. (Früher Giovanni Bernardone.) † 1226. 4. Oct.

Folgen von Darstellungen aus seinem Leben.

Achtundzwanzig Wandgemälde in der oberen Kirche zu Assisi vom J. 1308. Die älteste und vollständigste Folge, jedoch sehr ruinirt. Einige in Ottley's Specimens abgebildet.

Ghirlandajo px. 1445. In S. Trinita zu Florenz. Sechs Darstellungen.

Benedetto da Majano f. 1450. Sculpturen in S. Croce zu Florenz. Fünf Darstellungen.

Giotto px. Zehn Bilder in der Academie zu Florenz.

Holzschnitte, 50 Bl. in: Die Legend des heyligen vatters Francisci (von Bonaventura). Nürnb. 1512.

Er wälzt sich nackt zwischen Dornen. Ein Engel erscheint ihm.

> Dies that er, um die Sinnlichkeit seiner Natur abzutödten. Der Engel bedeutet göttlichen Beistand.

Ribera px. Dresden. Gest. von Pitteri.

Er hält Rosen im Gewande.

> Diese blühten aus den Dornen hervor, in denen er sich zur Abtödtung wälzte.

J. A. Podesta sc. B. 1.

R. Sadeler sc. nach P. Candid.

Christus erscheint ihm in der Glorie; um ihn zur Armuth und Selbstentsagung aufzumuntern.

Aug. Carracci sc. nach Fr. Barocci.

Er vermählt sich mit der Armuth, Keuschheit und dem Gehorsam.

> Diese erscheinen ihm in Gestalt von drei Mädchen. Legende des h. Bonaventura.

Giotto px. Assisi. Abbildung in Jameson.

Mit Kreuz und Todtenkopf.

> Schmerz- und Weltverachtung.

Cigoli p. Bild in den Uffizien zu Florenz. Henriquez sc. im Gall.-W. von Wicar.

Procaccini px. Turiner Gallerie.

Mit Kreuz und Buch in den Händen.

> **Giunta Pisano** px. In der Sacristei zu Assisi: das älteste Bild des Heiligen, fünf Jahre nach dessen Tode gemalt, und Porträt. Abbildung bei Jameson.

Er tritt über Dornen und ausgeschütteten Geldsack.

> Sittenstrenge und Verachtung des Irdischen, als ihn sein Vater enterbte. Aus jedem Dorn wuchs eine Rose.

Ittenbach inv. Forberg sc. Düsseld. Heiligenbilder.

Vor dem Sultan predigend.

> Aus dem Leben.

Ghirlandajo px. In Florenz.

Er predigt den Vögeln.

Aus dem Leben.

Giotto px. Im Louvre. Abbildung bei Jameson.

Er übergibt seinen Ordensbrüdern die Regel.

Agost. Carracci px. Bologna.

Er verehrt mit der h. Clara Christum in der Krippe.

Er stiftete die kirchliche Krippenfeier, indem er einmal das
Weihnachtsfest mit seinen Jüngern in einem Stalle beging.
Nachahmung dessen im Krippenspiel.

F. Perret sc.

Er wird über eine Wolke emporgetragen.

Entzückung während des Gebetes.

Fra Giovanni da Fiesole p. Berliner Museum.

Die Stigmatisation.

Die Wundmale Christi prägten sich seinem Körper ein, da er
in der Einsamkeit des Berges Alverno betete.

Schrotblatt c. 1430. T. O. Weigel's Sammlung No. 322.

Holzschnitt c. 1440. Ebenda No. 97.

Stich aus der Schule des **Meisters E. S.** Ebenda No. 428. Abbild. daselbst.

Giotto px. in der oberen Kirche zu Assisi; Fresco.

N. Boldrini fec. Holzsch. nach Tizian.

Luc. von Leyden sc. B. 120.

Israel van Mecken sc. B. 97.

Dürer fec. Holzsch. B. 110.

Lischka px. Schönes Altarbild bei S. Franz in Prag.

Fred. Barocci sc. B. 3. 4. Cop. von Ciamberlano.

Cam. Procaccini sc. B. 5.

Dom. Pellegrini (Tibaldi) sc. B. 4.

Aug. Carracci px. Wien, Belvedere. Auch gest. B. 68.

Cigoli px. Academie zu Florenz.

L. Vorsterman sc. nach Rubens. (Das Bild in Gent.)

Betend, in Wolken ein Kreuz.

Das Kreuz bezieht sich hier gleichfalls auf die Begebenheit
der Stigmatisation. Das Crucifix hat gewöhnlich Seraphimflügel.

Aug. Carracci p. Bild im Belvedere zu Wien. Gall.-W. von Perger.

Cigoli p. Bild. in den Uffizien zu Florenz.

Guttenberg sc. Dasselbe, im Gall.-W. von Wicar.

Entzückung über die Musik von Engeln.

Die **Extase** des Heiligen genannt.

Franz Vanni sc. Copirt von Aug. Carracci. B. 67.

Lauri px. Musée Royal. Gest. von Guttenberg.

L. Vorsterman sc. nach Seghers.

M. A. Corneille sc. R.-Dum. 23.

Maria erscheint ihm mit dem Kinde.

Cl. Mellan sc. M. 72.

L. Carracci px.

Rubens px. Museum von Lille. Abbild. in Gaz. des beaux-arts. 1872.

Christus und Maria erscheinen ihm mit vielen Engeln.

Die sogenannte Porciuncula; er betete in seiner Zelle um Begnadigung der sündhaften Menschen; da fielen Rosen vom Himmel, um die Erhörung seines Gebetes anzuzeigen.

Overbeck px. In der Kirche Maria degli Angeli bei Assisi, in der sich das Häuschen befindet, in dem der Heilige diese Vision hatte.

C. Coello px. Acad. S. Fernando zu Madrid. Gest. von F. Navarrete im Gall.-Werk.

Seine letzte Communion.

Von seinen Brüdern umgeben, kniet er auf den Stufen des Altars, wo ihm einer seines Ordens die letzte Communion reicht.

Rubens p. Das Bild, welches an Dominichino's Communion des h. Hironymus erinnert, wurde 1619 für die Minoritenkirche in Antwerpen (Convent des Récollets) gemalt, jetzt im Museum daselbst. Gest. von Henry Snyers.

Engel zeigen ihm im Tode die Leidenswerkzeuge Christi.

Basan sc. nach M. A. da Caravaggio.

Der Papst betrachtet seine Wundmale.

Gregor IX. hatte Zweifel über die Stigmatisation vor der Heiligsprechung. Da erschien ihm der Heilige und zeigte ihm die Wundmale.

Lahyre px. Musée Royal. Gest. von Forster.

In einer Glorie von Seraphim.

Er hat ausgebreitete Hände, oben schweben drei Engel (die drei Gelübde der Armuth, Keuschheit und des Gehorsams versinnbildlichend), unter seinen Füssen die Laster. Die Seraphim deuten auf seinen Beinamen: der Seraphische hin.

Sassetta px. 1444.　Abbild. in: Rossini Storia.

Franciscus de Paula.
Stifter der Minimen, † 1507. 2. April.

Scenen aus seinem Leben.

Leben der Heiligen. Leipzig.

Er kniet vor dem Altar, auf welchem das Sacrament in Strahlenglorie sich befindet.

Cl. Mellan sc. M. 74.

K. Audran sc. nach S. Vovet.

Knieend über Wolken, Engel zeigen ihm in der Glorie das Wort CHARITAS.

Cl. Mellan sc. nach S. Vovet. M. 76.

Callot sc.

Vor dem Crucifix betend; in der Glorie erscheint das Wort CHARITAS.

S. à Bolswert sc.

Mit einem Stabe, darauf oben das Wort Charitas in Strahlen angebracht ist.

Heiligenbilder, Prag, bei Bohmann.

Er betet die Dreieinigkeit an.

M. Lasne sc.

Er segelt auf seinem Mantel über das Wasser.

Wunder aus seinem Leben.

Abbild. in: L'invocation des Saints.

Mit Geissel, Buch und Todtenkopf.

Strenge Lebensweise, Weltverachtung.

Schouten sc. in: Les Vies des SS. Pères.

Er stellt der Madonna mit dem Kinde ein kleines Kind, das vom Schutzengel begleitet wird, vor.

Vielleicht ein Votivbild?

Solimena px. Dresden.

Eine Glorie von Engeln.

Während seines Gebetes öffnet sich der Himmel vor ihm.

M. Ardell sc. nach Murillo.

Maria erscheint ihm und reicht ihm das Christkind dar.

C. Visscher sc. nach Rubens.

Franciscus Xaverius.
Jesuit, † 1552. 3. Dec.

Mit Rochette und Stola, vom Himmel erleuchtet.

Als Prediger.

Bolswert sc. nach Rubens.

Er heilt Kranke und erweckt Todte.

Rubens p. Hauptbild, früher in der Jesuitenkirche zu Antwerpen, jetzt im Belvedere zu Wien. Gest. von Marinus und Blaschke.

N. Poussin px. Louvre. Umriss bei Didot.

Er verehrt Maria mit dem Kinde.

Diese erschienen ihm, um ihn gegen Versuchung zu stärken.

S. à Bolswert sc. nach Seghers.

Als Pilger.

Bezeichnung seines Missionsamtes.

C. Dolce px. Galerie Pitti zu Florenz.

Er tauft Indianer.

Aus dem Leben.

Luc. Giordano px. In S. Francesco Saverio zu Neapel.

Er erweckt die todte Tochter eines Japanesen.

Aus dem Leben.

Nic. Poussin px. Louvre. St. Gantrel sc.

Er wird im Tode von Engeln getröstet.

F. Poilly sc.

C. Maratti px. Rom, in der Kirche al Gesù.

G. B. Gauli px. Im Novitiatshaus der Jesuiten zu Rom. (S. Andrea in Monte Cavallo.) Gest. v. B. Farjat.

Caylus sc. nach L. Gimignani. Bei Crozat.

Mit einer Lilie.

J. Callot sc.

Er trägt zwei Fackeln, indem er vom Himmel herabsteigt.

Sadeler sc.

Mit einem Kreuze.

> Als ihm dieses ins Meer gefallen war, brachte es ihm ein Seekrebs zurück.

Chereau sc. nach le Brun.

Aus seiner Brust steigen Flammen empor.

> Seine Gottesliebe darstellend.

F. Ludy sc. nach E. Steinle. Düsseld. Verein.

Franciscus Borgia.
Jesuitengeneral. † 1572. 10. Oct.

Folge von Darstellungen aus seinem Leben.

Goya px. Cathedrale von Valencia.

Vor der Leiche der Kaiserin.

> Der Anblick der durch Verwesung zerstörten Schönheit bewog ihn, das Hofleben zu verlassen und sich dem Ignatius anzuschliessen.

Abbildung in Ribadeneira.

Vor dem h. Sacrament knieend.

> Besondere Andacht für dasselbe.

Artois px. Im Belvedere zu Wien.

B. de Balen sc. nach Fr. Bruna. (Alle fünf von Clemens X. canon. Heiligen.)

S. à Bolswert sc.

Franciscus Solanus.
Minorit, Missionär in Lima, † 1610. 24. Juli.

Convertirte Indianer um ihn.

> Seine Missionsthätigkeit anzeigend.

Abbildung in Ribadeneira.

Franciscus Regis.
Jesuit. 24. Mai.

Mit Stöcken geschlagen.

> Diess thaten junge Leute, weil er ihnen eine Dirne entführte, um sie zu bekehren und ihnen die Gelegenheit zur Sünde zu entziehen.

Abbildung in Ribadeneira.

Franciscus de Sales.
Bischof von Genf, † 1622. 29. Jan.

Scenen aus seinem Leben.

Leben der Heiligen. Leipzig.

Mit dem Kreuze in der Hand, predigend.

Stich in Ribadeneira.

J. Cameron sc.

Schreibend.

Auf dem Buche steht: Philothea. Sein bekanntes Werk.

L. Heitland sc. nach P. Molitor. Düsseld. Verein.

Ein durchbohrtes dorngekröntes Herz vor ihm.

Seine feurige Gottesliebe bedeutend.

C. Maratti px. In der Oratorianerkirche zu Forli.

Franciscus Carraccioli.
Neapolitaner, Stifter der regul. Cleriker. 17. Jahrh.

Mit einem Pfeil in der Brust, aus welcher eine Flamme hervorbricht.

Die Flamme bedeutet seinen Eifer für Gottes Sache.

J. A. Salvator Carmona sc. nach R. Bayen.

Frediano s. Frigdianus.

Fremundus.
Königssohn in England, Einsiedler und Martyr. 11. Mai.

Er wird enthauptet.

Seine Todesart.

J. B. de Cavalleriis sc. nach Circeignano. In: Eccl. anglic. trophaea.

Friardus.
Eremit in Nantes. 6. Jahrh. 1. Aug.

Er betet in der Wüste auf der Erde liegend.

J. Sadeler sc. nach M. de Vos. (Solitudo.)

Schouten sc. in: Les Vies de SS. Pères.

Fridesvida.
Jungfrau. 8. Jahrh. 19. Oct.

Kreuz und Buch.

Bild im Magd.-College zu Oxford.

Fridolin.

Abt zu Seckingen. 10. Jahrh. 6. März.

Er predigt.

Als Apostel des Elsasses.

Abbildung in: Galerie des Saints d'Alsace.

Ein Todter steht aus dem Grabe auf.

Er erweckte ihn, damit er seine Unschuld bezeuge.

Burgmair f. Holzschnitt.

Friedrich.

Bischof von Utrecht. Apostel von Zeeland, Mart. † 838. 18. Juli.

Von zwei Meuchelmördern erstochen.

Sein Martyrium.

J. Callot sc.

Mit dem Schwerte in der Brust.

Stich in Batavia sacra.

C. Visscher sc. nach P. Soutman. Die H. von Flandern.

Zwei Schwerter und Palme.

Martyrium. Auf Anstiften der Königin Judith ermordet, weil er gegen ihren sündhaften Lebenswandel geeifert hatte.

E. Rittinghaus sc. nach Settegast. Düsseld. Verein.

Friedrich.

Abt von Einsiedeln.

Mit einer Kette.

L. Kilian sc. auf dem Titelblatt zu: Christ. Hartmann Annales Heremi Deiparae Matris Monasterii in Helvetia. Frib. Brisg. 1612.

Frigdianus (Fredianus).

Mönch von Irland, Bischof von Lucca, 6. Jahrh. 18. März.

Er rettet die Stadt Lucca vor Ueberschwemmung.

Er leitete nämlich den austretenden Fluss Serchio mit einer einfachen Harke nach dem Meere.

Francia px. In S. Frediano zu Lucca.

Fronton.

Einsiedler-Abt in Egypten. 2. Jahrh. 14. April.

In der Wüste betend.

B. à Bolswert sc. nach A. Bloemaert. (Sacra Eremus.)

Fructuosus.
Bischof von Tarragona, Mart. † 259. 21. Jan.

Auf dem Scheiterhaufen verbrannt.

Er sang während der Marter noch Lobeslieder.

Frumentius.
Bischof. 4. Jahrh. 27. Oct.

Der h. Athanas übergibt ihm den Bischofsstab.

Abbildung in: L'invocation des Saints.

Fulbert.
Bischof von Chartres. 10. April.

Maria reicht ihm die Brust.

Auf diese Art wurde er von einer unheilbaren Krankheit befreit.

Fulgentius.
Anachoret, dann Bischof, † um 529. 1. Jan.

In der Einsiedlerhöhle betend.

J. Sadeler sc. nach M. de Vos. (Solitudo.)

Fulradus.
Abt von Saint-Denis, † 784. 17. Febr.

Er schreibt in seiner Zelle.

Abbildung in: Galerie des Saints d'Alsace.

Fursy (Furseus).
Abt von Lagny, † um 654. 16. Jan.

Darstellungen aus seinem Leben.

Glasgemälde von **Bazin** (1867) in St. Jean de Péronne.
Nolin sc. auf einem Blatte.

Zwei Ochsenköpfe und drei Lilien.

L. **Gaultier** sc. Im Proprium der Collegiatkirche zu Lagny. 1614.
Im Wappen des Capitels von S. Fursy um 1200.

Fuscianus und Victoricus.
Martyrer, † 303. 11. Dec.

Sie scheiden aus Rom — um in Gallien das Evangelium zu predigen.

Wandbild im Chor der Colleg.-Kirche von Saint-Quentin.

13*

Sie tragen ihre abgeschlagenen Köpfe in der Hand.

Statuen am Portal von Notre-Dame zu Amiens.

S. auch Gentian.

Gabinus.
Martyr, † 296. 19. Febr.

Im Kerker, dessen Thüre offen steht.

J. Callot sc.

Gabriel s. Engel.

Gabriel Maria.
Minorit in Frankreich, † 1532. 27. Aug.

Scenen aus seinem Leben.

Barbé sc. 24 Blätter nach Diepenbeck.

Gajanus.
Martyr. 10. April.

Ein Jude will ihn enthaupten.

Dessen Hand verdorrte augenblicklich.

Stich in: Les Vies des SS. Pères.

Galaction.
Martyr. 5. Nov.

Mit herausgerissener Zunge.

Sein Martyrium.

Galla.
Röm. Wittwe, dann Nonne, † 516. 5. Oct.

Als Nonne, mit einem Bart.

Dieser verunstaltete ihr früher schönes Gesicht, um sie vor männlichen Nachstellungen zu bewahren.

Gallicanus.
Röm. Feldherr und Mart. in Egypten, † 362. 25. Juni.

Er wäscht einem Armen das Haupt.

Nächstenliebe.

Gallus.

Einsiedler, Abt, Stifter von St. Gallen, † 640. 16. Oct.

Ein Bär.

Dieser leistet ihm verschiedene Dienste aus Dankbarkeit, weil ihm der Heilige einen Dorn aus der Tatze herausgezogen hatte.

R. Sadeler sc. nach M. de Vos. (Solitudo.)

Schouten sc. in: Les Vies des SS. Pères.

Holzsch. im Passional.

Er predigt dem Volke.

Abbildung in: Galerie des Saints d'Alsace.

Gallus.

Bischof von Arvern, † 554. 1. Juli.

Er befreit die Stadt Clermont durch sein Gebet von einer Plage.

Abbildung in: L'invocation des Saints.

Gangolf s. Gengulf.

Gatian.

Bischof. 3. Jahrh. 18. Dec.

Als Einsiedler in der Höhle betend.

Abbildung in: L'invocation des Saints.

Getreidesaamen aussäend.

Beförderer des Ackerbaues.

Gaudentius.

Bischof von Rimini, † 360. 14. Oct.

Er spendet die h. Communion. — Er wird von Arianern gesteinigt.

Alte Wandgemälde im ehemaligen Münzhause zu Rimini.

Gaudentius.

Bischof von Auxerre.

Er wandelt über Schlangen.

Wunder aus seinem Leben.

G. B. Suiter sc. in J. J. Lucichius: Acta sincera Scti. Gaudentii. Venet. 1802.

Gautier s. Walther

Gebhard.
Bischof von Constanz, † 995. 27. Aug.

Mit einem Stabe, womit er einen lahmen Mann heilte.

Maria mit dem Kinde erscheint ihm.

Burgmair f. Holzschnitt.

Gelasia s. Candida.

Geminian.
Bischof von Modena, † um 910. 31. Jan.

Darstellungen aus seinem Leben.

Agostino di Firenze fec. 1442. Sculpturen im Dome zu Modena.
Abbild. in Holz in Pellegr. Rossi: Vita S. Geminiani.

Als Bischof mit Buch, segnend.

Altes Bild aus dem 14. Jahrhundert in der Cathedrale zu S. Gimignano.

Ein Spiegel.

Wenn er ihn gegen sein Herz hielt, so sah man darin das Bild einer Jungfrau, d. h. der Reinheit seines Herzens.

Ein Engel trägt das Modell der Stadt Modena.

Als Patron der Stadt gedacht.

Correggio px. Dresdener Gallerie.

Barbieri Guercino p. Auf einem Gemälde von diesem im Louvre. Umriss bei Didot II. 59.

Ant. Crespi sc.

Holzschnitt in C. Cavedoni: Cenni storici del glorioso S. Geminiano. Modena 1856.

Auf römischen Dukaten Leo's X. und Clemens' VII.

Genesius.
Früher heidnischer Schauspieler, Martyr unter Diocletian. 25. Aug.

Er wird auf der Schaubühne getauft. Engel bei ihm.

Er wollte die christliche Taufe auf der Bühne lächerlich machen; als er, gleichsam zum Spott, sich taufen liess, wurde er wunderbar bekehrt und bekannte sich sogleich öffentlich zum Christen, worauf er enthauptet wurde.

J. Callot sc.

Darstellung in: L'invocation des Saints.

Stich in Ribadeneira.

Gengulph (Gangolph)
Martyr zu Varennes in Burgund, † 760. 11. Mai.

In Ritterkleidung mit Schwert und Schild, worauf ein Kreuz.

C. Visscher sc. nach P. Soutman. Die Heiligen von Flandern.

Eine Quelle.

> Diese kaufte er sich von einem Geizigen in der Champagne, worauf diese auf sein Geheiss in seinem Garten zu Varennes zum Vorschein kam.

J. Callot sc.

Stich in Batavia sacra.

Ein Wurfspiess.

> Mit einem solchen wurde er vom Buhlen seiner ehebrecherischen Frau getödtet.

Burgmair fec. Holzschnitt.

Genovefa von Paris.
Jungfrau, † um 890. 3. Jan.

Scenen aus ihrem Leben.

Leben der Heiligen. Leipzig.

Als Hirtin, zwischen Schafen.

> Sie führte als solche ein frommes Einsiedlerleben; zuweilen ist sie mit dem Spinnrocken dargestellt.

P. Guérin p. Gal. Luxembourg.

J. J. Balechou sc. n. C. Vanloo.

J. Callot sc.

A. Blanchard sc. nach H. Schoppin in: H. Frauen. Brockhaus 1854.

Nüsser sc. nach Settegast. Düsseld. Verein.

Als Hirtin zwischen Schafen sitzend und lesend.

Cl. Mellan sc. M. 97.

Felsing sc. nach Steinbrück.

Zwischen Schafen mit zwei Schlüsseln und brennender Kerze. Im Grunde eine belagerte Stadt, der Blitz schlägt in die Belagerer.

> Auf ihr Gebet wird Paris von den Feinden befreit.

Audran sc. nach le Brun.

Mit brennendem Licht und Evangelium; auf der Schulter sitzt ein kleiner Dämon mit dem Blasebalg 'um ihr böse Gedanken einzublasen?,. In ähnlicher Bedeutung erscheint der Blasebalg beim Dämon auf dem bekannten Stich von Dürer: Die Faulheit. B. 76.

> Alte gothische Statue an der Kirche von St. Germain l'Auxerrois. Abbildung bei Jameson.

le Brun px.

Ueber Wolken und als Fürsprecherin für die Kranken.

> Sie wurde vom Pariser Volke 1120 als Patronin gegen die ansteckende Krankheit des sogenannten h. Feuers angerufen.

Doyen px.   Umriss in Didot's Annales III. 7.

Genovefa von Brabant.
Herzogin. 28. Oct.

Eine Hirschkuh.

> Sie lebte mit ihrem Kinde in einer Höhle. Ihr Gemahl Siegfried, der sie aus ungegründetem Verdacht verstossen, verfolgte auf der Jagd eine Hirschkuh und fand sie wieder.

Armytage sc. nach Wappers.

Ang. le Grand sc. nach Fr. Schall.

Gentian.
Martyr, † 303. 11. Dec.

Er übt Gastfreundschaft.

> Er empfängt die hh. Fuscius und Victoricus auf ihrer Missionsreise nach Gallien.

> Miniatur in einem Manuscript des 11. Jahrh., früher in Corbey, jetzt in Amiens. Abbild. in Rigollot: Atlas d'essai sur les arts en Picardie. Pl. 13.

Mit langem Bart und Schwert.

> Das Schwert hatte er gegen Rictiovar gezogen.

Statue am Portal von Notre-Dame zu Amiens.

Geoffroy s. Godfried.

Georg.
Ritter, Martyr in Lydda, † 303. 23. April.

Folge von Darstellungen aus seinem Leben.

> Fresken in der Capelle S. Giorgio zu Padua. (Schule des Giotto.)

> **Victor Carpaccio** px.   Venedig, Scuola di S. Giorgio.

Als Ritter zu Pferd oder zu Fuss den Drachen erlegend; im Grunde die Jungfrau Cleodolinde, welche dem Ungethüm zum Opfer fallen sollte. *)

Metallschnitte c. 1380 und 1430. T. O. Weigel's Samml. No. 14 u. 22. Abbildungen daselbst.

Teigdruck mit Sammet. Ebenda No. 401. Abbild. daselbst.

Schrotblätter. Daselbst No. 335. 351. 368.

Deutsche Niellen. Daselbst No. 501—506.

Raphael p. Das Gemälde im Louvre. Nic. Larmessin sc. (Crozat.)

M. Anton Raimondi sc. B. 98.

Aen. Vico sc. nach Clovio. B. 12.

Marco Basaiti p. Kirchengemälde in S. Pietro di Castello zu Venedig. Umriss in Zanotto: Pinac. Ven.

Paris Bordone px. London, Nat.-Gallerie.

J. Bonasone sc. nach G. Romano, B. 77.

Meister E. S. vom J. 1466. B. 78.

M. Schongauer sc. B. 50. 51. 52.

Israel van Mecken sc. B. 98. 99.

Bocholt sc. B. 33.

L. Cranach f. (Holzsch.) B. 64. 67.

Dürer sc. B. 53. 54.

C. Greuther sc.

Rubens px. Duplessis Berthauld sc. Gall. Orléans.

Er tauft den König Sevius.

Dieser ist der Vater der Cleodolinde, die Georg gerettet hat.

Avanzi px. Grosse Composition im Oratorium di S. Giorgio der Kirche S. Antonio zu Padua. Umriss bei Gonzati. (La Belica di S. Antonio.)

Er sträubt sich, den Götzen zu opfern.

Abbildung in: L'invocation des Saints.

Er wird enthauptet.

Seine Todesart.

P. Veronese px. In S. Giorgio zu Padua. Grossartige Composition.

Avanzi px. (s. Gonzati.)

Eynhoudts sc. nach P. Schut.

---

*) Mit veränderten Namen die Geschichte des Perseus und der Andromeda.

Mit einer Fahne, darauf ein rothes Kreuz.

Mabuse px.

Altes Bild in S. Georgio in velabro zu Rom (wo man ein Stück seiner Fahne aufbewahrt.)

J. Schoreel px.   Gall. Boisserée.

Geraldus (Géraud).

Mönch in Corbey, Stifter von Grande-Sauve in Aquitanien, † 1090. 5. April.

Er weiht die gestiftete Kirche (Grande-Sauve) der h. Jungfrau.

Gazard px.   1770.   Darnach ein moderner Stich

Gerasimus.

Abt am Jordanfluss, † 475. 5. März.

Einem Löwen den Dorn aus der Tatze ziehend.

Ein solcher that ihm den Dienst eines Hausthiers, nachdem ihm der Heilige also geholfen hatte. Nach dem Tode des Heiligen legte sich der Löwe aufs Grab desselben und verhungerte.

Stich in: Les Vies des SS. Pères.

Gereon.

Anführer der Thebaischen Legion, Martyr in Cöln unter Diocletian. † 297. 10. Oct.

Im Kriegskleid mit dem Schwert.

Er flüchtete nach dem Tode des h. Florian mit 318 christlichen Soldaten (Thebaische Legion) nach Cöln, wo alle den Martyrtod erlitten.

Meister Stephan von Cöln px. auf dem berühmten Dombilde.

Bild in der Moritzcapelle zu Nürnberg.   Mit seinen Genossen.

Gerhard (Sagredius).

Bischof von Csanad, 1046. 24. Sept.

Die Messe celebrirend.

J. Callot sc.

Im bischöflichen Kleide, mit einem vom Pfeil durchbohrten Herzen.

Lucas von Leyden sc. B. 119.

Sciaminossi sc. B. 95.   Copie des vorigen.

Gerius.

Augustiner-Eremit, † um 1270. 25. Mai.

Ein Bär.

Als er nach Rom reiste, bot sich ihm in den Alpen ein solcher als Wegweiser an.

Gerlach.

Krieger, dann Eremit in Belgien, † um 1170. 5. Jan.

Mit einem Dorn im Fuss.

Mit diesem stiess er in seiner Jugend seine Mutter, und als er mit dem Dorn sich verwundete, nahm er es als Strafe seiner Jugendsünde geduldig hin.

Er lebt in einem hohlen Baum.

Als strenger Einsiedler sucht er sich seine Wohnung so viel als möglich unbequem zu machen.

Germanicus.

Martyr in Smyrna, † 168. 19. Jan.

Ein Löwe schmeichelt ihm im Amphitheater.

Demselben vorgeworfen, wurde er von ihm verschont.

J. Callot sc.

Germannus Grandivallensis.

Erster Abt von Granfels, Martyr, † 677. 21. Febr.

Eine Lanze.

Mit dieser wurde er durchbohrt.

Burgmair fec.   Holzschnitt.

Abbildung in: Galerie des Saints d'Alsace.

Germanus.

Bischof von Auxerre, † 448. 31. Juli.

Erlegtes Wild um ihn.

Anonymer französischer Stich.

Er nimmt die h. Genovefa von Nanterre unter die Bräute Christi auf.

Aus dem Leben.

K. Audran sc.

Germanus von Paris.
Bischof. † 576. 28. Mai.

Er predigt dem Volke.

Abbildung in: L'invocation des Saints.

Der h. Petrus erscheint ihm.

J. **Callot** sc.

Germanus (Germain).
Bischof von Amiens, Mart. 5. Jahrh. 2. Mai.

Als Bischof auf den Drachen tretend.

Auf seinem Grabmal in St. Germain sur Bresle. Lith. in Baron Taylor's Voyage pittoresque.

Er hält eine siebenköpfige Hydra an einer Schnur.

Die Hydra hier das Symbol der sieben Todsünden.

Bildsäule in St. Germain sur Bresle. 15. Jahrh. Gest. von Duthoit.

Eine ähnliche Statue in St. Germain zu Amiens.

Er wirft den Teufel in einen Brunnen.

Altes Gemälde in St. Germain sur Bresle.

Geroldus.
Einsiedler aus dem sächsischen Herzogsgeschlecht. 10. Jahrh. 19. April.

Er betet in der Waldeseinsamkeit neben einem ausgehöhlten Baumstamm; neben ihm liegt ein Esel.

J. **Sadeler** sc. nach M. de Vos (Solitudo.)

Mit einer Lanze vom Pferd niedergestossen.

Stich in Bavaria Sancta.

Gertraud von Nivelle.
Tochter des Pipin und der h. Iduberga, Aebtissin, † um 620. 17. Marz.

Als Aebtissin mit Buch und Pedum.

Zuweilen sieht man zu ihren Füssen auch Mäuse, weil sie diese durch ihr Gebet von den Feldern vertrieb.

Monogrammist ⚏C⚏ 1565.

Monogrammist S. sc. (B. VIII. 13. Pass. 256.)

Abbildung in: L'invocation des Saints.

Adr. Collaert sc. Eingefasst mit 10 kleinen Darstellungen aus ihrem Leben.

H. Kipp sc. nach F. Ittenbach. Düsseld. Verein.

Mit Spinnrocken und Mäusen.

Wer an ihrem Festtag arbeitete, dem zernagten Mäuse den Garn.

Schrotblatt c. 1470. T. O. Weigel's Sammlung No. 374.

Mit einer Lilie.

Sinnbild ihrer Unschuld.

J. Callot sc.

Maria erscheint ihr.

K. Audran sc.

Sie wird von zwei Engeln gekrönt.

Burgmair fec. Holzschnitt.

Gertraud.

Bäuerin, dann Beguine zu Delft. † 1358. 6. Jan.

Mit Wundmalen an den Händen.

Gervasius und Protasius.

Brüder, Mart. im Mailändischen. Ende des 1. Jahrh. 19. Juni.

Folge von Darstellungen aus ihrem Leben.

Champagne px. Im Louvre.

Sie werden gebunden vor das Gericht gebracht.

Wegen christl. Glaubens angeklagt.

E. Lesueur p. Das Bild früher in der Kirche St. Gervais in Paris, jetzt im Louvre. Gest. von Baquoy, St. Picart, G. Audran. Umriss bei Didot.

Der erste hält eine bleierne Geissel, der andere ein Schwert.

Marterwerkzeuge.

J. Callot sc.

In der Glorie, mit Palmen.

Lazzarini px. in SS. Protasio e Gervasio zu Venedig.

Gilbert s. Giselbert.

Gisela (Gisala).

Gemahlin des h. Stephan, Königs von Ungarn, dann Aebtissin, † 1095.

Sie theilt Almosen aus, die Rechte auf ein Kirchenmodell gestützt.

Stich in Bavaria Sancta.

Giselbert.

Praemonstratenser, † 1152. 6. Juni.

Er bringt der Madonna eine Gruppe von Bäumen dar.

W. Hollar sc. nach Diepenbeck.

Goar.

Priester in Agro Trevirensi. 6. Jahrh. 6. Juli.

Eine Mitra über ihm.

Er schlägt das Bisthum aus und lebt am Rhein beim Lourleifelsen; neben Gebet beschäftigt er sich damit, Schiffern einen sicheren Weg um den gefährlichen Felsen herum zu weisen.

Er segnet Kranke.

Stich in: Les Vies des SS. Pères.

Ein Teufel auf seiner Schulter.

Vielleicht die Verleumdung andeutend, die ihn als Verklagten vor das Gericht des Bischofs Rusticus führte.

Er steht vor dem Bischof und lässt ein kleines Kind sprechen.

Wunder aus seinem Leben. Das Kind bezeugte dessen Unschuld.

Abbildung in: L'invocation des Saints.

Godeberta.

Jungfrau, † um 700. 11. April.

Ein Diener trägt auf ihren Befehl feurige Kohlen im Gewande.

Diese verwandelten sich dann in Rosen.

Statue am Portal der Cathedrale von Amiens.

Mit Christus vermählt.

Durch den Ring des h. Eligius.

Modernes Gemälde in der Cathedrale zu Noyon.

Mit einem Ring.

Statue in der Cathedrale zu Noyon.

Steph. Picart sc.

Godeleva (Godolena).
Aus Brügge, Martyriu, † 1070. 6. Juli.

Mit einem Tuch erdrosselt.

Ihre Todesart.

Altes Bild im Museum zu Brügge.

Stich in: (J. B. Sollerius) Acta S. Godelevae. Antv. 1720.

Godericus.
Früher Kaufmann, dann Benedictiner in England, † 1000. 21. Mai.

Er vertreibt Schlangen.

Als Pilger auf seiner Reise nach Jerusalem, indem er ein Kreuzzeichen über sie macht.

B. Kilian sc. nach J. Umbach.

Godfried (Geoffroy).
Bischof von Amiens, † 1118. 8. Nov.

Er bedient Kranke.

Aus dem Leben.

J. Callot sc.

Ein Hund liegt todt neben ihm.

Derselbe wurde mit einem Stück Brod vergiftet, welches für ihn bestimmt war.

Abbildung in: L'invocation des Saints.

Seb. le Clerc sc.

Godfried.
Graf von Kappenberg, Praemonstratenser, † 1127. 13. Jan.

Er hält eine Schüssel mit Broden.

Auf die Predigt des h. Norbert folgte er diesem und vertheilte seine Güter an die Armen.

Ein vornehmer Mann kniet vor ihm.

Der Vater seiner Gemahlin sucht ihn von seinem Vorhaben, die Welt zu verlassen, abzuhalten.

Stich in Ribadeneira.

Goëricus (Goëry).
Bischof von Metz, † 642. 19. Sept.

Ein Engel hält Augen über einem Tuche.

Durch Gebet wurde er von seiner Blindheit geheilt.

Burgmair fec. Holzschnitt.

Gomer s. Gummarus.

Gonzales (Elmo — Consalvus).

Von Amaranth, Dominikaner in Portugal. † um 1259. 10. Jan.

Auf seinem Mantel liegend, der über Feuer ausgespannt ist.

Aus dem Leben. Er that dieses Wunder, um eine Buhldirne, die ihn verführen wollte, zu bekehren; was ihm, da er mit seinem Mantel unversehrt blieb, auch gelang.

Gordian und Epimachus.

Röm. Martyrer, † 362. 10. Mai.

Sie sträuben sich, den heidnischen Göttern zu opfern.

Abbildung in: L'invication des Saints.

Gorgonia.

Schwester des h. Gregor von Nazianz. 9. Dec.

Sie betet vor einem Altar.

Abbildung in: L'invocation des Saints.

Gothard.

Bischof von Hildesheim, † 1038. 4. Mai.

Er erweckt Todte.

Diese sind in Sünden gestorben; als er sie erweckt und absolvirt hatte, verbeugen sie sich vor ihm und entschliefen abermals.

Stich in Bavaria Sancta.

Gottfried s. Godfried.

Grata.

Jungfrau zu Bergamo. (9. Jahrh.?) 4. Sept.

Sie trägt das Haupt des h. Martyr Alexander

Als dieser enthauptet wurde, verbarg sie dessen Haupt.

Altes Bild in S. Grata zu Bergamo.

Stich in: (Maria Aurelia Tassis), La vita di S. Grata. Padua 1723.

Gratian.

Martyr in Amiens, † 285. 23. Oct.

Darstellungen aus seinem Leben.

Vier Glasbilder in St. Gratien zu Amiens.

Als Hirte mit dem Stabe.

Auf diesem hängt zuweilen eine Kürbisflasche.

Statuen in St. Gratian und in Etalleville (Yvetot).

Gregor Thaumaturgus.
Bischof von Neu-Caesarea, † um 270. 17. Nov.

Er vertreibt Teufel aus einem heidnischen Tempel.

Dadurch zerstört er das Heidenthum, um an der Stelle desselben den christlichen Glauben einzuführen.

J. Callot sc.

Gregor von Nazianz.
Erzb. von Constantinopel, † 389. 9. Mai.

Scenen aus seinem Leben.

Leben der Heiligen. Leipzig.

Eine Taube über ihm.

Bezeichnet den Beistand des h. Geistes.

R. Eynhoueds sc. nach Rubens.

Er schreibt seine Homilien.

Miniatur in einem Mscpt. des 11. Jahrh. in der Vatican. Bibl. abgebildet bei d'Agincourt, Peinture Pl. 49.

Lesend; Weisheit und Keuschheit erscheinen vor ihm.

Allegorie auf seine Lebensweise.

J. Callot sc.

In griechischen Manuscripten kommen oft Miniaturen mit Darstellungen des h. Gregor vor. Mehrere solche aus dem 9. Jahrhundert in der Bibliothek zu Paris.

Gregor.
Bischof von Langres, † um 561. 4. Jan.

Ein Engel öffnet ihm zur Nachtzeit die Kirchenthüre.

Abbildung in: L'invocation des Saints.

Gregor (Thaumaturgus).*)
Bischof von Tours, † 594. 17. Nov.

Ein Fisch.

Mit dessen Leber heilte er seinen Vater auf wunderbare Weise.

Abbildung in: L'invocation des Saints.

---

*) Er erhielt den Namen Thaumaturgus (Wunderthäter) wegen seiner grossen Wunderthaten. Ein Jude wollte ihn deshalb einmal foppen, stellte sich todt und liess sich hintragen, um zum Leben wieder aufgeweckt zu werden. Der Heilige warf seinen Mantel über ihn und der Jude war nun wirklich todt.

14

Er erweckt ein todtes Kind.

P. A. Costa sc. nach A. Tiarini.

Gregor der Grosse.
Papst, † 604. 12. März.

Knieend und betend, von Engeln umgeben.

Han. Carracci p. Das Bild im Besitze des Marquis Stafford in England. Umriss bei Duchesne.

Im Stuhl sitzend und schreibend.

Als Kirchenlehrer.

Cl. Mellan sc. M. 77.

Eine Taube beim Ohr.

Eingebung des h. Geistes. Sein Diacon Johannes erzählt, dass ihm der h. Geist auf diese Art seine Homilien dictirt habe.

Guercino px. Sutherland-Gallerie.

L. Gaultier sc.

Geselschap del. F. Keller sc. Düsseld. Heiligenbilder

F. Ludy sc. nach Schraudolph. Ebenda.

J. Frey sc. nach H. Carracci.

Heiligenbilder. Prag bei Bohmann.

Eine Flamme über ihm.

Dieselbe Bedeutung.

Abbildung in: L'invocation des Saints.

Die Messe des h. Gregorius.

Der Heiland erschien ihm bei derselben während der Wandlung.

Miniatur des 14. Jahrh. Abbildung in Dibdin· Bibliograph. Decameron I. 67.

Holzschnitte c. 1450 und 1460. T. O. Weigel's Samml. No. 105. 106. 114. 135. 166.

Holzschnitt c. 1460. Ebenda, mit Abbildung No. 113.

Schrotblätter c. 1460 u. 1470. Ebenda No. 351. 391. 393.

Stiche c. 1470. Ebenda 441. 442. 459. 460. 470.

A. Dürer fec. Holzschnitt.

Holzschnitt aus Dürer's Schule in Egenolph.

Israel van Mecken sc. B. 101. 102.

J. Callot sc.

Marmor-Basrelief in S. Gregorio zu Rom.

Die Mahlzeit des h. Gregor.

Im Kloster S. Andrea (jetzt S. Gregorio) beherbergte Gregor
zwölf arme Männer, die er zum Essen einladen liess. Es kamen aber dreizehn. Der ungebetene war ein Engel, nach anderer Version Christus. (Hebr. 13, 2.)

Frescogemälde in S. Gregorio zu Rom.

Paul Veronese px. In S. Maria del monte zu Vicenza.

G. Vasari px. Bologna.

Das Wunder mit dem Brandeum.

Die Kaiserin Constantia verlangte von Gregor einige Reliquien
von Peter und Paul. Dieser will die Reliquien nicht theilen
und sendet der Kaiserin ein Stück vom Brandeum (Leinwand),
in welchem der Leib des h. Johannes Bapt. gewickelt war.
Als die Kaiserin dieses Geschenk mit Verachtung zurückwies,
nahm es Gregor, um ihr zu zeigen, dass solche Dinge erst
durch das Vertrauen des Glaubenden einen Werth erhalten,
legte es auf den Altar, betete und zerschnitt es dann mit
einem Messer, woraus aus demselben Blut wie aus einem
lebenden Körper floss.

Andrea Sacchi px. Berühmtes Hauptbild, früher in der Peterskirche, jetzt in der Vaticanischen Sammlung. Das Mosaik darnach in der Peterskirche ist von A. Cocchi.

Er absolvirt einen Mönch, der nach seinem Tode grosse Qualen
zu leiden hatte. Es soll hiemit die Wirksamkeit der Fürbitte für
Verstorbene angedeutet werden.

Marmor-Relief in S. Gregorio zu Rom.

Er erlöst viele Seelen aus dem Fegefeuer durch sein Gebet.

F. Fontebasso sc. nach Seb. Ricci.

Gregor erlöst die Seele Trajan's aus dem Feuer.

Trajan's Geschichte, besonders die Begebenheit, wie er der
Wittwe zu ihrem Rechte verhilft (auch von deutschen Künstlern
gern und oft behandelt), war im Mittelalter sehr beliebt.
Ueber die Legende, wie Gregor Mitleid mit Trajan hat, und
mit seinem Gebete ihm zu Hilfe kommt, siehe J. de Voragine: Legenda aurea. Cap. 46.

Ein kleines Bildchen in der Academie zu Bologna. Der Papst
kniet und betet bei dem Grabmal, auf dem: Trajano Imperador
steht; zwei Engel retten Trajan's Seele aus dem Feuer.

Gregor.
Bischof von Utrecht, † um 781. 25. Aug.

Als Bischof mit Pedum und Buch.

Er wurde als Kind vom h. Bonifacius aufgenommen, war dann
sein Schüler und Begleiter.

C. Visscher sc. nach P. Soutman. (Die Heiligen von Flandern.)

Er theilt Armen Almosen aus.

Stich in Batavia sacra.

Fr. Bloemaert sc. nach Abr. Bloemaert.

Gregor von Armenien.
Bischof von Nicopolis, später Klausner in Frankreich, † nach 1000. 16. März.

Auf einem Pferd reitend, neben ihm ein Knabe.

Gregor.
Eremit bei Urbino, † 1343. 4. Mai.

Sein Leib ist mit einem eisernen Ring umgeben.

Eine Art, sich zu kasteien.

Grimbald.
Abt in Winton (England), † 903. 8. Juli.

Er hält ein Buch und ein Kreuz mit dem Sudarium.

Abbildung in J. Cousin, Histoire de Tournay.

Gualbertus s. Johannes Gualbertus.

Gualfardus.
Sattler aus Augsburg, dann Einsiedler bei Verona, † 1127. 30. April.

Ein steinerner Sarg neben ihm.

Ein solcher soll vom Himmel gefallen sein, um seinen Leichnam aufzunehmen.

Gualterius s. Walther.

Gudelia.
Martyrin. 29. Sept.

Die Haut vom ganzen Kopfe entfernt, gekreuzigt und
mit Pfeilen durchbohrt.

In Persien, unter Sapor. Martyrol. Rom.

A. Collaert sc. In Ricci: Triumphus J. Chr. crucif.

Gudula.

Tochter der h. Amelberga, Nichte Pipin's von Heristal, Jungfrau, † um 712. 8. Jan.

Ein Engel zündet ihr beim Gang zur Kirche die Laterne an.

Aus dem Leben. Segen des Kirchenbesuches.

J. Führich px.

W. Sohn inv. Dinger sc. Düsseld. Heiligenbilder.

Mit der Laterne, deren Licht der Teufel auslöscht.

Durch ihr Gebet zündete sie es wieder an.

J. Schoreel px. Münchener Pinacothek (früher bei Boisserée).

Sie hält eine geflochtene Fackel, die der Teufel auszulöschen droht.

Burgmair fec. Holzsch.

Guibert s. Wicbert.

Guido.

Graf Montemarti, Schüler des Romuald, † 998. 7. Sept.

Mit Lilie und Todtenkopf.

Fr. Curti sc. in Tad. Terzi: Vite di tre beati della famiglia de Montemarti (Guido, Reginald und Angelina). Bologna 1639.

Guido.

Aus Ravenna, Einsiedler. 13. Jahrh. 20. Mai.

In der Waldeinsamkeit betend.

J. Sadeler sc. nach M. de Vos. (Solitudo.)

Schouten sc. in: Les Vies des SS. Pères.

Guilelmus s. Wilhelm.

Gummarus (Gomer).

Aus Brabant. 8. Jahrhundert. 11. October.

Er erweckt eine Quelle aus einem Felsen.

Wunder aus seinem Leben.

Ein Engel weckt ihn aus dem Schlafe.

Abbildung in: L'invocation des Saints.

·Gunther (Günther).

Bischof von Regensburg. † 941. 9. Oct.

Zum Bischof erwählt.

> Kaiser Otto I. träumt, wer ihm zuerst früh begegnet, dem soll
> er das Bisthum von Regensburg geben. Der Mönch Gunther
> war der erste, und als der Kaiser fragt, was er für ein Bis-
> thum geben wolle, antwortete dieser: Meine Stiefeln. Und
> zog sie gleich aus.

Stich in Bavaria Sancta.

Gunther (Günther).

Benedictiner im Stifte Brevnov bei Prag. † 1045. 9. Oct.

Als Benedictiner, mit Buch und Stab.

> Sein Grabstein bei S. Margareth (Stift Brevnov) bei Prag. Abbild.
> in: Bonav. Piter, Thesaurus absconditus etc. Brunae 1762.

Gunthilda.

Magd in Biberbach.

Abbildungen aus ihrem frommen Leben in den Bollandisten.

Guntran.

König von Burgund. 6. Jahrh. 28. März.

Er findet einen Schatz und gibt ihn einem Armen.

> Aus dem Leben.
>
> **J. Callot** sc.

Drei Kasten mit Schätzen neben ihm.

> **Burgmair** fec. Holzschnitt.
>
> Darstellung in: L'invocation des Saints.

Guthlacus.

Eremit in Croyland, † 714. 11. April.

Von Dämonen bedrängt wird er vom Engel getröstet.

> Aus dem Leben.
>
> **R. Sadeler** sc. nach M. de Vos. (Solitudo.)

Er hält eine Geissel.

> Strenge Lebensweise.
>
> Alte Sculptur in der ehemaligen Croyland Abbey.

Gutmann.
Schneider, c. 1200.

Mit Elle und Scheere, Almosen ertheilend.

Alter Holzschnitt in: Sant Gutmans Legend. Leipz. 1518.

Hadrian s. Adrian.

Hartmann.
Bischof von Brixen, † 1165. 30. Oct.

Er ermahnt den Kaiser, den Frieden zu wahren.

Aus dem Leben.

R. **Sadeler** sc. in Bavaria Sancta.

Hedwig.
Herzogin von Schlesien, † 1243. 17. Oct.

Ihre Schuhe in der Hand tragend.

Sie ging, als Zeichen der Abtödtung, baarfüssig in die Kirche.

Sie wäscht einen Armen.

J. **Callot** sc.

Christus segnet sie vom Kreuze.

Sie kniet vor demselben, er segnet sie mit der vom Nagel freigewordenen Rechten.

Stich in Bavaria Sancta.

Sie hält das Modell einer Kirche.

Stich in: Tugendreiches Leben — Hedwigis etc. Glatz 1686.

Auf alten schlesischen Münzen.

Als Nonne.

Himmlisches Licht strahlt zu ihr herab.

H. **Nüsser** sc. nach W. v. Schadow. Düsseld. Verein.

Heinrich.
Kaiser, † 1024. 14. Juli.

Das Modell einer Kirche tragend.

Stifter der Kirche von Bamberg.

J. **van Melem** px. Abbildung bei Jameson.

Bart. de Bruyn px. Gall. Boisserée. Lith. im Werke.

J. **Callot** sc.

N. **Barthelmes** sc. nach H. Mücke. Düsseld. Heiligenbilder.

Auf alten Münzen von Deutschland, Bayern, Frankf. a. M., Bamberg, Basel etc.

Mit einer Taube über dem Reichsapfel.

Burgmair fec. Holzschnitt.

Mit Kunigunde, seiner Gemahlin, gemeinschaftlich eine Lilie haltend.

Hindeutung auf ihr jungfräuliches Eheleben.

Mancini px. Gallerie Pitti zu Florenz.

Ebenso, das Modell des Bamberger Domes gemeinschaftlich haltend.

Holzschnitt c. 1480. In T. O. Weigel's Sammlung No. 201.

Auf Münzen des Bisthums Bamberg.

Heinrich.
Einsiedler, † 1120. 16. Jan.

Pilger beten an seinem Grabe.

Stich in Bavaria pia.

Heinrich.
Bischof von Upsala, Mart. † 1150. 19. Jan.

Mit dem Schwerte getödtet.

Sein Martyrium.

J. B. de Cavalloriis sc. nach N. Circignano in Eccl. angl. trophaea.

Heinrich.
Knabe, Martyr, † 1345.

Von Juden getödtet.

In München; Wiederholung der Begebenheit, wie sie von Rudolph etc. erzählt wird.

Stich in Bavaria pia.

Heinrich von Treviso.
† 1415.

Er kleidet Arme.

Giampicoli sc. nach Guarana, in: Memorie del beato Enrico, morto in Trevigi. Ven. 1760.

Helena.
Kaiserin, † 328. 18. Aug.

Scenen aus ihrem Leben.

Leben der Heiligen. Leipzig bei Meline.

Auffindung und Erprobung der Aechtheit des h. Kreuzes.

Die h. Helena, Mutter Kaiser Constantin's, liess in Jerusalem Ausgrabungen vornehmen, wobei drei Kreuze gefunden wurden. Das wahre Kreuz (an dem nämlich Christus gestorben) wurde daran erkannt, dass durch dessen Berührung eine kranke Frau sogleich geheilt wurde.

Holzschnitt aus Dürer's Schule bei Egenolph.

Guercino del. Zeichnung in der Brera. Photogr. von Braun.

Paris Bordone px. Venedig.

Mitelli sc. B. 27 nach J. Robusti.

Nic. le Sueur sc. nach Pinturicchio.

B. Beham px. München.

Jos. Paelinck p. c. 1810. Das Gemälde in der St. Michaelskirche in Gent. Umriss in Duchesne. Museum XI. No. 755.

J. Navratil px. Deckengemälde im Capitelsaal der Kreuzherren zu Prag.

Zwei Engel bringen ihr das Kreuz.

L. Vorsterman sc. nach P. Cagliari.

Mit Krone und Kreuz.

B. de Bruyn px. Boisserée.

M. Anton Raimondi sc. B. 178.

Simon Memmi px.

Tad. Gaddi px. Fresco. Abbild. bei d'Agincourt.

Ingres del. für ein Glasbild der Capelle S. Ferdinand in Neuilly.

Schraudolph px. Fr. Keller sc. Düsseld. Heiligenbilder.

S. auch Constantin.

Helenus.
Einsiedler. 4. Mai.

In der Höhle betend.

B. à Bolswert sc. nach A. Bloemaert. (Sacra Eremus.)

Er pflückt Kräuter, die ihm zur Nahrung dienen.

Sadeler sc. nach M. de Vos. (Solitudo.)

Er trägt feurige Kohlen in seinem Kleide.

Wunder aus seinem Leben, um seine Unschuld zu beweisen.

Stich nach A. Bloemaert, in: Les Vies des SS. Pères.

Helias oder Elias.
Einsiedler. 20. Juli.

In der Höhle betend.

Sadeler sc. nach M. de Vos. (Solitudo.)

Herculanus.

Bischof von Perugia, † 547. 1. März.

Auf seinen Wink stürzt ein Apollotempel ein.

Zerstörer des Heidenthums.

Heribert.

Erzbischof von Cöln, † 1021. 16. März.

Regen.

Ein fruchtbarer Regen kam auf sein Gebet über das Land.

Hermann (Joseph).

Praemonstratenser, † nach 1230. 7. April.

Vor einer Madonnenstatue als Kind; er bietet dem h. Kinde einen Apfel dar, den es annimmt.

Aus dem Leben.

Marmorsculptur in der Kirche Maria am Capitol in Cöln.

Abbildung in Ribadeneira.

Stich in: Kurzgefasste Lebensbeschreibung des h. Hermann Joseph. Cöln 1839.

F. Ittenbach inv. N. Barthelmess sc. Düsseld. Heiligenbilder.

Maria und ein Engel.

Der selige H. wird durch einen Engel mit Maria geistiger Weise vermählt.

Ant. van Dyck p. Vorzügliches Gemälde im Belvedere zu Wien.

Stich im Gall.-W. von Perger von P. Pontius gest.

Hermenegild.

Span. Prinz, Martyr, † 586. 13. April.

Mit einem Beil.

Mit diesem wurde ihm auf Befehl seines arianischen Vaters, des Westgothenkönigs Leovigild, zu Sevilla der Kopf gespalten.

Burgmair fec. Holzschnitt.

Apotheose des Heiligen, in der Glorie, ein Kreuz haltend.

Er ist von den hh. Leander und Isidor umgeben.

Herrera px.

S. auch Leander.

Hervaeus.

Abt in England. 6. Jahrh. 17. Juni.

Frösche.

Er gebot ihnen zu schweigen, was sogleich befolgt wurde.

Hidulph.

Bischof von Trier, † 707. 23. Juni.

Er treibt den Teufel aus einem besessenen Knaben.

Wunder aus seinem Leben.

Hieronymus.

Kirchenlehrer, Cardinal, † 420. 30. Sept.

Scenen aus seinem Leben.

Leben der Heiligen. Leipzig.

Mit dem Löwen.

Er zog demselben einen Splitter aus der Tatze. Aus Dankbarkeit blieb der Löwe sein treuer Diener.

Holzschnitt c. 1440. In T. O. Weigel's Sammlung No. 87 u. 107.

Metallschnitt c. 1450. Ebenda, mit Abbild. No. 71.

Schrotblatt c. 1450. Ebenda, mit Abbild. No. 328.

Schrotblatt c. 1470. Ebenda, No. 367.

Coll' Antonio da Fiore px. Neapel. Abbild. bei Jameson.

Vittore Carpaccio px.

F. Ludy sc. nach Schraudolph. Düsseld. Verein.

Auf alten Münzen von Urbino und Pesaro.

Er schlägt mit dem Steine auf die Brust.

Er lebte als Einsiedler in der Wüste und seine Lebensweise war eine sehr strenge. Zugleich kasteite er sich auf hier angegebene Weise.

Holzschnitt c. 1440. In T. O. Weigel's Sammlung, mit Abbildung No. 93.

Holzschnitte c. 1470. Ebenda No. 168. 187.

A. Dürer sc. B. 61.

Luc. Cranach f. (Holzsch.) B. 63.

Hugo da Carpi fec. Cl. obsc. nach Tizian.

B. Coriolano f. Cl. obsc. nach Guido Reni.

Benven. Tisi (Garofalo) p. Berliner Museum.

D. Ghirlandajo px.

P. Cagliari Veronese p. Zwei verschiedene Kirchenbilder in S. Andrea und S. Pietro in Murano zu Venedig. Umrisse in Zanotto: Pinac. Ven.

A. Castagno p. Bild in der Gallerie zu Florenz.

J. Ribbera p. Bild in der Turiner Gallerie.

Vallejo sc. nach Louis Tristan in Guadros selectos de la Acad. de las artes de S. Fernando. Madrid 1870.

L. Kilian sc. nach Jos. Heintz.

Mit dem Crucifix, Löwen und Todtenkopf.

Der Löwe erscheint fast durchgehends als sein Begleiter in der Wüste.

Dürer sc. B. 60. Das herrliche Blatt, in dem Dürer uns einen lebendigen Einblick in die vornehme Stube eines Gelehrten seiner Zeit bietet.

Lucas von Leyden sc. B. 113. 114.

Scolari fec. Holzschnitt, nach Tizian.

J. Palma pxt. H. Goltzius sc. B. 266.

Allegre sc. nach Ant. Pereda. Real Academia S. Fernando.

M. Ardell sc. nach P. Berettini.

Ebenso, und mit dem Stein.

Aen. Vico sc. B. 10.

Beatrizet sc. B. 32.

Aug. Carracci sc. B. 77.

H. Carracci sc. B. 14.

Beauvais sc. nach van Dyck. Dresden.

Drei nackte Nymphen tanzen vor ihm.

Versuchung des Heiligen.

Dominichino px. Fresco in S. Onofrio zu Rom. Gest. von St. Baudet, St. Magiore.

Eine Posaune in Wolken sichtbar.

Die Posaune kündigt das jüngste Gericht an. Oefters bläst ein Engel dieselbe.

Fr. Barbieri (Guercino) p. Bild in der Eremitage zu St. Petersburg.

Pasqualini sc. nach Fr. Barbieri (Guercino).

Gius. Nasini px. Basilica Laurentiana. Gest. von Lasinio.

Dom. Zampieri p. Berliner Museum.

Ribera px. Auch von ihm zweimal radirt. B. 4. 5.

Als Cardinal, mit Buch und dem Löwen.

> Als Kirchenlehrer.

> Metallschnitt c. 1440. In T. O. Weigel's Sammlung, mit Abbild. No. 24.

Er schreibt. Maria mit dem Kinde erscheint über Wolken.

> Als Kirchenlehrer erfreut er sich göttlichen Schutzes.

> **Fr. Barbieri Guercino** p. Umriss bei Didot II. 42.

> **Aug. Carracci** sc. B. 76.

Verfallene Fragmente von antiken Säulen.

> Deutet auf den Sturz des Heidenthums durch das Christenthum hin.

> **Dosso Dossi** p. Gemälde im Belvedere zu Wien. Gall.-Werk von Perger.

Der Maria mit dem Kinde beigesellt.

> Mit anderen Heiligen zugleich; in der Regel als Kirchenlehrer oder Uebersetzer der h. Schrift.

> **Raphael** px. Madonna della Pesce.

> **Correggio** px. S. Girolamo da Parma.

Empfängt vor seinem Tode die h. Communion.

> **Dominichino Zampieri** p. Berühmtes Hauptbild im Vatican. Gest. von J. Frey, Pavon, H. Laurent etc.

> **Vittore Carpaccio** px.

> **Aug. Carracci** p. Bologna. Aehnliche Composition wie jene von Dominichino. Umriss bei Didot II. 24.

Thronend, seine Glorification.

> **Wohlgemuth** px. Wien. Belvedere.

Hieronymus Aemilianus.

Stifter der Congregation von Somasco, † 1537. 8. Febr.

Mit einer Kette.

> Als venetianischer Feldherr gerieth er in Gefangenschaft, darauf, wie auf die Leiden in derselben deutet die Kette hin. In dieser Zeit ging er bussfertig in sich und widmete sich in der Folge ganz dem Dienste der Armen und Leidenden.

> **Ant. Baratti** sc. nach J. B. Piazetta.

> **Cl. Gallinard** sc. nach J. F. de Troy.

Hilaria.
Mart. zu Augsburg, † 304. 12. Aug.

Sie wird verbrannt (mit Eutropia und Digna).

Stich in Bavaria Sancta.

Hilarion.
Stifter des Eremitenlebens in Syrien, † 371. 21. Oct.

In der Einsiedlerhütte betend, vom Teufel bedroht.

B. à Bolswert sc. nach Abr. Bloemaert. (Sacra Eremus.)

F. Villamena sc.

Stich in: Les Vies des SS. Pères.

Er verjagt den Teufel mit dem Kreuzzeichen.

Lorenzetti von Siena px. Auf dem Wandgemälde „das Einsiedlerleben" im Campo Santo zu Pisa. Gest. von Lasinio im Werke.

Hilarius.
Bischof von Poitiers, † 369. 13. Jan.

Scenen aus seinem Leben.

Leben der Heiligen. Leipzig.

Auf einer von Schlangen bewohnten kleinen Insel.

Diese durften ihm nicht schaden; er beschwor sie mit dem
Kreuzzeichen.

J. Callot sc.

Abbildung in: L'invocation des Saints.

Hilarius.
Bischof von Arles, † 449. 5. Mai.

Er weiht eine Jungfrau zum Dienste Gottes ein.

J. Callot sc.

Er ackert, der h. Geist als Taube über ihm.

Abbildung in: L'invocation des Saints.

Hildegard.
Aebtissin des Stiftes S. Robert bei Bingen, † 1178. 17. Sept.

Ein Engel vertreibt von ihr böse Geister.

Thätigkeit ihres Schutzengels.

Sie theilt Almosen aus.

Stich in Bavaria Sancta.

Sie übergibt einem Boten einen Brief.

> Diesen hatte sie an den Papst geschrieben.

B. Kilian sc. nach **J. Umbach.**

Hildegunde.
Cistercienserin in Schönau. † 1188. 20. April.

Ein Engel begleitet sie zu Pferde.

> Sie machte eigene Erfahrungen im Leben; als Mann begleitet
> sie ihren Vater ins gelobte Land, wo dieser starb; die dient
> bei den Tempelherren, kommt wieder zurück nach Deutsch-
> land, muss aber wieder einen Domherrn nach Rom begleiten,
> wo sie von Räubern aufgehangen, aber von einem Engel ge-
> rettet wird, der sie zurück nach Deutschland begleitet. Hier
> überredet sie ein Mönch, in den Cistercienser-Orden in Schönau
> bei Heidelberg einzutreten, wo sie als Ordensmann bis zum
> Tode lebt. Erst jetzt kam das Geheimniss ihres Geschlechtes
> zu Tage.

Hiltrude.
Nonne in Liessies (Hennegau). † um 790. 27. Sept.

Mit Rosen bekränzt und eine brennende Lampe haltend.

> Sie war eine Wohlthäterin des Klosters; die brennende Lampe
> erinnert an die Parabel der klugen Jungfrauen.

J. Galle sc. in A. de Winghe, Sancti fundatores relig. ordinum in
ecclesia Laetiensis . . . tabellis pictis supra chori sedilia positi.
Antw. 1634. •

Betend.

Schouten sc. in: Les Vies des SS. Pères.

Mit Buch und Lampe, auf dem Haupte ein Rosenkranz.

Altes Bild in der Benedictinerkirche zu Liessies.

Hippolyt.
Soldat, Martyr zu Rom unter Valerian. 13. Aug.

Im Kriegskleid, mit der Fahne.

> Mit Bezug auf seinen Stand.

Auf einem Bilde von **Meister Wilhelm** mit dem h. Hubert und
der h. Katharina. In der Sammlung Boisserée, jetzt in München.

Aless. Buonvicino px.

Mit einer Lanze.

Altes Bild in S. Lorenzo fuori le mura bei Rom.

An den Schweif zweier wilder Pferde gebunden.

> Auf diese Weise wurde er zerrissen.
>
> **Hans Memling** px. in S. Salvator zu Brügge.
>
> Bronzerelief des 13. Jahrh , sonst in der Kirche Saint-Denis befindlich. Abbild. in A. Lenoir Musée des mon. franc. Pl. 34.
>
> **Subleyras** px. Louvre. Gest. von N. Hallé.
>
> **J. B. de Cavalleriis** sc. in Eccl. mil. triumphus.

Homobonus.

Kaufmann in Cremona, † 1197. 13. Nov.

Folge von Darstellungen aus seinem Leben.

> **Borroni** px. 1684 in S. Egidio ed Omobuono zu Cremona.
>
> Holzschnitte in: Il trafficante celeste, occano di Santità, virtù e miracoli dell' angelico padre de' poveri e tesoriero del cielo Huomobono. Cremona 1671.

Er vertheilt seine Güter unter die Armen.

> Aus dem Leben. Er war ein Muster der bürgerlichen und christlichen Tugend.
>
> **Bonifacio** px. In Venedig. Palazzo reale.
>
> Stich in: Vita di S. Omobono. Milano 1831.

Honoratus.

Bischof von Arles, † 429. 16. Jan.

Er unterrichtet seine Schüler.

> Abbildung in: L'invocation des Saints.

Infel und Mitra.

> Zeichen seiner Würde.
>
> **J. Callot** sc.
>
> Heiligenbilder. Prag bei Bohmann.

Honoratus.

Bischof von Amiens, † um 600. 16. Mai.

Scenen aus seinem Leben.

> Fünf Wandbilder in dem Portale der Cathedrale zu Amiens.

Mit einer Schaufel.

> Auf dieser liegen drei Brode.
>
> Statue am Portal von S. Firmin zu Amiens.

Hormisdas.
4. Jahrhundert. 8. Aug.

Ein Kameel.

Aus einer persischen Satrapenfamilie stammend, wurde er seines christlichen Bekenntnisses wegen aller seiner Güter vom Könige beraubt und musste als Kameeltreiber sein Leben fristen. Abbildung in: L'invocation des Saints.

Hroznata.
Edelmann, Gründer des Stiftes Tepl in Böhmen, † 1217. 14. Juli.

Vor dem Madonnenbilde kniecnd.

Als Stifter und Donator.

Altarbild der Kirche zu Marienbad in Böhmen.

Hubertus.
Aus Aquitanien, Bischof von Lüttich, † 727. 3. Nov.

Ein Hirsch mit dem Kreuz zwischen dem Geweih.

Ein solcher erschien ihm bei der Jagd und bewirkte seine Bekehrung.

Schrotblatt c. 1460.   In T. O. Weigel's Sammlung No. 342.

A. Dürer sc. B. 57.

C. Cort sc. nach H. Muziani.

J. Callot sc.

Jul. Goltzius sc. nach M. de Vos.

Andr. Müller px.   H. Kipp sc.   Düsseld. Heiligenbilder.

Als Bischof mit Buch, darauf ein liegender Hirsch mit dem Kreuz zwischen dem Geweih.

Er wurde zu Mastricht 708 Bischof, später zu Lüttich, wo er starb.

Meister Wilhelm p.   Auf einem Bilde mit der h. Catharina und dem h. Hippolyt vereint. Früher bei Boisserée, jetzt in München.

Auf Münzen der Abtei Fischingen, des Herzogth. Jülich, des Bisthums Lüttich.

Ein Engel bringt ihm eine Stola.

Burgmair fec.   Holzschnitt.

Hugo.
Erzbischof von Rouen, † 730. 9. April.

Er treibt mit der Monstranz aus einem Manne den Teufel aus.

Burgmair fec.   Holzsch.

Holzschnitt im Passional.

15

Hugo.

Bischof von Grenoble, 1132. 1. April.

Er predigt dem Volke.

Abbildung in: L'invocation des Saints.

Ein Schwan zu seinen Füssen.

Der Schwan deutet auf Einsiedlerleben, dessen Freund der Heilige war. Er wollte oft die Bischofswürde ablegen und bei seinem Freunde, dem h. Bruno, leben, doch erhielt er vom Papste keine Erlaubniss.

Metallschnitt c. 1515. In T. O. Weigel's Sammlung No. 68.

J. W. van Assen px. Münchner Gallerie (früher bei Boisserée).

Lucas von Leyden px. Ebenda.

Auf Münzen des Bisth. Grenoble.

Hugo von Lincoln.

Martyr als Knabe, † 1255. 27. Juli.

Gekreuzigt.

Aehnlich wie bei Wilhelm. Geschehen in Lincoln (England); Historia anglic.

A. Collaert sc. In Ricci: Triumphus J. Chr. crucifixi.

J. B. de Cavalleriis sc. nach N. Circignano in Eccl. angl. trophaea.

Humbert.

Bischof von Halmen, England, Mart.

Er wird enthauptet.

J. B. de Cavalleriis sc. nach N. Circignano in: Eccl. angl. trophaea.

Humbert.

Abt von Marolles, † um 680. 25. März.

Ein Bär neben ihm.

Einen solchen zwang er, seinen Reisesack nach Rom zu tragen, weil ihm derselbe sein Maulthier zerrissen hatte.

Humilitas.

Gemahlin des Ugoletto Caccianemici in Faenza, Stifterin der Vallumbroser Nonnen, † 1310. 22. Mai.

Sie überredet ihren Gemahl, Mönch zu werden.

Buffalmaco px.

Hunna.
Wäscherin. 15. April.

Linnen oder Wäsche in der Hand.

Abbildung in: Galerie des Saints d'Alsace.

Hyacinth.
Dominikaner in Krakau, † 1257. 16. August.

Er rettet einem ertrinkenden Jüngling das Leben.

Wunder aus seinem Leben.

Brizzio px. In der Pinacothek zu Bologna.

Er trägt das Ciborium und die Marienstatue über den Fluss.

Bei der Zerstörung von Kiew durch die Tartaren (1241) trug er die Marienstatue unversehrt durch die Feinde und über den angeschwollenen Weichselfluss.

Leandro Bassano px. Im Louvre.

K. Audran sc.

Andrea del Asta px. Freske in Pietro Mart. zu Neapel.

Maria mit dem Kinde erscheint ihm.

Aus dem Leben.

R. Sadeler sc. nach L. Carracci. (Das Bild war in der Capelle Turini zu Bologna, ging nach Paris, kam aber nicht zurück.)

Ueber Wolken betend; unten die Stadt Kiew.

Als Patron der Stadt.

J. Hübner inv. **F. Seifert** sc. Düsseld. Heiligenbilder.

Hyacintha.
Marescotti, Francisk.-Nonne, † zu Viterbo 1640.

Mit Buch und Todtenkopf.

Stich in G. Ventimiglia: Vita della b. Giacinta Marescotti. Bresc. 1729.

Jacobus major.
Apostel, Martyr, † 43. 25. Juli.

Folge von Darstellungen aus seinem Leben.

Alte Gemälde des 14. Jahrh. in der Capelle San Giacomo der Kirche S. Antonio zu Padua.

15 *

Mit dem Pilgerstabe.

> Er soll als Pilger Spanien besucht und dort das Evangelium
> gepredigt haben.

Tizian p. Altargemälde in S. Leone zu Venedig. Umriss in Zanotto: Pinac. Ven.

Giovanni Santi px.

A. Wierix sc.

Auf Münzen von Spanien, Braunschweig, Pesaro, Lüttich etc.

Er erweckt Todte zum Leben.

> Nach der Legende soll er das spanische Königspaar erweckt
> haben, das dann den christlichen Glauben annahm.

Nic. Bruyn sc. nach **P. Brenghel.**

Er heilt den kranken Hals eines Knaben.

> Wunder aus seinem Leben.

Andrea del Sarto p. In Florenz.

In der Schlacht gegen die Ungläubigen.

> Als Retter der christlichen Heere gegen die Saracenen, namentlich in der Schlacht von Clariso 849, wo er auf einem weissen
> Rosse reitend erschien.

M. Schongauer sc. B. 53.

Carreno de Miranda px. Abbildung bei Jameson.

Wolf Kilian sc. nach M. Kager.

S. auch Apostel.

Jacobus minor.
Apostel, Martyr, † 61. 1. Mai.

Mit einer Walkerstange.

> Er wurde zu Jerusalem von der Zinne des Tempels gestürzt
> und da er noch nicht todt war, von einem Tuchwalker mit
> seiner Stange todt geschlagen.*)

Lucas von Leyden px. Abbildung bei Jameson.

Isr. v. Mecken px. Boisserée.

H. Wierix sc. Al. 676.

---

*) Er wird auch zuweilen von Künstlern mit seinem Namensbruder unter
den Aposteln verwechselt. So ist eine Serie von Frescobildern aus seinem
Leben in der Capelle dei Belludi zu Padua, wo ihm Wunder vom Maler zugeschrieben werden, die die Legende dem Jacobus major zuweist.

Jacobus Intercisus.
Martyr, † 421. 27. Nov.

Hände und Füsse sind ihm abgeschnitten.
Seine Todesart.

Jacobus.
Bischof von Tarent. 5. Jahrh. 16. Jan.

Ein Bär zieht seinen Pflug.
Er machte sich das wilde Thier dienstbar.

Jacobus.
Bischof von Nisibi in Mesopotamien. 4. Jahrh. 15. Juli.

Er trägt ein schweres Kreuz.
Stich in: Les Vies des SS. Pères.

Jacobus.
Eremit. 6. Jahrh. 28. Jan.

Ein Grab mit Menschenknochen; der Einsiedler schlägt sich mit einem Stein die Brust.
Strenge Lebensweise, Todesbetrachtung.

J. Sadeler sc. nach M. Vos. (Solitudo.)

Schouten sc. in: Les Vies des SS. Pères.

Jacobus de Bevagna.
Dominikaner. † 1301. 23. Aug.

Er betet vor dem Crucifix.
Aus den Wunden des Heilandes spritzt Blut auf ihn. Wunder aus seinem Leben.

Holzschnitt in L. Jacobilli: Leben der Heiligen von Fuligno. 1626.

Jacobus de Marchia.
Minorit, † 1485. 27. April.

Er hält einen Becher mit einer Schlange in der Hand.
Das Gift, mit dem man ihn tödten wollte, schadete ihm nicht.

Simon Papa px. Museo Borbon. zu Neapel.

Jacobus Ghisai.

Jesuit, Mart. in Nangasaki, Japan. † 1597.

Gekreuzigt.

Seine Todesart.

S. à Bolswert sc.

Januarius.

Bischof von Benevent, Mart. † um 305. 19. Sept.

Im alten bischöflichen Kleide, mit Buch.

Mosaikbilder in der Basilica S. Restituta und in S. Marciano zu Neapel. Abbild. bei den Bollandisten.

Ein Engel mit einer Flamme und Löwen.

Beziehen sich auf sein Martyrium; im Amphitheater zu Puzzeoli den wilden Thieren vorgeworfen, wurde er von diesen verschont.

P. Subleyras p. Berliner Museum.

In Flammen stehend und betend.

Eine andere Art seines Martyriums, oder bezieht sich auf seinen Schutz vor den Lavafluthen des Vesuv. In diesem Sinne oft in Kirchen bei Neapel dargestellt.

Domenichino px. Januarius erscheint den Neapolitanern 1631 während einer verheerenden Eruption. Fresco.

Ribera px. in der Capelle del tesoro zu Neapel. Radirt von S. Marcotti.

Ida (Itha).

Wittwe des Fürsten Herzfeld, † um 813. 4. Sept.

Eine Taube über ihrem Haupte.

Die Taube deutet auf höhere Erleuchtung des h. Geistes hin.

Burgmair fec. Holzschnitt.

Ein Rabe bringt ihr einen Ring.

Sie lebte in der Einsamkeit, wo sich ihr ein Hirsch zugesellte.

Abbildung in Ribadeneira.

Idugeberga (Itta).

Gemahlin Pipin's und Mutter der Gertrud von Nivelle, später Nonne, † 652. 8. Mai.

Sie lässt ein Kloster bauen.

Das Stift Nivelle, in dem sie später Nonne und ihre Tochter Aebtissin war.

A. Collaert sc. unter den Randbildern um die Darstellung der Gertraud von Niv. S. diese.

Ieron.

Priester aus Schottland, lebte in Holland, † 856. 17. Aug.

Er hält einen Säbel und einen Falken.

J. Matham sc. B. 14.

C. Visscher sc. nach P. Soutman. (Die Heiligen von Flandern.)

Ein Schwert durchbohrt seinen Hals.

Seine Todesart durch die Normannen.

Stich in Batavia sacra.

Ignatius.

Schüler des Apostels Johannes, Bischof von Antiochien, Martyr zu Rom. † 108. 1. Febr.

Zwischen Löwen stehend.

Er wurde im Amphitheater zu Rom den Löwen vorgeworfen, wobei er ausrief: Ich bin der Waizen des Herrn, mögen mich die Zähne der Thiere zermahlen, damit ich ein Brod Christi werde. Man hält ihn für das Kind, das bei Math. 18, 2 flg. erwähnt wird.

Holzschnitt in Rabus.

Von Löwen im Amphitheater zerrissen.

Miniatur in einem griech. Manuscript, welches im 9. Jahrh. für Kaiser Basilius gefertigt wurde.

P. Roelas px. Sevilla.

J. Creutzfelder px. Wien, Belvedere. Stich im Gall.-W. v. Perger.

Holzschnitt im Passional.

J. B. de Cavalleriis sc. in Eccl. milit. triumphus.

H. Wierix sc. Al. 960.

Ignatius von Loyola.

Stifter des Jesuitenordens, geb. in Loyola 1491, † 1556. 31. Juli.

Folge von Darstellungen aus seinem Leben.

C. Galle sc. nach Rubens. (Rom 1609).

Als Priester mit dem Buch, darin steht: Ad majorem Dei Glo-
riam, in der Glorie I H S.

> Wahlspruch und Monogramm des Jesuitenordens.
>
> **S. à Bolswert** sc. nach Rubens. (Für die Jesuiten in Antwerpen
> gemalt.)
>
> **G. C. Kilian** sc. nach Rusconi. Schwarzk.
>
> Heiligenbilder. Prag bei Bohmann.

Ein Buch haltend.

> Die Ordensregel.
>
> **F. Ludy** sc. nach E. Steinle. Düsseld. Verein.

Zu seinen Füssen ein Drache.

> Nach jesuitischer Erklärung bedeutet der Drache die Ketzerei,
> zu deren Bekämpfung der Orden gestiftet wurde.
>
> **Sadeler** sc.

Im Bett liegend von drei Teufeln mit Knitteln geschlagen.

> **G. Audran** sc.

Er betet für die Pestkranken.

> **G. B. Buratti** sc. nach A. Balestra.

Knieend, neben ihm ein Pilgerstab und Hut.

> Auf den Missionsberuf des Ordens sich beziehend.
>
> **Cl. Mellan** sc. M. 79.

Knieend vor Maria mit dem Kinde.

> **Hiac. Gimignani** sc. B. 6.
>
> **H. Wierix** sc.

Er heilt die Besessenen.

> Wunder aus seinem Leben.
>
> **Rubens** p. Hauptbild, mit seinem Pendant für die Jesuitenkirche
> in Antwerpen gemalt, von der Kaiserin Maria Theresia beide
> erworben (76000 Fr.), jetzt im Belvedere zu Wien. Gest. von
> Marinus und S. Langer.

Christus mit dem Kreuze erscheint ihm über Wolken.

> **N. Pitau** sc.

Ildefons.
Erzbischof von Toledo, † 567. 23. Jan.

Er empfängt ein Messgewand (casula) aus der Hand Mariae.

Höhere Berufung zum Priesterstand.

P. P. Rubens p. Gemälde im Belvedere zu Wien. Gall.-W. von Perger, auch gest. von **H. Witdouck.**

Murillo px. Gallerie zu Madrid. Gest. von Ferd. Selma.

Illuminatus.
Mönch aus S. Severino. 11. Mai.

Als Mönch, betend.

Stich in P. G. Cancellotti: Vita di S. Severino etc. Roma 1642.

Ingenuinus.
Bischof von Brixen, † um 640. 5. Febr.

Soldaten treiben ihn mit Speeren in's Exil.

Aus dem Leben.

Stich in Bavaria pia.

Innocenz (I).
Papst. † 417. 28. Juli.

Engel bringen ihm eine Krone.

Lohn für sein Tugendleben.

Innocenz.
Priester und Anachoret. 4. Jahrh.

Er betet für einen Besessenen.

Dieser war ein Ehebrecher und wurde durch das Gebet des Heiligen geheilt und bekehrt.

Stich in: Les Vies des SS. Pères.

Joachim.
Vater der h. Jungfrau Maria.

Sein Opfer wird vom Hohenpriester abgewiesen.

T. Gaddi px. Florenz. Abbildung bei Jameson (Madonna).

Er umarmt Anna an der goldenen Pforte.

F. de Ribalta px.   Eremitage zu Petersburg.

Siehe auch Anna und Mariae Empfängniss.

Ein Korb mit Tauben.

Das Opfer nach der Geburt Mariae versinnlichend.

Fr. Wouters px.   Belvedere.   Stich im Gall.-Werk v. Perger.

Heiligenbilder.   Prag bei Bohmann.

Joachim.

Piccolomini, Servit aus Siena, † 1305. 16. April.

Er betet für einen von der hinfallenden Krankheit behafteten Mann.   Eine Flamme über seinem Haupte.

Stich in A. Morini: Vita del b. Giovacchino Piccolomini. Firenze 1863.

Jodocus (Josse, Jobst).

Einsiedler von Ponthieu, † 668. 13. Dec.

Einen Pilgerstab in der Hand.

Er verzichtete auf die Krone von Bretagne und ging in die Einsamkeit, nachdem er als Pilger in Rom gewesen.

Burgmair fec.   Holzschnitt.

Wandbild in der Marienkirche zu Cöln. (Dem Isr. van Mecheln zugeschrieben.)

Er lässt mit seinem Stabe eine Quelle hervorbrechen.

Aus dem Leben.

Erbetet vor dem Altar der Apostelfürsten.

Als Pilger in Rom.

Abbildung in: Villefore, Vies des solitaires d'Occident.

Johanna.

Weib des Chusa. Luc. 8, 3. 24, 10. 21. Mai.

Mit der Salbenbüchse.

Sie ging mit den drei Marien zum Grabe Christi, um dessen Leichnam zu salben.

Johanna da Signa.

Vallombrosanerin, † 1307. 9. Nov.

Als Nonne, todt liegend.

Sie liegt in der Kirche della Pieve di Signa begraben.

R. Perini sc. nach Vanni di Bono in G. del Riccio: Ragguaglio istorico della b. Giovanna da Signa. Firenze 1740.

Johanna von Valois.

Königin von Frankreich, 1505. 4. Febr.

Gekrönt, mit Crucifix und Rosenkranz.

Sie gehörte dem Annunziatenorden an, und wird im Kleid desselben dargestellt, ihre Andacht verrichtend.

Johanna Francisca de Chantal geb. Fremiot.

† 1641. 21. Aug.

Sie erhält vom h. Franz von Sales die Regel.

Sie trat als Wittwe in den Orden de la Visitatione ein.

In vielen Kirchen Frankreichs.

Als Nonne mit Buch.

Darodes sc. nach Duval le Camus fils. In: Heilige Frauen. Brockhaus 1854.

Johannes Baptista.

Der letzte Prophet, Vorläufer Christi, Martyr. 21. Juni.

Folge von Darstellungen aus seinem Leben.

Dom. Ghirlandajo px. Dreizehn Fresken in Maria Novella zu Florenz. Gest. von Lasinio.

Andrea del Sarto px. In der Kirche dello scalzo zu Florenz. Gest. von Th. Crüger.

Er predigt in der Wüste.

Vorläufer des Heilandes, der die Menschen auf dessen Ankunft vorbereitet. Marc. 1, 4.

L. Cranach f. (Holzsch.) B. 60.

J. P. le Bas sc. nach Fr. Mola. Gal. Orleans

B. Lepicier sc. nach J. B. Gauli. Ebenda.

D. M. Bonavera sc. nach L. Carracci.

Mit dem Kreuzstock, predigend.

Raphael p. Gemälde in der Gall. zu Florenz.

Bervic sc. Dasselbe, im Gall.-W. von Wicar.

G. Reni p. Raph. Morghen sc.

Fr. Bassano p. Figurenreiche Composition in S. Jacobo dall' orio in Venedig. Umriss in Zanotto: Pin. Ven.

Mit dem Kreuzstock, aus der Muschel trinkend.

Giul. Bugiardini p. Gemälde der Pinacothek von Bologna.

Fr. Rosaspina sc. Dasselbe, im Gall.-Werk. Fol.

H. Carracci p. Das Bild im Brit. Mus. Gest. von Lo Cerf.

Das Volk in der Wüste taufend.

Nic. Poussin p. Das Bild wurde für den grossen Bewunderer des Malers Cassiano del Pozzo gemalt; jetzt im Louvre. Gest. von G. Audran.

Im Kerker sitzend.

J. Collaert sc.

Er wird im Kerker enthauptet.

Math. 14, 10.

J. B. Mercati sc. B. 2.

J. Bink sc. B. 15.

Holzschnitt in L. Rabus.

P. de Jode sc. nach Rubens.

G. Dow px. Maria della Scala zu Rom. Gest. von Gius. Longhi.

Marcello Fogolino sc.

Goudt sc.

J. Frey sc. nach G. Reni.

Isr. v. Mecken sc. B. S.

Zagel sc. B. 3.

Holzschnitt im Leben d. H. 1488.

Das abgeschlagene Haupt des h. Johannes Bapt. auf der Schüssel.

Math. 14, 11.

Leon. da Vinci p. Bild im Belvedere zu Wien. Gall.-W. v. Perger.

Fürstenberg sc. Seltenes Schwarzkunstblatt.

Mit dem Kreuzstock, ein Lamm neben sich.

> Das Lamm bezieht sich auf seine Worte, mit denen er den kommenden Heiland dem Volke bezeichnete: Sehet das Lamm Gottes.

E. Murillo p. Bild im Bolvedere zu Wien. Gall.-W. von Perger.

Derselbe. Bild in der Eremitage zu St. Petersburg.

Derselbe. Anders im Madrider Museum. (Zwei verschiedene Darstellungen. Im Gall.-W. lithographirt.) Noch oft mit Veränderungen wiederholt.

H. Carracci p. Früher im Cab. Brühl, jetzt in der Eremitage. Moitte sc. Im Werk.

Moitte sc. nach C. Lotto. Cabinet Brühl.

H. Schäuflein f. (Holzsch.) B. 31.

Mit einem Buch, darauf das Lamm Gottes.

M. Schongauer sc. B. 54.

Bocholt sc. B. 31.

Isr. v. Mecken px. Boisserée.

Auf dem Throne sitzend, den Rohrstab mit der Legende haltend.

Carboni sc. nach Buffalmacco. Etruria pittrice.

Johannes.
Apostel und Evangelist. 27. Dec.

An der Brust Jesu ruhend.

> Beim letzten Abendmahle. Joh. 13, 23.

Abbild. in: L'invocation des Saints.

E. Rousseaux sc. nach Ary Scheffer. Art-Journal 1869.

Auf Pathmos, gewöhnlich (die Apocalypse) schreibend,

zuweilen den Adler neben sich; in Wolken offenbart sich ihm Maria.

Meister E. S. vom J. 1466. B. 48.

Dieselbe Composition von **M. Schongauer** B. 55.

Monogrammist H. K. f. (Holzsch.) B. VIII, 484.

Dürer fec. Holzschnitt in der Folge der Apocalypse.

L. Krug. sec. B. 9.

C. Maratti px. München. Im Gall.-W. lithogr.

G. Dumonstier sc.

J. **Duvet** sc. R.-Dum. 50.

Fr. Poilly sc. nach le Brun.

P. **Spruyt** sc. nach Rubens.

Maria erscheint in Wolken.

Hat Bezug auf die Verfassung der Apocalypse auf der Insel Pathmos.

Hieronymus van Aeken. Holzschn. Pass. 1.

Johannes unterrichtet seine Schüler in Ephesus.

Apost.-G. 4, 37.

Isr. van Mecken px.

Im siedenden Oelkessel (ante portam Latinam, zu Rom) 6. Mai.

Diese Marter schadete ihm nicht, doch ist sie Ursache, dass Johannes zu den Martyrern gerechnet wurde.

J. **Duvet** (Meister mit dem Einhorn) sc. B. 36. R.-D. 51.

J. **B. de Cavalleriis** sc. in Eccl. milit. triumphus.

L. **Cossin** sc. nach le Brun.

Adler und Kelch, aus dem sich eine Schlange herauswindet.

Er segnete den Wein, der vergiftet war; da kroch eine Schlange hervor und das Gift wurde unschädlich.

Dominichino p. Gemälde in der Gal. d'Orleans, jetzt in der Eremitage zu St. Petersburg.

Bersenoff sc. Dasselbe, im Werke Gal. d'Orleans.

J. **Müller** sc. Dasselbe im Petersb. Gall.-W.

Auf Münzen von Cleve, Mecklenburg, Montserrat, Sizilien. Spoleto, Pesaro.

Er segnet den Kelch, aus dem eine Schlange hervorkriecht.

H. **Memling** px. Boisserée.

B. **de Bruyn** px. Ebenda.

Israel v. Mecken px. Ebenda.

S. **à Bolswert** sc. nach Seghers.

In den Wolken ein Lamm mit dem siebenfach versiegelten Buche.

Apoc. 6, 1.

Alonso Cano p. (Umriss in Musée de Peinture III).

Mit dem Adler und Evangelienbuch.

Als Evangelist.

Fr. Keller sc. nach Overbeck. Düsseld. Verein.

Mit Kelch und Schlange. Er verehrt Maria mit dem Kinde.

M. Greuter sc. nach **F. Barocci.**

Ueber Wolken, mit dem Adler, schwebend.

N. Larmessin sc. nach Raphael. Crozat.

S. auch Apostel und Evangelisten.

Johannes Agni.
Dominikaner in Gent, † 1396.

In die See geworfen.

Aus seinem Leben.

Miniaturbild in der Bibliothek zu Woodchester.

· Johannes der Almosengeber.
Eleemosynarius, Patriarch von Alexandrien, † 616. 23. Jan.

Mit einem Beutel.

Aus diesem pflegte er zahlreiche Almosen auszutheilen, deshalb sein Beiname.

Holzschnitt im Passional.

Er theilt Almosen aus.

Holzschnitt im Leben der H. 1488.

Johannes Berchmanus.
Jesuit aus Belgien, † zu Rom 1621.

Mit Crucifix, Rosenkranz und Ordensregel.

Er pflegte zu sagen: Haec tria mihi carissima, cum his libenter morior.

B. à Bolswert sc.

Johannes von Beverley.
Bischof von York, † 721. 7. Mai.

Ein Altar neben ihm.

Johannes Calybita.
Bettler zu Constantinopel. 5. Jahrh. 15. Jan.

Als Bettler.

Nach dem Evangeliumspruch gab er all' sein Besitzthum hinweg und wurde Bettler.

Schouten sc. in: Les Vies des SS. Pères.

Johannes Capistranus.
Minorit, † 1456. 23. Oct.

Er lässt schlechte Bücher verbrennen.

Auf seinen Missionen war das Wort seiner Predigt so mächtig, dass die Leute schlechte Bücher herbrachten, die er dann verbrannte.

H. Schäuflein f. (Holzsch.) B. 36.

Mit dem Sacrament, darin der Name Jesu.

M. Anton Raimondi sc. B. 145.

Mit einer Fahne.

So führte er das christliche Heer gegen die Türken an.

Stich in Bavaria Sancta.

Abbildung in Ribadeneira.

Johannes Chrysostomus.
Bischof von Constantinopel, † 407. 14. Sept.

Mit dem Kelch und Evangelienbuch.

Priesterthum und Lehramt.

Rubens px.

C. Gregori sc.

Nackt auf Händen und Füssen kriechend. (Die Busse des h. Chrysostomus genannt.)

Er lebte in der Wüste, eine Königstochter verirrte sich in seine Höhle. Er sündigte mit ihr und stürzte sie dann im Eifer der Reue vom Felsen herab. Darauf that er Busse (auf obige Weise). Sie wurde wunderbar gerettet. Man fand endlich beide. S. Koberger's Legenden.

L. Cranach sc. B. 1.

A. Dürer sc. B. 63.

B. Beham sc. B. 43. Copirt von H. S Beham B. 215. (Auf späteren Abdrücken steht: S. Johannes Chrysostomus.

Johannes Climacus.
Abt des Klosters Sinai, † 606. 30. März.

Er hat einen Mantel verkehrt an.

So erschien er einmal mit Vorbedacht im Chore, und als seine Klosterbrüder darüber lachten, so fuhr er sie an: Ihr lacht, weil ich den Mantel verkehrt angezogen habe; Ihr aber kehrt das ganze Gesetz Gottes um! —

Eine Leiter.

> Hinweisung auf sein berühmtes Buch, das er: die Leiter betitelte.

> Abbildung in: L'invocation des Saints.

> Stich in: Les Vies des SS. Pères.

Johannes Colobus (der Zwerg).
Eremit in Egypten. 5. Jahrh. 17. Oct.

Er bekehrt das Freudenmädchen Paësia.

> Stich in: Les Vies des SS. Pères.

Johannes Damascenus.
Griech. Mönch, † um 730. 6. Mai.

Maria erscheint ihm im Traume.

> Aus dem Leben.

> **J. Callot sc.**

Er trägt Körbe mit Früchten.

> Abbildung in: L'invocation des Saints.

Johannes.
Einsiedler, † 393. 27. März.

Einen Löwen bezähmend.

> Wunder aus seinem Leben.

> Stich nach A. Bloemaert.

In einer Felsenspalte betend.

> Um sich seine Wohnung aus Bussübung recht unbequem zu machen, wählte er eine enge Felsenspalte.

> **Sadeler sc.** nach M. de Vos. (Solitudo.)

> Abbildung in: L'invocation des Saints.

> Stich in: Les Vies des SS. Pères.

Johannes à S. Facundo.
Augustiner, ✝ 1479. 12. Juni.

Auf seine Ermahnung versöhnen sich zwei Ritter.

> Aus dem Leben.

> Abbildung in Ribadeneira.

Er wandelt auf dem Meere.

> Wunder aus seinem Leben.

> Stich in: Sanctus mirabilis Joannes à S. Facundo. Viennae 1691.

16

Johannes de Goto.
Jesuit, Martyr in Nangasaki, Japan. † 1597.

Gekreuzigt.

> Seine Todesart.

> **S. à Bolswert** sc.

Johannes von Gott.
Stifter des Ordens der barmherzigen Brüder, geb. in Portugal 1495, † in Granada 1550. 8. März.

Scenen aus seinem Leben.

> **H. Wierix** sc. 7 Bl. Al. 801—807.

> Leben der Heiligen. Leipzig.

Ein Kind mit einem offenen Granatapfel, darin ein Kreuz.

> Das Kind war Jesus, er trug es, wie einst Christoph, worauf
> das Kind zu ihm sprach: Johannes, zu Granada wird dein
> Kreuz sein. Der Granatapfel sinnbildet also Granada.

> Abbildung in Ribadeneira.

Er trägt in stürmischer Nacht einen sterbenden Tauge-
nichts auf dem Rücken zum Hospital. Ein Engel sucht
ihm seine schwere Last zu erleichtern.

> **Murillo** px. in der Kirche Caritad zu Sevilla. Effectvolles, vor-
> zügliches Bild.

Mit Dornenkrone über Wolken schwebend.

> Seine Verklärung.

> **B. v. Westerhout** sc. nach J. G. Heintsch.

Johannes Gualbertus.
Stifter der Vallombrosaner-Mönche, früher Edelmann, † 1073. 12. Juli.

Folge von Darstellungen aus seinem Leben.

> **Rovezzano** fec. Fünf Basreliefs in der Academie zu Florenz.

Als Ritter sucht er einen anderen zu tödten.

> Um einen Verwandten, den dieser getödtet hatte, zu rächen.
> Der Bedrängte ruft Christum an, worauf ihm Johannes verzeiht.

> Stich in Ribadeneira.

Mit dem Bilde des Gekreuzigten.

> Wenn er vor demselben betete, so neigte es sich ihm zu.

> **J. Callot** sc.

Im Ordenskleid mit Kreuz und Buch.

> **Fra Angelico** px. Florenz. Abbildung bei Jameson.

Johannes vom Kreuz.
Carmoliter, † 1591. 24. Nov.

Christus erscheint ihm mit dem Kreuz.

Murillo px. In der Gallerie des Königs von Holland.

J. A. Pfeffel sc.

J. Audran sc. nach **J. Christophe.**

Johannes de Leon.
Klosterbruder, Koch. 27. Nov.

Als Klosterbruder, Küchengeräthe um ihn.

Er verstand es, aus blossem Wasser die kräftigsten Brühen, aus Knochen oder Leder das wohlschmeckendste Fleisch zu bereiten. Er ist desshalb Patron der Köche.

Johannes von Matha.
Trinitarier. † 1213.

Darstellungen aus seinem Leben.

v. Thulden sc. 24 Bl. in: Revelatio Ord. SS. Trinit. (Darin auch Bl. aus dem Leben des h. Felix v. V.)

Als Pilger vom Engel begleitet.

Schouten sc. in: Les Vies des SS. Pères.

Die Dreieinigkeit verleiht ihm ein Scapulier.

Er war mit der Stifter des Trinitarierordens.

Gebrochene Ketten in seiner Hand.

Bekanntlich befasste sich der Orden mit der Befreiung der christlichen Sclaven.

Gio. Cosmatta fec. Mosaik in Rom. Christus erscheint dem Heiligen.

Johannes von Nepomuk.
Canonicus an der Veitskirche zu Prag, Martyr, † 1383. 16. Mai.

Folge von Darstellungen aus seinem Leben.

J. Schmutzer sc. nach Maulpertsch. Fünf Bl. a) Johannes wird vom König Wenzel hart angefahren. b) Er wird mit brennenden Fackeln gemartert. c) Er wird in's Wasser geworfen. d) Er schwebt über Wolken als Fürsprecher für Kranke und Arme. e) Seine Zunge wird unverwest gefunden.

J. A. Pfeffel sc. 31 Bl. in Joh. Balbin: Vita B. Johannis Nepom. Aug. Vind. 1725. Die einzelnen Darstellungen sind ausserdem von Darstellungen verschiedener anderer H. des Namens Johannes eingerahmt.

16*

Als Beichtvater, mit den Sternen um das Haupt.

D. Crespi p. Gemälde der Turiner Gallerie.

Er wird von der Prager Brücke in den Moldaufluss gestürzt.

H. Rossi sc. in Fr. M. Galuzzi: Vita di San Giovanni Nepom. Rom. 1729.

Crucifix und fünf Sterne um das Haupt.

Als er in den Moldaufluss auf Befehl Wenzel's IV. geworfen wurde, erglänzten fünf Sterne um sein Haupt.

Seine erzene Statue auf der Prager Brücke. (Ebenso unzählige Mal auf Brücken etc. in Böhmen.)

J. E. Wessely sc. nach der Marmorstatue auf Ponte Molle bei Rom.

Marmorstatue auf der Brücke zu Capua.

F. Dinger sc. nach Settegast. Düsseld. Verein.

Mit Kreuz, Palme und fünf Sternen; den Finger auf den Mund gelegt.

J. Settegast inv. **F. Dinger** sc. Düsseld. Heiligenbilder.

Er bringt Maria seine Zunge dar.

Gasp. Massi sc. Das Bild wurde zur Canonisation des Heiligen im Lateran verwendet.

Mit einem Anker.

Erinnert so an sein Amt, dass er der Patron der im Meer, überhaupt im Wasser in Lebensgefahr sich Befindenden ist.

Statue in Antwerpen in der Strasse: Canal des Recollets.

Johannes de Prado.
Franciskaner aus Andalusien, Mart. † 1631.

Ein Messer steckt im Kopf, Pfeile in der Brust.

Sein Martyrium.

N. Oddi sc. nach Marchitelli in: Vita del G. Giovanni de Prado. Roma 1728.

Johannes in puteo (im Brunnen).
Eremit in Armenien. 30. März.

In einem Brunnen vom Teufel versucht.

Er nahm Wohnung in der Tiefe eines alten Brunnens, daher sein Name; nach seinem Tode wuchs eine mächtige Palme mit Früchten aus demselben heraus.

Johannes von Rheims.
Benedictinerabt, †'um 515. 28. Jan.

Er führt den Teufel an der Kette.

Sieg über die Sünde.

Er befreit einen Brunnen von Schlangen.

Wunder aus seinem Leben.

Schouten sc. in: Les Vies des SS. Pères.

Johannes Sarcander.
De Skoczovia, Priester in Mähren, Mart. 1620. 17. März.

Mit einer Palme.

Stich in A. E. Schwartz: Rabinus Moraviae id est Vener. Joannis Sarcandri etc. Brunae 1712.

Johannes Silentiarius.
Einsiedler in Palästina, † 558. 13. Mai.

In der Hütte betend.

B. à Bolswert sc. nach A. Bloemaert (Sacra Eremus.)

Abbildung in: L'invocation des Saints.

Stich in: Les Vies des SS. Pères.

Johannes Sordi.
Bischof von Vicenza, Mart.

Mit einem Schwert in der Schulter.

Sein Martyrium.

Stich in Don Fr. Sordi: Vita del b. Giovanni Sordi. Cesena. 1765.

Johannes Thaumaturgus (der Wunderthäter).
Bischof. 5. Dec.

Er treibt Teufel aus Besessenen aus.

Wunder aus seinem Leben.

Johannes (da Tossignano).
Bischof von Ferrara, † 1446. 26. Juli.

Er theilt Almosen aus.

Stich in F. M. di S. Lorenzo: Storia del b. Giovanni Tavelli, detto Tossignano. Mantua 1753.

Johannes de Urtica.

† 1163.

Bremnessel neben sich.

Anspielung auf seinen Namen.

Johann und Paul.

Römische Ritter, Brüder, Martyrer, † 362. 26. Juni.

In römischem Kriegskleid, mit Palmen.

Merkwürdigerweise gibt es in ihrer Kirche zu Venedig S. Giovanni
e Paolo kein Bild von ihnen.

Jonas und Barachisius.

Martyrer in Persien, † 326. 29. März.

Unter einer Schraubenpresse.

So litten sie mit ihren Gefährten den Tod für ihren christlichen Glauben.

Josaphat.

Einsiedler. 3. Jahrh. 27. Nov.

Mit einem Löwen in der Waldeinsamkeit.

J. Sadeler sc. nach M. de Vos. (Solitudo.)

S. auch Barlaam.

Josaphat.

Kuncevic, Bischof von Vitebsk, Martyr, † 1623. 27. Nov.

Mit einem Beil im Kopf.

Dieser wurde ihm gespalten.

Stich in J. Sucza: Cursus vitae et certamen martyrii B. Josaphat
Kuncevicii. Paris 1865.

Joseph.

Der Nährvater Christi. 19. März.

Ein blühender Stab.

Er bezieht sich auf seine Erwählung zum Bräutigam Mariae
im Tempel zu Jerusalem. S. auch Vermählung Mariae.

H. Nüsser s. nach F. Ittenbach. Düsseld. Verein.

Ghirlandajo px. Fresco in Maria Novella zu Florenz.

Guercino px. Gallerie Pitti zu Florenz.

Vermählung mit Maria.

S. Maria, Vermählung.

Säge und ein Engel.

Der Engel weckt ihn aus dem Schlafe und befiehlt ihm, mit Maria und dem Kinde nach Egypten zu fliehen. Math. 2, 19.

Raph. Mengs p. Bild im Belvedere zu Wien. Gall.-W. v. Perger.

Mit dem Christkinde und dem Stock.

Als Pflegevater des göttlichen Kindes.

D. M. Viani sc.

G. B. Salvi (Sassoferrato) p. Berliner Museum.

Murillo p. Eremitage zu Petersburg.

Cl. de Torres px. Ebenda.

Mit dem Kinde und dem blühenden Stabe (oder Lilie).

Bartolozzi sc. nach Fr. Barbieri (Guercino).

S. à Bolswert sc.

L. Zucchi sc. nach Jos. Angeli. Cab. Brühl.

F. Ludy sc. nach Settegast.

Bei der Hobelbank beschäftigt.

Seinen weltlichen Stand bezeichnend.

H. Carracci p. Der H. will auf einem Brette eine Linie mit der gefärbten Schnur zeichnen; der kleine Jesus hält das eine Ende der Schnur, welche der h. Joseph im Begriffe steht, abzuschnellen. Maria näht. Anmuthvolles Familienbild, voll Wahrheit, wenn auch der Vorgang in der Bibel nicht erzählt. Im Besitz des Grafen von Suffolk gewesen, gest. von J. Couché. Umriss in Duchesne. Musée XI. No. 763.

Er stirbt.

In Gegenwart Christi und Mariae. Wenn auch die Bibel nichts vom Tode des h. Joseph erzählt, so ist doch als sicher anzunehmen, dass dieser vor dem Tode Christi stattfand. Mit der Volljährigkeit Christi war die Pflegerschaft zu Ende und der letzte der Patriarchen legte sich zur Ruhe. Dass Christus und Maria ihn in seinen letzten Augenblicken trösteten, ist als sicher anzunehmen.

G. Rovelli sc. nach Tomaso Redi. Etruria Pittrice.

C. Maratti px. Belvedere. Im Gall.-Werk ein Stich.

C. Carlone sc.

X. Steifensand sc. nach Fr. Overbeck. Düsseld. Verein.

Mit der Lilie.

Kohlenschein sc. nach Deger. Düsseld. Verein.

Joseph von Arimathäa.
Ein Freund Jesu, der dessen Bestattung besorgte. 17. März.

Mit der Salbenbüchse.

Auf die Salbung und Bestattung des Leichnams Christi sich beziehend.

Joseph Barsabas.
Ein Jünger Jesu. Apstg. 1, 23. 11. Dec.

Mit einem Giftbecher.

Seine Todesart.

J. Callot sc.

Joseph Calasanctius.
Stifter des Ordens der frommen Schulen (Piaristen). † 1648. 27. Aug.

Er unterrichtet Kinder.

Er gab armen Kindern unentgeltlichen Unterricht und stiftete zum gleichen Behufe den Orden.

M. Gonzalez sc.

Vogel von Vogelstein px. Altarbild in der Piaristenkirche zu Brüx in Böhmen.

Heiligenbilder. Prag bei Bohmann.

Mit Buch und Feder.

Beides kann entweder auf die Verfassung der Ordensregel oder auf den Ordensberuf gedeutet werden.

Vega sc. nach Bayen.

Joseph a Cupertino.
Minorit, † 1663. 18. Sept.

Im Ordenskleid.

Dom. Cunego sc. nach F. Boscarotti.

Joseph Filingeri.
Priester zu Palermo.

Mit Kreuz und Lilie.

Abbild. in A. Mongitore: Vita del gran Servo di Dio D. Giuseppe Filingeri Palermitano. Palermo 1725.

Joseph de la Pacificacion.

Spanischer Carmelit, † 1774. 7. Januar.

Mit einem Rosenkranz.

M. S. Carmona sc. nach A. Velasquez.

Joseph s. Hermann Joseph.

Jovita s. Faustinus.

Iphigenia.

Jungfrau. 1. Jahrh. 21. Sept.

Vom h. Apostel Mathaeus getauft.

J. Callot sc.

Irenaeus.

Bischof und Martyr unter Diocletian. 25. März.

Während des Gebetes erstochen.

Seine Todesart.

Abbildung in: L'invocation des Saints.

Irene.

Jungfrau zu Constantinopel, Mart. 1. Jahrh. 5. Mai.

Mit einem Pferd.

An dieses wurde sie gebunden und von demselben geschleift.

Irene.

Vornehme Jungfrau in Portugal, Mart. † 653. 20. Oct.

Im Walde ermordet.

Von ihrem Entführer, der sich später bekehrte.

V. Brozik px.

Irmgard (Irmengard).

Gräfin, Jungfrau, † um 1050. 4. Sept.

Als Pilgerin vor dem Crucifix betend.

Vom Heiland geht ein Band zu ihr herab mit der Inschrift: Benedicta sis filia mea Irmgardis.

Ant. Wierix sc. Al. 962.

Irmina.

Nonne, Stifterin von Weyssenburg. 9. Jahrh. 24. Dec.

Sie ertheilt Almosen.

Abbildung in: Galerie des Saints d'Alsace.

Das Christkind erscheint mit zwei Engeln über ihrem Haupte.

Burgmair fec. Holzschnitt.

Isaac.

Mönch und Martyr zu Cordova. † 851. 3. Juni.

Ein Engel begleitet ihn.

Sein Schutzengel erschien in sichtbarer Gestalt.

Stich nach A. Bloemaert.

Isabella.

Königstochter, Schwester des h. Ludwig. † 1270. 31. Aug.

Sie wäscht und reinigt die Armen.

Ein Zeichen ihrer Demuth.

E. Murillo p. Bild in der Academie zu Madrid. (Im Gall.-W. lithogr.

Ph. de Champagne px. In St. Paul zu Paris.

Ischirion.

Diener in Alexandrien, Mart. 3. Jahrh. 22. Dec.

Mit einer Lanze durchbohrt.

Seine Todesart.

Abbildung in: L'invocation des Saints.

Isidor.

Bischof von Sevilla. † 636. 4. April.

Mit der Mitra, im weissen Gewande.

Murillo px. Cathedrale von Sevilla.

Salv. Carmona sc. nach Maella.

Tod des h. Isidor. (El Transito de San Isidoro.)

Er stirbt an den Stufen des Altars.

Roelas px.

Er kommt oft auf span. Bildern mit seinem Bruder Leander, der auch Bischof von Sevilla war, vereint vor. S. diesen.

Isidor.
Labrador (Ackersmann) zu Madrid. † 1130. 15. Mai.

Ein Engel ackert mit weissen Pferden.

> Während er am Sonntag dem Gottesdienst oblag, besorgte der Engel seinen Dienst, den sein strenger Brotherr von ihm auch am Sonntag forderte.

> Abbildung in Ribadeneira.

Eine Hacke in seiner Hand.

> Auf seinen Stand hindeutend. (In Spanien „el Labrador" genannt.)

> **Simon de Pesaro** px. Gallerie Pitti zu Florenz.

> **Vasquez** sc. nach Ximeno, in: Vida de San Isidro Labrador. (Nic. Jos. de la Cruz.) Madr. 1790. (Zugleich mit seinem Weibe: Maria della Careze, das einen Korb trägt.)

Mit einem Fruchtbündel.

> **Jos. Giraldo** sc. nach dem Basrelief von Juan Pascual de Mena (auf dem Grabmal des Heiligen.)

Er erweckt mit seinem Stabe eine Quelle.

> Aus dem Leben.

> **Palomino** sc. nach J. à Careño.

Itisberga.
Jungfrau in Ybergha, † um 800. 21. Mai.

Sie hält eine Schlange.

> Diese that ihr keinen Schaden.

> Alter anonymer Stich.

Itta s. Ida und Iduberga.

Jucunda.
Jungfrau, Mart. unter Diocletian. 10. Dec.

Mit Krone und Palme.

> Insignien des Marterthums.

Judas Thaddaeus.
Apostel. 28. Oct.

Bei einem Tische schreibend; neben ihm ein Beil.

> Die Bibel enthält einen Brief von seiner Hand; das Beil deutet auf sein Martyrium hin.

> **Cl. Mellan** sc. M. 83.

Mit einem Winkelmaass.

> Er war früher Zimmermann, bevor er zum Apostolate berufen wurde.

Mit einem Beil erschlagen.

> Martyrium.
>
> Holzschnitt in Egenolph. (Schule Dürer's.)

Mit einem Tuche, worauf das Angesicht Christi.

> Nach einer Legende soll er das Bildniss Christi an König Abgarus überbracht haben. S. Christus.
>
> Auf Münzen von Cöln, Goslar und Magdeburg.

Julia.

Jungfrau aus Alexandrien, Martyr. 6. Jahrh. 22. Mai.

Gekreuzigt.

> Ihre Todesart, die sie in Corsica unter Theodosius erlitten. Martyr. Rom.
>
> **A. Collaert** sc. In Ricci: Triumphus J. Chr. crucifixi.
>
> Abbildung in: L'invocation des Saints.

Juliana.

Jungfrau aus Nicomedien, Mart. unter Maximian. 16. Febr.

Im Kerker, einen Teufel überwindend.

> Miniatur des 13. Jahrh., abgebild. in Didron: La France littéraire. IV. 181.

Nackt bei den Haaren aufgehängt und gepeitscht.

> Abbildung in: L'invocation des Saints.

In einem Kessel über Feuer.

> Diese Marter that ihr keinen Schaden.
>
> **J. Callot** sc.
>
> **F. Collignon** sc.

Mit Schwert, Krone und Palme, den Teufel an der Kette führend.

> Sie wurde endlich enthauptet.
>
> **Sadeler** sc. nach M. de Vos. (Specul. pudic.)
>
> **F. Ittenbach** inv. R. Rittinghaus sc. Düsseld. Heiligenbilder.
>
> Holzschnitt im Leben d. H. 1488.

Juliana.

Benedictinerin, Aebtissin zu Venedig, † 1262. 1. Sept.

Sie hält ein Reliquien-Ostensorium.

Juliana von Corneliberg.

Priorin, Beförderin des Frohnleichnamsfestes, † 1258. 5. April.

Scenen aus ihrem Leben.

Leben der Heiligen. Leipzig.

Juliana Falconieri.

Jungfrau, Nonne zu Florenz, † 1341. 19. Juni.

Vor dem Altars-Sacrament betend.

Alter anonymer Stich.

Eine Hostie auf der Brust.

Da sie vor dem Tode nicht communiciren konnte, legte man ihr eine consecrirte Hostie auf die Brust, welche sogleich verschwand.

Anonymes Bild in der Academie zu Florenz.

Julianus von Ancyra.

Martyr.

Glühender Helm auf seinem Haupte.

Sein Martyrium.

Julianus.

Erster Bischof von Mans. 3. Jahrh. 3. Febr.

Mit Schwert und Palme.

Auf einem Altarbilde von **Girol. da Santa Croce** in S. Giuliano zu Venedig. Umriss in Zanotto: Pinac. Veneta.

Julianus.

Bischof von Cuenza, Spanien. † 1207. 28. Jan.

Er verehrt Maria.

J. Ximeno sc.

Julianus von Cilicien.

Martyr. 3. Jahrh. 14. Febr.

An ein Dromedar gebunden.

J. Callot sc.

Julianus und Basilissa.
Märtyrer unter Diocletian. 9. Jan.

Sie knieen vor einem Engel, der vor ihnen ein offenes Buch hält.

Abbildung in: L'invocation des Saints.

Julianus von Emesa.
Art, Martyr in Phönicien, † 312. 6. Febr.

Mit einem Nagel im Kopfe.

Sein Martyrium.

Julianus Sabas.
Einsiedler in Mesopotamien, † 380. 18. Oct.

Himmlisches Licht erleuchtet ihn.

Abbildung in: L'invocation des Saints.

Stich in: Les Vies des SS. Pères.

Julianus Hospitator.
Einsiedler. 9. Jahrh. 29. Jan.

Scenen aus seinem Leben.

Einunddreissig Glasbilder in der Cathedrale von Rouen. Abgebild. in Langlois du Pont-de-l'Arche: Recherches sur la peinture sur verre. Pl. 32—38.

Er nimmt einen Aussätzigen auf.

Ein zweiter Oedipus. Es wird ihm prophezeit, dass er seine Eltern tödten werde; um dieser Möglichkeit zu entfliehen, reist er in weite Ferne, wo er heirathet. Sein Weib will ihn überraschen und lässt ohne sein Wissen seine Eltern kommen. In der Nacht zurückgekehrt, findet er diese im Bett seines Weibes, wähnt die letztere ehebrecherisch und erschlägt seine Eltern. Darauf thut er schwere Busse, indem er mit seinem Weibe in der Wildniss an einem reissenden Strome lebt, wo er Reisende übersetzt. Einmal kommt ein Aussätziger, dem er sein eigenes Lager überlässt, dieser sagt ihm, dass seine Sünde vergeben sei, und verschwindet in der Lichtgestalt eines Engels. S. Jac. a Voragine: Legenda aurea.

Ch. Allori px. Gallerie Pitti zu Florenz. Gest. von F. Gregori. Im alten Gall.-Werk. 'Etruria Pittrice.'

Julianus di S. Agostino.
Franciskaner aus Medinaceli, Castilien.

Mit Kette, Rosenkranz und Geissel.

Al. Mocchetti sc. nach J. Zanetti in: (G. Vidal e Galiana) Vita del beato Giuliano di S. Agostino. Roma 1825.

Julitta.
Jungfrau, Mart. in Cäsarea, † 304. 30. Juli.

Mit Kreuz und Palme.

Sim. Memmi px. Florenz.

Julius und seine Gefährten.
Martyrer, † um 303. 1. Juli.

Sie bestärken und trösten sich wechselseitig vor dem Tode.

Sie starben in England.

J. Callot sc.

Justa und Rufina.
Jungfrauen und Mart. † 304. 19. Juli.

Sie tragen irdene Gefässe.

Zurbaran px. Louvre.

Palmen in der Hand.

Sieg über das Martyrium.

Murillo px. (Beim Herzog von Southerland.)

Justina v. Padua.
Jungfrau, Mart. † 304. 30. Nov.

Mit dem Kreuz den Teufel bannend, eine Lilie in der Hand.

J. Callot sc.

Sie wird erdolcht.

Ihre Todesart.

P. Cagliari px. S. Giustina in Padua.

Derselbe p. in Florenz. **G. Fosella** sc. im Gall.-W.

J. B. Angeli sc. B. 15.

Mit dem Schwert in der Brust.

Aug. Carracci sc. B. 78.

P. Cagliari in S. Giustina zu Padua. Auch von G. Fosella gest.

Ben. Montagna px.

Auf Münzen von Papst Paul III., Venedig, Piacenza.

Einhorn und Palme.

Das Einhorn ist Sinnbild der Jungfräulichkeit.

Pordenone p. Bild im Belvedere zu Wien. Gall.-W von Perger. Gest. von Martin Frey, Ferd. Berger.

Justina von Antiochien.

Mart. † 304. 26. Sept.

Mit dem h. Cyprian im Kessel verbrannt.

Martyrium.

J. B. de Cavalleriis sc. in Eccl. milit. triumphus.

Holzschnitt im Leben d. H. 1488.

S. auch Cyprian.

Justinus.

Philosoph, Mart. † um 170. 13. April.

Schreibend.

Abbildung in: L'invocation des Saints.

Sein Buch dem Kaiser darreichend.

Es ist die Apologie des Christenthums.

J. Callot sc.

Justus und Pastor.

Brüder, Martyrer in Alcala, Spanien. † 304. 6. Aug.

Beide werden gegeisselt.

Ihre Marter.

J. Callot sc.

Auf einem Stein knieend.

In diesen haben sich, als sie hingerichtet wurden, ihre Kniee eingedrückt.

Justus.

Knabe, Martyr, † 287. 18. Oct.

Er hält seinen abgeschlagenen Kopf.

Als diess sein Vater sah, wurde er auch ein Christ.

J. Witdoeck sc. nach Rubens. Jetzt in der Gallerie zu Brüssel.

Wyngaerde sc. nach demselben.

Glasbild in der Cathedrale zu Beauvais.

Mit Palme und Buch.

Statue am Hause in Auxerre, wo er wohnte.

Justus Gondamus.

Karthäuser, Mart., geb. 1535.

Mit Kelch und Palme.

Abbildung in: Vita et Martyrium B. Justi Gondani. Brux. 2624 (statt 1624).

Jutta (Ivetta).

Nonne in Huyi bei Leyden, † um 1230. 13. Jan.

Sie hält einen glühenden Dreifuss.

Dieser verletzte sie nicht.

Juvenal.

Bischof von Narni in Umbrien, † 376. 3. Mai.

Mit einem Schwert zwischen den Zähnen.

Als er damit erstochen werden sollte, hielt er es auf diese Art fest.

Juventinus und Maximus.

Mart. in Antiochia, † 365. 25. Jan.

Sie werden enthauptet.

Ihre Todesart.

Holzschnitt in Rabus.

Juventius (Eventius).

Bischof in Ticino. 2. Jahrh. 8. Febr.

Seine Henker kommen im Sturme um.

Befreiung aus Lebensgefahr.

Ivan.

Ein Königssohn aus Dalmatien, Eremit in Böhmen. 10. Jahrh. 24. Juni.

Vor dem Crucifix betend.

Wussin sc.

Von Dämonen gepeinigt.

J. Sadeler sc. nach M. de Vos. (Solitudo).

Iventius s. Syrus.

Ivo.

Geb. in der franz. Bretagne 1253. 27. Oct.

Er hört die Klagen der Wittwen und Waisen an.

Er war Advocat und nahm sich der Verlassenen immer thätig an.

Jac. Climenti d'Empoli p. In Florenz. G. Cornacchia sc. im Gall.-Werk. Auch von Dalco gest.

Rubens px. in Löwen (Louvain).

Kenelm.

Martyr, † 819. 17. Juli.

Mit einer Lilie.

Er wurde in England als Kind gemartert.

Kentigern (Mungho).

Bischof von Glasgow, † um 590. 13. Jan.

Er hält einen Lachsfisch, der einen Ring trägt.

Kilian.

Bischof von Würzburg, Mart. † 689. 8. Juli.

Ein Kelch, oder Schwert.

Das Werkzeug seines Martertodes.

Holzschnitt in: Leben d. H. 1488.

Luc. Kilian sc.

Kirchenväter.

Die Kirchenväter sind die Anwälte der auf Erden streitenden Kirche; ihre Schriften werden als vom h. Geiste eingegebene betrachtet, ihre Aussprüche gelten, wenn auch nicht einzeln, doch in übereinstimmender Einigkeit als entscheidend in Sachen des Dogma's und der Moral. Sie werden auch Doctoren der Kirche genannt.

Man unterscheidet griechische und lateinische Kirchenväter, d. h. Kirchenlehrer der orientalischen und occidentalen Kirche.

A. Griechische Kirchenlehrer.

Zu den Hauptlehrern der orientalischen Kirche werden Johannes Chrysostomus, Basilius der Grosse, Athanasius und Gregor von Nazianz gezählt; ihnen wird zuweilen als fünfter Cyrillus von Alexandrien beigegeben. Ihr allgemeines Attribut ist das Buch und die segnende rechte Hand.

Vereint erscheinen die griechischen Kirchenlehrer:

Altgriechische Malerei im Vaticanischen Museum. Abbild. in Jameson.

Dominichino px. in Grotta Ferrata.

Einzeln s. im Alphabet.

B. Lateinische Kirchenlehrer.

Zu den wichtigsten gehören Hieronymus, Gregor der Grosse, Augustin und Ambrosius. Sie bilden die Pendants zu den vier Evangelisten, ja zuweilen werden ihnen sogar die Attribute der Evangelisten beigelegt, und zwar die menschliche Gestalt dem Hieronym, der Löwe dem Ambrosius, der Adler dem Augustin und der Ochse dem Gregor. So hat sie Sacchi gemalt; das Bild ist im Louvre. Gregor wird als Papst, Hieronym als Cardinal, die beiden übrigen in bischöflicher Tracht dargestellt. Allen kommt das Buch zu; dem Augustin speciell ein brennendes Herz, dem Hieronym der Löwe, dem Gregor die Taube, dem Ambros der Bienenkorb.

Vereint auf einer Darstellung.

P. F. Sacchi px. im Louvre.

Auf dem Holzschnitt nach Tizian: Triumph Christi ziehen sie den Triumphwagen.

Vivarini px. auf dem Bilde der Krönung Mariä in der Academie zu Venedig. Gest. von G. Zuliani. Pinac. Veneta von Zanotto.

Raphael px. auf der Disputa im Vatican.

Gio. da Udine px. Academie zu Venedig. Sie erscheinen hier als Zuhörer bei der Anwesenheit des zwölfjährigen Jesus im Tempel.

Moretto px. Im Frankfurter Museum. Vereint um den Thron, darauf Maria sitzt.

Dosso Dossi px. Dresden. Die Väter meditiren über die unbefleckte Empfängniss der Maria.

G. Reni px. Petersburg. Ebenso. Gest. von Sharp, J. Frey.

Rubens px. Grosvenor-Gallerie in England. Gest. v. S. à Bolswert.

Derselbe. Dominikanerkirche zu Antwerpen. Gest. von C. Galle und H. Snyers.

Vereint zu einer Folge.

Gewöhnlich nehmen sie, wie die Evangelisten, die vier Seiten ein.

A. Allegri px. Fresco in S. Giovanni zu Parma.

L. Gaultier sc.

Rob. van Bolten sc. nach J. Arpino.

H. Wierix sc. nach M. de Vos. Al. 751—54.

Griechische und lateinische Kirchenväter vereint.

Fra Angelico px. In der Capelle S. Lorenzo im Vatican zu Rom.
Es sind Einzelgestalten. Der Künstler hielt sich nicht an die
gewöhnliche Annahme der vorzüglichsten, er stellte die vier
lateinischen, dazu den Leo und den Thomas ab Aquino (aus
geistl. Verwandtschaft, da Maler und Heiliger demselben Orden
angehörten) dar; von den griechischen wählte er nur den Athanasius und Chrysostomus.

Einzeln s. im Alphabet.

Die drei h. Könige.

Die Weisen aus dem Morgenlande. 6. Jan.

Ihre Namen Caspar, Melchior und Baltasar kommen bereits im
12. Jahrhundert vor. Caspar, als alter Mann mit weissem Bart, bringt
Gold dar, Melchior, im reifen Alter, kommt aus Arabien und bringt
Weihrauch, Baltasar, König von Saba, jugendlich und als Mohr, offerirt
Myrrhen.

Sie erblicken auf der Reise im Stern das Christkind.

T. Gaddi px. Capelle Baroncelli zu Florenz.

Anbetung des Christkindes.

Als biblische Begebenheit gehört sie in die Iconographie der Bibel.

Siehe Maria; pag. 31.

Kümmerniss s. Wilgefortis.

Ladislaus.

König von Ungarn, † 1095. 27. Juni.

Er trägt eine Fahne seinem Heere vor.

J Callot sc.

Vor ihm der gefangene Bulgarenkönig.

Abbildung in Ribadeneira.

Zwei Engel mit Schwertern.

Diese stehen ihm im Zweikampf mit seinem Feinde helfend
zur Seite.

Abbild. in: L'invocation des Saints.

Lambert (Landebert).

Bischof von Maestricht, Mart. † um 770. 17. Sept.

Er bringt feurige Kohlen in der Rochette zum Altare.

Noch als jugendlicher Acolythe soll er also das Rauchfass beim Gottesdienst bedient haben.

Altes Gemälde in St. Bavo zu Gent.

Er entfernt sich von einer vornehmen Tafel;

weil an dieser der König Pipin, nachdem er seine Gemahlin verstossen, mit seiner Concubine sitzt.

Abbildung in: L'invocation des Saints.

Er wird knieend durchbohrt.

Sein Marterthum, weil er sich der Profanation der Kirche widersetzte.

Holzschnitt im Leben d. H. 1488.

Carlo Saraceni px. In Maria dell' Anima zu Rom.

J. Callot sc.

Schwert und Palme.

E. Rittinghaus sc. nach **J. B. Budde.** Düsseld. Verein.

Lampert (Lantpert).

Bischof von Freisingen, † 957. 19. Sept.

Er betet vor einer brennenden Stadt.

Um das Unglück abzuwenden.

Stich in Bavaria Sancta.

Landelin.

Abt von Lobbes, † 687. 15. Juni.

In Sack und Asche sterbend.

Alter anonymer Stich.

Schouten sc. in: Les Vies des SS. Pères.

Landelin.

Martyr. 22. Sept.

Mit Schwert und Palme.

Stich in: G. Bulffer, Leben und Wunderwerke des h. Mart. Landelini etc. Freib. im Breisg. 1760.

Landericus (Landry).

Graf v. Henegau, Bischof von Paris, † 7. Jahrh. 10. Juni.

Mit einem Buche, darauf ein Messer liegt.

Statue am Portal von St. Germain-l'Auxerrois. Abgebildet in Al.
Lenoir, Atlas des arts en France. Pl. 24.

Burgmair fec. Holzschnitt.

Landrada.

Einsiedlerin, dann Aebtissin in Bellissies, † um 680. 8. Juli.

Als Hirtin zwischen Schafen betend.

So lebte sie bei Mastricht.

G. Schouten sc. in: Les Vies des SS. Pères.

Laurentius.

Erzdiacon und Mart. † 258. 10. Aug.

Scenen aus seinem Leben.

Alte Wandmalereien in seiner Kirche S. Lorenzo bei Rom. Einzelne bei Agincourt abgebildet.

Angelico da Fiesole px. im Vatican. Abbild. ebenda.

Er theilt Almosen aus.

Das Amt eines Diacons der alten Kirche.

Fra Angelico px Im Vatican. Gest. von Gatti in: Rosini, La
Pittura ital. Tab. 62.

Dasselbe, gest. von L. Gruner.

H. Carracci px. et sc.

Auf dem Rost über feurigen Kohlen gemartert.

Seine Todesart.

Schrotblatt c. 1470. In T. O. Weigel's Sammlung No. 369.

H. S. Beham fec. Holzschnitt im Kirchenkalender.

M. Anton Raimondi sc. nach B. Bandinelli. B. 104. (Graticola
di S. Lorenzo genannt.

Tizian p. In S. Maria de' Gesuiti zu Venedig. Umriss in Zanotto: Pinacoteca Ven. Gest. von Oortmann.

Derselbe p. Aehnliche Composition, in Spanien. Gest. v. C. Cort
und Sadeler.

Mich. Desubleo (Sobleo) p. Altarbild in S. Maria della miseri-
cordia zu Venedig. Umriss in Zanotto: Pinac. Ven.

J. Ribera px. Dresden. Gest. von M. Reyl.

E. le Sueur p. Das Bild war in der Kirche von St. Germain-
l'Auxerrois und ging zu Grunde. Gest. von **Ger. Audran**.

Rubens p. Gest. von **L. Vorsterman** und **C. Galle.** Das Bild
in München.

Jan de Bishop sc. nach B. Breemberg.

Ein Rost.

Ein Bild in den Catacomben. Abbild. bei Agincourt.

M. Schongauer sc. B. 56.

Israel van Mecken sc. B. 105. 106.

Monogrammist S. (B. VIII. 13. Pass. 208.)
Holzschnitt in: Sanctorum et Mart. icones.

Gaud. Ferrari px.

Abr. Bloemaert px. J. Matham sc. B. 72.

Mit Palme und Rost.

M. Anton Raimondi sc.

Corn. Poelenburg p. Berliner Museum.

Cl. Mellan sc. M. 84.

A. Glaser sc. nach einem Bilde der Sienensischen Schule. Düsseld.
Verein.

Auf Münzen von Dänemark, S. Gallen, Nürnberg, Wismar, Viterbo.

Mit Rauchfass und Palme.

Vivarini px. Abbild. bei Jameson.

S. auch Sixtus I.

Laurentius.

Erzb. von Canterbury, † 619. 2. Febr.

Er zeigt dem König Edbald die Stricke, die er vom
h. Petrus erhalten hat.

Laurentius Justiniani.

Erster Patriarch von Venedig, † 1455. 8. Jan.

Almosen austheilend.

Während einer Hungersnoth vertheilte er die kostbaren Kirchen-
geräthe seiner Kirche.

Greg. Lazzarini p. in S. Pietro a castello zu Venedig. Umriss
in Zanotto: Pinac. Ven.

Mit dem Buch, lehrend.

Pordenone px. G. Zuliani sc. in Zanotto Pinac. Ven., auch von
A. Zucchi gest.

Die göttliche Weisheit offenbart sich im Sonnenglanze.

Abbildung in: L'invocation des Saints.

Laurentius de Brundusio.
General der Kapuciner, † 1619.

Vor dem Crucifix und der Madonnenstatue betend.

Cath. Klauber sc. in: Leben, Wandel und Tod des ... Laurentii von Brundusio. Augsp. 1751.

Lazarus.
Bruder der Martha und Magdalena, dann erster Bischof von Marseille.

Scenen aus seinem Leben.

Sieben Basreliefs in der Kirche „La Major" zu Marseille.

Als Bischof.

Von seinen Schwestern umgeben.

Statue in derselben Kirche.

Lazarus als biblische Person gehört in die Iconographie der Bibel. S. auch Maria Magd.

Lazarus.
Mönch, Maler und Martyr. 9. Jahrh. 23. Febr.

Er theilt h. Bilder aus.

Lazzaro Baldi sc.

Mit einem Heiligenbild auf der Staffelei; die Hände werden ihm von zwei Schergen gebrannt.

Weil er für Kirchen h. Bilder malte, wurde er so gepeinigt.

Fr. Simoncelli sc. nach Laz. Baldi.

Lea.
Einsiedlerin, früher verheirathet, † um 383. 22. März.

Mit Crucifix und Geissel.

G. Schouten sc. in: Les Vies des SS. Pères.

Leander.
Bruder des h. Isidor, Bischof von Sevilla, † 596. 13. März.

Mit Isidor beim Throne des h. Ferdinand stehend.

Wappen der Stadt Sevilla.

Der h. Hermenegild hört auf die Predigt der beiden h. Bischöfe.

Herrera px.

Abbildung in: L'invocation des Saints.

S. auch Hermenegild.

Lebuinus.

Engländer, Apostel der Friesen, Gehilfe des h. Willibrord, † 773. 12. Nov.

In der Casula, mit der Kreuzfahne.

C. Visscher sc. nach P. Soutman. Die H. von Flandern. Stich in: Batavia sacra.

Auf Münzen von Deventer.

Leger s. Leodegar.

Leo I. (d. Grosse)

Papst und Kirchenlehrer, † 461. 11. April.

Er erhält das Pallium aus der Hand des h. Petrus.

Mosaikbild des 8. Jahrh. im Triclinium des Laterans. Abbild. bei Ciampini Vetera Monum. II. Pl. 39. Ein guter Stich in Nic. Alemannus, De Lateranensibus parietinis restitutis.

Abbildung in: L'invocation des Saints.

Er geht dem Attila entgegen.

Um seinen Zorn zu besänftigen und die Stadt Rom vor der Zerstörung zu bewahren. Die Apostelfürsten erscheinen drohend in Wolken.

Basrelief in der Vaticanischen Basilica. Gest. von J. M. Mitelli. B. 28.

Raphael p. im Vatican.

J. Callot sc.

Leo IX.

Papst, † 1054. 19. April.

Er besucht Kranke.

Burgmair fec. Holzschnitt.

Leobardus.

Einsiedler, Stifter der Abtei Marmontier (Mauresmünster), † um 583. 18. Jan.

Als Einsiedler, vor dem Crucifix betend.

Abbildung in: Galerie des Saints d'Alsace.

Einen Felsen aushöhlend.

Schouten sc. in: Les Vies des SS. Pères.

Leocadia.

Jungfrau, Mart. aus Toledo, † 304. 9. Dec.

Scenen aus ihrem Leben.

F. Ricci px. In der ihr gewidmeten Kirche zu Toledo.

Im Kerker betend.

> Unter dem Statthalter Dacian in Toledo wurde sie in einen
> Thurm geworfen, wo sie zu Tode gemartert wurde.

J. Callot sc.

Sie erscheint dem h. Ildefons.

> Dieser fand ihr Grab und baute darauf eine Kirche.

Leodegar (Leger, Lüdger).
Bischof von Autun, Mart. † 678. 2. Oct.

Er wird mit einem Bohrer seiner Augen beraubt.

> Als Autun belagert wurde, stellte er sich freiwillig seinen Fein-
> den, um die Stadt zu retten. Man stach ihm die Augen aus.

Abbildung in: L'invocation des Saints.

J. Callot sc.

Auf Münzen von Luzern.

Er wird enthauptet.

> Seine Todesart.

Holzschnitt im Leben d. H. 1488.

Holzschnitt im Passional. 1502.

Abbildung in: Galerie des Saints d'Alsace.

Leonard.
Aus der Diocese Autun. † 570. 15. Oct.

Scenen aus seinem Leben.

> Fünf Mosaikbilder im Transept, rechts vom Chor, der Marcuskirche
> zu Venedig.

Er befreit Gefangene, oder besucht sie.

> Er rettete die Königin im Wochenbett vom Tode und erhielt
> vom Könige das Vorrecht, jeden Gefangenen, den er findet,
> frei zu machen.

Burgmair fec. Holzschnitt.

Abbildung in: Galerie des Saints d'Alsace.

Abbildung in: L'invocation des Saints.

Er bringt knieend die Fesseln der Madonna mit dem
Kinde dar.

> **Bazzi** (Sodoma) px. im Communalpalast zu Siena.
>
> **Schouten** sc. in: Les Vies des SS. Pères.

Fesseln haltend.

Andr. del Sarto px. Im Belvedere zu Wien.

Altes Basrelief am Eingang der Scuola della Carità zu Venedig.

Buonfigli px. in Perugia.

Springinklee fec. Holzsch. in Salus animae.

Mit einer Palme und einer Art Binde.

Die Binde oder Fessel bezieht sich hier auf sein Patronat der Gefangenen.

Elfenbeinsculptur des 14. Jahrh. Abbild. in Seb. Donati, Dittici profani e sagri pag. 215. Gleichfalls in Gori, Thesaurus Diptychorum Tom. III.

Leonard (Casanova).

Da Porto Mauritio, Minorit, Missionär. † 1751. 26. Nov.

Mit einem Crucifix.

Zucchi sc. in Raffaele da Roma, Vita di Leonardo etc. Venezia 1754.

Stich in: Zycie wielebnego Slugi Bożego Leonarda Casanova z Porta S. Maurycego. w Lwowie 1757.

Als Missionär, mit dem Todtenschädel.

So predigte er in Rom.

C. Acquisti sc. in: Salv. di Ormea, Vita del beato Leonardo da Porto Maurizio. Roma 1851.

Leontius s. Carpophorus.

Leontius.

Soldat, Mart. unter Vespasian in Phönicien. 18. Juni.

Im Kerker gefesselt. Ein Engel tröstet ihn.

Abbildung in: L'invocation des Saints.

Leopold.

Markgraf von Oesterreich, † 1180. 15. Nov.

In Rüstung, mit dem Rosenkranz.

Gemälde im Belvedere zu Wien, dem Holbein zugeschrieben.

Phil. Kilian sc.

Mit Scepter und Krone.

A. Dürer fec. Holzsch. B. 116.

Schleier am Gestrüpp.

Bei der Jagd verlor seine Gemahlin den Schleier, den der Wind wegtrug. Leopold gelobte an dem Orte eine Kirche zu bauen, wo dieser gefunden wird. So entstand Klosterneuburg.

Abbildung in Ribadeneira.

Das Modell einer Kirche haltend.

Als Stifter von Klosterneuburg.

Burgmair fec. Holzschnitt.

Auf Münzen von Oesterreich, Steyermark, Tirol, Kärnthen.

Leu s. Lupus.

Liberata oder Livrada s. Wilgefortis.

Liberius.

Papst, † 366. 23. Sept.

Traum des Papstes und Bezeichnung des Grundplans der Kirche Maria Schnee zu Rom.

S. Maria Schnee pag. 47.

Liborius.

Bischof von Mans, † 397. 23. Juli.

Im bischöflichen Gewande mit Pedum und Buch, darauf drei kleine Steine.

Als Schutzpatron gegen Steinschmerzen.

Stich in: J. Bolland, Vita S. Liborii. 1648.

Stich in: M. Strunck, Epitome hist. de vita . . . S. Liborii. Paderborn.

A. Müller px. **H. Kipp** sc. Düsseld. Heiligenbilder.

Mit einem Pfau.

Als seine Reliquien von Mans nach Paderborn übertragen wurden, zeigte ein Pfau den Weg. Der Procession am Liborius-tag wird ein Pfauenschweif vorgetragen.

Lidwina (Lidwigis).

Jungfrau aus Shiedam. † 1433. 14. April.

Darstellungen aus ihrem Leben.

Hier. Wierix sc. 13 Bl. A. 808—820.

Ein Engel reicht ihr einen Zweig dar.

> Nach der Legende brachte ihr ein Engel den grünenden Zweig aus dem Paradiese.

H. Wierix sc. Al. 1015.

C. Visscher sc. nach P. Soutman. (Die H. von Flandern.)

Limnus s. Thalassus.

Liphart (Lietphardus).

Advocat, dann Einsiedler und Bischof v. Orleans, Mart. † um 640. 4. Febr.

Einen Drachen neben sich.

> Miniatur im Horarium der Anna von Bretagne, jetzt in der Pariser Bibliothek.

> Stich nach Bloemaert in: Les Vies des SS. Pères.

Er wird enthauptet.

> Sein Martyrium.

J. B. de Cavalleriis sc. nach Circignano, in: Eccl. anglic. trophaea.

Livinus (Lievin).

Apostel von Flandern, Mart. † 660. 12. Nov.

Seine Zunge wird ihm herausgerissen.

> Seine Marter.

Rubens px. In der Cathedrale von Gent. Gest. v. Corn. Caukercken.

Longinus.

Röm. Hauptmann, Mart. 1. Jahr. 15. März.

Mit einem Speer.

> Longinus soll jener Hauptmann gewesen sein, der Jesu am Kreuze mit einem Speer die Seite öffnete und der das Bekenntniss that: Wahrlich, dieser war der Sohn Gottes. (Augustin.) Er wurde Christ und desshalb ermordet.

Andrea Mantegna px. Mantua.

Derselbe, auf dem Bilde der Madonna della Vittoria für Fed. Gonzaga gemalt, jetzt im Louvre.

L. Bernini fec. Colossalstatue in der Peterskirche zu Rom.

Mit einer Büchse.

> Darin wird das Blut Christi gedacht, das Longinus beim Kreuze gesammelt und nach der Legende nach Mantua gebracht haben soll.

G. Pippi Romano px. auf dem berühmten Bilde der Geburt Christi, einst in S. Andrea zu Mantua, jetzt im Louvre.

Er wird enthauptet.

Sein Martyrium.

Holzschnitt im Passional. 1502.

Lucanus.

Bischof v. Belluno, Mart. † c. 424. 20. Juli.

Als Pilger, vom Papst gesegnet.

Im Grunde hat er sich seinen auf der Reise durchnässten Mantel auf einem Sonnenstrahl ausgebreitet.

Stich in Bavaria Sancta.

Er trägt seinen abgeschlagenen Kopf.

Lucas.

Evangelist, 1. Jahrh. 18. Oct.

Er malt die Madonna.

Nach alt-griech. Tradition soll er Maler gewesen sein; diese Legende kam im 10. Jahrh. auch in die abendländische Kirche. Es werden mehrere Madonnenbilder ihm zugeschrieben;[*] sie sind in byzant. Manier aufgefasst, meist mit schwarzem Angesicht. Nach der Stelle Coloss. 4, 14 war Lucas auch Arzt.

Altes griech. Bild des 10. Jahrh. Abbild. bei Jameson.

Bild in der Academie S. Luca zu Rom, dem Raphael zugeschrieben.

J. Langlois sc. nach Raphael.

H. Memling px. Eremitage zu St. Petersburg. Lith. im Gall.-Werk.

H. van Eyck px. München. Früher Samml. Boisserée. Lith. daselbst.

Aldegrever px. Wiener Gallerie.

H. Burgmaier f. (Holzsch.) B. 24.

Israel van Mecken sc. B. 107.

v. Staren sc. B. 9.

Rob. van Audenaerde sc. nach M. A. Franceschini.

M. Anton Bellavia sc. nach Han. Carracci.

C. Bloemaert sc. nach Raphael.

Cl. Mellan sc. M. 85.

Auf Münzen von Spanien, Bologna, Reutlingen.

Vor dem Madonnenbilde sein Evangelium schreibend.

Valentin px. Louvre. Abbild. bei Didot, V, 67.

---

[*] Zu den bekanntesten gehören die in S. Maria in Via lata, in Ara Coeli, in S. Maria in Cosmedin zu Rom, in Monte della Guardia bei Bologna.

Mit dem Ochsen, im Buch lesend.

> Als Evangelist.

> **Luc. v. Leyden** sc.

> **Fr. Keller** sc. nach Fr. Overbeck.

>> S. auch Evangelisten.

Lucia.
Jungfr., Mart. † 304. 13. Dec.

Vor dem Tribunal des Paschasius.

> **Avanzi** px. im Oratorio di S. Giorgio der Basil. S. Antonio in Padua. Umriss bei Gonzati.

> Abbildung in: L'invocation des Saints.

Sie wird in ein Freudenhaus (lupanar) geführt.

> In demselben ist sie wunderbar beschützt worden.

> **Avanzi** px. Ebendaselbst.

Sie wird erstochen.

> Holzschnitt im Leben d. H. 1488.

> **J. B. de Cavalleriis** sc. In: Eccl. milit. triumphi.

Mit einer Wunde im Hals, ein Schwert haltend.

> Der Hals wurde ihr durchgestochen.

> **Fra Angelico da Fiesole** px. In der Academie zu Siena. Abbild. bei Jameson.

> **C. Dolce** px. Florentiner Gallerie.

> **Massarotti** px. in ihrer Kirche zu Venedig.

Zwei Augen auf der Schüssel.

> Diese wurden ihr ausgestochen.

> **Bazzi** (Sodoma) px. Gemälde der Turiner Gallerie.

> **M. Anton Raimondi** sc. B. 179.

> **Aug. Carracci** sc. B. 79.

> **Ansano da Pietro** px. F. Dinger sc. Düsseld. Heiligenbilder.

> **Sadeler** sc. nach M. de Vos. (Spec. pudic.)

Mit einer Palme und zwei Augen auf einer Schale.

> **Ribera** px. Eremitage zu St. Petersburg. Lith. im Gall.-Werk.

> **Barocci** px. Louvre.

> **Cl. Mellan** sc. M. 108.

Mit einer Palme und Oellampe.

> Vielleicht mit Bezug auf Dante Inf. c. 11, wo sie als Typus des himmlischen Lichtes (Lucia, lucens, occhi belli, lucenti) oder der Weisheit erscheint.

Seb. del Piombo px. in S. Crisostomo zu Venedig auf dem Bilde dieses Heiligen. Abbild. bei Jameson.

Luca della Robbia fec. Basrel. am Thor ihrer Kirche zu Florenz.

Lucian von Samosata.

Priester. Mart. † 312. 7. Jan.

Gebunden vor dem heidnischen Richter stehend.

> Abbildung in: L'invocation des Saints.

Liegend, den Kelch auf der Brust.

> Unter Diocletian eingekerkert, brachte er für die mitgefangenen Christen das Messopfer auf seiner Brust dar, da kein Altar hier war.

Stich in: Chesneau L'Orphée eucharistique.

Lucilianus.

Mart. † c. 273. 3. Juni.

Gekreuzigt.

> Zu Constantinopel, nachdem die Flammen ihm keinen Schaden brachten, unter Aurelian. Martyr. Rom.

A. Collaert sc. In Ricci: Triumphus J Chr. crucifixi

Lucilius.

Bischof von Vienne. † 190. 13. Febr.

Der h. Valentin erscheint ihm.

> Derselbe ordnet Messen für Verstorbene an.

Stich in Bavaria Sancta.

Lucius I.

Papst, Mart. † 253. 4. März.

Er wird enthauptet.

> Seine Todesart.

Abbildung in: L'invocation des Saints.

Lucius.
König von Britannien, Apostel von Rhätien, Mart. † 2. Jahrh. 3. Dec.

Mit dem Pilgerstab, predigend. Krone und Scepter liegen ihm zu Füssen. In den Wolken die Dreieinigkeit.

Stich in Bavaria Sancta.

Ein Götze fällt von der gebrochenen Säule herab.

Als er sich (der erste christliche König Europa's) bekehrte, entsagte er der Krone und predigte in Rhätien das Evangelium.

H. Burgmair fec. Holzschnitt.

Mit Beilen erschlagen.

Seine Todesart.

J. B. de Cavalleriis sc. nach N. Circignano in Eccl. angl. trophaea.

Ludanus.
Aus der Diöcese Strassburg, † 1202. 12. Febr.

Als Pilger.

Abbild. in: Gal. des Saints d'Alsace.

Ludgerus.
Bischof von Münster, † 809. 26. März.

Im bischöflichen Gewande mit Pedum, eine Kirche haltend; neben ihm zwei Schwäne.

Siegel der Stadt Helmstedt um 1300. Abbild. in: P. W. Behrends, Leben des h. Ludgerus. Neuhaldensleben 1843.

W. Sohn inv. Dinger sc. Düsseld. Heiligenbilder.

Holzsch. in: Krimphove, Gebetb. für Verehrer des. h. Ludgerus. Münster 1861.

Auf Münzen von Braunschweig, Münster, Werden.

Im Buche (Brevier) lesend.

Zu Kaiser Karl berufen, las er zuerst sein Officium aus, ehe er gehorchte.

Abbildung in: L'invocation des Saints.

Ludmilla.
Herzogin, Mutter des h. Wenzel von Böhmen, † um 921. 16. Sept.

Mit einem Tuche in Form eines Strickes um den Hals.

Sie wurde auf ihrem Schlosse Tetin erdrosselt.

Basrelief in der Laurentiuskirche zu Nürnberg.

Marmorstatue in der Domkirche zu Prag, von Em. Max.

Gabr. Max pinx.

18

Ludwig IX.
König von Frankreich. † 1270. 25. Aug.

Scenen aus seinem Leben.

> Glasgemälde in St. Denis, Abbild. bei Montfaucon Monum de la
> Monarchie franc. II. Tabl. 22—25.

Unter dem Baume im königl. Ornate stehend und Recht sprechend.

> So pflegte es der H. im Gehölze von Vincennes zu thun.
> Joinville: Histoire de St. Louis.
>
> **Rouget** p. Für den Rathssaal im Louvre gemalt. Im Umriss in
> Duchesne: Musée IV. No. 275.

Er kniet vor dem Crucifix, der auf dem Throne ruht.

> **G. Edelinck** sc. nach le Brun.

Er bedient Aussätzige bei Tisch.

> **Burgmair** fec. Holzschnitt.
>
> Holzschnitt im Leben d. H. 1488.

Maria mit dem Kinde erscheint ihm.

> N. **Pecoul** sc.

Eine Dornenkrone auf dem Polster tragend.

> **J. Settegast** inv. L. Heitland sc. Düsseld. Heiligenbilder.

Mit Dornen gekrönt, Nägel und ein Schwert haltend.

> **Cl. Coëllo** px. Gallerie zu Madrid.

Drei Nägel und eine Fahne haltend.

> **J. Callot** sc.

Ludwig.
König von Baiern. 876.

Im Traume erscheint ihm sein verstorbener Sohn in Flammen.

> Stich in Bavaria pia.

Im Königsmantel, mit Krone und Lilie, eine Schrift haltend.

> C. **Dolce** p Umriss in Lebrun: Recueil I.

Ludwig.

Vetter des h. Ludwig von Frankreich, Bischof von Toulouse, früher Franciskaner, † 1298.
19. Aug.

Als Bischof, mit dem Franciskaner-Habit.

Cosimo Roselli px. Louvre.

Ein Bettler kniet vor ihm.

J. Callot sc.

P. Rotari px. et sc.

Er hält eine Tafel, darauf steht I N R I.

Burgmair fec. Holzschnitt.

Sein Tod.

Nach seinem Tode wuchs eine Blume aus seinem Munde hervor.

B. Bonfigli px. Abbild. bei Rossini, Storia della Pittura.

Ludwig Bertrand.

Dominikaner in Valencia, Spanien, † 1581. 10. Oct.

Scenen aus seinem Leben.

Espinosa px. In seiner Capelle der Dominikanerkirche zu Valencia.

Er hält ein Crucifix, das in eine Pistole endet.

B. de Balen sc. nach Fr. Bruna. Auf dem Blatte mit den fünf
von Clemens X. canonisirten Heiligen.

Ein Ritter kniet vor ihm mit einer gleichen Pistole.

Abbildung in Ribadeneira.

Lupicinus.

Abt in Burgund, † um 480. 21. März.

Er gräbt einen Schatz aus.

Auf Gottes Befehl, um seine Brüder zu versorgen.

Waldreich sc. nach J. Umbach.

Lupus.

Herzog von Bergamo, Mart. 9. Juni.

Mit der Krone.

Statue in der Cathedrale zu Bergamo.

Salmeggia px.

18*

Lupus.
Bischof von Troyes. † 479. 29. Juli.

Er steht vor Attila.

> Durch seine Fürsprache rettete er Troyes von der Gefahr der Zerstörung durch die Hunnen.

> Abbildung in: L'invocation des Saints.

Lupus.
Erzbischof von Sens, † 623. 1. Sept.

Mit einem Becher.

> In diesen fiel ihm einst während des Messopfers ein Diamant.

> **J. Callot** sc.

Ueber einen Drachen schreitend.

> Statue beim Eingang seiner Kirche zu Sens.

Er betet vor einer brennenden Kirche.

> Um das schädliche Element zu bannen.

> Abbildung in: L'invocation des Saints.

Lutgardis.
Jungfr., Cisterc.-Nonne von Brabant, † 1246. 16. Juni.

Der Heiland erscheint ihr.

> Abbildung in: L'invocation des Saints.

Lutrudis.
Jungfr., Benedictinerin in Campanien. 6. Jahrh. 22. Sept.

Sie erweckt Todte.

> **G. A. Wolfgang** sc. nach **J. Fischer.**

Lycarion.
Martyr in Egypten. 7. Juni.

Gekreuzigt und mit glühendem Eisen gepeinigt.

> So starb er in Egypten.   Martyr. Roman.

> **A. Collaert** sc.   In Ricci: Triumphus J. Chr. crucifixi.

Lydia (Purpuraria).
Purpurhändlerin. 1. Jahrh. 3. Aug.

Vom Apostel Paulus getauft.

> Apostelg. 16, 14.

> **C. Mallery** sc. nach M. de Vos. (Icones illustr. foeminarum.)

Macarius.

Aus Rom, Eremit. 1. Jahrh. 23. Oct.

Zwischen Felsenblöcken halb vergraben, bei ihm ein Löwe.

B. à Bolswert sc. nach A. Bloemaert. (Sacra Eremus.)

Stich nach Bloemaert in: Les Vies des SS. Pères.

Macarius.

Einsiedlerabt aus Alexandrien. 4. Jahrh. 2. Jan.

In der Höhle betend.

Stich in: Les Vies des SS. Pères, nach Bloemaert.

B. à Bolswert sc. nach Abr. Bloemaert. (Sacra Eremus.)

Zwei wilde Menschen und allerlei wilde Thiere nähern sich dem Wasser.

Durch seine Lehre ist ein neues Leben hervorgerufen worden, das alle Verwilderung der Menschen und der Natur bändigte.

Sadeler sc. nach M. de Vos. (Solitudo.)

Er stirbt im Kreise seiner Mönche.

Pietro Laurati px. Abbildung in Rosini, Storia I.

Macarius.

Patriarch von Antiochia, † 1012. 10. April.

Er heilt eine kranke Frau.

Aus dem Leben.

Stich in Bavaria Sancta.

Er bringt sich zur Pestzeit Gott zum Opfer dar.

Er sagte voraus, er werde der letzte sein, der als Opfer der Pest falle.

Abbildung in: L'invocation des Saints.

An den Boden in Kreuzform genagelt.

Die Nägel blieben im Boden fest, der H. aber stand unversehrt auf. Surius.

A. Collaert sc. In Ricci: Triumphus J. Chr. crucifixi.

Macedonius.

Anachoret in Syrien. 5. Jahrh. 24. Jan.

Während er betet, naht sich ihm ein Jäger.

Zu diesem, als er ihn in seiner Höhle erquickte, sagte er: ich bin auch ein Jäger, ich jage nach Gott, ihr nach Thieren.

G. Schouten sc. in: Les Vies des SS. Pères.

Macedonius und Theodulus.
Martyrer in Phrygien. 12. Sept.

Sie werden über einem Rost verbrannt.

Ihre Todesart.

J. Callot sc.

Maclovius.
Bischof von Malo, † um 630. 15. Nov.

Ein Kind neben ihm.

Bild in der Crypta der Genter Cathedrale.

Er heilt einen vornehmen Blinden.

Dieser zerstörte eine vom Heiligen erbaute Kirche, worauf er sogleich erblindete. Der Bischof heilte und absolvirte ihn.

Abbildung in: L'invocation des Saints.

Macra.
Jungfrau, Mart. † um 303. 6. Jan.

Mit einer Zange der Brüste beraubt.

Ihre Marter zu Rheims.

Macrina.
Schwester des h. Basilius, Jungfrau, Anachoretin, † um 380. 19. Juli.

Zwei Hirsche neben sich.

Diese haben sie in der Einsamkeit ernährt.

Stich nach Bloemaert in: Les Vies des SS. Pères.

Madelbertha.
Aebtissin in Hannau, † um 705. 7. Sept.

Der Teufel versucht sie, während sie betet.

Burgmair fec. Holzschnitt.

Magdalena von Rattenburg.
† 1465(?) 13. Mai.

Sie läutet am Kloster an; ein Engel öffnet ihr.

Hier soll angedeutet werden, dass die Heilige im Kloster ein engelgleiches Leben führen werde; oder bedeutet es die Leitung des Schutzengels.

Stich in Bavaria pia.

Magdalena s. Maria Magdalena.

Maglorius.
Bischof von Dôle. 12. Jahrh. 21. Oct.

Pedum und Mitra liegen auf der Erde.

Er legte die bischöfliche Würde nieder und begab sich in ein Kloster.

Abbildung in: L'invocation des Saints.

Magnus.
Bischof und Martyr unter Decius. 19. Aug.

Die personificirte Venezia krönend.

J. Palma j. p. Kirchengemälde in S. Geremia zu Venedig. Umriss in Zanotto: Pinac. Ven.

Magnus (Mang).
Abt und Gründer von Kempten und des Klosters Fuessen in den Julischen Alpen, † um 655.
6. Sept.

Wilde Thiere um ihn.

Er hat solche überall ausgerottet; symbolisch deutet es auch auf die durch das Evangelium verbreitete sittlich-christliche Cultur.

Holzschnitt im Leben d. H. 1488.

Stich in Bavaria pia. (Zugleich mit Tozo, Bischof von Augsburg.)

Majolus (Maïeul).
Aus Bourgogne, Abt in Clugny, † 991. 11. Mai.

In seiner Zelle studierend.

Seine Gelehrsamkeit hat ihn berühmt gemacht.

Abbildung in: L'invocation des Saints.

Malachias.
Bischof in Irland. † 1148. 5. Nov.

Er theilt seine Zelle mit einem Prinzen.

Dieser, Malchus genannt, wurde von seinem Bruder vom Throne vertrieben und fand Gastfreundschaft bei dem Heiligen.

Abbildung in: L'invocation des Saints.

Malchus.

Eremit in der Wüste Calcida. 4. Jahrh. 21. Oct.

In der Einöde betend; neben sich Gemüse.

B. à Bolswert sc. nach A. Bloemaert. (Sacra Eremus.)

G. Schouten sc. in: Les Vies des SS. Pères.

Als Schäfer, bei ihm Schafe und der Hund.

Sadeler sc. nach M. de Vos. (Solitudo.)

Mamas.

Martyr in Cäsarea (Cappadocien), unter Aurelian. 17. Aug.

Wilde Thiere schmiegen sich sanft an ihn an.

Mamertinus.

Mönch in Frankreich. 5. Jahrh. 20. April.

In der Höhle liegend. Schlangen bei ihm.

Diese schaden ihm nicht.

Holzschnitt im Leben d. H. 1488.

Mamertus.

Bischof von Vienne, Frankreich. † 475. 11. Mai.

Mit einem brennenden Lichte.

Mang s. Magnus.

Mansuetus.

Bischof von Toulon, Frankreich. † um 375. 3. Sept.

Er predigt als Bischof vor dem Volke.

J. Callot sc.

Er rettet einem jungen Edelmann das Leben.

Stich in Bavaria pia.

Manuel.

Martyr in der Bulgarei, † um 818. 22. Jan.

Ein Schwert in der Brust.

Sein Martyrium.

Marana und Cyra.
Einsiedlerinnen in Syrien. 3. Aug.

Mit schweren Ketten um den Hals in der Wüste betend.

Die Ketten haben sie sich selbst zur Abtödtung aufgelegt.

B. à **Bolswert** sc. nach Abr. Bloemaert. (Sacra Eremus.)

D. **Jonckman** sc. In: Les Vies des SS. Pères.

Abbildung in: L'invocation des Saints.

Marcella.
Einsiedlerin, Wittwe, † 410. 31. Jan.

In der Höhle betend; neben sich Gemüse.

B. à **Bolswert** sc. nach A. Bloemaert. (Sacra Eremus.)

D. **Jonkman** sc. in: Les Vies des SS. Pères.

Sie unterweist ein Mädchen.

Abbildung in: L'invocation des Saints.

Marcella s. Potamiana.

Marcellin.
Martyr unter Diocletian. 2. Juni.

Ein Rolle haltend und segnend.

Bild in der Catacombe der h. Cyriaca. Abbild. bei Perret.

Mit dem h. Petrus enthauptet.

Holzschnitt im Leben der H. 1488.

Marcellin.
Papst, Martyr, † 304. 26. April.

Er wird enthauptet.

Er wollte den heidnischen Göttern nicht opfern.

Holzschnitt in Vita Sanctor. 1488.

Marcellin (Marchelm).
Priester in Deventer, Schüler des h. Suitbert. † um 800. 11. Juli.

Mit der Casula, schreibend.

Er ist Verfasser der Biographie seines Lehrers.

C. **Visscher** sc. nach P. Soutman. Die H. von Flandern.

Er predigt dem Volke.

Fr. Bloemaert sc. nach Abr. Bloemaert.

Stich in Batavia sacra.

Marcellin s. Secundian.

Marcellus.

Papst, Martyr, † 309. 16. Jan.

In einem Stall knieend.

Er weihte das Haus der Wittwe Lucia, wo er verborgen lebte, zur Kirche ein. Als Maxentius diess entdeckt, machte er die Kirche zu einem Stall, in welchem der Papst sein Leben beschliessen musste.

J. Callot sc.

Holzschnitt im Leben d. H. 1488. (Pferde um ihn herum.)

Marcellus.

Bischof. 4. Jahrh. 1. Nov.

Er führt einen Drachen, den er mit der Stola gebunden hat.

Aus dem Leben.

Abbildung in: L'invocation des Saints.

Marciana.

Jungfrau, Mart. in Cäsarea (Mauritanien) unter Diocletian. 9. Jan.

Von einem wilden Ochsen getödtet.

Ihre Todtesart. Der Prostituirung preisgegeben, wurde sie wunderbar gerettet; den Löwen vorgeworfen, wurde sie von diesen geliebkost. Der Stier tödtete sie dann mit seinen Hörnern.

J. Callot sc.

Marciana s. Susanna.

Marcianus (Marcellianus) und Marcus.

Brüder, Mart. in Rom, † 287. 18. Juni.

Gekreuzigt.

In Egypten unter Maximinian. Euseb. Hist. eccl. VIII. 8.

A. Collaert sc. In Ricci, Triumphus J. Chr crucif.

Marcianus.

Priester in München c. 460. 10. Jan.

Heuschreckenschwärme in der Luft.

Er vertrieb sie durch sein Gebet.

Stich in Bavaria Sancta.

Marculph.

Abt in Nantes, † um 558. 1. Mai.

Er unterrichtet zwei Mönche.

G. **Schouten** sc. in: Les Vies des SS. Pères.

Marcus.

Evangelist. 1. Jahrh. 25. April.

Ein Feigenbaum neben ihm.

Bezieht sich wohl auf den wilden Feigenbaum Marc. 11, 13., welche Begebenheit sich nur in seinem Evangelium vorfindet.

A. **Busati** px. In der Academie zu Venedig.

Zu den Füssen Jesu.

Mosaik (10. Jahrh.) in S. Marco zu Venedig, Abbild. bei Agincourt. Taf. 18.

Dem h. Petrus zugesellt.

Er war Petri Schüler, wie Lucas des Paulus.

Angelico da Fiesole px. Florentiner Gallerie. Petrus predigt, Marcus verzeichnet die Predigt in ein Buch.

G. **Bellini** px. Academie zu Venedig.

Bonvicino px. In der Brera zu Mailand.

Er heilt und tauft den Anianus.

Dieser war ein Schuhflicker in Alexandrien und hat sich mit der Ahle seine Hand verwundet. Er wurde dann Bischof in Alexandrien.

Mansueti px. Scuola di S. Marco zu Venedig.

Cima da Conegliano px. Berl. Museum.

Tullio Lombardo fec. Basrel. an der Façade der Scuola di S. Marco.

Er predigt in Alexandrien das Evangelium.

G. **Bellini** px. In der Brera zu Mailand.

Sein Marterthum.

Die Heiden Alexandriens ziehen ihn mit einem Strick durch die Stadt.

Ang. da Fiesole px. Florent. Gallerie.

Holzschnitt im Leben d. H. 1488.

Seine Leiche wird aus Alexandrien nach Venedig übertragen.

Bei dieser Gelegenheit geschahen Wunder.

Mosaik über dem Porticus von S. Marco zu Venedig.

J. Robusti (**Tintoretto**) px. Im Dogenpalast.

Paris Bordone px. für die Scuola di S. Marco zu Venedig. Gest. von A. Zucchi in: Teatro di Venezia.

Er pflanzt den Banner von Venedig auf.

> Als Protector der Stadt.

Bonifazio px.

Er befreit einen zur Folter verurtheilten Sklaven.

> Dieser war ein Venezianer, fiel in türkische Gefangenschaft und wurde zum Tode verurtheilt. Der Heilige erschien, seine Bande lösen sich, die Marterwerkzeuge zerspringen und verwunden die Hände der Henker.

Paris Bordone px. 1548. Für die Scuola di S. Marco, jetzt in der Academie. Gest. von **J. Matham**; Holzsch. von Jackson

Schiffe mit Teufeln bemannt, eine Barke, darin Marcus, Nicolaus und Georg sich befinden.

> In einer stürmischen Nacht erscheint ein Mann (25. Febr. 1340) bei einem Fischer am Canal grande und überredet ihn nach vielen Reden, ihn zu S. Giorgio Maggiore zu überführen. Dort steigt ein zweiter ein und nun muss der Fischer beide nach S. Niccolò in Lido übersetzen. Hier setzt sich ein dritter in die Fischerbarke. Als nun Alle weiter rudern, sehen sie ein von Dämonen bemanntes Schiff. Die drei Männer (es waren die H. Marcus, Nicolaus und Georg) machen ein Kreuzzeichen über dasselbe, worauf es sogleich verschwindet. Auch der Sturm legt sich. In umgekehrter Ordnung führt der Fischer seine drei Gäste wieder heim.

Giorgione px. Academie zu Venedig.

Der Fischer übergibt den Ring des h. Marcus dem Dogen Gradenigo.

> Als der zuletzt ausgestiegene Gast sich entfernen wollte, verlangt der Fischer seinen Lohn, und erhält einen kostbaren Ring. Diesen überbrachte er dem Dogen, der ihn im Schatz der Marcuskirche aufbewahren liess. Der Fischer erhielt einen jährlichen Gehalt.

Paris Bordone px. Acad. von Venedig. C. Geyer sc. Art Journal 1873.

Auf dem bischöflichen Stuhle sitzend.

> **Tizian** p. Altarbild in S. Maria della Salute zu Venedig. Umriss in Zanotto: Pinac. Ven.

Mit einem Buche, den Löwen neben sich.

> Als Evangelist.

Fr. Keller sc. nach Fr. Overbeck. Düsseld. Verein.

Abbildung in: L'invocation des Saints.

Valentin px. Abbild. bei Didot. VI. 10.

Buch und Feder.

Ebenso.

Fra Bartolomeo della Porta p. Das Bild in Florenz; gest. von G. B. Langlois.

S. auch Evangelisten.

Marcus.

Eremit in Libyen. 4. Jahrh. 29. März.

In der Einsamkeit Bücher schreibend.

R. Sadeler sc. nach M. Vos. (Solitudo.)

Der Teufel versucht ihn.

Stich nach Bloemaert in: Les Vies des SS. Pères.

Marcus s. Marcianus.

Marcus.

Bischof von Arethusa, Mart. in Syrien unter Julian, † 362. 29. März.

Am ganzen Körper wund, im Korbe ausgesetzt, von Fliegen und Mücken gepeinigt.

Holzschnitt in L. Rabus.

Margaretha.

Jungfrau, Mart. in Antiochia. 20. Juli.

Der Drache liegt besiegt zu ihren Füssen.

Diesen besiegte sie durch ihr Gebet.

Metallschnitt c. 1450. T. O. Weigel's Sammlung No. 31.

Holzschnitte c. 1460. Ebenda. No. 121. 130. 148.

Holzschnitt im Leben d. H. 1488.

Raphael p. Bild im Belvedere. Gest. von **Maennl, Prenner. Vorsterman jun.**

Israel van Mecken sc. B. 129.

Zagel sc. B. 12.

Lucas von Leyden px. Münchener Gallerie.

Monogrammist N. H. (Holzsch.) B. VII. 547.

Springinklee fec. Holzsch. in Salus animae. B. 45.

H. Carracci px. Sutherland Gallerie.

Parmegiano px. Altarbild in Bologna.

Nic. Poussin p. Gemälde der Turiner Gallerie. Gest. v. Cheauveau.

Suttermans p. in Florenz. **G. Fosella** sc. im Gall.-W.

C. Bloemaert sc. nach H. Carracci.

F. Ludi sc. nach Andr. Müller. Düsseld. Heiligenbilder.

Mit Kreuzstock und Drachen.

Israel van Mecken sc. B. 128.

Glasbild in der Cathedrale zu Winchester. Abbild. bei Carter.

Statue in der Capelle Heinrich's VII. Abbild. in Jameson.

Rubens px. Jesuitenkirche zu Antwerpen. P. de Bailliu sc.

Sadeler sc. nach M. de Vos. (Speculum Pudic.,

Goutière sc. nach C. Landelle. (H. Frauen.)

Mit Palme und Drachen.

M. Anton Raimondi sc. B. 181.

Mit Palme und Drachen; auf dem Kreuz sitzt zuweilen eine Taube.

Raphael px. Louvre. Gest. von Surugne. Abbild. bei Didot. IV. 21.

S. à Bolswert sc.

Margaretha.

Königin von Schottland, † 1093. 10. Juni.

Sie besucht Kranke, oder bedient Arme.

J. Callot sc.

Abbildung in Ribadeneira.

Sie betet vor dem Altare.

Abbildung in: L'invocation des Saints.

Margaretha von Ungarn.

Tochter des Königs Bela IV., Dominikanerin. † 1271. 28. Jan.

Gekrönt, mit Lilie und Buch.

Bild bei S. Domenico in Perugia.

Holzschnitt c. 1465. T. O. Weigel's Samml. No. 147. Abbildung im Werke.

Christus umarmt sie vom Kreuze.

Abbildung in Ribadeneira.

Margaretha von Alacoque.

Der Heiland erscheint ihr mit offenem Herzen über dem Altare.

Kohlschein sc. nach Molitor. Düsseld. Verein.

Margaretha von Cortona.
Büsserin, † 1297. 22. Febr.

Mit Kreuz und Marterinstrumenten.

Sie führte früher ein sündhaftes Leben; durch den Anblick ihres erschlagenen Buhlen bekehrt büsste sie 20 Jahre lang.

Sie kniet zu den Füssen des Crucifixes.

P. Berettino da Cortona del. Zeichnung in Goethe's Sammlung zu Weimar. Hat diese vielleicht den Dichter zu der Scene „Margareth's Reue" im Faust inspirirt?

J. Testana sc.

Christus erscheint ihr in Glorie.

P. Marchesini px. et sc. Allerh.-Kirche zu Florenz.

Lanfranco px. Gallerie Pitti zu Florenz.

Stich in: A. F. Giovanelli, Vita di S. Margherita di Cortona. Roma, 1768.

Maria Salome.
Eine der frommen Frauen. 22. Oct.

Mit dem Oelgefäss zum Grabe Christi gehend.

Marc. 16, 1.

C. de Mallery sc. nach M. de Vos.

Maria (Jacobi).
Weib des Cleophas, Mutter der hh. Apostel Jacobus und Johannes. 9. April.

Sie bittet Christum, ihren Söhnen Ehrenstellen in seinem Reiche zu bereiten.

Math. 20, 21.

Mallery sc. nach M. de Vos. (Icones illustr. foeminarum.)

Maria Magdalena.[*]

Büsserin, Schwester des Lazarus und der Martha. 22. Juli.

Scenen aus ihrem Leben.

Die gewöhnlichsten Scenen sind: a) Bekehrung der Maria zu
den Füssen Jesu. b) Maria und Martha vor Jesus. c) Auf-
erweckung des Lazarus. d) Einschiffung. e) Landung in Marseille. f) Predigt. g) Wunder. h) Busse in der Höhle.
i) Sie erhält die Communion durch Engel. k) Sie stirbt.
l) Engel tragen sie empor.

Giotto px.　In der Capelle Bargello zu Florenz.

Tad. Gaddi px.　In der Capelle Rinuccini ebenda.

Giovanni da Milano px.　In ihrer Capelle zu Assisi.

Glasgemälde der Cathedrale von Bourges und Chartres.

Basreliefs (16. Jahrh.) in der Certosa zu Pavia.

A. Historische Darstellungen. a) Nach der Bibel.

Maria im Hause des Pharisäers Simon, Christo mit ihren
Thränen die Füsse waschend.

Luc. 7.

Tad. Gaddi px.　Fresco in der Capelle Rinuccini zu Florenz.

Raphael px.

P. Cagliari px. im Pal. Durazzo zu Genua.

Paris Bordone px.　Pinacothek zu München.

Rubens px.　Eremitage zu St. Petersburg.　Gest. von M. Natalis,
G. Pancels, P. Monaco.

Christus im Hause des Lazarus.

Luc. 10.

T. Gaddi px.　Fresco in der Capelle Rinuccini.

H. Vries px.　In Hampton Court.

Bassano px.

Rubens px.

Overbeck px.

---

[*] In der kathol. Kirche wird die Büsserin Magdalena (Luc. 7) und Maria,
des Lazarus Schwester (Luc. 10) für eine Person gehalten. Wir vereinigen
hier gleichfalls beide ohne uns auf Controversen einzulassen. Die Kunst hat
ohnehin auch nur an einer Person festgehalten.

Erweckung des Lazarus.

Joh. 11.

Giovanni da Milano px. in Assisi.

Maria am Calvarienberg.

Joh. 19. Sie wird gewöhnlich knieend, den Kreuzstamm umfassend, dargestellt.

Giotto px.

Rubens px. Antwerpen.

van Dyck px.

Maria bei der Kreuzabnahme.

Marc. 15.

Fra Bartolomeo px. Im Pal. Pitti zu Florenz.

Andrea del Sarto px. Ebenda.

Rubens px. Darnach ein Stich, C. Huberti ex.

Maria beim Grabe.

Matth. 27.

Duccio del. Braun phot. Die h. Frauen beim Grabe werden vom Engel empfangen. Alle tragen die Salbenbüchse. In der griech. Kirche heissen sie die Myrrhophores. Abbild. in Jameson.

L. Vorsterman sc. nach Rubens.

Ph. Veit px.

Christus als Gärtner vor ihr. (Noli me tangere.)

Joh. 20.

Fra Angelico px. S. Marco zu Florenz. Abbild. in der Arundel-Society.

T. Gaddi px. Florenz.

Tizian px. Bei Rogers. Abbild. in Jameson.

Lorenzo di Credi p. Ebenda. G. Fosella sc. im Gall.-W.

Lavinia Fontana p. in Florenz.

Barocci px. Nat.-Gall. zu London. Gest. von R. Morghen.

P. Berettino p. Umriss bei Duchesne.

A. Bronzino px. In S. Spirito (Capella dei Cavalcanti) zu Florenz. Lasinio sc. in Etruria pittr.

Bild eines alten Cöln. Meisters (c. 1430). Sammlung Boisserée.

M. Schongauer sc. B. 26.

Rubens px. Gest. von Fr. v. Wyngaerde, A. Lommelin.

b) Ideale Darstellungen.

Der Tanz der Maria Magdalena.

Vor ihrer Bekehrung? Man nennt das Blatt von Lucas v. L. auch: Magdalena überlässt sich den Freuden der Welt. In dieser Situation ist sie freilich keine Heilige, hat aber gerade so die meisten Nachahmer. „Si secutus es peccantem, sequere etiam poenitentem.“

Luc. von Leyden sc. B. 122.

Martha überredet ihre Schwester, die Eitelkeiten der Welt zu verlassen.

Giov. Lopicino px. Belvédere zu Wien.

Elisab. Sirani px.

Martha führt ihre Schwester zu Christo.

Fr. Zuccaro px.

Marc Anton sc. nach Raphael B. 45. Man nimmt die Martha gewöhnlich für die Mutter Christi, es könnte aber auch die Martha hier gemeint sein.

Sie wirft alle Symbole der Eitelkeit von sich.

Beginn der erwachten Reue.

C. le Brun p. Das Bild wurde im Auftrage der Madame La Vallière für das Carmeliterinnenkloster gemalt; man glaubte, Maria sei ein Portrait dieser Weltdame, die sich in genanntes Kloster als Louise de la Miséricorde zurückgezogen hatte. Jetzt im Louvre. Gest. von Edelinck.

Rubens px. Das Bild in der Gallerie zu Cassel. Gest. von L. Vorsterman, Cl. Goyrant etc.

Ger. Dow px. Berliner Museum.

Franceschini px. Dresden.

Sie betrachtet beim Grabe Christi die Leidenswerkzeuge, welche ihr ein Engel zeigt.

J. B. Pasqualini sc. nach Fr. Barbieri (Guercino).

c) Darstellungen nach der Legende.

Sie schifft sich mit ihren Geschwistern nach Frankreich ein.

Die Legende lässt sie in Marseille landen.

G. Ferrari px. Fresco in Vercelli.

Corradi px. Florent. Gallerie.

Holzschnitt in Ces. Cavara, Leggende di Lazzaro, Marta e Maddalena. Bologna 1853.

Sie predigt den Bewohnern von Marseille das Evangelium.

> Basrelief in der Certosa von Pavia.

> Altes Bild im Hotel de Cluny, welches dem König René selbst zugeschrieben wird. Die Zuhörer sind René mit seiner Gemahlin Jeanne de Laval und sein Hofgesinde. Anachronismus von 1400 Jahren! Abbildung in Jameson.

In der Wüste im Buche lesend.

> Sie zog sich bei Marseille in die Einsamkeit des Berges Pilon zurück, wo sie ihr Sündenleben abbüsste.

> **Correggio** p. Gemälde der Dresdener Gallerie, gest. von Daullé, Morghen, Niquet, Rahl, Desnoyers, Longhi.

> **P. Battoni** px. Ebenda. J. Camerata sc.

Sie empfängt von Engeln die letzte Communion.

> **Fr. Albani** p. Gallerie Orleans. R. Delaunay sc. 1806.

> **Lor. di Credi** p. Berliner Museum.

> **G. Scotin** sc. nach Domenichino.

Im Tode von zwei Engeln heimgesucht.

> **Cl. Mellan** sc. M. 100.

> **Rubens** px. Gent. P. de Bailliu sc.

Von Engeln zum Himmel emporgetragen.

> Lohn der ausdauernden Busse.

> **Giul. Romano** px. Fresco in Trinità di Monte zu Rom.

> **Ribera** px. Im Louvre.

> **Dion. Calvaert** px. Turiner Gallerie.

> S. auch Maria von Egypten unter derselben Rubrik.

B. Andachts-Bilder.*)

Mit Buch und Salbenbüchse.

> **Tizian** px. für Carl V.

> **Tim. delle Vite** p. Bild in der Pinacothek von Bologna, gest. von Rosaspina, im Gallerie-Werk.

---

*) Ihre Anzahl ist Legion. Meist war es den Künstlern darum zu thun, eine schöne nackte weibliche Büste darzustellen; ein Salbengefäss, Todtenkopf oder Kreuz war bald in einem Winkel angebracht und eine heilige (!) Magdalena fertig, deren verführerischer Blick und mehr oder minder graziöse Attitude mehr an die Magdalena vor als nach ihrer Bekehrung erinnert.

Mit Buch, Salbenbüchse, Todtenkopf und Kreuz.

So wird sie oft in der Wildniss als reumüthige Sünderin dargestellt.

Dom. Pellegrini (Tibaldi) sc. nach Tizian, B. 5.

L. Cigoli p. Das Bild in Florenz; gest. von H. Guttenberg.

Murillo p. gestochen von **R. Morghen** 1801.

Goltzius inv. J. Matham sc. B. 115.

Mit dem Salbengefäss.

Metallschnitt c. 1430. T. O. Weigel's Sammlung No. 70.

Lucas von Leyden sc. B. 124.

C. Crivelli p. Berliner Museum.

Q. Messis px. Samml. Boisserée. Lith. daselbst.

G. Garavaglia sc. nach C. Dolce.

Mit einem Kreuz.

Fr. de Troy px. Gallerie in Braunschweig. (Es ist das Portrait der Montespan.)

Mit dem Todtenkopf.

Trevisani px. Cab. Brühl. Moitte sc. im Werke.

Maria von Egypten.

Früher Courtisane, dann Büsserin, † 321. 2 April.

Darstellungen aus ihrem Leben.

Glasbilder der Cathedrale von Bourges.

Sie wird an der Pforte des Tempels zurückgedrängt.

Sie ging, noch als Sünderin, mit den Pilgern nach Jerusalem, Geschäfts halber; als sie in den Tempel eintreten wollte, stiess sie eine unsichtbare Gewalt zurück. Hier begann ihre sittliche Umkehr.

Malosso px. in Pietro in Pö zu Cremona.

A. Blanchard sc. nach Ed. Dubufe. (H. Frauen.)

In der Höhle betend.

Sie zog sich dann in die Einsamkeit zurück und lebte als bussfertige Anachoretin.[*]

B. à Bolswert sc. nach A. Bloemaert. (Sacra Eremus.)

---

[*] Sie ist in der Einsamkeit dadurch von Maria Magdalena unterschieden, dass diese jung, jene alt abgebildet wird.

Sadeler sc. nach M. Vos.

G. Schouten sc. in: Les Vies des SS. Pères.

Mit Kreuz und zwei Broden.

L. Noseret sc. nach Ant. Guerrero.

Ein Engel bringt ihr ein Gewand.

Holzschnitt in: De plurimis claris mulieribus. Ferrara 1497.

Zosimus findet sie in der Wüste.

Da ihre Kleidung längst abgetragen war, bedeckte sie mit ihren langen Haaren die Blösse.

Ribera px.

Holzschnitt im Leben d. H. 1488.

Sie empfängt von Zosimus das letzte Abendmahl.

Im Campo santo zu Pisa, auf dem Gemälde des Anachoretenlebens. Abbild. im Werke von Rossi und Lasinio.

Bergler sc. nach G. Reni.

Sie stirbt, während Zosimus betet.

Ein Löwe gräbt im Grunde das Grab.

P. Berettino da Cortona px. Pal. Pitti in Florenz. Abbild. in Jameson.

Sie wird von Zosimus begraben.

Zwei Löwen helfen ihm.

Sculptur des 11. Jahrh. im Museum zu Toulouse. Abbildung in Taylor's Voyages pitt. en France. I. Taf. 31.

Von Engeln in den Himmel getragen.

Metallschnitt c. 1460. (Sie ist am ganzen Körper behaart.) T. O. Weigel's Sammlung No. 125.

Schule des **E. S.** vom J. 1466. Pass. 179.

Dürer f. (Holzschnitt.) B. 121.

L. Cranach f. (Holzsch.) B. 72.

Maria.

Nichte des Einsiedlers Abraham, Sängerin und später Büsserin. 4. Jahrh. 29. Oct.

Abraham betet; neben ihm gibt sie dem Jüngling, der ihr Liebe anbietet, Gehör.

Später bekehrt, stirbt sie heilig.

C. Galle sc. nach M. de Vos. (Solitudo.)

Phil. de Champagne px. Louvre.

Ein Krug mit Wasser und einige Bohnen.

> Früher Freudenmädchen, bekehrte sie sich und ging in die
> Wüste, wo sie viele Jahre lebte, ohne dass ihr Wasser und
> ihre Bohnen abnahmen.

G. Schouten sc. in: Les Vies des SS. Pères.

In der Einsamkeit betend.

B. à Bolswert sc. nach A. Bloemaert. (Sacra Eremus.)

Maria d'Oignies.
Jungfr. in Belgien, † 1213. 23. Juni.

Spinnend und betend.

D. Jonkman sc. in: Les Vies des SS. Pères.

Maria da Socos (Succours).
Vom Orden Maria de Mercede, von der vornehmen Familie Cervelli stammend, † in Barchinon 1280.
1. Aug.

Ueber dem Meere schreitend, auf welchem ein Schiff sichtbar.

> Sie brachte im Leben und nach dem Tode Hilfe den Schiff-
> brüchigen.

Cl. Mellan sc. M. 101.

Maria de Incarnatione.
Stifterin der reformirten Carmeliterinnen, † 1618. 18. April.

Ein Herz in der Hand haltend.

Lenfant sc. in: Hervé, la vie de la B. Marie etc.

Glorification der Heiligen.

Massart sc. nach Boucher. (Eingefasst von Darstellungen aus ihrem
Leben.

Maria Magdalena de Pazzis.
Carmeliterin, † zu Florenz 1607. 25. Mai.

Ein Engel stellt sie dem Heilande vor.

> Die mystische Vermählung mit Christo.

Luc. Giordano px.

Vor dem Crucifix betend.

Isab. Piccini sc. in: V. Puccini, la vita di S. Maria Maddalena
de' Pazzi. Ven. 1739.

Ein dorngekröntes brennendes Herz.

> Es offenbarte sich ihr während des Gebetes.

L. Heitland sc. nach P. Molitor. Düsseld. Verein.

In der Glorie.

R. Morghen sc.

Maria s. Martha und Maria.

Marian.

Martyr. 11. Juni.

An den Händen hängend, die Füsse mit Gewichten beschwert.

J. Callot sc.

Marina.

Jungfr. 8. Jahrh. 17. Juli.

Betend, bei ihr ein liegendes kleines Kind.

Sie ging als Mann verkleidet ins Kloster (als Marinus), wurde wegen Verführung von einem vornehmen Frauenzimmer angeklagt, sie entdeckte dennoch nicht ihr Geschlecht, ja nahm das ihr zugeschobene Kind an und erzog es. Erst nach ihrem Tode kam ihre Unschuld an den Tag.

B. à Bolswert sc. nach A. Bloemaert. (Sacra Eremus.)

Sie sitzt mit dem Kinde vor der Klosterpforte.

Ein Mönch reicht ihr aus Mitleid ein Stück Brod.

D. Jonkman sc. in: Les Vies des SS. Pères.

Marinus.

Diacon, früher Steinmetz. 6. Jahrh. 1. Sept.

Mit Maurergeräth.

Er diente als Steinmetz beim Bau von Rimini, dann lebte er als Einsiedler auf dem Berge Titan bei Rimini, auf welchem später S. Marino erbaut wurde.

Marinus.

Bischof. Mart. † 697. 26. Dec.

Er wird verbrannt.

Sein Martyrium.

Stich in Bavaria Sancta.

Marinus.

Einsiedler und Martyr in Maurienne, Frankreich, † um 731. 21. Nov.

Wilde Thiere drängen sich zu ihm.

Dieselben zeigen sich zahm in seiner Nähe.

Holzschnitt im Leben d. H. 1488.

Gekreuzigt und mit spitzigen Eisen zerfleischt.

In Cilicien unter Diocletian. Martyrol. Rom.

A. Collaert sc. In Ricci: Triumphus J. Chr. crucifixi.

Marius.

Einsiedler. 6. Jahrh. 8. Juni.

Mit Thierfellen bekleidet.

G. Schouten sc. in Les Vies des SS. Pères.

Marius und Martha.

Eltern des Abacum und Audifax, Mart. † 270. 19. Jan.

Ihr Marterthum.

Er wird aufgehängt, wobei ihm die Füsse mit Gewichten beschwert werden; ihr werden die Hände abgehauen.

J. B. de Cavalleriis sc. in: Eccl. milit. triumphi.

Maron.

Einsiedler in Syrien, † um 370. 14. Febr.

Himmlisches Licht erleuchtet ihn, während er betet.

Stich nach Bloemaert in: Les Vies des SS. Pères.

Marquard.

Franciskaner zu München, † 1327. 29. Mai.

Arme und Kranke beten bei seinem wunderthätigen Grabe.

Stich in Bavaria Sancta.

Marsus.

Einsiedler bei Clermont. 6. Jahrh. 4. Oct.

Er höhlt einen Felsen zu seiner Wohnung aus.

G. Schouten sc. in: Les Vies des SS. Pères.

Martha.

Schwester des Lazarus und der Maria Magd. 2. Juli.

Vor Christus.

Diesem klagt sie über die Schwester, die ihr in der Häuslichkeit nicht helfen wolle, und wird zurechtgewiesen. Eigentlich gehört diese Scene in die Iconographie der Bibel.

Nüsser sc. nach Overbeck. Düsseld. Verein.

Mit einem Kochlöffel.

Als geschäftige Hausfrau. Sie ist Symbol des thätigen, wie Maria, ihre Schwester, des contemplativen Lebens.

Bild in der Sammlung der englischen Königin. (Dem A. Dürer zugeschrieben.)

Miniatur im Missal Heinrich's III. (Bodleian Mscpt.)

C. Mallery sc. nach M. de Vos. (Icones illustr. foeminarum.)

Martha.
Mutter des h. Simeon stylites, † 551. 24. Mai.

Mit Weihkessel und einem Dämon.

Sie vertrieb diesen mit geweihtem Wasser.

M. A. Raimondi sc. B. 182.

H. Carracci px.

Holzsch. im Leben d. H. 1488.

Grunewald px. Münchener Pinac.

Martha und Maria.
Jungfrauen, Schwestern in Griechenland, Mart. 8. Febr.

Ans Kreuz genagelt.

So erlitten sie als Christinnen den Tod, nachdem man sie noch mit dem Schwerte durchbohrt hatte.

Adr. Collaert sc. In B. Ricci: Triumphus Jesu Chr. crucifixi.

Martha s. Marius und Martha.

Martial.
Bischof von Spoleto und Martyr, † um 350. 4. Juni.

Er erweckt einen Todten.

Holzschnitt im Leben d. H. 1488.

Im bischöflichen Gewande.

J. Robusti (Tintoretto) p. Altarbild in S. Marziale zu Venedig. Umriss in Zanotto: Pinac. Ven.

Martian s. Marcian.

Martin.
Röm. Ritter, später (371) Bischof von Tours, † 401. 11. Nov.

Darstellungen aus seinem Leben.

Glasgemälde in Bourges.

Wandgemälde in Chartres, Angers etc.

Reitend, theilt seinen Mantel mit dem Armen.

Franz. Miniatur um 1500. Abbild. in Jameson.

M. Schongauer sc. (Ohne Pferd.) B. 57.

Israel van Mecken sc. B. 109.

Springinklee fec. Holz. in Salus animae. B. 35.

Rubens p. Das Bild kam 1750 aus Spanien und wurde vom Prinzen von Wales, Vater des Königs Georg III., erworben. Gest. von Th. Chambers 1766, C. Galle, W. Walker.

A. v. Dyck px. Windsor. J. L. Krafft sc.

C. Visscher sc. nach P. Soutman. Die H. von Flandern.

Carotto px. In Sta. Anastasia zu Verona.

Christus erscheint ihm mit der geschenkten Hälfte des Mantels.

Eine Illustration zu den Worten Christi Math. 25, 40.

Alte griechische Miniatur. Abbild. in Ménologe grec. I. Taf. 182.

Basrelief an der Pforte der Cathedrale von Chartres. Abbild. in: Willemin, Monuments inédits I. Taf. 82.

Basrelief in der Martinskirche zu Cöln.

Abbildung in: L'invocation des Saints.

Als Bischof, neben ihm eine Gans.

Diese ist Anspielung auf seine Erwählung zum Bischof. Am Tage, der ihm gefeiert wird, werden die meisten Gänse der Küche geopfert. Daher: Martinsgans.

Alte Statue in der Carthause zu Paris. Abbild. in Millin's Antiquités nationales.

In bischöflichen Gewändern, einen Besessenen heilend.

Jac. Jordaens p. Hauptbild in der St. Martinskirche von Tournay, jetzt im Brüsseler Museum. Gest. von **P. de Jode**.

Messe lesend; über seinem Haupte eine feurige Kugel.

Aus dem Leben; die Hostie schwebte als leuchtende Sonne über ihm.

E. le Sueur p. Louvre. Umriss bei Didot I, 25. — H. Laurent sc.

Er erweckt ein todtes Kind.

Lazzaro Baldi px. Belvedere zu Wien.

Er heilt den besessenen Knecht des Präfecten.

Aus dem Leben.

P. de Jode sc. nach Jordaens. Das Bild in Antwerpen.

Martin.
Eremit, † um 580. 24. Oct.

Die Füsse mit Ketten gebunden.

Diess that er sich freiwillig an. Ein Jünger sagte zu ihm,
wenn er wahrhaft fromm sei, so brauche er keine Kette, die
Liebe Christi werde ihn an die Höhle fesseln.

G. Schouten sc. in: Les Vies des SS. Pères.

Martin.
Abt von Vertou bei Nantes, † um 600. 24. Oct.

Er betet vor dem Crucifix.

G. Schouten sc. in: Les Vies des SS. Pères.

Martin V.
Papst, † 1431. 31. Jan.

Im Kerker gefesselt; eine Engelsglorie über ihm.

Himmlischer Trost in schweeren Leiden.

Abbildung in: L'invocation des Saints.

Mit der Palme, segnend.

F. Keller sc. nach Geselschap. Düsseld. Verein.

Martina.
Tochter eines röm. Consuls, Mart. 1. Jan.

Scenen aus ihrem Leben.

A. Gherardi sc. 6 Bl. diverse Martern derselben. B. 1—6.

Auf dem Scheiterhaufen.

P. Berettino px. Rom. **P. Bettelini** sc. Abbild. bei Didot. IX. 5.

Mit einer Zange, im Grunde ein Tempel.

Alexander Severus liess sie martern, der Tempel (der Diana)
wurde vom Blitz getroffen, das Feuer, das sie verbrennen
sollte, ausgelöscht, sie endlich enthauptet. Im J. 1634 fand
man in ihrer Kirche beim Forum ihre Reliquien, das Haupt in
einem besonderen Kästchen. Jetzt heisst die Kirche San Luca
und Sta Martina.

B. Berettino da Cortona px. in oben erwähnter Kirche.

Martinian.
Röm. Soldat. 1. Jahrh.

Petrus tauft ihn im Kerker.

> Er war der Wächter des Apostels im mamertinischen Gefängnisse zu Rom, wurde von ihm bekehrt, und da es an Wasser zur Taufe mangelte, so sprudelte aus der Erde auf Befehl des Apostels eine Quelle hervor, die noch fliesst. (S. Pietro in carcere.)

Martinianus.
Einsiedler in Palästina, † um 400. 13. Febr.

Er flicht Körbe; im Grunde Meer mit einem Schiffbruch. aus dem sich eine Jungfrau am Gestade rettet.

> Um den Versuchungen zu entgehen, flüchtete er sich auf eine Insel; als eine Jungfrau sich aus dem Schiffbruch auf derselben Insel rettete, überliess er ihr dieselbe und schiffte sich auf einem Delphin ein, um das Weite zu suchen.

R. Sadeler sc. nach M. de Vos. (Solitudo.)

Stich nach Bloemaert in: Les Vies des SS. Pères.

Martinian und Saturian.
Mart. in Africa. 458. 16. Oct.

Von wilden Pferden geschleift.

> Ihre Todesart.

Abbildung in: L'invocation des Saints.

Maritinian s. Processus.

Martius.
Anachoret in Frankreich. 5. Jahrh. 13. April.

Mitra und Stab. Er macht sich in den Felsen eine Höhle.

R. Sadeler sc. nach M. de Vos. (Solitudo.)

Wussin sc.

Maternus.
Bischof von Trier. 2. Jahrh. 14. April.

Er heilt Besessene.

Holzschnitt in: Sanct. et Mart. Icones.

Mit drei Infeln.

Eine auf dem Haupte, zwei auf dem Buche. Aus dem Bisthum, das er gründete, sind drei Bischofssitze (Trier, Cöln und Utrecht) hervorgewachsen. Eine apocryphe Legende erzählt, er wäre jener todte Jüngling von Naim gewesen, den Christus auferweckte.

Bild in der Ludwigskirche zu Cöln.

Eine Kirche mit drei Thürmen.

Dieselbe Symbolik.

Holzschnitt c. 1470. T. O. Weigel's Sammlung No. 178.

Mathilde.

Königin von Deutschland, Gemahlin Heinrich des Vogelfängers, † 968. 14. März.

Sie theilt Almosen aus.

Abbildung in: L'invocation des Saints.

Mathilde s. Mechtildis.

Matthaeus.

Apostel und Evangelist. 21. Sept.

Er wird von Christus von der Zollbank berufen.

Matth. 9, 9.

Mateo di Cambio px. Perugia. Abbild. in Rosini. Taf. 24.

Mabuse px. Buckingham-Palace zu London.

Hemessen px. Belvedere zu Wien.

Caravaggio px. San Luigi de' Francesi zu Rom.

Trabalesi px. Bologna. Gest. von Mitelli, Rosaspina. Pinac. di Bologna.

L. Carracci px. Pinac. von Bologna. Abbild. iu G. Rosini, Storia; bei Didot. IV. 35.

Abbildung in: L'invocation des Saints.

Mit einem Beutel.

Raphael px.

Mit einem Beil.

Mit diesem wurde er in Aethiopien erschlagen.

Isr. van Mecken px. Samml. Boisserée. Lith. daselbst.

Er schreibt das Evangelium.

Caroline Watson sc. nach Rubens.

Mit Engel und Buch.

Als Evangelist.

Fr. Keller sc. nach Overbeck. Düsseld. Verein.

J. Callot sc.

S. auch Evangelisten.

Matthias.
Apostol. 1. Jahrh. 24. Febr.

Mit einer Lanze.

Er wurde durch das Loos als Ersatz-Apostel an die Stelle des
Judas Ischariot gewählt. Apostelg. 1, 26. Mit einer Lanze
durchbohrt, wurde ihm dann der Kopf abgeschlagen, worauf
sein zweites Symbol: ein Schwert oder eine Axt hinweist.

Raphael px.

Mit einem Schwert.

Cos. Roselli px. Florentiner Gallerie.

Holzschnitt in: Sanctor. et Mart. Icones.

Holzschnitt in L. Rabus.

Er wird enthauptet.

H. S. Beham fec. Holzsch. im Kirchenkalender. (Die Tödtung
geschieht durch eine Art Guillotine.)

Maura.
Jungfr. Frankreich. 9. Jahrh. 21. Sept.

Sie näht Kirchengewänder.

Ihre Beschäftigung, um arme Kirchen damit zu versehen.

D. Jonckman sc. in: Les Vies des SS. Pères.

Maurelius.
Erster Bischof von Ferrara, Mart. 7. Jahrh. 7. Mai.

Er wird enthauptet.

Seine Todesart.

Fr. Barbieri (Guercino) px. Gallerie zu Florenz, früher in S.
Giorgio.

Holzschnitt in: Legendario e vita et miracoli di S. Maurelio etc.
Ferrara 1570.

Maurilius.

Bischof von Angers, † um 431. 13. Sept.

Ein Fisch trägt den Kirchenschlüssel im Munde.

Ein Schüler des Gregor von Tours wurde er von diesem zum Bischof von Angers bestellt. Er verliess indess sein Bisthum heimlich und entfloh nach England. Beim Ueberschiffen fiel ihm der Kirchenschlüssel in's Meer. Die Gläubigen von Angers suchten ihn sieben Jahre; als sie nach England schifften, sprang ein Fisch in das Fahrzeug, der den Schlüssel ihrer Kirche bei sich hatte. Sie fanden den Bischof bald darauf und führten ihn heim.

Abbildung in Ribadeneira.

Eine Taube schwebt über ihm, während ihn der h. Martin segnet.

Die Taube sollte anzeigen, dass er zum Nachfolger auf dem Bischofsstuhle des h. Martin bestimmt sei.

Abbildung in: L'invocation des Saints.

Mauritius.

Röm. Ritter von der Thebaischen Legion, † 285. 22. Sept.

In Rüstung, mit einer Palme.

Er wird in altdeutschen Bildern auch als Moor abgebildet; Anspielung auf seinen Namen.

L. Giordano p. Im Cabinet Brühl. F. Basan sc. Im Werk.

Mit einer Fahne.

Glasbild der Strassburger Cathedrale; Abbild. in: de Lasteyrie, Hist. de la peinture sur verre. Pl. 17.

H. Hemskerk px. Sammlung Boisserée. Lith. daselbst.

Als Ritter, mit einem Schwert.

H. Burgmair fec. Holzschnitt.

An der Spitze der theb. Legion weigert er sich, den Götzen zu opfern.

Abbildung in: L'invocation des Saints.

Er wird enthauptet.

Seine Todesart.

P. de Marés px. Samml. Boisserée. Lith. daselbst.

Mauront.

Abt von Breyle, Belgien, † 701. 5. Mai.

Mit Scepter und Kirche.

Bild in der St. Amatus-Kirche zu Douay.

Maurus.

Abt zu Grandfeuil, † 584. 15. Jan.

Er rettet den h. Placidus aus dem Wasser.

Sein Lehrer, der h. Benedict, sendet ihn, den ertrinkenden Placidus zu retten. Er schreitet über das Wasser und rettet ihn.

J. Callot sc.

Er heilt Kranke.

Pomp. Ghitti sc. B. 4.

Maximilian.

Erzb. von Lorch, † um 308. 12. Oct.

Er weigert sich, den Götzen zu opfern.

Stich in Bavaria Sancta.

Im bischöflichen Gewande mit Pedum, Schwert und offenem Buche.

F. Ittenbach inv.   Dinger sc.   Düsseld. Heiligenbilder.

Dürer fec.   Holzsch. B. 116.

Maximin.

Bischof, Mart. 4. Jahrh. 3. Oct.

Er wird vom Thurm herabgeworfen.

Seine Todesart.

Abbildung in: L'invocation des Saints.

Maximin.

Bischof von Trier, † 349. 29. Mai.

Er empfängt in Trier den h. Athanasius.

J. Callot sc.

Ein Bär trägt sein Gepäck.

Auf der Reise nach Rom zerriss ein solcher sein Lastthier und musste nun selbst dem Heiligen als solches dienen.

Abbildung in: L'invocation des Saints.

Maximus von Nola.

Bischof und Mart. 7. Febr.

Eine Weintraube, die an einem Dornbusch hängt.

Als ihn sein Diacon Felix von Nola in der Wüste, wohin er
sich vor der Verfolgung geflüchtet hatte, fast verschmachtet
fand, belebte er ihn durch eine Traube, die er wunderbarerweise an einem Dornbusch fand. „Sammelt man denn Trau-
ben von den Dornen?" Matth. 7, 16.

Maximus.

Martyr in Ephesus, c. 250. 30. April.

Er wird gesteinigt.

Seine Todesart.

Abbildung in: L'invocation des Saints.

Maximus von Turin.

Bischof, † 465. 25. Juni.

Eine Rehkuh neben ihm.

Diese ernährte ihn.

Maximus von Salzburg.

Priester, Mart. 19. Nov.

Auf einem Baum aufgehängt.

Seine Todesart.

Stich in Bavaria Sancta.

Maximus.

Abt, dann Bisch. von Riez, † 433. 27. Nov.

Er versteckt sich im dunkeln Walde.

Um den Nachforschungen seiner Freunde zu entgehen, die
ihn zum Bischof machen wollen.

Abbildung in: L'invocation des Saints.

Maximus s. Juventinus.

Mechtildis (Mathilde).

Aebtissin der Benedictinerinnen in Eitelstedt, † 1160. 31. Mai.

Sie wird als kleines Mädchen von der Mutter in's Kloster geführt.

Stich in Bavaria Sancta.

Sie heilt das Auge einer Nonne.

B. Kilian sc. nach Jon. Umbach.

Medardus.

Bischof von Noyon und Tournay, † 545. 8. Juni.

Er predigt vor dem Volke.

Abbildung in: L'invocation des Saints.

Knieend, eine Taube über seinem Haupte.

J. Callot sc.

Mit einem Stein, darin seine Fussstapfen eingedrückt sind.

Bei einer Gränzstreitigkeit zweier Edelleute setzte er einen Stein als Mark und drückte seinen Fuss darauf ab, gleichsam als Siegel.

Mederic.

Abt in Paris, † um 700. 29. Aug.

Seine Ordensbrüder unterrichtend.

J. Callot sc.

Meinrad (Meginrad).

Eremit, Mart., Stifter des Klosters Einsiedeln, † 863. 21. Jan.

Darstellungen aus seinem Leben.

Holzschnitte (15. Jahrh.) in: Incipit passio sancti Meynrhadi Martyris et heremite. 1496. (In Basel, von Alb. de Bonstetten.)

Holzschnitte in: Warhafftige vnd grundliche Histori   . Freiburg 1587. s. T. O. Weigel's Samml. No. 302.

Holzschnitte in: (Gall Morel), Die Legende von Sankt Meinrad. Einsiedeln 1861. Die Holzschnitte sind alten Stöcken nachgebildet.

Ein Rabe. Er liegt todt auf der Erde.

Zwei Raben flogen um die Häupter seiner Mörder, die dadurch erkannt und zum Verbrennen verurtheilt wurden.

J. Sadeler sc. nach M. de Vos. (Solitudo.)

Holzschnitt im Passional 1502.

Holzschnitt im Leben d. H. 1488.

Melania senior.

Einsiedlerin, Wittwe zu Rom. 4. Jahrh.

In der Einsamkeit betend. Bei ihr ein Wasserkrug und Brod.

B. à Bolswert sc. nach A. Bloemaert. (Sacra Eremus.)

Mit dem Pilgerstab.

Sie pilgerte nach Jerusalem.

Stich nach Bloemaert, in: Les Vies des SS. Pères.

Melania junior.

Enkelin der vorigen, Einsiedlerin.

In der Höhle betend, um sich Gemüse und einen Todtenkopf.

B. à Bolswert sc. nach A. Bloemaert. (Sacra Eremus.)

Stich nach Bloemaert in: Les Vies des SS. Pères.

Melanius.

Bischof von Rennes, † c. 530. 6. Jan.

Er treibt aus einem Geistlichen den Teufel aus, indem er demselben eine derbe Ohrfeige applicirte.

Melorius.

Martyr in England, † c. 411. 3. Jan.

Er wird enthauptet.

Seine Todesart.

J. B. de Cavalleriis sc. nach Circignano, in: Eccl. angelic. trophaea.

Menna.

Griechischer Held und Mart. in Phrygien, † 301. 11. Nov.

Im Kriegskleid, mit dem Schwert.

P. Cagliari Veronese px.

Mercurius.

Griech. Held, Mart. unter Julian Apost. 14. Nov.

Engel bringen ihm ein Schwert.

Nach der griech. Legende stand er aus seinem Grabe auf und durchbohrte Julian in der Schlacht.

J. Callot sc.

Methodius s. Cyrillus.

20*

Michael, Erzengel s. Engel.

Michelina.

Wittwe bei Ancona, † 1356. 19. Juni.

Mit Pilgerhut und Stab (über Wolken schwebend).

Fr. Barocci p. (Das Bild war in Paris. Wo jetzt?) Gest. von
B. Fariat. Abbild. bei Didot. XII. 15.

Milburga.

Jungfrau, Aebtissin, † um 722. 23. Febr.

Das Modell einer Kirche haltend.

Milon von Selincourt.

Bischof von Terouanne, † 1158. 16. Juli.

Mit Lilienbouquet und Kreuz.

Dabei geisselt er einen Pfau (den Stolz).

Fr. Hubert sc. nach Diepenbeck.

Minias (Miniato).

Armen. Prinz, röm. Soldat, Mart. † 254. 25. Oct.

Im Ritterkleid, mit Krone, Lilie und Palme.

Bild aus **Giotto's** Schule in S. Miniato bei Florenz. Lasinio sc. in
Etruria pittr.

Modestinus.

Bischof von Abellino. 14. Febr.

Mit gefalteten Händen.

J. Schmutzer sc.

Modoaldus.

Herzog und Erzb. von Trier, † 656. 12. Mai.

Er segnet den Bau einer Kirche.

H. Burgmair fec. Holzschnitt.

Modweda.

Benedictinerin, erste Aebtissin von Polesworth, in Irland, † 460. 6. Juli.

Mit Pedum und Buch.

Bild in Stratfort-on-Avon. Abbild. in Fischer's Antiquities.

Monica.

Mutter des h. Augustin, Wittwe, † 388. 4. Mai.

Auf dem Throne sitzend, von h. Frauen umgeben.

Bild in Maria del Carmine zu Florenz.

Mit ihrem Sohne Augustinus bei der thronenden Madonna.

Florigerio px. Gallerie zu Venedig.

S. auch Augustinus.

Monon.

Einsiedler und Mart. in Namur. 7. Jahrh. 18. Oct.

Er baut sich eine Hütte; bei ihm ein Schwein.

Dieses brachte ihm ein zum Bau nothwendiges Werkzeug.

G. Schouten sc. in: Les Vies des SS. Pères.

Montanus.

Einsiedler aus Rheims. 6. Jahrh. 17. Mai.

Engel erscheinen ihm beim Gebet.

G. Schouten sc. in: Les Vies des SS. Pères.

Morandus.

Prior in Altkirch. 12. Jahrh. 3. Juni.

Er unterrichtet seine Ordensbrüder.

Abbildung in: Gallerie des Saints d'Alsace.

Moses.

Aethiopier, Anachoret. 4. Jahrh. 28. Aug.

Mit einem Messer, oder Spaten.

Als Moor vorgestellt. Früher ein Räuber, bekehrte er sich und wurde Einsiedler.

Stich nach Bloemaert in: Les Vies des SS. Pères.

Mungho s. Kentigern.

Mutius.

Einsiedler in der Thebais. 4. Jahrh. 15. Mai.

Als Pilger in der Einsamkeit.

Sadeler sc. nach M. de Vos. (Solitudo.)

Er wandelt über das Meer.

Stich nach A. Bloemaert.

Der Teufel zeigt ihm einen Schatz.

Des Pharao, wie die Legende sagt, um ihn zu seiner früheren
Habsucht zu verführen.

Bloemaert del. Stich in: Les Vies des SS. Pères.

Mytrus.
Apostel von Aix, Mart.

Er hält sein abgeschlagenes Haupt mit den Händen.

Glasbild des 14. Jahrh. in der Cathedrale von Aix. Abbild. in:
de Lasteyrie, Hist. de la Peinture sur verre. Pl. 52.

Nabor und Felix.
Mart. zu Mailand, † 303. 12. Juli.

In Rüstung, die gekrönte Madonna umgebend.

Sammachini px. Pinac. von Bologna. Guadagnini sc.

Narcissus.
Dritter Bischof von Jerusalem, † 216. 29. Oct.

Wasserkrüge neben sich.

Als das Oel für die Kirchenlampen ausgegangen war, liess er
die Krüge mit Wasser füllen und verwandelte es in Oel.

Abbildung in: L'invocation des Saints.

Narcissus.
Bischof in Spanien, Mart. † 4. Jahrh. 18. März.

Beim Altar erschlagen.

Seine Todesart.

Holzschnitt im Passional. 1502.

Holzschnitt im Leben d. H. 1488.

Natalia.
Weib des h. Adrian, † um 290. 1. Dec.

Mit einem Löwen.

Dieser ist hier Symbol der Grossmüthigkeit und sittlichen
Charakterstärke.

Dominichino px. Grotta ferrata.

Mit einer Palme.

C. Gregori sc.

Nathanael.

So hiess der Apostel Bartholomaeus. S. diesen.

Nazarius und Celsus.

Mart. in Mailand, unter Nero. 28. Juli.

Scenen aus ihrem Leben.

Sculpturen an den Pforten von S. Celso in Mailand.

Sie werden enthauptet.

Holzschnitt im Leben d. H. 1488.

Nemesius.

Mart. † 250. 1. Aug.

Mit zwei Räubern verbrannt.

J. Callot sc.

Nemo (Niemand).

Die Kirche hat diesen Heiligen nie anerkannt. Die Legende von einem h. Nemo ist wohl nur mittelalterlicher Witz. In einem vatican. Codex beginnt sie: Beatus igitur Nemo iste contemporaneus dei patris. (S. Anzeiger für Kunde der deutschen Vorzeit. N. Folge. 1866. Pag. 361—67.) Einer versprach seinem Gläubiger, die Schuld am Tage des h. Nemo zu bezahlen, d. h. niemals. Dieser aber forderte sie am Feste aller Heiligen, mit dem Bemerken, wenn Nemo im Kalender sonst nicht als Heiliger stehe, so sei er hier mitverstanden.

Nereus und Achilleus.

Kammerdiener der Kaiserin Flavia Domitilla, Mart. 1. Jahrh. 12. Mai.

Sie werden enthauptet.

Ihre Todesart.

Pocetti px. in der Kirche S. Maddalena de Pazzis zu Rom.

Holzschnitt in: Vita Sanctor. 1488.

Mit Palmen in der Hand.

Rubens px. 1604. In Maria Navicella zu Rom.

Nestor.

Bischof, Martyr in Perga (Pamphilien), † 251. 26. Febr.

Er geht muthig seinen Schergen entgegen.

Abbildung in: L'invocation des Saints.

Auf der Folterbank Gott preisend.

J.' Callot sc.

Am Kreuz, auf der Erde die bischöflichen Kleider.

> So beschloss er sein Leben unter Decius in Perga (Pamphi-
> lien). Martyrologium.

A. Collaert sc.   In Ricci: Triumphus J. Chr. crucifixi.

Nicasius.
Bischof von Rheims, † 400. 14. Dec.

Er wird mit der Eutropia von Heiden angefallen.

Abbildung in: L'invocation des Saints.

Seinen abgehauenen Oberkopf in den Händen.

> Bei der Belagerung von Rheims schlug ihm ein Barbar den
> halben Kopf ab, den der Heilige noch einige Schritte trug.

Jan Schoreel px.   Münchener Pinacothek, früher Samml. Boisserée.
Lith. daselbst.

Nicephorus.
Martyr in Antiochien, † 258. 9. Febr.

Er kniet vor seinem zum Richtplatz geführten Freunde
Sapricius.

> Mit diesem verfeindete er sich und keine Bemühung, sich
> wieder zu versöhnen, wollte ihm glücken. Als S. als Christ
> verklagt, zum Tode geführt wurde, beschwor er ihn, die seiner
> wartende Martyrglorie nicht durch Härte des Herzens zu be-
> sudeln — Alles vergebens. Am Richtplatz wird S. schwach
> und opfert den Götzen. N. bekennt sich offen als Christ und
> stirbt als Martyr. Eine der schönsten, weil menschlich
> wahren Legenden.

Abbildung in: L'invocation des Saints.

Er wird in einer durchlöcherten Tonne gepeinigt.

J. Callot sc.

Nicetas.
Martyr der griech. Kirche, † 372. 15. Sept.

Auf einem Scheiterhaufen verbrannt.

Seine Todesart.

Nicetus.
Erzbischof von Besançon. 7. Jahrh. 8. Febr.

Er predigt dem Volke.

Abbildung in: Gallerie des Saints d'Alsace.

Nicolaus von Bari.

Bischof von Myra. † 342. 6. Dec.

An der Pforte der Cathedrale (in Myra) vom Volke zum Bischof ausgerufen.

P. Cagliari Veronese px.　Nat.-Gall. zu London.

de Bernhard p. (Gallerie in Braunschweig.)

Als Bischof, drei Kugeln (Brode) haltend; zuweilen neben ihm in einem Gefässe drei Kinder.

> Als in Myra eine grosse Hungersnoth ausgebrochen war, erschien er einem Kaufmann in Sicilien im Traume und befahl ihm, ein Schiff mit Getreide nach Myra zu bringen. Dadurch wurde die Stadt gerettet.

Fr. de Luca sc.　Vinc. Lapegna del. nach einem alten Bilde, in: N. Putignani, Istoria della vita di S. Niccolo etc. Napoli 1771.

Bart. Zeitblom px. im Dom zu Ulm. Stich in: K. D. Hassler, Die Kunst des Mittelalt. in Schwaben.

Cimabue px.

Boticelli px.　Am Capitol zu Rom. Abbild. in Jameson.

Andrea del Sarto px.　Pal. Pitti zu Florenz.

Springinklee fec.　Holzsch. in Salus animae.

Gaet. Bianchi px.

Schraudolph px.　H. Nüsser sc.　Düsseld. Heiligenbilder.

Im bischöflichen Kleide, segnend. Ein Engel hält die Inful.

Tizian p.　Altarbild in S. Sebastiano zu Venedig. Umriss in Pinac. Ven.

Er lässt heidnische Götterbilder niederreissen. Teufel entfliehen.

Casp. Massi sc. nach J. B. Calandrucci.

Drei Kinder im Gefäss vor ihm.

> Er rettete dieselben einer Mutter vom Tode.

S. à Bolswert sc.

Miniatur in: „Heures d'Anne de Bretagne". 1500. Abbildung in Jameson.

Silberne Statuette des 15. Jahrh. Abbild. in: Gazette des beaux arts. 1860.

Er macht geröstete Rebhühner lebendig.

Avanzi px. in S. Giuseppe zu Ferrara.

Almosen geheim ertheilend.

> Er wirft Geld oder Brod durch ein Fenster; man sieht im
> Hause drei Schwestern schlafend; bei ihnen der verzweifelnde
> Vater. Alle sind dem grössten Elende preisgegeben. Der
> h. Nicolaus rettet sie aus der Noth und der nahen Gefahr
> der Sünde.

Fra Angelico px. Im Vatican.

Holzschnitt im Leben d. H. 1488.

Er theilt drei Mädchen Geschenke aus.

J. Fratrel sc. Die alte Kupplerin eilt mit ihrem Geldbeutel fort.

Er legt seine Fürbitte für Schiffbrüchige ein.

> Er ist Patron der Schiffbrüchigen.

M. J. Schmidt px. et sc. Altarbild in Stein bei Krems. (In der
Nähe waren die gefährlichen Stellen in der Donau: der Wirbel
und der Strudel.)

Er beschwört einen Seesturm.

G. W. Neunherz sc.

Nicolaus von Tolentino.
Augustinereremit, † 1305. 10. Sept.

In der Zelle betend; bei ihm ein Wasserkrug und Brod.

Abbildung in: L'invocation des Saints.

Er rettet ein Kind vom Tode.

Garofalo px.

Er steht einem Sterbenden bei.

Cl. Mellan sc. M. 86. 87.

Buch und Sonne (oder Stern).

> Ein Stern zeigte sich über Tolentino, als er zum Priester ge-
> weiht wurde; auch über seinem Grabe.

Metallschnitt c. 1450. **T. O. Weigel's** Sammlung No. 35.

M. Anton Raimondi sc. B. 160.

Carlo Dolce px. Pitti Gall. zu Florenz.

Sansovino fec. Statue in S. Spirito zu Florenz.

Holzschnitt in: Vita e miracoli del glorioso San Nicola da Tol.
(c. 1500.)

S. Cantarini px. Pinac. v. Bologna. Asioli sc. im Werke.

J. H. Störcklin sc. in: P. de Bretagne, Abrégé de la vie . . . de
S. Nicolas de Tolentin. Munique 1722.

Nicolaus Studites.

Archimandrit der Studiten (Acoemeten zu Constantinopel). 868. 4. Febr.

Er sieht einem Kampf zwischen zwei Engeln und zwei Teufeln zu.

Stich nach Bloemaert in: Les Vies des SS. Pères.

Nicolaus Albergati.

Cardinal, Bischof von Bologna, Carthäuser, † 1443. 9. Mai.

Mit einem Kästchen, im Grunde die Stadt Bologna.

In dem Kästchen verwahrt er die Reliquien der h. Anna, die die Stadt Bologna zu besitzen wähnt.

Abbildung in: G. B. Melloni, Atti, o memorie degli uomini illustri in Santità in Bologna. Bol. 1818.

Nicolaus von der Flue (Bruder Claus).

Einsiedler in d. Schweiz, † 1487 22. März.

Mit Kreuz und Todtenkopf.

Stich in: Les Vies des SS. Pères.

Er communicirt.

Das h. Abendmahl soll seine einzige Nahrung gewesen sein.

Abbildung in Ribadeneira.

Mit einem Holzbecher am Bache stehend.

Holzsch. in: Rechte ware history Legend vnd leben . . . . des s. Nicolausen von de Flü. 1537.

Nicomedes.

Martyr, unter Diocletian. 15. Sept.

Mit einer Stachelkeule.

Werkzeug seines Martyriums.

Nilammon.

Einsiedler in Egypten, † 401. 6. Jan.

Mit Kreuz und Todtenkopf.

G. Schouten sc. in: Les Vies des SS. Pères.

Nilus.

Abt in Grotta ferrata, Italien, † 1005. 26. Sept.

Er betet vor dem Kreuze, von welchem herab ihn Christus segnet.

Dominichino px. Fresco in Grotta ferrata. Gest. v. F. Bartolozzi.

Er heilt einen besessenen Knaben.

Mit dem Oel der Kirchenlampe.

Dominichino px. Ebenda.

Kaiser Otto III. besucht ihn.

Dominichino px. Ebenda.

Nonna.

Mutter des h. Gregor v. Nazianz, † c. 374. 5. Aug.

Nähend.

Abbildung in: L'invocation des Saints.

Nonnosus.

Propst des Klosters auf Monte Soractec, † 570. 2. Sept.

Ein Berg vor ihm.

J. Callot sc.

J. a Montelegre sc. in: Freysingischer Alter u. Neuer Gnadenschatz, das ist Nonnosus etc. Freysing. 1710.

Norbert.

Erzb. von Magdeburg, Stifter des Praemonstratenser-Ordens, † 1134. 6. Juni.

Folge von Darstellungen aus seinem Leben.

Theod. Galle sc. 36 Bl. in: Chrysost. van der Sterre, Vita S. Norberti. Antv. 1622.

Er erhält das Ordenskleid von der h. Jungfrau.

Nic. Poussin px. München.

J. Callot sc.

Vor dem Volke predigend.

Bern. van Orley px. Münchener Pinacothek, früher Sammlung Boisserée. Lith. daselbst.

Die h. Hostie haltend.

Fil. Bigioli px. Vatican.

Er sitzt im Beichtstuhl, vor ihm liegt ein Todter.

> Dieser stellte sich, als wolle er beichten, während er dem
> Heiligen nach dem Leben trachtete. Als er aber den Mord
> auszuführen im Begriffe war, stürzte er todt hin.

Die vierzehn Nothhelfer.

Es sind folgende: Achatius, Barbara, Blasius, Catharina,
Christoph, Cyriacus, Dionys, Egyd, Erasmus, Eustachius, Georg, Margaretha, Pantaleon und Vitus. Welcher Wirkungskreis einem jeden derselben zugewiesen ist, sehe man in der III. Abtheilung nach.

Vereint um den Thron, auf welchem Maria mit dem
Kinde sitzt.

> **Kohlschein** sc. nach Commans. Düsseld. Verein.
>
> Holzschnitt c. 1460. Auf zwei Blättern. T. O. Weigel's Samml.
> No. 110.

Notburga.

Wittwe, von der schottischen Königsfamilie stammend. 9. Jahrh. 26. Jan.

Scenen aus ihrem Leben.

> Abbildungen (84) nach Zeichnungen von Langlois in: La vie et la
> Légende de Madame Sainte Notburg. Paris, Henry Plon. 1868.

Notburga.

Jungfrau, Magd im Rottenburgischen, † 1315. 14. Sept.

Scenen aus ihrem Leben.

> Vierundzwanzig Darstellungen in: Acta sanctorum. (Bolland.)

Sie trägt im Kruge und in der Schürze Almosen den
Armen.

> Als ihr strenger Herr den Inhalt des Kruges kostete, war es
> Lauge; das Brod in der Schürze war in Holzspäne verwandelt.
>
> Abbildung in Ribadeneira.
>
> Stich in Bavaria Sancta.

Obitius.

Ritter in Brescia († c. 1200). 4. Febr.

Im Ritterkleid, mit dem Kreuz.

> Holzschnitt in: Vita di S. Obicio Confessore. Brescia 1657.

Oda.

Herzogin von Schwaben, Wittwe, † 722. 23. Oct.

Sie theilt Almosen aus.

H. Burgmair fec. Holzschnitt.

Odilo.

Abt von Clugny 994—1049. 1. Jan.

Er unterrichtet die Mönche.

J. Callot sc.

Odo.

Abt von Clugny, † 942. 19. Nov.

Er bedient Arme.

Odoricus da Udine.

Kapuciner, 1331. 14. Jan.

Mit Buch, segnend.

A. Zuliani sc. in: B. Asquini, Vita e viaggj del B. Odorico. Udine 1737.

Odulph.

Priester von Utrecht, † um 865. 12. Jan.

Mit einer Schale in der Hand.

Diese brauchte er bei der Taufe der Friesen, die er bekehrte.

C. Visscher sc. nach P. Soutman. Die H. von Flandern. Stich in Batavia sacra.

Olaf.

König von Norwegen, Mart. † 1030. 29. Juli.

Im königlichen Kleid, mit einer Schlachtaxt.

Mit einer solchen verrätherisch ermordet.

Gemälde in Suffolk, St. Olave's Priory.

Oliva.

Jungfrau, Mart. zu Palermo. 9. Jahrh. 10. Juni.

Mit einem Oelzweig.

Wohl Anspielung auf ihren Namen?

Frezza sc. in: O. Malatesta, Vita S. Olivae Virg et Mart. Panormitanae. Romae 1729.

Olympias.

Früher verheirathet, Einsiedlerin. 4. Jahrh. 1. Dec.

Vor der Hütte betend, neben sich Gemüse, Todtenkopf und Ruthe.

B. à Bolswert sc. nach Bloemaert. (Sacra Eremus.)

Sie theilt Almosen aus.

S. Zamboni sc. in: (G. Tiraboschi), Vita di S. Olimpia Vedova: Parma 1775.

Onesimus.

Bischof von Ephesus, Mart. † 109. 19. Febr.

Zu Tode gesteinigt.

Seine Todesart.

J. Callot sc.

Onuphrius (Onofrio).

Einsiedler in Egypten. 4. Jahrh. 10. Juni.

Ein Engel bringt ihm Brod in die Höhle.

Zugleich bestärkt er ihn in seiner strengen Lebensweise.

B. à Bolswert sc. nach A. Bloemaert. (Sacra Eremus.)

Abbildung in: L'invocation des Saints.

Nackt, mit langem Bart und Haar, in der Wüste betend.

Holzschnitt im Leben d. H. 1488.

Sadeler sc. nach M. de Vos. (Solitudo.)

Holzsch. c. 1480. Ein Engel bringt ihm Brod. T. O. Weigel's Sammlung No. 214.

Mit Palmzweigen umgürtet.

J. Callot sc.

Buffalmacco px.

Ophita s. Ositha.

Opportuna.

Aebtissin, † 770. 22. April.

Maria erscheint ihr, um sie vor dem Tode zu trösten.

Sie ist eingekerkert.

J. Callot sc.

Stich in: Nic. Gosset, La vie et les miracles de Ste. Opportune, Abbesse. Paris 1654.

Abbildung in: L'invocation des Saints.

Optatus.
Bischof von Milevi in Numidien, † um 370. 4. Juni.

Von den Feinden mit Füssen getreten.

J. Callot sc.

Or.
Einsiedler.

In der Wüste betend, es regnet; das Regenwasser, in einem Fässchen bewahrt, dient ihm neben Wurzeln zur Nahrung.

J. Sadeler sc. nach M. de Vos. (Solitudo.)

Origenes.
Einsiedler.

Er baut sich in der Wüste eine Hütte.

Sadeler sc. nach M. de Vos. (Solitudo.)

Er predigt als Einsiedler dem Volke.

Stich nach A. Bloemaert.

Orlando s. Roland.

Ositha.
Jungfr., Mart. in Essex, † um 680. 7. Oct.

Sie rettet ein ertrinkendes Kind.

Aus dem Leben.

Abbildung in Ribadeneira.

Sie trägt ihren abgeschlagenen Kopf.

So ging sie noch tausend Schritte weit.

Bild in der Kirche zu Chick.

J. B. de Cavalleriis sc. nach Circignano, in: Eccl. angl. troph.

Oswald.
König von England, Mart. † 672. 5. Aug.

Ein Horn blasend.

Glasbild in der Cathedrale zu Durham.

Mit einem Raben, der einen Ring im Schnabel hält.

Diesen sandte er an seine auserwählte Braut, weil der Vater derselben alle Freier umbrachte. Der Rabe soll Latein gesprochen haben.

Burgmair fec. Holzschnitt.

Holzschnitt im Leben d. H. 1485.

Oswald.

Erzb. von York, † 992. 29. Febr.

Er vertreibt den Teufel mit einem grossen Stein.

Oswin.

König von Northumberland, Mart. † 651. 20. Aug.

Mit Speer und Scepter.

Bild in der Abtei zu Tynemouth.

Othmar.

Abt von Sanct Gallen, † 759.

Er lässt durch seine Ordensbrüder eine Kirche bauen.

Holzschnitt im Leben d. H. 1488.

Otho.

Einsiedler von Ariano, † um 1120. 23. März.

Mit einem Falken, der auf seiner Hütte sitzt.

Die Jäger waren nicht im Stande, ihn wegzuschiessen.

Ottilia.

Erste Aebtissin von Hohenburg im Elsass, † um 720. 13. Dec.

Darstellungen aus dem Leben.

Alte Holzschnitte in: Sant Otilien leben. (c. 1500.)

Holzschnitte in: Histoire de Sainte Odile. Paris 1853.

Sie wird getauft.

Vom h. Erhard von Baiern.

Bild in der St. Bonifazkirche zu München.

Stich in Bavaria pia.

Mit Pedum und Buch; im Grunde ein Kloster.

F. **Dinger** sc. nach J. Settegast. Düsseld. Verein.

Sie speist Arme.

Abbildung in: Galerie des Saints d'Alsace.

Sie befreit durch ihr Gebet die Seele eines Königs aus dem Fegefeuer.

Israel van Mecken sc. B. 131.

Springinklee fec. Holzsch. in Salus animae. B. 47.

21

Sie stellt ihre Ordensschwestern Christo vor.

> Abbildung in: Engelmann, Voyage dans le Bas-Rhin. 1829.

Zwei Augen und ein Palmzweig.

> Sie war blind geboren und erhielt das Gesicht in der Taufe.
>
> **Burgmair** fec.   Holzschnitt.
>
> **Joh. Cignani** p.   Bild im Belvedere zu Wien. Gall.-W. v. Perger.
>
> **Cignaroli** px.   Im Belvedere zu Wien.

Sie erhält von einem Engel das Abendmahl.

> Im Grunde werden Seelen aus dem Fegefeuer befreit.
>
> Kupferstich in: Le Pélérinage à S. Odile. Strassb. 1773.
>
> Sie unterscheidet sich von der h. Lucia durch ihre Ordenskleidung.

Otto.
Bischof von Bamberg, † 1139. 2. Juli.

Pfeile haltend.

> Er verwendete sie zu Nägeln beim Bau des Michelsbergs in Bamberg.

Als Bischof mit dem Modell einer Kirche.

> Stich in: A. Meiller, Mundi miraculum, seu S. Otto. Pedepont. 1739.

Pachomius.
Einsiedler-Abt in der Thebais, † 349. 14. Mai.

Ein Engel bringt ihm die Gesetztafeln; neben ihm kauert der Teufel.

> Gott liess ihm die Regel wissen, nach welcher er leben sollte.
>
> **B. à Bolswert** sc. nach Bloemaert. (Sacra Eremus.)
>
> **J. Callot** sc.
>
> Abbildung in: L'invocation des Saints.

Er belehrt seine Jünger.

> **Schouten** sc. in: Les Vies des SS. Pères.

Der Teufel versucht ihn in Gestalt eines Mädchens, welches auf ihn in seiner Jugend einen gewissen Eindruck gemacht hatte.

> Stich nach Bloemaert in: Les Vies des SS. Pères.

Palladius.
Anachoret in Syrien. 4. Jahrh. 28. Jan.

Er erweckt einen Todten.

> Stich nach Bloemaert in: Les Vies des SS. Pères.

Palmatius.

Mart. unter Diocletian. 5. Oct.

Mit Schild und Fahne.

Thomas von Mutina (Modena) px. Belvedere. Abbild. in Agincourt. Pl. 133.

Pambon.

Einsiedler-Abt in Nitria. 4. Jahrh. 1. Juli.

Ein Mann bringt ihm Silbergefässe.

Diese schenkte ihm Melania, er aber verschickte sie sogleich an arme Klöster.

Stich nach Bloemaert in: Les Vies des SS. Pères.

Pancratius.

Martyr zu Rom, † c. 293. 12. Mai.

Mit Schwert und Palme.

Mit dem Schwerte wurde der 15jährige Jüngling hingerichtet.

Er wird enthauptet.

Holzschnitt im Leben der Heiligen. 1488.

Mit einer Krone.

Diese bedeutet den Sieg des jugendlichen Martyrers.

Mosaik des 5. Jahrh. Abbildung in Ciampini, Vetera Monum. II. Pl. 25.

Auf Münzen der Stadt Leyden.

Pantaleon.

Arzt, Mart. in Nicomedien unter Diocletian. 27. Juli.

Er heilt ein krankes Kind.

Paul Veronese px.

Ein Löwe, den er streichelt.

Er wurde den Löwen vorgeworfen, die ihn verschonten.

Statue. Abgebildet in: Paciaudi, Antiquitates christ.

Mit einer Heugabel vom Felsen herabgestossen.

J. Callot sc.

21 *

Mit Schwert und Arzneischale.

Gemälde in der Cathedrale von Bonn.

F. Ittenbach inv.   F. Seifert sc.   Düsseld. Heiligenbilder.

Paphnutius.

Eremiten-Abt in Egypten, Mart. unter Diocletian. 24. Sept.

In der Wüste betend.

Sadeler sc. nach M. de Vos. (Solitudo.)

An einen Palmbaum kreuzweise gebunden und zu Tode gegeisselt.

Unter Diocletian.   Martyrol. Rom.

A. Collaert sc.   In Ricci: Triumphus J. Chr. crucif.

Pardus.

Bischof. 7. Jahrh. 26. Mai.

Ein Engel zeigt ihm eine Leiter zum Himmel.

Schouten sc. in: Les Vies des SS. Pères.

Parthenius.

Bischof in Lampsacus. 4. Jahrh. 7. Febr.

Er tödtet einen tollen Hund mit dem Kreuzzeichen.

Paschal (Baylon).

Minorit, † 1592. 17. Mai.

Vor dem h. Sacrament betend.

Dieses wurde ihm von einem Engel gereicht.

Dominichino px.

Er betet, mit Ketten beladen.

Stich in: Les Vies des SS. Pères.

Paschasius (Radbertus).

Abt in Corbey, † 865. 26. April.

Mit der Monstranz.

Diess bezieht sich auf seine Abhandlung vom h. Sacrament.

Glasbild in Villers-Bretonneux.

Pastor s. Justus.

Paternus.
Bischof von Avranches, † c. 565. 16. April.

Schlangen um sich.

Er heilte den tödtlichen Biss derselben.

Patricia.
Jungfrau zu Constantinopel. 7. Jahrh. 25. Aug.

Als Pilgerin.

J. Callot sc.

Patricius (Patrick).
Apostel der Irländer, † 492. 17. März.

Ein dreiblättriges Kleeblatt.

Mit einem solchen erklärte er den Heiden das Dogma der Dreieinigkeit. An seinem Feste (17. März) tragen die Irländer einen Kleebüschel am Hute.

Im bischöflichen Gewande; er befiehlt Schlangen, in's Meer zu kriechen; am Ufer Klee.

Er bannte alle Schlangen Irlands in's Meer.

J. Callot sc.

H. Mücke inv. **H. Kipp** sc. Düsseld. Heiligenbilder.

Betend vertreibt er den Teufel.

Mitelli sc. in: Il Mose dell' Ibernia, vita del glorioso S. Patrizio (von G. Cartani). Bologna 1686.

Paula Romana.
Wittwe, aus der Familie der Gracchen, † 404. 26. Jan.

Als Pilgerin.

Sie pilgerte mit ihrer Tochter Eustochium nach Bethlehem, wo sie als Einsiedlerin lebte.

J. Callot sc.

G. Schouten sc. in: Les Vies des SS. Pères.

In der Einsamkeit betend, bei ihr ein Bündel dürrer Aeste.

Die Asche der verbrannten Aeste mischte sie unter ihre Nahrungsmittel.

B. à Bolswert sc. nach A. Bloemaert (Sacra Eremus.)

Mit Weihwedel und Geissel.

Andr. Müller pinx. **Fr. Ludy** sc. Düsseld. Heiligenbilder.

Paula Barbata.

Jungfrau in Spanien. 20. Febr.

Mit einem langen Bart.

> Dieser wuchs ihr auf ihr Gebet, um Nachstellungen zu ent-
> gehen.

Paulinus.

Bischof von Nola, † 431. 22. Juni.

Er unterstützt Arme.

> Das Gold, das ihm ein Vornehmer gab, theilte er aus. Sein
> Haus stand den Armen stets offen.

J. Callot sc.

Abbildung in: L'invocation des Saints.

Paulinus.

Erster Bischof von Lucca, Mart. unter Nero. 12. Juli.

Mit einem Buch, darauf das Modell der Stadt Lucca.

> Lithographie in: G. Viviani, Sulla vita di S. Paolino. Lucca 1868.

Paulus.

Apostel, früher Saulus.

Folgen von Darstellungen aus seinem Leben.

> Zehn Mosaikbilder griech. Meister des 11. Jahrhunderts. Sie be-
> fanden sich in der Kirche S. Paolo fuori le mura bei Rom, sind
> aber im Brande der Kirche untergegangen. (1823.)
>
> Eine ähnliche Folge in der Kirche Monreale bei Palermo.
>
> **Raphael** px. Fünf Compositionen für die Tapeten. Gest. von
> Dorigny, Gribelin, Kirkal, Th. Halloway etc.

Paulus vor seiner Bekehrung.

> Apostelg. 7, 57. Er erscheint als Jüngling auf den Bildern,
> welche die Steinigung des h. Stephanus darstellen. Er ist
> derjenige, der die Kleider der Mörder hütet. S. diese Dar-
> stellung unter Stephanus.

Bekehrung desselben auf dem Wege nach Damascus.

> Apostelg. 9, 3 flg.
>
> **Raphael** del. für die Tapeten. Der Original-Carton ist verloren
> gegangen. L. Sommereau sc. L. Gruner sc.
>
> **Michel Angelo** px. In der Capella Paolina des Vaticans.
>
> **Lucas von Leyden** sc. B. 107.

H. Baldung Grien fec. Holzsch. B. 33.

M. Zündt sc. B. 3.

Rubens px. Gest. von S. à Bolswert. München.

M. Kartarus sc. B. 16.

Seine Blindheit wird durch Ananias geheilt.

Nachdem er früher durch Unterricht von seiner geistigen Blindheit geheilt wurde. Apostelg. 9, 10 flg.

Cavallucci px.

P. Berettino da Cortona px.

Er schlägt den Elymas mit Blindheit.

Apostelg. 13, 10.

Raphael px. Gest. von A. Veneziano, H. da Carpi, J. Burnet.

Paulus und Barnabas vor Sergius Paulus.

Apostelg. 13.

Stich nach Nic. Poussin. St. Gantrel ex.

Paulus und Barnabas in Lystra.

Hier wurden sie gesteinigt. Apostelg. 14, 18.

Raphael px. G. Audran, L. Sommereau etc. sc.

Die Juden geisseln ihn (und den Silas).

Zu Philippi. Apostelg. 16, 22.

Nic. Poussin px. J. le Pautre sc.

Entzückung; er wird von Engeln zum Himmel emporgetragen.

Paulus erzählt II. Corinth. 12 selbst von dieser Entzückung.

Dominichino p. Gilles Rousselet sc. Massard sc. Das Bild, ursprünglich für Aguchi gemalt, kam später zu den Jesuiten St. Antrin nach Paris und dann in königlichen Besitz.

N. Poussin px. Louvre. Gest. von P. del Po, G. Chasteau, Natalis, J. N. Laugier, J. Pesne, Ae. Rousselet.

Cl. Mellan sc. M. 88.

P. del Po sc. B. 18.

Er predigt in Athen das Evangelium.

Apostelg. 17.

Marc Anton sc. B. 44 nach Raphael.

G. Ghisi sc. B. 24.

T. C. Thäter sc. nach Raphael.

Er predigt in Ephesus, vor ihm werden die Bücher verbrannt.

> Apostelg. 19, 19.
>
> **E. le Sueur** p. Das Gemälde im Louvre. Gest. von Et. Picart, M. R. U. Massard.
>
> **Heemskerk** px. Anonymer Stich darnach.

Er erweckt den todten Eutychus.

> In Troas. Apostelg. 20, 9.
>
> **Aug. Carracci** sc. B. 85.

Paulus vor Felix.

> Apostelg. 24.
>
> **W. Hogarth** sc. Natürlich fehlt Hogarthische Interpretation in der Darstellung keineswegs.

Paulus auf Malta.

> Sein Schiffbruch auf der Reise nach Rom. Sein Wunder mit der Schlange. Apostelg. 28.
>
> **B. Dolendo** sc.
>
> **H. Hondius** sc. nach Th. Bernard.
>
> **J. Mariette** sc. nach Aless. Ubeleschi.

Paulus im Kerker.

> **Sommereau** sc. nach Raphael.

Enthauptung des Apostels.

> Bei Rom „ad Aquas Salvias", jetzt alle tre Fontane. Sein abgeschlagenes Haupt sprang dreimal auf dem Boden auf, und überall brach eine Quelle hervor. Diese sind in dem Kirchlein S. Paolo dello Tre Fontane zu sehen.
>
> **Giotto** px. In der Sacristei von S. Peter zu Rom.
>
> Holzschnitt in: Sanctor. et Mart. Christi Icones.

Mit dem Schwert.

> **Bocholt** sc. B. 13.
>
> **Isr. van Mecken** px. Boisserée. Lith. im Werke.
>
> S. auch Petrus.

Paulus.

Erster Eremit der Thebais, † 341. 10. Jan.

Mit Todtenkopf und Rosenkranz.

> **F. Villamena** sc.

Ein Rabe bringt ihm ein Brod.

J. Callot sc.

B. à Bolswert sc. nach **A.** Bloemaert. (Sacra Eremus.)

Sadeler sc. nach **M.** de Vos. (Solitudo.)

Abbild. in: Les Vies des SS. Pères.

Er ist sterbend vom Antonius und von Engeln umgeben; Löwen graben für ihn das Grab.

B. Passari sc. B. 75.

Paulus Simplex.
Anachoret in Egypten. 4. Jahrh. 7. März.

In der Höhle betend; neben sich Gemüse.

B. à Bolswert sc. nach **A.** Bloemaert. (Sacra Eremus.)

Er heilt einen Besessenen.

Stich nach **A.** Bloemaert in: Les Vies des SS. Pères.

Paulus.
Bischof von Constantinopel, Mart. † c. 350. 7. Juni.

Mit der Stola in der Hand.

Mit dieser wurde er erwürgt.

Paulus.
Bischof von Leon, † 573. 12. März.

Er bindet einen Drachen fest.

Schouten sc. in: Les Vies des SS. Pères.

Paulus Michi.
Jesuit, Mart. in Japan, † 1507. 5. Febr.

Gekreuzigt und von einer Lanze durchbohrt.

S. à Bolswert sc.

Pelagia.
Aus Antiochien. Mima, Einsiedlerin, † c. 457. 8. Oct.

Vor dem Eingang zu einer Grabeshöhle betend.

Sie war früher eine frivole Schauspielerin gewesen, die Predigt des Nonus bekehrte sie, sie liess sich taufen und lebte als Einsiedlerin am Oelberg bei Jerusalem.

B. à Bolswert sc. nach **A.** Bloemaert. (Sacra Eremus.)

Stich in: Les Vies des SS. Pères.

Im männlichen Kleid in der Einsamkeit gestorben wird ihr Geschlecht nach dem Tode erkannt.

Adr. Collaert sc. nach M. de Vos. (Solitudo.)

Pelagia von Tarsus.

Jungfr., Mart. unter Diocletian. 4. Mai.

Sie wird getauft.

Holzschnitt im Passional. 1502.

Im glühenden Ofen verbrannt.

Dieser hatte oft die Form eines Stiers.

J. Callot sc.

Pelagius.

Knabe, Mart. in Spanien, † 925. 25. Juni.

Als Sclave des Sultans.

Dieser will ihn vom Glauben abwendig machen.

Abbildung in: L'invocation des Saints.

Mit einem Schwert.

Werkzeug seines Martyriums.

Peleus und Nilus.

Mart. in Egypten, † 310. 19. Sept.

Sie werden verbrannt.

Abbildung in: L'invocation des Saints.

Peregrinus.

Bischof, Mart. † c. 259. 16. Mai.

Er predigt, auf einer Erhöhung stehend.

J. Callot sc.

Peregrinus (Laziosi).

Servit in Forli, † 1345. 30. April.

Mit einer Fusswunde vor dem Crucifix.

Der Heiland reicht ihm vom Kreuz die rechte Hand.

Stich in: Notizie della vita di S. Pellegrino Laziosi (v. F. A. Monsignani). Forli 1727.

Perpetua s. Felicitas.

Perpetuus.

Bischof von Tours, † um 490. 8. April.

Er leitet den Bau einer Kirche.

J. Callot sc.

Petronilla.

Jgfr., angeblich Tochter des h. Petrus, † 98. 31. Mai.

Petrus heilt die auf dem Lager siech darnieder Liegende.

Masaccio px.   In der Brancacci-Capelle.

Holzschnitt im Leben der Heiligen. 1488.

Sie empfängt die letzte h. Communion.

J. Callot sc.

Exhumation derselben; in Wolken wird die Verklärte von Christo empfangen.

Fr. Barbieri Guercino p. für die Peterskirche gemalt, jetzt auf dem Capitol und in der Kirche durch ein Mosaik ersetzt. Gest. von Nic. Dorigny u. Jac. Frey.

Mit Palme und Buch.

Glasbild der Winchester-Cathedrale.   Abbild. bei Carter.

M. Anton Raimondi sc. B. 183.

Daniel da Volterra fec.   Statue im Dome zu Lucca.

Petronius.

Bischof von Bologna, † c. 450. 4. Oct.

Er hält das Modell der Stadt Bologna in seinen Händen.

Die Stadt ist kenntlich an den zwei schiefen Thürmen.

Lor. Costa px.   Pinac. zu Bologna.   Abbild. in Jameson.

Franc. Cossa px.

Auf den Ducaten von Bologna.

Der Heilige legt bei der Madonna Fürsprache in der Pestzeit ein. (1630.)

G. Reni px.   Pinac. von Bologna.

Stich in G. B. Melloni.

Petrus.

Apostel. 29. Juni.

Der wunderbare Fischzug.

Luc. 5, 6. Das Schifflein Petri wurde später oft als Symbol der Kirche aufgefasst.

Mosaik des 5. Jahrh. in S. Apollinare zu Ravenna. Abbild. in: Ciampini, Vetera Monumenta; und in Agincourt, Pl. 16.

Giotto px. 1340. Berühmte Freske im Vestibule der Peterskirche. Abbild. in Agincourt Pl. 18.

Meldolla sc. nach Raphael's Zeichnung.

van Staren sc.

S. à Bolswert sc. nach Rubens.

G. Audran sc. nach G. Jouvenet.

Petrus in Gefahr, in den Wellen zu versinken.

Matth. 14, 30.

N. Beatrizet sc. R. D. 8 nach Giotto.

N. Dorigny sc. nach Lanfranco (Vatican).

G. Audran sc. nach Lanfranco.

C. Cort sc. nach Muziani.

Christus übergibt ihm die Schlüssel der Kirche.

Matth. 16, 19.

G. B. Pasqualini sc. nach Barbieri (Guercino).

G. Frezza sc. nach C. Maratti.

P. van Somer sc. nach N. Poussin.

P. de Jode sc. nach Rubens.

F. Keller sc. nach J. Führich. Düsseld. Heiligenbilder.

Petrus verleugnet Christum.

Matth. 26.

G. Akersloot sc. nach P. Molyn.

S. à Bolswert sc. nach Seghers.

G. B. Pasqualini sc. nach Guercino.

D. Bonavera sc. nach L. Pasinelli.

Als reuiger Sünder mit dem Hahn.

Matth. 26, 75. Der Hahn erinnert an die dreimalige Verleugnung Petri, wie es ihm sein Herr und Meister vorausgesagt hat.

Ribera px. Belvedere und München.

G. Reni px. München.

A. Tiarini p. Gemälde in der Turiner Gallerie.

G. Lanfranco px. Dresden. **J. Daullé** sc.

Jac. de Gheyn sc. nach Manderen.

Ananias und Saphira werden gestraft.

> Apostelg. 5, 1 flg.

L. Cheron sc. R. D. 26.

Raphael px. Vatican.

Er heilt einen Lahmen mit seinem Schatten.

> Apostelg. 5, 15.

G. Ferroni sc. nach S. Cantarini.

Engel zeigen ihm in einer Vision reine und unreine Thiere.

> Apostelg. 10, 10 flg. Petrus soll daran erkennen, dass nicht allein die Juden, sondern auch die Heiden in die christliche Kirche aufgenommen werden sollen.

Lys px. Gest. von J. Falck.

Er erweckt die Tabitha.

> Apostelg. 9, 40.

C. Bloemaert sc. nach Guercino.

Er predigt im Hause des Cornelius.

> Dieser war röm. Hauptmann und Petri Schüler. Apostelg. 10.

C. Fabritius p. (Gallerie in Braunschweig.)

Aus dem Kerker vom Engel herausgeführt.

> Apostelg. 12.

Raphael px. Im Vatican. Gest. von Volpato.

Mario Bassi px. Casa Ruscellai. Gregori sc.

Ribera px. Dresden. M. Pitteri sc.

J. Audran sc. nach A. Coypel.

A. Cunego sc. nach Dominichino.

P. Daret sc. nach demselben.

N. P. Lastman sc. nach Pinas.

G. Honthorst px. München.

G. M. Preisler sc. nach G. Reni.

Er flüchtet sich aus Rom, aus Furcht vor der Verfolgung.

Auf der Via Appia, wo ihm Christus begegnet haben soll. Als ihn Petrus verwundert fragte: Domine quo vadis? (Herr, wo gehst du hin?) anwortete der Heiland: Romam, iterum crucifigi (nach Rom, um nochmals gekreuzigt zu werden). Petrus bereute seine Schwäche, und kehrte nach Rom zurück. Auf der Stelle steht ein kleines Kirchlein, genannt: Domine quo vadis.

Raphael px. Vatican, Torre Borgia. M. Rota sc. B. 6. de Cavalleriis sc. J. Bonasone sc. B. 41.

H. Carracci px. Londoner Gall. G. T. Doo. sc. im Gall.-Werk.

Mit dem Kopf nach unten gekreuzigt.

Seine Todesart unter Nero. Baronius I.

Giunta Pisano px. Lasinio sc. Etruria pittrice.

Masaccio p. Freske in der Carmeliterkirche in Florenz. Gest. von **Lasinio**.

M. Preti Calabrese p. Desplaces sc. Das Bild war in der Galerie Orleans.

P. H. Laurent sc. nach Tizian (Musée Royal).

Holzschnitt in Sanctor. et Mart. Christi Icones.

Rubens px. Peterskirche in Cöln. A. Voet jun. sc. S. Thelott sc.

G. Reni px. Vatican. Gest. von G. Audran, N. Lastman, W. Vaillant, Cpt. Baillie, B. Thiboust.

A. Collaert sc. In Ricci: Triumphus J. Chr. crucifixi.

J. Audran sc. nach G. Reni.

Als Papst auf dem Stuhle (cathedra) sitzend.

Die Stuhlfeier (Cathedra Petri) ist ein besonderes **Fest** der kath. Kirche (18. Jan.) und bezieht sich auf den Senatorstuhl (sella curulis), den Petrus in Rom im Hause des Senators Pudenz bei seinen Predigten benutzt haben soll und der jetzt als eine kostbare Reliquie in der Peterskirche aufbewahrt wird.

M. Basaiti p. Altarbild in S. Pietro in Castello zu Venedig. Umriss in Zanotto: Pinac. Ven.

Mit Schlüsseln.

Bild in der Catacombe der h. Priscilla. S. Praxedes und Pudentiana.

Bocholt sc. B. 6.

Isr. van Mecken px. Boisserée. Lith. im Werke.

G. Lanfranco px. Florenz. R. Granara sc. Im Gall.-Werk.

Zwei Schlüssel und ein Buch.

Bart. Zeitbloom p. Berliner Museum.

Raph. Mengs p. Bild im Belvedere zu Wien. Gall.-W. v. Perger.

Petrus und Paulus.

Ihre Marter.

Petrus in Rom, wo jetzt S. Pietro in montorio steht, Paulus auf der ostiensischen Strasse.

Caraglio sc. B. S.

Ihre Leichen werden gefunden.

In der Catacombe beim Circus des Nero, wo jetzt die Peterskirche steht.

B. Castiglione sc. B. 14.

Sie erscheinen dem h. Famianus.

P. A. de Pietri sc.

Beide erscheinen dem Attila, um ihn von der Zerstörung Roms abzuhalten.

Raphael px. Vatican. Gest. von G. Volpato.

Beide halten das Schweisstuch.

S. Christus pag. 12.

Petrus und Paulus vereint, der erstere mit den Schlüsseln, der andere mit dem Schwert.

So erscheinen sie oft entweder mit Christus oder beim Throne der Madonna.

Mosaik vom Grabe Otto II. (936) im Vatican.

Mosaik 1216 in der Basilica des h. Paulus bei Rom.

Mosaik in der Cathedrale von Monreale in Palermo; 12. Jahrh.

Crivelli px.

Petrus von Alcantara.

Stifter der Alcantariner, † 1562. 19. Oct.

Mit einem Ordensbruder über das Wasser schreitend; über seiner Stirn ein Stern.

Cl. Coello p. Münchner Gall. Das Gemälde befand sich ursprünglich im Convent der unbeschuhten Carmeliter in Caille dal Calla. Umriss in Lebrun: Recueil II. Abbild. in Jameson.

Mit Kreuz und Geissel; eine Taube beim Ohr.

Die Taube ist hier Symbol des h. Geistes.

Murillo px. Gallerie Aguado.

H. Mücke inv. E. Rittinghaus sc. Düsseld. Heiligenbilder.

Ein grosses Kreuz haltend.

Stich in: J. A. Stelzig, Das Leben des h. Petrus v. A. Regensb. 1857.

Rosaspina sc. nach P. Benvenuti.

Engel begleiten ihn zum Himmel.

Man. Alegre sc.

Petrus von Alexandrien.

Bischof, Mart. † 311. 25. Nov.

Christus erscheint ihm als Kind in zerlumptem Gewande.

J. Callot sc.

Er wird enthauptet.

Abbildung in: L'invocation des Saints.

Petrus Canisius.

Erster deutscher Jesuit, † 1597. 21. Dec.

Er kniet vor Maria, Engel tragen das Wort CHARITAS im Lichtglanze.

J. Neeffs sc. nach Fruitiers.

Mit Buch, Todtenkopf und Crucifix. Im Lichtglanze das Monogramm des Jesuitenordens I H S.

Heitland sc. nach Sadeler. Düsseld. Heiligenbilder.

Petrus Chrysologus.

Erzbischof von Ravenna. 3. Dec.

Er stirbt beim Altar, während er Messe liest.

In. **Migliavacca** sc. nach P. Benvenuti.

Petrus Claver.

Jesuit, Apostel der Aethiopier.

Er unterrichtet Negerkinder.

Stich in: L. degli Oddi, Della vita del b. Petro Claver. Roma 1850.

Petrus Cölestinus de Murrone.
Eremit, dann als Papst Cölestin V, † 1296. 19. Mai.

Auf dem päpstlichen Thron, die Taube über ihm schwebend.

Er liest den Cardinälen seine Abdication vor. Darauf stiftete er den Cölestiner-Orden.

Abbildung in: L'invocation des Saints.

Teufel suchen ihn beim Schreiben zu stören.

Schouten sc. in: Les Vies des SS. Pères.

Petrus.
Bischof von Damascus, Mart. 4. Oct.

Gekreuzigt, nachdem die Extremitäten der Hände und Füsse ihm abgehauen wurden.

Martyrol. Rom.

A. Collaert sc. In Ricci: Triumphus J. Chr. crucif.

Petrus Damianus.
Bischof von Ostia, Cardinal, † 1072. 23. Febr.

Als Eremit mit Kreuz und Todtenkopf, der Cardinalshut zu seiner Seite.

Er war früher Eremiten-Prior.

Schouten sc. in: Les Vies des SS. Pères.

Petrus Gonzales (Elmo) s. Gonzales.

Petrus von Luxemburg.
Cardinal, Bischof von Metz, † 1387. 2. Juli.

Engel tragen ihn zum Himmel.

K. Audran sc.

Petrus Martyr.
Dominikaner, geb. zu Verona 1205, † 1252. 29. April.

Er wird mit dem Schwerte niedergestossen.

Diess geschah auf der Strasse nach Como. Der Meuchelmörder hiess Cavina.

Tizian p. Für die Kirche S. Giovanni e Paolo 1528 gemalt. Leider ist das vorzügliche Werk verbrannt. Gest. von Martin Rota, V. Lefévre, H. Laurent, J. B. Fontana, Zuliani, J. B. Jackson, F. Vendramini.

Giorgione px. Nat.-Gallerie zu London.

Mit dem Messer im Kopfe.

Holzschnitt c. 1470. T. O. Weigel's Sammlung No. 162.

Holzschnitt in: Vita Sanctor. 1488.

M. Anton Raimondi sc. B. 161.

Cima da Conegliano px. in der Brera zu Mailand.

Guercino (Barbieri) px. Gall. zu Mailand.

Mit dem Messer im Rücken, den Finger auf den Mund gelegt.

Fiesole px. Freske bei S. Marco zu Florenz. F. Livy sc. in: V. Marchese, S. Marco. Fir. 1853.

Palme und Schwert (oder Messer).

Holzschnitt im Leben der Heiligen. 1488.

Fra Bartolomeo px.

Fr. Barbieri Guercino p. Bild in der Pinacothek von Bologna. G. Tomba sc. im Gall.-Werk von Rosaspina.

Petrus Nolascus.

Stifter des Ordens Maria de Mercede, † 1256. 29. Jan.

Er befreit Gefangene.

Zweck des Ordens.

Stich in Ribadeneira.

Er wird von Engeln durch die Luft getragen.

Cl. Mellan sc. M. 90. Abbild. in Jameson.

Der h. Petrus am Kreuz (mit dem Kopf nach unten) erscheint ihm in Wolken.

Zurbaran p. Effectvolles Bild im Madrider Museum. (Im Gall.-Werk lithogr.)

Madonna mit Engeln erscheint ihm.

Als er, um zu beten, in den Chor eintrat, fand er diesen von Maria und vielen Engeln eingenommen.

Boccanegra px. Cathedrale von Granada.

Kette und Fahne mit rothem Kreuz.

Sassoferrato px.

Petrus Regalatus.

Minorit, † 1456. 30. März.

Zwei Engel tragen ihn über das Wasser.

J. Tiepolo inv. et sc.

Petrus.

Bischof von Tessin, † 730.

Er betet in einer Kirche, ein Heiliger zeigt ihm eine Mitra.

Er betete in Spoleto, wo ihm der h. Sabinus erschien und ihm befahl, das Bisthum in Tessin anzunehmen.

Stich in Bavaria Sancta.

Petrus s. Marcellinus u. Petrus.

Philibert.

Abt, † 684. 20. Aug.

Er stillt einen Meeressturm.

J. Callot sc.

Philippus.

Apostel. 1. Mai.

Er steht vor Christus in bittender Weise.

Joh. 14, 14.

Bonifazio px. Academie zu Venedig.

Er zerstört Götzenbilder.

Holzschnitt im Leben der Heiligen. 1488.

Er exorcisirt eine Schlange.

Diese verkriecht sich unter dem Altar des Mars.

Fra Fil. Lippi px. In S. Croce zu Florenz.

Ans Kreuz gebunden und gesteinigt.

Geschehen in Hierapolis in Scythien unter Domitian. Martyr. Rom. Baronius I.

A. Collaert sc. In Ricci: Triumphus J. Chr. crucifixi.

Abbildung in: L'invocation des Saints.

Mit langem Kreuzstock und Buch.

A. Dürer sc. B. 46.

Isr. van Mecken px. Boisserée. Lith. im Werke.

Im Buch lesend.

Ulrich Mair px. Belvedere zu Wien.

Beccafumi px. Dom von Siena.

S. auch Apostel.

Philippus.
Diacon der ersten Kirche. 6. Juni.

Er tauft den Kämmerer der Königin Candace.

> Apostelg. 8, 27 flg.

Rembrandt sc. B. 98.

J. Both px. Sammlung der Königin in England.

C. W. E. Dietrich sc. L. 31.

A. Bartsch sc. nach Dietrich.

Guttenberg sc. nach Raphael.

Philippus Benitius.
Servit in Umbrien, † 1285. 23. Aug.

Folge von Darstellungen aus seinem Leben.

Caccini px. Fresken in der Vorhalle von S. Annunziata zu Florenz.

Er gibt einem Aussätzigen sein Hemd.

> Damit heilte er den Kranken.

Andrea del Sarto px. Florenz.

Maria erscheint ihm.

> Während der Messe, und gibt ihm das Ordenskleid.

Stich in Ribadeneira.

Mit Lilie und Todtenkopf.

B. de Balen sc. nach Fr. Bruna (auf dem Blatte mit den fünf von Clemens X. canonisirten Heiligen).

Philippus Neri.
Stifter der Oratorianer in S. Maria in navicella zu Rom, † 1595. 26. Mai.

Er kommt mit dem h. Carl Bor. zusammen.

E. Dubois sc. nach Ciamberlano.

Maria erscheint ihm.

J. Langlois sc. nach G. Reni.

Caylus sc. nach L. Garzi (Crozat).

Abbildung in: L'invocation des Saints.

Im Messgewand; ein Engel hält ihm ein offenes Buch vor.

J. M. Mitelli sc. B. 29. nach einer Statue in der Chiesa nuova zu Rom.

K. Audenaerde sc. nach C. Maratti (der Engel hält ein brennendes Herz).

Im Ordenskleid; in den Wolken das Auge Gottes.

J. A. Pfeffel sc.

Mit Stock und Rosenkranz.

A. Rossi sc. (Portrait des Heiligen.)

Philippus (de Rebaldis).

Minorit von Ravenna, † zu Rom 1598. 30. Mai.

Er trägt im Korbe Brod.

Er war ein besonderer Freund der Armen, Kranken und Gefangenen.

D. Custos sc.

Philogonius.

Bischof von Antiochien. 1. Jahrh. 20. Dec.

Er predigt unerschrocken gegen die Arianer.

Abbildung in: L'invocation des Saints.

Philomenus.

Martyr. 29. Nov.

Gekreuzigt und das Haupt mit einem Nagel durchbohrt.

In Ancyra (Galatien) unter Aurelian. Martyr. Rom.

A. Collaert sc. In Ricci: Triumphus J. Chr. crucif.

Phocas von Antiochien.

Mart. 5. März.

Von Schlangen umgeben, oder eine Schlange haltend.

Diese schadeten ihm nicht.

Er wird enthauptet.

Abbildung in: L'invocation des Saints.

Phocas von Sinope.

Gärtner, Mart. † 303. 22. Sept.

Als Gärtner mit einem Spaten.

Er bewirthete seine Henker in seinem Garten und grub sich währenddem sein Grab.

Gemälde in S. Marco zu Venedig.

Piamon.

Einsiedler. 4. Jahrh. 3. März.

Er läutet die Glocken am Meeresufer: in seiner Hütte ein Kelch auf dem Tisch und ein Engel.

Beim Klang der Glocken kamen seine Gefährten, denen er das Sacrament (panem Angelorum) reichte.

Sadeler sc. nach M. de Vos. (Solitudo.)

Piat.

Priester, Mart. † c. 287. 1. Oct.

Er hält seinen abgeschlagenen Schädel in den Händen.

Jean Cousin sc. in L'histoire de Tournay.

Pigmenius.

Martyr zu Rom, † 363. 24. März.

Er wird in's Wasser geworfen.

Abbildung in: L'invocation des Saints.

Pionius.

Priester unter Decius, Mart. † 251. 1. Febr.

An's Kreuz genagelt und auf den brennenden Scheiterhaufen gelegt.

So starb er zu Smyrna. Euseb., hist. eccl. IV. 14.

Adr. Collaert sc. in Ricci: Triumphus J. Chr. crucifixi.

Pior.

Anachoret in Egypten. 4. Jahrh. 17. Juni.

Er steht vor der Thür eines Hauses, in der ein Mädchen erscheint.

Dieses Mädchen war seine Schwester, die ein so heftiges Verlangen hatte, ihren Bruder noch einmal im Leben zu sehen, dass man den Verlust ihrer Vernunft befürchtete. Der Bischof befahl dem Heiligen, seine Schwester zu besuchen; dieser gehorchte, blieb aber mit verhülltem Gesicht vor der Thüre stehen und sprach: Ich bin's, betrachte mich, so viel du willst.

Stich nach Bloemaert in: Les Vies des SS. Pères.

Pirminius.
Bischof von Melden, † 753. 3. Nov.

Der Papst segnet ihn.

Abbildung in: Galerie des Saints d'Alsace.

Er lässt eine Kirche bauen.

Stich in Bavaria Sancta.

Er vertreibt Schlangen, Ungeziefer etc.

Holzschnitt im Passional. 1502.

Pithyrion.
Einsiedler der Thebais. 4. Jahrh.

Er vertreibt segnend den Dämon.

Stich nach Bloemaert in: Les Vies des SS. Pères.

Pius I.
Papst. Mart. † 157. 11. Juli.

Mit einem Schwert.

Auf sein Martyrium hindeutend.

Pius V.
Papst, † 1572. 5. Mai.

Er betet vor dem Crucifix.

Stich in Ribadeneira.

Auf Münzen von Clemens X.

Placidus und Flavia (dessen Schwester).
Mart. 7. Mai.

Sie werden erstochen.

Correggio p. G. B. Vanni sc. Das Bild in der Academie zu Parma.

Dasselbe von S. F. Ravenet gestochen; dann vom Monogrammisten Fran. Dus.

Placidus.
Schüler des h. Benedict, Mart. † 541. 5. Oct.

Er wird mit seinen Gefährten enthauptet.

M. Speer sc. nach Fr. Solimena.

Mit Palme.

Stich in: Ph. Gotho, Breve Ragliaglio dell' inventione e feste de' gloriosi Martiri Placido etc. Messina 1591.

Plectrude.
Gemahlin des Pipin Herstall, † 717.

Sie hält ein Kirchenmodell.

Stich in Bavaria Sancta.

Polian und Nemesian.
Mart. 3. Jahrh. 10. Sept.

Sie arbeiten in Marmorsteinbrüchen.

Diess war eine schwere Strafe.

J. Callot sc.

Polycarp.
Bischof von Smyrna, Mart. † 169. 26. Jan.

Erstochen und zu Tode verbrannt.

J. Callot sc.

Holzschnitt in Rabus.

J. B. de Cavalleriis sc. Eccl. mil. triumphi.

Eine Krone haltend.

Diese bezeichnet den Sieg nach der Marter.

Mosaik des 6. Jahrh. Abbild. bei Ciampini, Vetera Monum. II. Pl. 25.

Polychronius.
Bischof, Mart. † 251. 17. Febr.

Gesteinigt.

Seine Todesart.

J. Callot sc.

Polychronius.
Einsiedler in Syrien. 5. Jahrh. 30. April.

Grosse Baumäste auf seinen Schultern.

Um sich beim Gebet seine Stellung recht unbequem zu machen.

Schouten sc. in: Les Vies des SS. Pères.

Polyeuct.
Martyr in Armenien, † c. 259. 13. Febr.

In einem Schmelzofen verbrannt.

Miniatur in Ménologe grec. II. Pl. 42.

Pontianus.
Martyr unter Aurelius. 14. Jan.

Den Löwen vorgeworfen.

Diese schonen ihn; er wird darum später enthauptet.

Abbildung in: L'invocation des Saints.

Poppo.
Abt, † 1048. 25. Jan.

Er erweckt einen vom Wolfe getödteten Menschen.

Porphyrius.
Schauspieler, Mart. † c. 363. 15. Sept.

Er erklärt sich vor dem Kaiser als Christ.

Diess geschah auf dem Theater vor Julianus Apostata; darauf wurde er getödtet.

Abbildung in: L'invocation des Saints.

Potamiana und Marcella (ihre Mutter).
Mart. 3. Jahrh. 7. Juni.

Sie werden verbrannt.

Ihre Todesart. Euseb. VI. 5.

J. Callot sc.

Holzsch. in Rabus.

Potentiana (Pudentiana).
Jungfrau, Tochter des Senators Pudens, vom h. Petrus bekehrt. 2. Jahrh. 19. Mai.

Sie theilt Almosen aus.

Holzschnitt im Leben der Heiligen. 1488.

Sie begräbt Martyrer.

Sie hatte mit ihrer Schwester Praxedes an 3000 Martyrer begraben.

J. Callot sc.

Mit dem Linnen, welches mit dem Blute der Martyrer getränkt ist.

Stich in der Weise des Gaultier (s. Montaiglon: Cl. Mellan pag. 125).

S. auch Praxedes.

Praxedes und Potentiana (Pudentiana).

Jungfr., Töchter des Senators Pudens, in dessen Haus der h. Petrus wohnte und die ganze Familie bekehrte. 19. Mai.

Beide Schwestern fangen das Blut der Martyrer mit einem Schwamm auf.

Pomeranzio px. In S. Pudentiana zu Rom.

Frederico Zuccaro inv. Mosaik ebenda.

Sie werden von Petrus und Paulus dem Heilande vorgestellt.

Mosaik in der Apsis von S. Cosma e Damiano zu Rom.

Beide Schwestern bringen das von den Martyrern abgewaschene Blut dar.

Mosaik in der Apsis der Kirche S. Pudentiana zu Rom.

Mit Kronen; in ihrer Mitte Petrus (mit Schlüsseln).

Bild in der Catacombe der h. Priscilla (Via Salara) zu Rom. Abbildung bei Perret.

Prisca.

Jungfr., Mart. zu Rom unter Claudius. 18. Jan.

Sie wird vom h. Petrus getauft.

P. P. Robert sc. nach J. Baglioni (Crozat).

Ein Löwe bei ihr; sie hält eine Palme.

Sie wurde — 13 Jahr alt — den Löwen vorgeworfen, die sie verschonten.

J. Callot sc.

Glasfenster der Winchester Cathedrale. Abbild. bei Carter.

Sie wird enthauptet.

Holzschnitt im Passional. 1502.

Ein Adler über ihr schwebend.

Als sie enthauptet wurde, beschützte ein Adler ihren Leichnam vor jeder Beschimpfung.

Priscilla.

Römische Matrone. 1. Jahrh. 16. Jan.

Mit ausgebreiteten Händen betend.

So war es in der ersten Zeit des Christenthums gebräuchlich.

Bild in der Catacombe der h. Priscilla zu Rom (Via Salara). Abbildung in Perret.

Primus und Felicianus.
Röm. Mart. unter Diocletian. 9. Juni.

Ein Engel erscheint ihnen im Kerker, um sie zu trösten.

J. Callot sc.

Es wird ihnen glühendes Metall in den Mund gegossen.

Abbildung in: L'invocation des Saints.

Sie werden enthauptet.

Ihre Todesart.

Holzsch. im Leben der Heiligen 1488.

Privatus.
Bischof, Mart. 3. Jahrh. 21. Aug.

Von Soldaten in einer Höhle todtgeschlagen.

J. Callot sc.

Processus und Martinianus.
Röm. Soldaten, Mart. 1. Jahr. 2. Juli.

Marter derselben; beide liegen auf der Folterbank.

Sie wurden von den beiden Aposteln Petrus und Paulus bekehrt und erlangten den folgenden Tag nach dem Martertode der Apostel die Ehre des Martyriums.

Moses Valentin p. Das Gemälde war früher in der Peterskirche in Rom, wo es durch eine Mosaik-Copie ersetzt und in den Quirinal übertragen wurde. Umriss bei Didot. XI. 21.

Holzschnitt im Leben der Heiligen. 1488.

Prochorius.
Einer der ersten Diaconen der Kirche, Bisch. von Nicomedien, Mart. 1. Jahrh. 9. April.

Er schreibt. Johannes Evang. dictirt ihm sein Evangelium.

Miniatur eines alten griech. Manuscripts (s. Lambecius, Biblioth. caesarea II. 1, pag. 571).

Procopius.
Mart. in Cäsarea. 8. Juli.

Man zwingt ihm Weihrauch in die Hand.

Um ihn zum heidn. Opfer zu bewegen.

Procopius.
Einsiedler, Abt in Sazava, Böhmen, † 1053. 4. Juli.

Er ackert und gebraucht statt des Pferdes den Teufel.

Skreta px. Altarbild in Strakonitz in Böhmen.

Ein Hirsch bei ihm.

Der König verfolgte diesen, der beim Heiligen Zuflucht suchte, auf der Jagd und fand auf diese Weise den Einsiedler.

Schouten sc. in: Les Vies des SS. Pères.

Proculus.
Bischof von Bologna, Mart. 4. Jahrh. 1. Juni.

Er hält seinen abgeschlagenen Kopf.

Proculus.
Ritter, Mart. in Bologna, † c. 303. 1. Juni.

Als Ritter, mit Schwert und Fahne.

Francia px. Abbild. in Jameson.

Sein Marterthum.

Palma vecchio px. In S. Zaccaria zu Venedig.

Protasius.
Martyr in Mailand. 1. oder 2. Jahrh. (?) 19. Juni.

Man vereint in der Regel die Heiligen Gervasius und Protasius, ohne zu wissen, in welcher Beziehung Beide zu einander stehen, ob sie verwandt waren, oder durch den Martyrtod zugleich gestorben sind. Der h. Ambrosius fand ihre Leiber in einem Grabe 386.

S. Gervasius.

Pudentiana s. Potentiana.

Pulcheria.
Kaiserin zu Constantinopel, † 453. 19. Sept.

Mit Scepter und Lilie.

J. Callot sc.

Quinta s. Cointha.

Quintin.

Röm. Soldat und Mart. † c. 287. 31. Oct.

Gebrochenes Rad zu seinen Füssen.

Er sollte gerädert werden, das Rad brach entzwei.

J. Callot sc.

Als Soldat, mit einem Bratspiess.

Bianchi Ferrari px.

An einen Stuhl mit vier Nägeln festgenagelt.

Auf dem Siegel des Capitels von Saint-Quentin in Frankreich.

Basrelief, 16. Jahrh., in der alten Kirche zu Mergnies.

Cl. Hallé px. Abbeville.

Er wird enthauptet.

Martyrium.

Abbildung in: L'invocation des Saints.

Holzschnitt im Passional, 1502, und im Leben der H. 1488.

Quiriacus.

Bischof, Mart. 3. Jahrh. 23. Aug.

Seine Hände werden ihm abgehackt.

Weil er den Götzen nicht opfern will.

Holzschnitt im Leben der Heiligen. 1488.

Desgleichen im Passional, 1502.

Quiriacus.

Einsiedler, von Corinth gebürtig. c. 302. 29. Sept.

Kreuz und Gemüse.

R. Sadeler sc. nach M. de Vos. (Solitudo.)

Quiricus (St.-Cyr).

Mart. in Antiochien. 16. Juni.

Vor dem Tribunal vom Richter selbst mit Fusstritten gestossen.

J. Callot sc.

Quirin.

Röm. Tribun, Mart. c. 269. 25. März.

Als Ritter mit einem Schild.

Schule des St. Lochner. München.

Israel van Mecken sc. B. 110.

Auf Münzen der Stadt Cöln.

Ueber Wolken schwebend.

F. Gaulrapp sc. nach G. Asam.

Quirin.

Bischof von Sissek in Croatien, Mart. † 309. 4. Juni.

Es wird ihm die Hand abgehauen.

J. C. de Cock sc.

Mit einem Mühlstein um den Hals.

Dennoch schwimmt er über dem Wasser.

Stich in Bavaria Sancta.

Abbildung in: L'invocation des Saints.

Radbodus.

14. Bischof von Utrecht, † 917. 29. Nov.

Maria erscheint ihm.

Stich in Batavia sacra.

Radegonde.

Königin, später Nonne, † 587. 13. Aug.

Folge von Darstellungen aus ihrem Leben.

Glasgemälde, 13 Medaillons, in ihrer Kirche zu Poitiers. Abbild.
in: de Lasteyrie, Hist. de la peinture sur verre. Pl. 19.

Sie heilt ein besessenes Weib.

H. Burgmair fec. Holzschnitt.

Gekrönt, einen Mantel mit gestickten Lilien.

Glasbild in ihrer Kirche zu Poitiers.

Von zwei Wölfen angefallen.

Alte Münzen des Erzbisthums Salzburg.

Ragenufla.

Jungfr., Anachoretin in Brabant. 7. Jahrh. 14. Juli.

Ein Engel erscheint ihr, während sie betet.

A. Collaert sc. nach M. de Vos. (Solitudo.)

Rainer (Regnier).

Capuciner in Pisa, † 1160. 17. Juni.

Folge von Darstellungen aus seinem Leben.

Acht Wandgemälde im Campo Santo zu Pisa. (Einige von Angel. da Fiesole gemalt.) Abbildung in Agincourt Pl. 163. — In Etruria Pittrice I, 12. — Gest. von P. Lasinio fils in: Peintures à fresque du Camposanto de Pise. 1833.

Raingardis.

Nonne. 11. Jahrh. 24. Juni.

Mit Todtenkopf und Besen.

Früher verheirathet, ging sie später in ein Kloster, wo sie die niedrigsten Dienste verrichtete.

Schouten sc. in: Les Vies des SS. Pères.

Ramuoldus.

Abt bei S. Emmeram bei Regensburg, † 1001. 17. Juni.

Er sendet Jünger aus seinem Kloster ab.

Stich in Bavaria Sancta.

Raphael s. Engel.

Ratto (Rasso).

Graf von Andechs, † c. 953. 19. Juni,

Als Ritter mit der Fahne.

Er lässt Kirche und Kloster bauen.

Stich in Bavaria Sancta.

Raymund Nonnatus.

Cardinal; vom Orden Maria de Mercede, † c. 1240. 31. Aug.

Folge von Darstellungen aus seinem Leben.

Pacheco px. Sechs Gemälde in der Kirche Maria della Mercede zu Sevilla.

Als Cardinal; mit nackten Sklaven.

Er gehörte dem Orden an, dessen Ziel Befreiung der Sklaven war.

Cl. Mellan sc. M. 91.

Mit einem Schloss am Munde.

Auf diese Weise von den Ungarn gemartert.

Stich in Ribadeneira.

Raymund von Pennafort.

General des Dominikaner-Ordens, † 1275. 7. Jan.

Auf seinem Mantel das Meer übersetzend.

Von Majorka nach Barcelona. Er rettete sich so aus einem Schiffbruch.

Joh. Lenfant sc.

G. Audran sc. nach P. Faccini.

In einem Kahn; sein Mantel dient ihm als Segel.

L. Carracci px. In S. Domenico zu Bologna.

Regina.

Jungfr., Mart. 3. Jahrh. 7. Sept.

Im siedenden Kessel gemartert.

J. Callot sc.

In Feuerflammen stehend.

Holzschnitt in: Sanctor. et Mart. Christi Icones.

Holzschnitt im Leben der Heiligen. 1488.

Reginald.

Eremit, † 1104. 17. Sept.

Er bringt knieend sein Scapulier der Madonna dar.

Gemälde in der Carmeliterkirche zu Paris.

Reginald.

Dominikaner, † 1348. 9. April.

Mit einer Palme.

Fr. Curti sc. in: Vite di tre beati della famiglia de Montemarti. Bologna 1659.

Reginbert.
Bischof von Camerick, Mart. 19. Mai.

Mit Palme und Lanze.

Burgmair fec. Holzschnitt.

Regulus.
Bischof in Frankreich, Mart. 3. Jahrh. 30. März.

Er disputirt mit den Arianern.

Mosaik in S. Martino zu Lucca.

Vor den Schergen knieend; zu seinen Füssen die Mitra.

Matteo Civitale di Lucca fec. Basrelief auf seinem Altar in derselben Kirche.

Reineldis.
Jungfr., Mart. 7. Jahrh. 16. Juli.

In der Verehrung der Mater dolorosa.

Burgmair fec. Holzschnitt.

Reinold.
Mönch zu Cöln, Mart. 7. Jan.

Mit einem Hammer in der Hand.

Es wurde ihm damit der Schädel eingeschlagen.

Remagen (Remaclus).
Bischof von Lüttich, † 668. 3. Sept.

Er resignirt auf sein Bisthum.

Er ging dann in's Kloster und wurde Abt.

Abbildung in: L'invocation des Saints.

Remedius.
Graf Hohenwart. 1. Oct.

Folge von Darstellungen aus seinem Leben.

Rivola sc. nach Lublinski, 35 Bl. in: Am. Friedenfels, Gloriosus S. Remedius. Prag. 1699.

Als Pilger, von Bären begleitet.

Diese waren ihm dienstbar.

Stich in Bavaria Sancta.

23

Remigius (Remy).

Bischof von Rheims, † 532. 1. Oct.

Im bischöflichen Gewande, eine Taube trägt einen Krug im Schnabel.

> Der Krug ist das Gefäss mit dem h. Oel, das die Taube zur Krönung des Königs brachte. S. Seite 20.
>
> **J. Callot** sc.
>
> Abbildung in Ribadeneira.
>
> **F. Ittenbach** px.   N. Barthelmess sc.   Düsseld. Heiligenbilder.

Er tauft den König Chlodwig; die Taube bringt ein Gefäss im Schnabel.

> Diptychon aus Elfenbein. 11. Jahrh. Abbild. in: Mémoires de la société des antiquaires de Picardie p. 290.
>
> Holzschnitt im Passional, 1502, und im Leben d. H. 1488.

In Betrachtung des Antlitzes Christi (Veronica-Bildes).

> **H. Burgmair** fec. Holzsch.

Er heilt eine Kranke.

> Sculptur des 11. Jahrh. Abbild. in: Rigollot, Atlas des Arts en Picardie. Pl. 2.

Reparata.

Jungfr., Mart. unter Decius. 8. Oct.

Mit Krone, Buch und Fahne.

> Sie war durch sechs Jahrh. die erste Patronin von Florenz. Der Dom, S. Maria del fiore, ist ursprünglich ihr geweiht.
>
> **Angelo Gaddi** px.   Florentiner Academie.

Mit Buch und Palme.

> **Fra Bartolomeo** px. · Florentiner Gallerie.

Restituta.

Jungfr., Mart. unter Diocletian. 17. Mai.

In einem brennenden Schiff stehend.

> Ihr Martyrium. Ihr Leichnam schwamm in Neapel an's Land.
>
> **J. Callot** sc.
>
> Abbildung in: L'invocation des Saints.

Richard.

König der Angelsachsen, † 722. 7. Febr.

Er macht mit seinen zwei Söhnen eine Wallfahrt.

Während derselben heilt er einen Kranken.

H. Burgmair fec. Holzsch.

Richard.

Bischof von Chichester in England, † 1255. 3. April.

Er führt einen Pflug.

Vielleicht bezieht sich diess auf das Brod, das er Armen stets spendete. Einmal sättigte er mit einem Brode tausend Menschen.

J. Callot sc.

Er betrachtet den Plan einer Kirche.

Abbildung in: L'invocation des Saints.

Richarius (Riquier).

Abt, Stifter des Klosters St. Riquier bei Abbeville. 8. Jahrh. 26. April.

Scenen aus seinem Leben.

Wandbilder am Portal von S. Riquier zu Amiens.

Ein Löwe zu seinen Füssen.

Statue in der Kirche S. Riquier zu Amiens.

Richeldis.

Nonne, † 1100. 23. Aug.

Sie besucht mit einem Kinde die Kirche.

Stich in Bavaria Sancta.

Rita.

Augustinerin von Cassia, † 1456. 22. Mai.

Ein Dorn vom Crucifix (von seiner Dornenkrone), vor dem sie betet, verwundet ihre Stirn.

S. Bianchi sc. in: L. Tardi, Vita della beata Rita. Ful. 1805.

Stich in: (C. Rabbi da Bologna), Vita della b. Rita da Cascia. Bol. 1774.

Sie reicht der Madonna eine Dornenkrone dar und erhält eine Rosenkrone.

K. Audran sc.

23*

Robert.

Abt in Chaise-Dieu (Casa Dei), † c. 1067. 24. April.

Im Buch meditirend.

Abbildung in: Les Vies des SS. Pères.

Robert (Salentin).

† 1341. 18. Juli.

Er hält ein brennendes Herz.

Robert von Arbrissel.

Stifter des Ordens von Fontevraud, † 1117. 25. Febr.

Der gekreuzigte Heiland erscheint ihm in der Einöde.

Abbildung in: Les Vies des SS. Pères.

Robert de Molesme.

Cistercienser. 11. Jahrh. 29. April.

Er lässt ein Kloster bauen.

Abbildung in: Les Vies des SS. Pères.

Rochus.

Aus Montpellier, † 1348 (?) 16. Aug.

Folge von Darstellungen aus seinem Leben.

Zwanzig Reliefs in der Scuola di S. Rocco zu Venedig.

Er vertheilt seine irdischen Güter.

G. Reni sc. B. 53.

H. Carracci p. Das Bild in Dresden. Jos. Camerata sc. im
Gall.-Werk.

Er bedient Kranke, und heilt sie.

Paris Bordone px. In S. Rocco zu Venedig.

Bassano px. Mailand.

Robusti px. Gallerie Massias.

J. Camerata sc. nach C. Procaccini.

Mit der Fusswunde, die ein Hund leckt.

Er bediente Kranke in Rom und wurde von der Pest befallen.
Ein Hund blieb ihm treu und brachte ihm Brod.

Han. Carracci p. Bild in der Gal. d'Orleans. A. Romanet sc.

Aug. Carracci sc. B. 87.

Robusti px. Venedig.

D. Canuti sc. B. 3.

Mit Pilgerstab und Wunde.

M. Anton Raimondi sc. B. 162. 164.

Andrea del Sarto px. Pal. Pitti zu Florenz.

F. Francia px.

Auf Münzen des Bisthums von Montpellier.

Er wird im Kerker vom Engel getröstet.

> In diesen wurde er geworfen, weil man ihn für einen Spion hielt.

Paris Bordone px. In S. Rocco zu Venedig.

Mit der Fusswunde, auf welche ein Engel hinweist.

Holzschnitt in: Sanctor. et Mart. Christi Icones.

H. S. Beham (?) fec. Holz. in Egenolph's Kirchen-Kalender.

Carotto px. Gall. Leuchtenberg.

Mit der Fusswunde.

> Der Heilige als Fürsprecher der Pestkranken.

P. P. Rubens p. Das vorzügliche Gemälde, auch „die Pest von Alost" genannt, befindet sich in der St. Martinskirche von Alost. Gest. von **P. Pontius.**

Rogatian s. Donatian.

Roland (Orlando de Medicis).

Einsiedler, † 1386. 15. Sept.

Mit Thierfellen bekleidet, betend.

Stich nach einem alten Basrelief in: J. Affò, Vita del beato Orlando de' Medici, eremita. Parma 1784.

Romanus.

Röm. Ritter, Mart. † 258. 9. Aug.

Mit einem Schwert.

> Sowohl auf seinen Stand als auf sein Martyrium bezüglich.

Romanus.

Einsiedler im Jura, † c. 460. 28. Febr.

Er wäscht Armen die Füsse.

Abbildung in: L'invocation des Saints.

Mit Ketten beladen.

Selbstpeinigung.

Jonckman sc. in: Les Vies des SS. Pères.

Romanus.

Bischof von Rouen, † 641. 23. Oct.

Einen Drachen bei sich.

> Dieser brachte der Stadt viel Schaden; der Bischof ging mit einem Mörder und Dieb zu dessen Höhle, warf sein Scapulier über denselben und der Mörder tödtete ihn, während der Dieb entlief. Der Mörder wurde begnadigt und die Stadt erhielt das Vorrecht, jährlich einen Verbrecher loszulassen.

Glasbild in der Kirche S. Godard in Rouen. 16. Jahrh. Abbild. in: Langlois, Traité de la peint. sur verre pl. 6.

Romaricus.

Abt in Remiremont, † c. 653. 8. Dec.

Er treibt aus einer besessenen Nonne den Teufel heraus.

G. Ehinger sc. nach Fisher.

Romualdus (Rombaud).

Stifter des Camaldulenser-Ordens, † 1027. 7. Febr.

Folge von Darstellungen aus seinem Leben.

M. Coxcie px. Cathedrale von Mecheln. 29 Bl. Lithgr. in: La vie et les miracles de S. Rombaud. Bruxelles 1850.

In der Einöde vor dem Crucifix betend, mit Buch und Todtenkopf.

Andrea de Castagno px. Freske des 14. Jahrh. im Kloster Angioli zu Florenz. Abbild. in Etruria pittr. I. 22. D'Agincourt pl. 163.

Romualdus Cinothus del. et sc. 1713.

Ein Engel zeigt ihm die Himmelsleiter.

M. Greuter sc. nach Tizian (?).

Er weist nach einer Leiter hin, auf welcher die Mönche zum Himmel steigen.

> Es soll anzeigen, dass das Mönchsleben den Weg zum Himmel leichter mache. Vergl. Dante, Purg. V.

Andr. Sacchi px. Im Vatican. Gest. von J. Frey, Metzger.

Romula.
Nonne in Rom, † c. 580.

Ein grosses Licht erleuchtet sie im Tode.

D. **Jonckman** sc. in: Les Vies des SS. Pères.

Romulus.
Bekehrer und erster Bischof von Fiesole. 1. Jahrh. 6. Juli.

Er tauft die Neubekehrten.

Allori px. Fiesole.

Segnend, zwischen vier Martyrern.

Alter Stich in: Vita di S. Romolo 1491.

Er wird erdolcht.

Andr. **Feracci** fec. Basrel. im Dom zu Fiesole.

Rosa von Viterbo.
Jungfr., Nonne, † c. 1252. 4. Sept.

Ein Körbchen mit Brod.

Dieses theilte sie Armen aus.

Heiligenbilder aus Bohmann's Verlag in Prag.

Mit Rosen in der Hand.

Wohl Anspielung auf ihren Namen.

Fra Paolino da Pistoja px. Florent. Academie.

Sassoferrato px. In S. Sabina zu Rom. (Mit Dominicus beim Throne der Madonna.)

Rosa von Lima (de S. Maria).
Jungfr., Dominikanerin, † 1617. 26. Aug.

Sie verehrt die Madonna.

Stich in Ribadeneira.

Mit Krone bekränzt, ein Kind tragend.

B. **de Balen** sc. nach Cyro Ferri.

Sie bedient als Magd die Nonnen.

L. **Massard** sc. nach Compte Calix.

Mit der Dornenkrone. Das Christkind erscheint ihr.

Amettler sc. nach Murillo.

Mit einer Rose in der Hand, mit einer Stachelkrone auf dem Haupte.

> Sie hiess früher Isabella, man nannte sie ihrer Schönhei wegen Rosa. Sie entstellte darauf ihr Gesicht und marterte sich mit der Dornenkrone.

Murillo px.

C. Dolce px. Pal. Pitti zu Florenz.

Rosa Venerini.
Stifterin der Maestro pie in Viterbo, † 1708. 7. Mai.

Vor dem Crucifix betend.

> Stich in: Ragguaglio della vita della .... Rosa Venerini Viterbese (von A. G. Andreucci). Roma 1732.

Rosalia.
Nichte Wilhelm's des Guten, Jungfrau. 12. Jahrh. 4. Sept.

Scenen aus ihrem Leben.

> Basreliefs auf ihrem silbernen Sarkophag im Dom zu Palermo.

C. Galle sc. nach v. Dyck's Zeichnungen. 10 Bl.

Sie betet in der Höhle: ein Kranz von Rosen vor ihr.

> Sie lebte lange in einer Höhle des Monte Pellegrino als Ein-siedlerin, die ganze Stadt Palermo, ihr Geburtsort, lag zu ihren Füssen.

Commans inv. Kohlschein sc. Düsseld. Heiligenbilder.

Sie gravirt ihren Namen in den Felsen der Höhle ein.

> Stich in den Bollandisten.

Novelli px. Tyrone House zu Dublin.

Heiligenbilder aus Bohmann's Verlag in Prag.

Sie erhält von der Madonna einen Kranz von Rosen.

A. van Dyck px. Belvedere zu Wien. Pontius sc.

Rudolph.
Knabe, Mart. in der Schweiz, † c. 1287. 17. April.

Ein Engel erscheint, am Boden ein Messer.

> Er wurde von den Juden getödtet.

Rittinghaus sc. nach F. Ittenbach. Düsseld. Verein.

Rufina und Secunda.
Jungfr., Mart. zu Rom, † 257. 10. Juli.

Mit Gewichten am Hals in's Meer geworfen.

J. Callot sc.

J. B. de Cavalleriis sc. in: Eccl. milit. triumphi.

Rufina s. Justa.

Rufinus.
Thaumaturgus. 7. April.

Er heilt einen Besessenen.

H. S. Beham (?) fec. Holzsch. in Egenolph's Kirchenkalender.

Rumold.
Bischof von Dublin, Apostel von Mecheln. 8. Jahrh. 1. Juli.

Vor einer Geldkiste gemartert.

H. Burgmair fec. Holzsch.

Rupert (Rudbert)
Bischof von Salzburg. 7. Jahrh. 27. März.

Er tauft den Herzog von Baiern (Theodat).

J. Callot sc.

Stich in Bavaria Sancta.

Ein Gefäss mit Salz in der Hand.

H. Burgmair fec. Holzsch.

Auf Münzen des Erzbisthums Salzburg und Herzogth. Kärnthen.

Sabas.
Martyr in Cappadocien, † 372. 12. April.

In einem Kessel verbrannt.

J. Callot sc.

Sabas.
Einsiedler, Abt. 5. Dec.

Ein Apfel.

> Er pflückte die Frucht im Garten; da aber noch nicht Essens-
> zeit war, warf er sie nach einem heftigen inneren Kampfe
> weg und gelobte, nie mehr einen Apfel zu essen.
> Der Apfel, als Versuchung zur Sünde, kehrt oft in alten
> Legenden wieder zurück; die Beziehung zum Apfel des Para-
> dieses ist unschwer zu erkennen.

Abbildung in: L'invocation des Saints.

Sabina.

Römische Matrone, Mart. 2. Jahrh. 29. Aug

Vor das Gericht geschleppt.

Fred. Zuccaro px. in ihrer Kirche zu Rom auf dem Aventin.

Mit Krone und Palme.

Mosaik des 6. Jahrh. in S. Apollinare zu Ravenna. Abbildung in: Ciampini, Vetera Monum. II, 26.

Vivarini px. in S. Zaccaria zu Venedig.

Sabinianus.

Mart. in Gallien unter Aurelian. 29. Jan.

Mit einer Palme.

Stich in: G. P. Secchi, Memoria di Archeologia cristiana di S. Sabiniano Mart. Rom. 1841.

Sabinus.

Mart. † 304. 17. Jan.

Seine Hände sind zerschnitten.

J Callot sc.

Sabinus.

Bischof von Spoleto, Mart. 30. Dec.

Er macht einen Blinden sehend.

Die Wittwe Serena brachte ihren blinden Neffen Priscus zum Heiligen, der im Kerker gefesselt sass, und dieser heilte ihn.

Abbildung in: L'invocation des Saints.

S. auch Petrus von Tessin.

Sadoth.

Bischof von Ctesiphon, Mart. † 344. 20. Febr.

Christus und Maria erscheinen ihm über Wolken.

Abbildung in: L'invocation des Saints.

Sagredius s. Gerhard.

Salaman (Silentiarius).

Einsiedler, † c. 400. 23. Jan.

Er lebt in einem Hause, das vermauerten Eingang hat.

Er liess Alles mit sich geschehen, ohne ein Wort zu sagen. Die Einwohner der nächsten Stadt brauchten den Platz, wo dessen Hütte stand und bauten ihm anderswo eine ähnliche, trugen ihn hinüber, vermauerten ihn — und er schwieg.

Stich nach Bloemaert in: Les Vies des SS. Pères.

Salome s. Maria Salome.

Salome.

Jungfrau, Nonne in Altaich. 9. Jahrh. 29. Juni.

Blind dargestellt.

> Um den Nachstellungen der Männer zu entgehen, ist sie auf ihr Gebet blind geworden.

B. Kilian sc. nach **J. Umbach.**

Salvator de Horta.

Franziskaner, † 1567. 18. März.

Mit einem jungen Bäumchen in der Hand.

> Das Bäumchen deutet auf das Kloster Horta bei Tortosa, in dem er lebte.

Salvius.

Bischof von Amiens, † 615. 29. Oct.

Darstellungen aus seinem Leben.

> Vier Basreliefs im Chor von Notre-Dame zu Amiens. Lith. in Taylor's Voyage pittoresque. (a. Er predigt. b. Ein Strahl vom Himmel zeigt ihm das Grab seines h. Vorgängers. c. Auffindung der Reliquien. d. Translation derselben.)

Sara.

Einsiedlerin in Libyen. 4. Jahrh. 13. Jul.

Sie sitzt unter einem Baume auf einer Strohmatte vor dem Kreuz, mit Buch und Ruthe.

B. à Bolswert sc. nach **A. Bloemaert.** (Sacra Eremus.)

Saturian s. Martinian.

Saturnin.

Bischof von Tolosa, Mart. † 288. 29. Nov.

Von einem wilden Stier zu Tode geschleift.

> Basrelief des 10. Jahrh. Abbild. in: Mémoires de la société archéol. du midi. I. 6.

> Holzschnitt im Passional 1502, und im Leben der H. 1488.

J. Callot sc.

> Abbildung in: L'invocation des Saints.

Scholastica.

Jungfrau auf Monte Cassino, Schwester des h. Benedict. † c. 542. 10. Febr.

Folge von Darstellungen aus ihrem Leben.

K. Audran sc. 6 Bl.

Vor einem Altar, auf welchem die Monstranz steht, knieend.

Cl. Mellan sc. M. 103.

Sie hält eine Taube, oder diese schwebt über ihr.

Rousselet sc. nach L. de la Hire.

Fra Angelico px.

Entzückung der Heiligen.

J. Audran sc. nach J. Restout.

Ihr Tod.

Luca Giordano px.   S. Michele in Bologna.

           S. auch Benedict.

Sebaldus.

Dänischer Prinz. Eremit in Nürnberg. 8. Jahrh. 19. Aug.

Scenen aus seinem Leben.

P. Vischer fec. Basrelief auf dem Sebaldusgrabe. Abbild. in: Heideloff, Ornaments du moyen age.

Er setzt auf seinem Mantel als Pilger über den Fluss.

Stich in Bavaria Sancta.

Mit dem Pilgerstab, dem Volke predigend. Im Grunde die Stadt Nürnberg.

> Ein Sohn des Königs von Dänemark verlässt er das Vaterhaus und die Braut und lebt als Einsiedler im Walde bei Nürnberg.

J. Sadeler sc. nach M. de Vos. (Solitudo.)

Mit dem Pilgerstab, das Modell einer Kirche in der Hand haltend.

Dürer's Holzschnitte, drei Wiederholungen. B. App. 19—21.

H S. Beham sc. B. 65.

P. Vischer fec. Statue. Abbild. in Jameson.

Springinklee fec. Holz. in Salus animae.

Auf Münzen der Stadt Nürnberg.

Er trägt die Hostie mit der Hand, die mit einem Linnen umwickelt ist.

Burgmair fec. Holzschnitt.

Sebastian.

Röm. Krieger, Mart. † c. 287. 20. Jan.

Er ermuntert die hh. Marcus und Marcellinus, sich von den Ihrigen nicht erweichen zu lassen.

P. Cagliari p. In S. Sebastiano zu Venedig. Gest. von J. M. Mitelli. B. 31.

Auf eine Folterbank gelegt.

P. Cagliari p. Ebenda. Gest. von demselben. B. 32.

Er wird von Schergen an den Baum gebunden.

J. Palma px. Eg. Sadeler sc.

An einen Baum oder eine Säule gebunden, mit Pfeilen durchbohrt.

Unzähligemal wiederholt.

Metallschnitt c. 1440. Holzsch. c. 1470. Schrotblatt c. 1480 in T. O. Weigel's Samml. No. 29. 179. 385.

M. Schongauer sc. B. 59.

Isr. van Mecken sc. B. 112.

H. Holbein px. München.

A. Mantegna px. Belvedere zu Wien.

A. Bazzi (Sodoma) px. Florenz. Meunier sc. im Gall.-W. Godefroy sc. Gal. Wicar.

M. Anton Raimondi sc. B. 166. 167.

Anton. da Messina px. Berl. Museum.

Marc. Basaiti px. Ebenda. — Ebenfalls in Maria della Salute zu Venedig. Umriss bei Zanotto: Pin. Ven.

Beltraffio px. Louvre.

Ant. Pollajuolo px. Berlin und Florenz.

Pinturicchio px. Vatican.

Liberale da Verona px. Berlin.

Giorgione px. Brera zu Mailand.

Dominichino px. Maria degli angeli zu Rom. Gest. von P. Bettini, Dorigny, D. Marchetti, J. Frey.

Aug. Carracci sc. B. 88.

Hernando Yanez px. Louvre.

N. Tardieu sc. nach H. Carracci.

v. Dyck px. München.

J. Muller sc. nach J. van Achen. B. 23.

Zwei Frauen binden ihn vom Baume los und ziehen ihm die Pfeile heraus.

Irene, eine vornehme Christin, und ihre Dienerin.

Bern. Strozzi p. Altarbild in S. Benedetto zu Venedig. Umriss in Zanotto: Pinac. Ven.

Ribera p. Escurial. Umriss bei Duchesne.

L. Lana sc. B 4.

L. Flameng sc. nach Eug. Delacroix. Gazette des b. a. 1859.

Engel binden ihn los und ziehen die Pfeile heraus.

H. Schäuflein f. (Holzsch.) B. 36.

v. Dyck p. Eremitage zu St. Petersburg.

Th. Wileboorts px. München.

Er bringt Pfeile Gott zum Opfer dar.

Barbieri Guercino px. Gall. Pitti zu Florenz.

Mit den Pfeilen in der Hand.

Perugino px. in S. Pietro zu Perugia.

Als Ritter, mit Pfeilen durchbohrt.

Matteo Civitale fec. Marmorstatue im Dom zu Lucca.

Puget fec. Statue in der Kirche zu Carignano bei Genua.

Secunda s. Rufina.

Secundianus und Marcellinus.

Martyrer unter Decius. 9. Aug.

Sie werden enthauptet.

Abbildung in: L'invocation des Saints.

Secundus.

Aus der thebaischen Legion. † 286. 26. Aug.

Er wird enthauptet.

Holzsch. im Leben der Heiligen. 1488.

Im Ritterkleid mit einer Fahne.

Auf einem Altarbilde von **Giov. Buonconsigli** in S. Spirito zu Venedig. · Umriss in Zanotto: Pinac. Ven.

Senon s. Abdon.

Seraphia und **Erasma.**
Jungfr., Mart. † c. 126. 29. Aug.

Sie bewachen die Leichen der Martyrer.

Desshalb wurden sie dann gekreuzigt.

J. Callot sc.

Serapion.
Mart. unter Severus. 13. Juli.

Aus dem Fenster eines Hauses herabgeworfen.

J. Callot sc.

Serapion.
Einsiedler bei Arsinoe. 4. Jahrh. 21. März.

Mit der Sichel.

Als Landmann, Getreide einsammelnd.

Stich nach Bloemaert in: Les Vies des SS. Pères.

Serenus.
Mart. c. 202. 28. Juni.

Mit einem Schwert.

Martyrium.

Serenus.
Bischof von Marseille. 6. Jahrh. 2. Aug.

Segnend.

Holzschnitt in: C. Badoni, Memorie storiche di S. Sereno. Novara 1832.

Sergius.
Mart. zu Cäsarea in Cappadocien, † 304. 24. Febr.

Ein Engel heilt seine Wunden.

Aus dem Leben.

Sergius und **Bacchus.**
Röm. Soldaten, Mart. in Syrien, 3. Jahrh. 7. Oct.

Im Kriegskleid, mit Palmzweigen.

Servatius.
Bischof von Mastricht, † 384. 13. Mai.

In einem offenen Grabe liegend.

J. Callot sc.

Während er schläft, macht ein Adler Schatten über ihn.

Holzschnitt im Leben der Heiligen. 1488.

Servulus.
Bischof von Verona, † nach 590. 26. Febr.

Engel machen himmlische Musik.

J. Callot sc.

Severianus.
Martyr in Sebaste c. 300. 9. Sept.

Aufgehängt, die Füsse mit Gewichten beschwert.

Sein Martyrium.

Severinus.
Abt und Apostel in Oesterreich, † 182. 8. Jan.

Mit Pedum vor einem Grabmal betend; in Wolken musicirende Engel.

J. Callot sc.

R. Elster inv. L. Heitland sc. Düsseld. Heiligenbilder.

Er betet für verunglückte Schiffer.

N. Müller sc. in: Lebensgeschichte des h. Severin, von J. G. Waitzmann. Augsb. 1834.

Severinus.
Bischof von S. Severino (Settempedano) in Italien. 8. Jahrh. 8. Jan.

Als Bischof, segnend, das Modell der Stadt haltend.

Mit seinem Bruder Victorin, als Einsiedler.

Stich in: P. G. Cancellotti, Vita di San Severino e di San Vittorino suo fratello. Roma 1642.

Severus.
Bischof von Ravenna, † c. 390. 1. Febr.

Eine Taube.

Er war Weber und wurde einstimmig zum Bischof erwählt, als sich die Taube über ihn herabliess.

Holzschnitt im Passional 1502.

Severus von Rom.
Mart. 1. Jan.

Ein Nagel im Kopfe.

Martyrium.

Severus und Severianus s. Coronati.

Die Sieben Brüder.
Söhne der h. Felicitas, Mart. 2. Jahrh. 10. Juli.

Ihre Namen sind: Januarius, Felix, Philipp, Silvan, Alexander, Vitalis und Martialis.

Ihr Martyrium, das sie mit der Mutter zugleich gelitten haben.
S. Felicitas.

Die Sieben Schläfer von Ephesus.
† 250. 27. Juli.

Ihre Namen sind: Maximian, Malchus, Martinian, Dionys, Johannes, Serapion und Constantin. Sie sollen unter Decius eingeschlafen und nach 196 Jahren unter Theodosius II. wieder erwacht sein.

Sie schlafen in einer Höhle.

Fries in der Capelle Eduard's des Bekenners in der Westminster-Abtei. Abbildung in: J. Carter, Specimen of ancient sculpt. and painting. I. 51.

Holzschnitt im Passional 1502, und im Leben der Heiligen 1488.

Abbildung in den Bollandisten.

J. **Callot** sc.

Siegebertus.
König von Austrasien. 1. Febr.

Er legt den Grundstein zu einer Kirche.

Abbildung in: Galerie des Saints d'Alsace.

Sigismund.
Herzog von Burgund, † 524. 1. Mai.

Mit einem Schwert.

H. **Burgmair** fec. Holzsch.

Mit Krone und Scepter.

Bened. Montagna px. Abbild. in Jameson.

Gemälde eines böhm. Künstlers 1385. Stuttgart, früher in Mühlhausen. Abbild. in: Heideloff, Die Kunst des Mittelalters in Schwaben.

24

Er wird enthauptet.

Holzschnitt im Leben der Heiligen, 1488.

Holzschnitt im Passional, 1502.

Silvanus.
Martyr.   5. Mai.

Von einem Löwen zerrissen.

J. Callot sc.

Silvanus.
Abt auf Sinai.   4. Jahrh.

Er begiesst sein Gemüse.

Schouten sc. in: Les Vies des SS. Pères.

Silvester s. Sylvester.

Simeon.
Der Greis im Tempel zu Jerusalem.   8. Oct.

Er hält das Kind Jesus in den Armen.

Luc. 2, 25.

R. Earlom sc. nach G. Reni. Es könnte auch für den h. Joseph genommen werden.

Pontius sc. nach Rubens.

A. Loir sc. nach G. Jouvenet.

L. Bononi sc. nach L. Baldi.

Auf Münzen von Clemens XI.

S. auch Maria Seite 32.

Simeon.
Bischof von Jerusalem, Sohn des Cleophas, Mart. † 107.   18. Febr.

Als Greis an das Kreuz genagelt; unten die bischöflichen Gewänder.

So litt er in Jerusalem unter Trajan   Baronius I.

A. Collaert sc. In Ricci: Triumphus J. Chr. crucifixi.

J. Callot sc.

Abbildung in: L'invocation des Saints.

Simeon.
Eremit in Syrien.   4. Jahrh.   26. Jan.

Ein Gemüsegarten in der Wildniss.

J. Sadeler sc. nach M. de Vos. (Solitudo.)

Simeon Stylita.
Einsiedler, der Säulensteher am Libanon, † 596. 24. Mai.

Er steht auf der Höhe einer Säule.

Miniatur des 11. Jahrh. Abbild. bei Agincourt, Peint. 82.

Schouten sc. in: Les Vies des SS. Pères.

Er geisselt sich.

B. à Bolswert sc. nach A. Bloemaert. (Sacra Eremus.)

Simeon von Padolirona.
Einsiedler bei Mantua, † 1016. 26. Juli.

Eine Hirschkuh bei ihm.

Wenn er nichts zu essen hatte, kam diese und nährte ihn.

Schouten sc. in: Les Vies des SS. Pères.

Simon (Zelotes).
Apostel. 28. Oct.

Er wird nach der Länge seines Körpers entzweigesägt.

J. Callot sc.

Holzsch. in: Sanctor. et Mart. Christi Icones.

Mit der Säge.

Werkzeug seines Martertodes.

Isr. van Mecken px. Sammlung Boisserée.

Statue in der Cathedrale zu Exeter.

Fr. Keller sc. nach Overbeck.

Auf Münzen von Cöln, Goslar und Magdeburg.

S. auch Apostel.

Simon von Trient.
Knabe, Mart. † 1475. 24. März.

Gekreuzigt und von Juden mit spitzigen Instrumenten durchbohrt.

So geschehen in Trient 1475. Martyr. Rom.

Holzschnitt c. 1475. T. O. Weigel's Sammlung No. 188.

A. Collaert sc. In Ricci: Triumphus J. Chr. crucifixi.

Mit einem Messer.

Ciamberlano sc. B. 100.

24 *

Simon de Roxas.
Trinitarier, canonisirt 1766.

Er erweckt eine Todte.

Jac. Schmutzer sc.

Simpertus.
Bischof von Augsburg, † 809. 13. Oct.

Ein Wolf bringt ein Kind unversehrt zurück.

H. Burgmair fec.

Stich in Bavaria Saucta.

Simplicius, Constantius und Victorianus.
Vater mit seinen beiden Söhnen, Mart. unter Marc Aurel. 26. Aug.

Mit Palmen in der Hand.

Anna Ther. Ansano sc. 1750 in: P. A. Corsignani, Acta sctor.
Mart. Simplicii etc. Romae 1750.

Simplicius s. Faustinus.

Sira.
Jungfr., Mart. in Persien, † 559. 18. Mai.

Mit einem Strick um den Hals.

Mit diesem wurde sie erdrosselt.

Sisoë.
Anachoret in der Thebais. 5. Jahrh. 6. Juli.

Axt und Baumstämme neben sich.

Er macht die Einöde urbar.

Stich nach Bloemaert in: Les Vies des SS. Pères.

Sixtus I.
Papst, Mart. † 127. 6. April.

Er weiht den h. Laurenz zum Diacon.

Fra Angelico px. Vatican.

Er gibt dem h. Laurenz Almosen für die Armen.

Fra Angelico px. Vatican. E. E. Schäffer sc.

Im päpstl. Gewande gekreuzigt.

In Rom unter Valerian.

A. Collaert sc. In Ricci: Triumphus J. Chr. crucifixi.

Solus (Sola).

Benedictiner aus England, Abt in Solenhofen, † c. 790. 3. Dec.

Er heilt einen Lahmen.

G. Ehinger sc. nach Fishes.

Sophia.

Römische Matrone, Mart. angeblich † 120. 15. Mai.

Mit ihren drei Töchtern Fides, Spes und Charitas.

Diese halten Schwerter, Werkzeuge ihres Martyriums.[*]

Heitland sc. nach J. Führich. Düsseld. Verein.

Sie werden gemeinschaftlich gegeisselt, der Brüste beraubt, dann enthauptet.

Holzschnitt im Leben der Heiligen, 1488.

Sophias.

Bischof von Benevent, Mart. 6. Jahrh. 21. Jan.

Beim Altar mit einer Lanze durchbohrt.

Sein Martyrium.

Stich in: Eccl. anglic. trophaea.

Sozon.

Mart. in Pompejopolis, † c. 304. 7. Sept.

Schuhe mit Stacheln.

Als Marterwerkzeuge.

Spiridion.

Einsiedler, dann Bischof, Mart. † 348. 12. Dec.

In der Wüste betend.

Sadeler sc. nach M. de Vos. (Solitudo.)

Mit Stacheln in der Hand.

Mit diesen wurden ihm die Augen ausgestochen.

---

[*] Obgleich oft, auch in Voragine, Legenda aurea, und selbst in besonderen Abhandlungen (z. B. Ser. Petrobelli, Sophia, madre di Fede, Speranza e Carità) als historische Personen genommen, deuten doch die Namen zu sehr auf eine reine Allegorie hin, als dass man der Legende eine historische Unterlage zu vindiciren gezwungen wäre.

Stanislaus.

Bischof von Krakau, Mart. † 1079. 7. Mai

Vor dem Gerichte stehend.

Holzschnitt in: H. Koszutskiego, Żywot Świętego Stanisława v
Poznaniu. 1867.

Beim Altar getödtet.

J. Callot sc.

Alter Holzschnitt in: Vita beatissimi Stanislai. (Ende des 15. Jahrh.)

Heiligenbilder aus Bohmann's Verlag in Prag.

Stanislaus Kostka.

Jesuit, † 1589. 13. Nov.

Er empfängt von Engeln die h. Communion.

Als er krank in Wien lag, wo er studirte.

D. Mosler inv. **Fr. Vogel** sc. Düsseld. Heiligenbilder.

Artois px. Belvedere zu Wien.

Er betet vor der Monstranz.

S. à Bolswert sc.

Er wird von der Madonna gesegnet.

C. Maratti px. In S. Andrea in Monte Cavallo zu Rom. N. Do-
riguy sc.

J. C. König sc.

Mit dem Christkind und Pilgerstab.

Er pilgerte nach Rom, um in den Jesuitenorden einzutreten.

Giu. Wagner sc. nach J. B. Cignaroli.

Pomeranzio px.

Als Leiche.

P. le Gros fec. Statue aus verschiedenfarbigem Marmor, die Fleisch-
partien aus weissem, das Kleid aus schwarzem, das Bett aus
Giallo antico. Höchst bizarr, aber Le Gros musste nach der An-
gabe der Jesuiten arbeiten. In dem Novizhause al Gesù in Rom.

Stephanus.

Protomartyr, Diacon. 26. Dec.

Folgen von Darstellungen aus seinem Leben.

Fra Angelico px. In der „Capella di Niccolò V“ zu Rom. Sechs
Darstellungen.

V. Carpaccio px. Vier Darstellungen, sonst in Venedig, jetzt zerstreut. (In Berlin, im Louvre, in der Brera.)

Juan Juanes px. Sechs Bilder in der Madrider Gallerie.

Vor dem Gerichte stehend.

Apostelg. 7.

Vitt. Carpaccio px. Brera zu Mailand.

Seine Steinigung, als Begebenheit.

Apostelg. 7.

Alt. griech. Malerei. Abbild. in Agincourt. pl. 34.

Raphael px. Vatican.

Cigoli px. Florent. Gallerie. Abbild. in G. Rosini.

St. Baudet sc. nach H. Carracci.

H. Baldung Grien px. Berl. Museum.

Tassaert sc. nach Rubens.

Giul. Romano px. in S. Stefano zu Genua. Abbild. in G. Rosini.

V. Green sc. nach B. West.

Lebrun px. Louvre. Gest. von G. Audran; C. Duflos.

Isr. van Mecken sc. B. 94.

Gesteinigt, von Christen betrauert.

Le Sueur p. Das Bild in der Eremitage zu St. Petersburg, gest. von Fr. Aliamet.

Als Diacon, mit dem Rauchfass.

Ein Anachronismus; das Incendiren begann in der Kirche erst im 4. Jahrh.

Mosaik in Monreale bei Palermo.

Mit Steinen in der Dalmatik.

M. Schongauer sc. B. 49.

Isr. van Mecken sc. B. 93.

Springinklee fec. Holz. in Salus animae.

Drevet sc.

Mit Palme und Steinen.

Francia px.

M. Anton Raimondi sc. B. 147.

Mit Buch und Palme, auf dem Kopfe ein oder drei Steine.

Als Diacon.

Holzschnitt c. 1460. T. O. Weigel's Sammlung No. 126.

V. Carpaccio px. Brera zu Mailand. Abbild. in Jameson.

Cal. Piazza px. Ebenda. Stephanus ist auf dem Throne und von Engeln gekrönt.

Stephanus I.
Papst, Mart. † 257. 2. Aug.

Mit dem Schwert in der Brust.

Freske in S. Paolo vor Rom (zerstört); abgebild. in: Marangoni Commentarium in picturis ostiensis.

Beim Altar erstochen.

Holzschnitt im Leben der Heiligen, 1488.

Stephanus junior.
Abt in Nicomedien, † 767. 28. Nov.

Er wird mit Stöcken todt geschlagen.

Abbildung in: L'invocation des Saints.

Stephanus.
Erster König von Ungarn, † 1038. 2. Sept.

Scenen aus seinem Leben.

Holzschnitte in: Leben der H. Leipz. bei Meline.

Er empfängt die vom Papst Silvester II. geschenkte Krone.

Zu Stuhlweissenburg durch Anastasius, Erzb. von Colocza.

P. J. Verhaghen px. Belvedere zu Wien.

Stephanus von Grand-Mont.
Diacon, † c. 1076. 8. Febr.

Als Einsiedler, betend.

Schouten sc. in: Les Vies des SS. Pères.

Sturmio.
Abt von Fulda, † 779. 17. Dec.

Er lässt durch seine Mönche Waldungen ausroden.

Stich in Bavaria Sancta.

Cherubim erleuchten ihn.

Stich nach Bloemaert in: Les Vies des SS. Pères.

Sulpitius.

Bischof in Frankreich, † 644. 17. Jan.

Er besucht Kranke.

J. Callot sc.

Er präsidirt einer Synode.

N. Pitau sc. nach Ph. Champagne.

Mit einem Buch und Pedum.

E. Rittinghaus sc. nach J. B. Budde. Düsseld. Verein.

Susanna von Rom.

Jungfr., Mart. † c. 295. 11. Aug.

Mit Krone und Schwert.

Getödtet, weil sie den Adoptivsohn des Diocletian nicht ehelichen wollte.

Du Quesnoy fec. Marmor-Statue in S. Maria di Loretto, beim Forum des Trajan in Rom.

Swibertus (Swidbertus — Suibert).

Apostel der Friesen, † 713. 1. März.

Im bischöflichen Gewande mit Buch und Pedum, an welchem ein leuchtender Stern.

Der Stern bedeutet die Erleuchtung des h. Geistes.

Bart. de Bruyn px. München.

Kehren inv. Dinger sc. Düsseld. Heiligenbilder.

Er hält einen Stern.

Alter Holzschnitt in: Vita diui Swiberti etc. Cöln 1508.

C. Visscher sc. nach P. Soutman. H. von Flandern.

Stich in Batavia sacra.

Swithinus.

Bischof in England, † 862. 2. Juli.

Mit Pedum und Buch.

Glasbild in der Cathedrale zu Winchester. Abbild. bei Carter.

Sylvester.

Papst, † 335. 31. Dec.

Folge von Darstellungen aus seinem Leben.

Fresken in der Capelle S. Silvester in der Kirche der Quatro Coronati zu Rom.

Er tauft Constantin den Grossen.

> **Raphael** px. Vatican.   Fr. Aquila sc.
> **J. Callot** sc.

Er erhält von Constantin Rom als Patrimonium Petri.

> **J. Romano** px. Vatican.   J. B. Franco sc. B. 137.

Sylvia.
Einsiedlerin.

In der Höhle betend, neben sich die Ruthe.

> **B. à Bolswert** sc. nach A. Bloemaert. (Sacra Eremus.)
> **Adr. Collert** sc. nach M. de Vos. (Solitudo.)

Symphorian.
Martyr in Autun, † c. 180.   22. Aug

Er wird vor Gericht zum Tode verurtheilt.

> **Ingres** px. Autun.   Umriss in der Gazette des B. A. V. 325.

Seine Mutter spricht ihm während seiner Marter Muth zu.

> **J. Callot** sc.

Symphorosa.
Mart. † c. 125.   18. Juli.

Mit Steinen beschwert, in's Wasser geworfen.

> Ihr Martyrium.
>
> Abbildung in: L'invocation des Saints.
>
> **J. B. de Cavalleriis** sc. in Eccl. milit. triumphi.

Syncletica.
Jungfr., Anachoretin. 1. Jahrh.   5. Jan.

In der Hütte betend, eine Geissel neben sich.

> **B. à Bolswert** sc. nach A. Bloemaert. (Sacra Eremus.

Syrus und Iventius.
Ticcinische Bischöfe. 12. Sept.

In bischöflichen Gewändern, segnend.

> Anonymer Stich.

Tarasius.
Patriarch von Constantinopel. † 806.   25. Febr.

Heilige Bilder um sich.

> Er vertheidigte sie gegen die Bilderstürmer.

Tarbula (Tarbua).
Jungfrau, Schwester des h. Bischofs Symeon, Mart. 20. April.

Gekreuzigt und in zwei Theile entzweigesägt.

So litt sie den Tod mit zwei Dienerinnen in Persien unter Sapor. Martyr. Roman.

A. Collaert sc. In Ricci: Triumphus J. Chr. crucifixi.

Tatiana.
Jungfr., Mart. unter Alexander. 12. Jan.

Wilden Thieren vorgeworfen.

J. Callot sc.

Telesphorus.
Papst, Mart. † c. 133. 5. Jan.

Mit einer Keule.

Marterwerkzeug.

Thaddaeus s. Judas.

Thaisis.
Einsiedlerin, Büsserin; früher Hetäre. 4. Jahrh. 8. Oct.

Sie betet in einer Hütte.

B. à Bolswert sc. nach A. Bloemaert. (Sacra Eremus.)

Schouten sc. in: Les Vies des SS. Pères.

Thalassus und Limnus.
Lehrer und Schüler, Einsiedler in Syrien. 5. Jahrh. 22. Febr.

Sie beten mit Ketten beladen.

Schouten sc. in: Les Vies des SS. Pères.

Thalus und Trophimus.
Mart. in Laodicäa. 10. März.

Gekreuzigt.

Unter Diocletian in Laodicäa zu gleicher Stunde. Martyrol. Rom.

A. Collaert sc. In Ricci: Triumphus J. Chr. crucifixi.

Tharsilla.
Jungfr.

Christus erscheint ihr.

J. Callot sc.

Thecla.
Jungfr., Mart. in Seleucia. Ende des 1. Jahrh. 23. Sept.

Im Kerker zwischen Schlangen.

Diese wurden vom Blitz getödtet.

Sehr altes Mosaikbild in der Cathedrale von Mailand. Abbild. bei Ciampini, Veter. Mon. II. 35.

Stich in Ribadeneira.

F. Gregori sc. nach Hon. Marinari.

Ein Löwe zu ihren Füssen.

Dieser verschonte sie.

Heiligenbilder aus Bohmann's Verlag in Prag.

Zu Tode verbrannt.

Ihr Martyrium. Nach der Meinung der griech. Kirche war sie die erste weibliche Blutzeugin.

J. Callot sc.

Mit der Palme in der Hand.

Lor. Costa px. Pinac. von Bologna. Auf einem Bild der h. Familie.

Theobald.
Schuster, † 1150. 1. Juni.

Schuhmachergeräth um sich.

Theodora von Alexandrien.
Einsiedlerin in Egypten. 5. Jahrh. 11. Sept.

Als Mönch verkleidet, lebt sie im männlichen Kloster.

Die Legende erzählt von ihr eine ähnliche Geschichte, wie von der Marina. S. diese.

Theodora.
Kaiserin zu Constantinopel, † 867. 11. Febr.

Der böse Geist berührt ihre Hand.

Theodorus.
Röm. Soldat aus Perga in Pamphilien, Mart. 20. Sept.

In römischer Kriegstracht gekreuzigt.

In Perga, unter Antoninus. Martyrol. Rom.

A. Collaert sc. In Ricci: Triumphus J. Chr crucif.

Theodorus.

Römischer Feldherr von Heraclea, † 312. 7. Febr.

Enthauptet, gekreuzigt und mit Pfeilen durchbohrt.

Sein Martertod in Heraclea unter Licinius. Niceph. VII. 44.
Baronius III.

A. Collaert sc. In Ricci: Triumphus J. Chr. crucifixi.

Theodorus Tyro.

Röm. Soldat, Mart. 9. Nov.

Er zündet mit einer Fackel den Tempel der Cybele an.

Glasbild der Cathedrale in Chartres.

Abbildung in: L'invocation des Saints.

Christus erscheint ihm im Kerker.

J. Callot sc.

Ein Krokodil zu seinen Füssen.

Auf der Säule der Piazetta zu Venedig. (Vor Marcus war er der
Patron Venedigs.)

Auf Münzen der Republik Venedig, Ferrara, der Grafschaft Savoyen.

Theodosia.

Jungfr., Mart. zu Cäsarea, † 308. 2. April.

Einen Stein in der Hand.

Sie wurde, mit einem Stein beschwert, in's Wasser gestürzt;
doch versank sie nicht.

Sie wird enthauptet.

Holzschnitt im Leben der Heiligen, 1488.

Theodosius Coenobiarcha.

Bei Jerusalem, † 529. 11. Jan.

Er reicht einem knieenden Manne einen Strick dar.

J. Callot sc.

Er unterrichtet Jünger.

Schouten sc. in: Les Vies des SS. Pères.

Theodota.

Jungff., Mart. unter Diocletian, † c. 230. 2. Aug.

Enthauptet.

Ihr Martyrium.

Theodotus.
Mart. von Ancyra, † 304. 18. Mai.

Fackeln und Schwert.

Marterwerkzeuge.

Theodula.
Mart. unter Diocletian. 5. Febr.

Mit Nägeln an eine Cypresse genagelt.

Ihre Marter in Cilicien.

Theodulus.
Greis aus vornehmer Familie, Mart. † 308. 17. Febr.

An's Kreuz genagelt.

Er litt unter Diocletian in Cäsarea (Palästina) den Tod. Baronius III. Eusebius VI. 21.

A. Collaert sc. In Ricci: Triumphus J. Chr. crucifixi.

Theodulus s. Macedonius.

Theonas.
Einsiedler, dann Bischof, † 300. 23. Aug.

In der Einöde betend; zwei Hirsche bei ihm.

B. à Bolswert sc. nach A. Bloemaert. (Sacra Eremus.)

In der Einsiedlerhütte schreibend; vor derselben der Wassereimer beim Brunnen.

Sadeler sc. nach M. de Vos. (Solitudo.)

Theophil s. Bogumil.

Theresia à Jesu.
Carmeliterin in Spanien, † 1582. 15. Oct.

Folge von Darstellungen aus ihrem Leben.

Stiche (55 Bl.) in: La vie de la Seraphique mère Sainte Terese de Jesus. Lyon 1670.

Holzschnitte im Leben d. H. Leipz. bei Meline.

Im Buch lesend; die Taube schwebt über ihr.

Ribalta px. Academie zu Valencia.

F. Villamena sc.

Molina sc.

Eine Taube fliegt ihr vom Himmel zu.

Himmlische Erleuchtung durch den h. Geist.

L. Vorsterman sc.

Christus erscheint ihr in der Zelle.

Rubens px.

Sie bringt vor einem Crucifix ein Buch dar.

Cl. Mellan sc. M. 106.

Vor dem Crucifix betend.

Die Wunden Christi leuchten ihr wie Edelsteine entgegen.

Mit Buch und Feder, bei ihr ein Engel mit Pfeil und Herz.

F. Valle fec. Statue im Vatican.

Ein Engel öffnet ihr Gewand, um ihr Herz mit einem Pfeil zu durchbohren.

Nach der Legende fand man nach ihrem Tode in ihrem Herzen ein Crucifix.

Cl. Mellan sc. M. 104 nach der Statue von Bernini in der Kirche S. Maria della Vittoria zu Rom.*)

Santerre p. in der Capelle zu Versailles (sehr sinnlich und weltlich concipirt — „scène toute voluptueuse"! sagt selbst ein französischer Critiker).

Maulpertsch sc.

Ein Engel mit einem Pfeil.

S. à Bolswert sc.

Mit Dornen gekrönt, die Passionswerkzeuge haltend.

Besondere Andacht zum leidenden Heiland.

Alonso Cano px. Sammlung König Louis Philipp's.

Sie bittet um Rettung für die Stadt Cremona.

Als diese von den Franzosen belagert wurde.

Massarotti px.

Sie betet für die Seelen im Fegefeuer.

Sie betete speziell für die Seele des Bernardin Mendozy, der auf ihr Gebet erlöst wurde.

Rubens px. Antwerpen. Gest. von S. à Bolswert, Fr. Langot.

---

*) Bernini hielt selbst diese Statue für sein bestes Werk. Sein Sohn Pietro Felipe machte auf sie folgende Verse: Une si douce blessure — Méritait d'étre immortelle; — Mais comme la douleur ne monte pas — Devant les yeux de Dieu Le Bernin l'a éternisée dans ce marbre.

Mit Crucifix und Herz.

Anonym. Kupferstich c. 1475. T. O. Weigel's Sammlung No. 466.

Stich in: Die von . . . Theresia von Jesu über das Vater unser gemachten Betrachtungen.   Prag 1707.

Einen Pfeil und ein Buch haltend.

H. Kipp sc. nach Andr. Müller.   Düsseld. Verein.

Sie kniet vor dem Calvarienberge.

Allegorie, mit ihrer Devise: Aut pati aut mori.

N. Pitau sc. nach P. Mignard.

Mit Insignien eines graduirten Doctors. (Biretum, Kette und Buch.)

E. Corr sc. in den Bollandisten.

Thiemo.
Erzbischof von Salzburg, Mart. † 1101. 28. Sept.

Es werden ihm die Eingeweide mit einer Winde heraus-gezogen.

Stich in Bavaria Sancta.

Thomas.
Apostel. 21. Dec.

Er legt die Rechte in die wunde Seite Christi.

Joh. 20, 27.

Cima da Conegliano px.   A. Viviani sc. in Zanotto, Pinac. Veneta.

Bart. de Bruyn p.   Berliner Museum.

Rubens p.   J. Schmutzer sc.

R. Laurie sc. nach Rembrandt.

A. van der Werff p.   E. Scriven sc.

Cl. Corneille sc.

Er erhält von Maria, als sie zum Himmel emporstieg, den Gürtel.

Fra Bartolomeo px.

L. della Robbia fec. Basrel. in der Academie zu Florenz. S. auch Madonna della cintola, pag. 44.

Sein Martyrium.   Er wird mit Lanzen durchbohrt.

Holzschnitt in: Sanctor. et Mart. Christi Icones.

P. Neefs sc. nach Rubens.

Mit einer Lanze.

> Martyrium.
>
> **A. Dürer** sc.

Mit einem Richtscheit.

> **Isr. van Mecken** px. Sammlung Boisserée.
>
> **Ciamberlano** sc. B. 74.
>
> Auf Münzen von Alexander VII., Parma, Urbino.
>
> > S. auch Apostel.

Thomas à Becket.
Erzb. von Canterbury, Mart. † 1170. 29. Dec.

Scenen aus seinem Leben.

> Holzschnitte in: Leben der H. Leipz. bei Meline.

Er wäscht einem Aussätzigen das Haupt.

> **H. Burgmair** fec. Holzsch.

Er wird beim Altar ermordet.

> Holzschnitt im Passional, 1502.
>
> Holzschnitt im Kirchenkalender. Frankf. 1561.
>
> Basrelief des 13. Jahrh. Abbild. in: Sepulcral monument in Great Britain. 1786. I, pag. 190.
>
> Miniatur des 12. Jahrh. Abbildung in: Carter, Specimen of ancient sculpture and painting I, 36.
>
> **J. P. de Cavalleriis** sc. nach Circignano, in: Eccl. angl. trophaea.
>
> **W. Hollar** sc. P. 172.

Als Bischof mit Pedum, Schwert und Palme.

> **G. R. Elster** inv. **E. Rittinghaus** sc. Düsseld. Heiligenbilder.

Mit dem Schwert den Kopf gespalten.

> **L. Vorsterman** sc. Abbild. in Jameson.

Thomas ab Aquino.
Doctor angelicus, Dominikaner, † 1274. 7. März.

Folge von Darstellungen aus seinem Leben.

> **Cor. Boel** sc. nach Otto Vennius. 30 Bl. Vita S. Thomae Aquinatis. Mit Portrait.
>
> Holzschnitte in: Leben der H. Leipz. bei Meline.

25

Er überbringt dem Papst Urban IV. das Officium für das Frohnleichnamsfest.

> Dieses hatte er verfasst.

> Email eines Reliquiars in Orvietto, 14. Jahrh. Abbild. bei Agincourt, Pl. 123.

Er besänftigt einen Meeressturm.

> Als er von Rom nach Paris zurückkehrte.

> **Ary Scheffer** px. In S. Thomas d'Aquin zu Paris.

Vor dem Crucifix.

> Christus soll vom Kreuz zu ihm gesprochen haben: Bene scripsisti de me Thoma! quam mercedem accipies? worauf Thomas antwortete: Non aliam, nisi te, Domine.

> **Fr. Vanni** px. In der Kirche S. Romano zu Pisa.

Mit Büchern, darunter sein Werk: Summa Theologiae, auf einem Stuhl sitzend.

> Als Kirchenlehrer.

> **Commans** inv. Kohlschein sc. Düsseld. Heiligenbilder.

Kniend, Maria und die Apostelfürsten erscheinen ihm.

> **Cl. Mellan** sc. M. 93.

Sitzend mit Buch, oben Christus in mandelförmiger Glorie, dann Moses, Paulus und die vier Evangelisten, tiefer Aristoteles und Plato, unten der Araber Averroes.

> **B. Gozzoli** px. Pariser Museum.

> **Fr. Traini** px. In S. Caterina zu Pisa. Gest. von G. Rossi in: Rosini, La Pittura ital. Tav. 20.

> **Tad. Gaddi** px. Fresco in S. Maria Novella zu Florenz.

> **Fil. Lippi** px. Fresco in S. Maria sopra Minerva zu Rom.

> **Fra Angelico** px. Freske im Vatican, in der Capelle Nicolaus V. Abbild. in Agincourt, Pl. 145.

Der h. Geist als Taube, beim Ohr; auf der Brust die strahlende Sonne (oder Stern).

> **Fra Angelico** px. Pitti-Gallerie in Florenz.

> **Benozzo Gozzoli** px. Im Louvre. Abbild. in Jameson.

> **S. à Bolswert** sc.

Mit der Sonne auf der Brust.

> **Salv. Carmona** sc.

Thomas von Villanova.

Eleemosynarius, Augustiner, Erzbischof, † 1555. 18. Sept.

Er theilt Almosen aus.

Daher sein Beiname der Almosengeber.

Skreta px. Das Altarbild in der Augustinerkirche zu Prag.

Stich in Ribadeneira.

Arme umgeben ihn.

Murillo px. Bei den Capuzinern in Sevilla.

F. de Ribalta px. Valencia.

Thomas von Kempten (a Kempis).

Er trägt Christus das Kreuz auf einen Berg nach.

Anspielung auf sein Werk: Von der Nachfolge Christi.

Wolf. Kilian sc.

Tiburtius.

Ritter, Mart. zu Rom, † 286. 11. Aug.

Ueber glühende Kohlen gehend.

Diess schadete ihm nicht, weshalb er dann enthauptet wurde.

Holzschnitt im Leben der Heiligen, 1488.

Tillo.

Goldschmied, dann Abt, † c. 700. 7. Jan.

Ein Engel erscheint ihm.

Dieser heisst ihn, in's Kloster zu gehen.

C. Gregori sc. nach A. Masucci in L. Caglieri.

Timon.

Einer der sieben apost. Diaconen. Apostelg. VI. 19. April.

Gebrannt.

Das Feuer schadete ihm nicht.

J. Callot sc.

Gekreuzigt, mit dem Diaconenkleid angethan.

So errang er die Marterkrone zu Corinth. Martyr. Rom.

A. Collaert sc. In Ricci: Triumphus J. Chr. crucifixi.

25 *

Timotheus.
Schüler des Paulus, Bischof von Ephesus, Mart. † 97. 24. Jan.

Mit einer Keule.

Marterwerkzeug.

Gesteinigt.

Seine Todesart.

Abbildung in: L'invocation des Saints.

Timotheus und Maura.
Christliche Ehegatten, Mart. † c. 286. 3. Mai.

Gekreuzigt.

Neun Tage litten Beide also, sich wechselseitig zur Geduld ermunternd, bevor sie starben. In Theben (Egypten) unter Decius. Martyr. Rom. Baronius II.

A. Collaert sc. In Ricci: Triumphus J. Chr. crucifixi.

Titian.
Bischof von Brixen, † c. 526. 3. März.

In bischöflicher Kleidung.

Palma vecchio px. Academie zu Venedig. Comirato sc. in Zanotto, Pinac. Ven.

Titus.
Pauli Schüler, Bischof von Creta, † c. 105. 4. Jan.

Auf seinen Befehl stürzen heidnische Tempel ein.

Stich in Ribadeneira.

Mit strahlendem Gesichte.

Das widerfuhr ihm kurz vor seinem Tode.

Tozzo.
Bischof von Augsburg, † 661. 16. Jan.

Mit leuchtender Fackel.

Die Lampe auf seinem Grabe brannte im heftigsten Winde.

Stich in Bavaria pia.

Triphaena.
Jungfr., Mart. zu Cyzicus im Hellespont. 31. Jan.

Von einem Ochsen niedergestossen.

An derselben Stelle entsprang eine Quelle, die bei Weibern und weiblichen Thieren die Milch vermehren soll. Vielleicht weist diess auf eine heidnische Symbolik hin.

Trophimus.

Erster Bischof von Arles, Schüler von Paulus. 29. Dec.

Am Meeresufer sitzend.

Während Paulus eingeschifft wird. 2. Timoth. 4, 20.

C. N. Oddi sc. in: Storia di S. Trofimo. Romae 1711.

Trophimus s. Thalus.

Trophimus.

Mart. in Antiochien, † c. 277. 19. Sept.

Er trägt seine ausgestochenen Augen in der Hand.

Trudberthus.

Mart. in Irland, † c. 643. 26. April.

Ein Mann schlägt ihn mit der Hacke todt.

Burgmair fec. Holzschnitt.

Tryphon.

Martyr in Alexandrien, † c. 250. 3. Juli.

Die Füsse sind an der Erde fest genagelt.

Martyrium.

J. Callot sc.

Turibius.

Bischof in Spanien, † c. 400. 16. April.

Er trägt glühende Kohlen im Gewande.

Auf diese Weise hat er sich von einem Verdachte gereinigt.

Tuto.

Bischof von Regensburg, † 931.

Vor dem Altar betrübt stehend.

Kaiser Ludwig von Deutschland hat die Reliquien des h. Dionys, die Tuto nach Regensburg gebracht hatte, gewaltsam nehmen lassen.

Stich in Bavaria Sancta.

Ubaldesca.

Jungfr., Mart. zu Pisa, † 1206. 28. Mai.

Mit Palme und Vase. Auf dem Gewande ein Kreuz.

Sie war im Orden des h. Johannes von Jerusalem.

Stich in den Bollandisten.

Ubaldus.

Bischof, † 1160. 16. Mai.

Der Teufel flieht vor seinem Segen.

Correggio px. Gallerie Massias. Umriss im Werke.

Aless. Maganza sc.

Udalrich s. Ulrich.

Ulmar.

Abt.

In einem hohlen Baum lebend.

J. Callot sc.

Ulrich (Udalrich).

Bischof von Augsburg, † 973. 4. Juli.

Mit dem Fisch in der Hand.

Ohne Wissen, dass es Freitag sei, gab er einem Boten ein Stück Fleisch. Als ihn dieser verklagen wollte, war das Fleisch in einen Fisch verwandelt.

A. Dürer px.

Holzschnitt in: Das Leben und wunderwerk des h. Augsburger Bistumbs etc. 1516.

Auf Münzen von Augsburg, Batenburg, Würtemberg.

Er gibt einen Fisch einem Armen.

H. Burgmair fec. Holzschnitt.

Er betet in der Einsamkeit.

Stich in Bavaria Sancta.

In der Schlacht gegen die Ungarn am 10. August 955.

L. Cranach f. (Holzsch.) B. 74.

Ultan.

Abt von Mont-Saint-Quentin, † 686. 1. Mai.

Eine Krone zu seinen Füssen.

Verachtung des Irdischen.

Statue am Portal der Kirche zu Peronne.

Urban I.
Papst, Mart. † 230. 25. Mai.

Er stürzt Götzen um.

Holzschnitt im Leben der Heiligen, 1458.

Bei einem Pfahl gegeisselt.

J. Callot sc.

Urban von Langres.
Bischof. 5. Jahrh. 23. Jan.

Ein Weinstock zu seiner Seite.

„Hat Urbanstag schön Sonnenschein
Verspricht er viel und guten Wein."

Ursicinus.
Arzt, Mart. zu Ravenna, † c. 67. 19. Juni.

Er hält drei Lilien.

Auf Münzen des Bisthums Basel.

Ursula.
Königstochter, Jungfr., Mart. zu Cöln. 5. Jahrh. 21. Oct.

Folge von Darstellungen aus ihrem Leben.

Vict. Carpaccio px. Venedig, in der scuola di S. Orsola (Waisen-schule). Acht Darstellungen.

H. Memling px. Sechs Darstellungen am Schrein der h. Ursula im Johannes-Hospital zu Brügge. Gest. von C. Onghena im Werke, das 1841 in Brüssel erschienen ist. Ferner abgebildet in colorirten Lithographien in einer anderen Publication. Brügge 1804.

Sie zieht eine der Jungfrauen über das Meer zu sich; die anderen stehen hinter ihr.

Bruno px. In der Academie zu Pisa. Gest. von G. Rossi in: Rosini, La Pittura ital. Tab. 12.

Die Scene ihres Martyriums.

Holzschnitt c. 1470. T. O. Weigel's Sammlung No. 177.

Stich in: Ecclesiae anglic. trophaea.

G. A. Lorenzini sc. nach L. Pasinelli.

Mit einem oder mehreren Pfeilen.

Schule des Meisters E. S. vom J. 1466. Pass. 185.

H. Burgmair fec. Holzsch.

Zagel sc. B. 10.

Mart. da Udine px. Brera in Mailand.

Zurbaran px. Louvre. Abbild. in Jameson.

S. à Bolswert sc.

Miniatur im Horarium der Anna von Bretagne. Abbild. in Sommerard's Album, Pl. 36.

Holzschnitt in Sanctor. et Mart. Christi Icones.

Springinklee fec. Holzsch. in Salus animae. B. 46.

Mit einer Fahne.

J. A. Lorenzini sc. B. 8.

Mit Krone, einem Pfeil und einer Fahne.

Cima da Conegliano px.

Palma vecchio px. Belvedere zu Wien.

Peter Liberi px. Gallerie in Braunschweig.

Gekrönt, im Kreise der Jungfrauen.

Altarbild der Cathedrale zu Cöln.

Israel v. Mecken sc. B. 132.

Mit einem Pfeil, unter ihrem Mantel Jungfrauen verbergend.

Glasbild in der Cathedrale zu Winchester. Abbild. bei Carter.

Israel van Mecken sc. B. 132.

H. Memling px. Brügge. Abbild. in Jameson.

Meister S. sc. Pass. 258. (T. O. Weigel's Samml.)

Auf Münzen der Stadt Cöln.

Ursus.

Ritter der theb. Legion, Mart. † 303. 30. Sept.

Mit Banner und Schwert.

Als Sieger im Erdulden des Martyriums.

Auf Münzen des Cantons Solothurn.

Utho.

Abt in Baiern, † c. 828. 3. Oct.

Von einem Jäger in seiner Zelle entdeckt.

Stich in Bavaria pia.

Valentin.
Bischof von Terracina, Mart. † c. 312. 16. März.

Er macht ein blindes Kind sehend.

Die Tochter des Kaisers Claudius II.
Abbildung in: L'invocation des Saints.

Valentin.
Bischof. 7. Januar.

Als Einsiedler, betend.

Stich in Bavaria Sancta.

Valeria.
Jungfr., Mart. † c. 250. 9. Dec.

Eine Krone haltend.

Glasbild in der Cathedrale zu Limoges.

Sie bringt ihren abgeschlagenen Kopf dem h. Marcian.

Mosaik in Rom. Studio de' Mosaici.
L. Gaultier sc.

Valerian.
Bräutigam der h. Cäcilia, Mart. † 229. 14. April.

Sein Schutzengel neben ihm.

Diesen hat ihm Cäcilia einst gezeigt.

Er wird getauft.

Cimabue px. Gallerie zu Florenz.

Vautrude s. Waltrude.

Vedastus.
Bischof von Arras, † 540. 5. Febr.

Ein Wolf mit einer Gans.

Er zwang das Raubthier, seinen Raub herauszugeben.
Holzschnitt im Leben der Heiligen, 1488.

Veit s. Vitus.

Venantius.
Mart. 18. Mai.

Gekreuzigt mit dem Kopf nach unten, woher Rauch zu ihm aufsteigt.

> Er litt so unter Decius, ein Jüngling von 15 Jahren. Martyrol. Rom.

A. Collaert sc. In Ricci: Triumphus J. Chr. crucifixi.

Venantius.
Bischof von Tours, † 5. Jahrh. 5. Aug.

Löwen um ihn.

> Vielleicht Anspielung auf seinen Namen? Das Christenthum gewann meist in heidnischen Ländern dadurch eine Wurzel, dass es schädliche wilde Thiere ausrottete und den Boden urbar machte.

Er vertreibt Teufel.

> Abbildung in: L'invocation des Saints.

> **Waldreich** sc. nach Umbach.

Während seiner Geisselung rieselt unter seinen Knieen eine Quelle hervor.

> **Fr. Aquila** sc. nach P. Santo Fanti.

> Auf Münzen der Stadt Camerino, der Päpste Clemens' IX. und X.

Verdiana.
Jungfrau in Etrurien, † 1212. 1. Febr.

Sie kniet vor dem Crucifix, von Schlangen umgeben.

> Sie hatte diese gezähmt.

> Stich in: A. de Pazzi, Ristretto della vita di S. Verdiana Vergine. Castelfiorentino 1853.

Verena.
Jungfr., Mart unter Diocletian, c. 300. 1. Sept.

Maria erscheint ihr vor dem Tode.

> Holzschnitt im Leben der Heiligen. 1488.

Veronica.
Jungfr. 1. Jahrh. 4. Febr.

Sie begegnet dem kreuztragenden Christus, der auf dem von ihr entgegengehaltenen Tuche sein Angesicht abdrückt.

> S. Seite 12.

> **Sim. Vallée** sc. nach A. Sacchi. Cab. Crozat.

Sie hält das Schweisstuch mit dem Antlitz Christi.

Meister E. S. vom Jahre 1466 sc. B. 82.

Roger van der Weyden px. Städel's Inst. zu Frankfurt.

H. Memling px. Brügge. Abbild. von der Arundel-Society.

H. Burgmair f. (Holzsch.) B. 22.

M. Schongauer sc. B. 66.

A. Dürer fec. Holzsch.

Schrotblatt c. 1470. T. O. Weigel's Sammlung No. 382.

B. de Bruyn px. Sammlung Boisserée.

Holzschnitt in Sanct. et Mart. Christi Icones.

Springinklee fec. Holzsch. in Salus animae.

H. Schäuflein f. (Holzsch.) B. 40.

Abr. Bloemaert px. J. Matham sc. B. 70.

Andr. Sacchi inv. Mosaik in S. Peter zu Rom.

D. Mosler inv. Rittinghaus sc. Düsseld. Heiligenbilder.

Auf Münzen des Papstes Paul II.

Veronica de Julianis.
Kapuzinerinnen-Oberin in Tiphern. 13. Jan.

Mit Kreuz, Herz und Dornenkrone um das Haupt.

P. Seifert sc. Düsseld. Heiligenbilder.

Veronus.
† 1048. 30. März.

Als Pilger.

Burgmair fec. Holzschnitt.

Victor v. Marseille.
Römischer Hauptmann. 3. Jahrh. 21. Juli.

Als Krieger mit Schild und Lanze.

Glasbild der Strassburger Cathedrale. 13. Jahrh. Abbildung in: Lasterie, Hist. de la peinture sur verre.

Miniatur des 9. Jahrh. Abbild. in d'Agincourt, Pl. 31.

Cl. Mellan sc. M. 51.

Victor Maurus von Mailand.

Römischer Soldat, Mart. † 303. 8. Mai.

Als Sieger auf einem Schimmel reitend.

> Anspielung auf seinen Namen. Er war aus Mauritanien gebürtig und wird als Moor abgebildet.
>
> **Enea Salmeggia** px. in seiner Kirche zu Mailand.

Er stellt seinen Fuss auf einen gebrochenen (heidnischen) Altar.

> **Andrea Campi** px. In seiner Kirche zu Cremona.
>
> Abbildung in: L'invocation des Saints.

Victoria.

Jungfr., Mart. † 250. 23. Dec.

Mit einem Schwert, zu ihrer Seite ein Drache.

> Das Schwert deutet auf ihr Martyrium hin.

Victoricus s. Fuscianus.

Victorinus.

Martyr, † c. 285. 25. Febr.

In einem Mörser zu Tode gestossen.

> Seine Todesart.

Victorinus s. Coronati.

Vincenz.

Levite, Mart. unter Diocletian 304. 22. Jan.

Folge von Darstellungen aus seinem Leben.

> Glasbilder in Bourges. Abbild. in: Cahier et Martin, Description de vitraux de cette église.

An's Kreuz genagelt und über den brennenden Scheiterhaufen gelegt.

> Seine Todesart in Valenzia in Spanien unter Diocletian. Metaphrast. Sur. Prudent.
>
> **A. Collaert** sc. In Ricci: Triumphus J. Chr. crucifixi.
>
> **Aurelio Luini** px. Brera zu Mailand.
>
> Abbildung in: L'invocation des Saints.

Eine Krähe beschützt seinen Leichnam vor wilden Thieren.

Glasbilder in den Cathedralen von Bourges, Chartres und Rouen.

Freske des 13. Jahrh. Abbild. in d'Agincourt, Pl. 98.

Als Diacon, mit der Palme.

Alt spanisches Bild (c. 1500). Im Mus. arqueol. Nacional. Farbendruck in: Museo español de Antiguedades. Madr. 1872.

Pollajuolo px. Florent. Gallerie.

Auf Münzen von Bern, Cortona, Salzburg und Portugal.

Vincenz Ferrerius.
Dominikaner, † 1419. 5. April.

Folge von Darstellungen aus seinem Leben.

J. Atzinger fec. 19. Bl. Lithographien.

Er lehrt in einer Versammlung.

Fra Bartolomeo px. Florent. Academie.

Abbildung in: L'invocation des Saints.

J. D. Tiepolo sc. Der Heilige ist beflügelt.

Er heilt Kranke; über seinem Kopfe die Flamme.

J. Valegio sc.

Buch und Feuer in der Hand.

Vict. Carpaccio p. In S. Giovanni e Paolo zu Venedig. Umriss
in Zanotto: Pinac. Ven.

Euguidanos sc. nach Lopez.

Buch und Lilie, über ihm die Flamme.

Die Flamme, oder Sonne, bedeutet göttliche Erleuchtung.

M. Anton Raimondi sc. B. 168.

Mit Buch, segnend.

Dom. Ghirlandajo p. Berliner Museum.

Beflügelt, über dem Kopfe die Flamme.

B. de Grado sc. in: (A. Teoli), Storia della vita . . . di S. Vin-
cenzo Ferr. Nap. 1738.

Euguidanos sc. nach Lopez.

Vincenz a Paula.
Stifter der Findelhäuser, † 1660. 19. Juli.

Scenen aus seinem Leben.

Holzschnitte im Leben der H. Leipz. bei Meline.

Er predigt für die Findelkinder.

> Vor dem Hofe Ludwig's XIII.

Z. Prévost sc. nach P. Delaroche.

Er nimmt kleine Kinder im Winter auf.

> Aus dem Leben.

Nüsser sc. nach Lauenstein. Düsseld. Verein.

P. C. Baquoy sc. nach N. A. Monsiau.

Vindemialis s. Florentius.

Virgilius.

Bischof von Salzburg, † 784. 27. Nov.

Er hält das Modell einer Kirche.

> Auf Münzen von Augsburg, Mantua und Salzburg.

Er heilt einen Besessenen.

> Stich in Bavaria Sancta.

Vitalis.

Vater des Gervasius und Protasius, Martyr in Ravenna, † 2. Jahrh. 28. April.

In einer Grube verbrannt, und gesteinigt.

Baroccio px.   Brera zu Mailand.

Holzschnitt im Leben der Heiligen, 1488.

J. B. de Cavalleriis sc.   Eccl. mil. triumphi.

Zu Pferd, als Ritter mit dem Beil.

Vit. Carpaccio p.   In S. Vitale zu Venedig. Umriss in Zanotto: Pinac. Ven.

Vitalis s. Agricola.

Vitus (Veit).

Mart. † 303. 15. Juni.

Ein Kessel.

> In diesem wurde er in Oel gesotten.

M. A. Bassetti px.   München.

Hans Holbein d. J. p.   Berliner Museum.

Holzschnitt in Sanctor. et Mart. Christi Icones.

Holzschnitt im Passional 1502, und im Leben der H. 1488.

Mit einem Buch, darauf ein Hahn.*)

Gemälde in der Cathedrale zu Bonn.

Auf Münzen des Bisthums Prag, der Stadt Höxter, St. Veit.

Walpurga.

Aebtissin von Heidenheim, † c. 780. 25. Febr.

Sie unterrichtet kleine Mädchen.

Mücke inv. Eitel sc. Düsseld. Verein.

Sie betet im Meeressturm auf dem Schiffe.

Holzschnitt in Sanctor. et Mart. Christi Icones.

Von einer Schlange umwunden; über ihr die Taube.

G. Wolfgang sc. in: Triumphus castitatis . . . Wilburgis Virg. Augustae 1715.

Aus ihrem Grabe (Leichnam) fliesst Oel.

Dieses soll wunderthätig sein.

Stich in Bavaria pia.

Mit Buch und einem Oelfläschchen.

H. Burgmair fec. Holzschnitt.

Stich in Ribadeneira.

Auf Münzen des Bisthums Eichstädt.

Mit drei Aehren.

Sie füllt durch ihre Fürbitte die Scheuern.

Walther (Gualterius, Gautier).

Abt, † 1070. 11. Mai.

Er geisselt sich.

Altes Bild in der Grotte bei der Abtei v. Pontoise.

Ein Vogel bringt ihm einen Fisch im Schnabel.

So wurde er in der Einsamkeit ernährt.

Im Kerker gefesselt.

Abbildung in: L'invocation des Saints.

---

*) Vielleicht wurde ihm sonst ein Hahn geopfert. In Böhmen war es noch im J. 1836 auf dem Lande gebräuchlich, am Vorabend seines Festes einen geschmückten Hahn im feierlichen Aufzug zu tragen und auf dem Markt-Platze zu enthaupten.

Waltrude (Vautrude, Wildrud).
Klosterstifterin, Wittwe, † 685. 9. April.

Sie kniet vor ihrem Bruder, Herzog Ortulph.

> Dieser wollte sie verheiraten, sie bittet ihn aber, dass er sie
> in ein Kloster ziehen lasse.
>
> Stich in Bavaria Sancta.

Sie beschützt Kinder unter ihrem Mantel.

> Alter anonymer Stich.

Sie heilt Kranke.

> **H. Burgmair** fec.   Holzschnitt.

Wenceslaus (Wenzel, Václav).
König von Böhmen, Mart. † 936. 2s. Sept.

Folge von Darstellungen aus seinem Leben.

> **Velislav** px.   Miniaturen in der Bibliothek des Fürsten Lobkovic
> in Prag. 14. Jahrh.
>
> Wandbilder der Wenzelscapelle im Prager Dom.
>
> **K. Screta** px.

Radislav bittet um Verzeihung.

> **J. Callot** sc.

Sein Tod. Er hält sich an den Thürring der Kirche.

> Es ist die Kirche S. Cosmas und Damian in Altbunzlau, wo
> er erstochen wurde.
>
> **Lhota** px.
>
> Stich in Ribadeneira.

Ein Engel bringt ihm die Krone des Martyriums.

> **Aug. Caroselli** px. 1653.

Mit Fahne und Schild (darauf das altböhmische Wappen, der Adler).

> **Thomas Mutina** px. Belvedere zu Wien. Abbildung in d'Agincourt.
> Pl. 133.
>
> Altarbild in der Peterskirche zu Rom (auf dem ihm geweihten Altare).
>
> **Caroselli** px. Belvedere zu Wien.
>
> Auf Münzen von Böhmen, Mähren, des Bisthums Olmütz, der Städte
> Breslau und Schweidnitz.

Mit Lanze und Schild.

> Alte Statue von Peter Arler (dem Erbauer des Doms) in der Prager
> Domkirche. Abbild. im Kunstbl. 1857.
>
> **Wenzel Hollar** sc. P. 173. Das Bild in der Augustinerkirche zu Prag.

Wendelin.

Königssohn, dann Hirt in der Diöcese Trier. 7. Jahrh. 21. Oct.

Ochsen um ihn herum; der Schäferhund zu seinen Füssen.

H. Burgmair fec. Holzschnitt.

Wenefrida.

Jungfr., Mart. in England. 3. Nov.

Sie wird enthauptet.

Wo ihr Kopf liegen blieb, entstand eine Quelle.

J. B. de Cavalleriis sc. in Eccl. angl. trophaea.

Werenfried.

Priester, Apostel der Friesen, † 760. 27. Aug.

Er hält ein Schiff in der Hand.

Seine Leiche schiffte ohne Ruder gegen den Strom.

Stich in Batavia sacra.

Fr. Bloemaert sc. nach Abr. Bloemaert.

C. Visscher sc. nach P. Soutman. Die Heiligen von Flandern.

Werner (Wernher)..

Knabe, Mart. † 1287. 19. April.

In's Wasser geworfen.

Juden ertränkten ihn im Rhein.

Wicbert.

Früher Soldat, Kloster-Stifter, † 962. 23. Mai.

Er ermahnt Soldaten zu einem christlichen Lebenswandel.

Abbildung in: L'invocation des Saints.

Wildrud s. Waltrude.

Wilfried.

Bischof von York, † 709. 24. April.

Mit Pedum und Buch.

Stich in Batavia sacra.

Wilgefortis (Liberata, Kümmerniss, Outkommer).

Jungfrau. Tochter des Königs von Portugal, Mart. 20. Juli.

Gekreuzigt, mit langem Bart.

Den Bart erhielt sie auf ihr Gebet, entstellt zu werden, damit ihr Bräutigam sie verschmähe. In Holland unter dem Namen S. Outkommer verehrt. Martyrol. Rom.

A. Collaert sc.   In Ricci: Triumphus J. Chr. crucifixi.

M. Salv. Carmona sc. nach L. S. Carmona.

Wilhelm von Aquitanien.

Stifter des Wilhelmitaner-Ordens, † 1142. 25. Juni.

Er erhält vom h. Bernhard von Anian das Ordenskleid.

Guercino p. in S. Gregorio zu Bologna, jetzt in der Pinacothek daselbst. Gest. von J. M. Mitelli, B. 26.

Als Einsiedler, den Herzogshut zu seinen Füssen.

H. Burgmair fec. Holzschnitt.

Mit Helm, Ordenskleid und Ketten.

Mallery sc.

Mit Helm und Ordenskleid, auf den Teufel tretend.

A. Müller inv.   F. Dinger sc.   Düsseld. Heiligenbilder.

Wilhelm.

Abt von Mont-vierge, † 1142. 25. Juni.

Als Pilger.

Schouten sc. in: Les Vies des S. Pères.

Wilhelm von Norwich.

Knabe. Mart. † 1144. 25. März.

Gekreuzigt und mit der Lanze durchbohrt.

Seine Todesart in Norwich (England). Histor. Anglicana.

A. Collaert sc.   In Ricci: Triumphus J. Chr. crucifixi.

J. B. de Cavalleriis sc. in Eccl. anglic. trophaea.

Wilhelm von York.

Bischof, † 1154. 8. Juni.

Ein Schild und eilf Rauten darauf.

Wandgemälde in St. Albans.

Wilhelm von Maleval.
Eremit, † 1157. 10. Febr.

Mit Helm, in Thierfelle gekleidet.

Er war früher Soldat und trug die Rüstung auch als Einsiedler zur Abtödtung.

R. Sadeler sc. nach M. de Vos. (Solitudo.)

Mit Panzerhemd und Ketten.

H. Burgmair fec. Holzschnitt.

Wilhelm.
Abt in Roschild, Dänemark, † 1203. 6. April.

Er hält das Modell einer Kirche.

Alter anonymer Stich.

Willehad.
Erster Bischof von Bremen, ‡ 789. 8. Nov.

Er lässt Götzenbilder zerstören.

Er hält das Modell einer Kirche.

Auf Münzen von Bremen und Stade.

Willibald.
Bischof von Eichstädt, ‡ c. 786. 7. Juli.

Er erhält vom König ein Stück Land.

Um darauf eine Kirche zu bauen.

Stich in Bavaria pia.

Er lässt Bäume fällen.

H. Burgmair fec. Holzschnitt.

Er leitet den Bau einer Kirche.

Holzschnitt im Leben der H. 1488.

Willibrord.
Erster Erzbischof von Utrecht, † 739. 7. Nov.

Mit einem Kirchenmodell und Fass, bei ihm eine Quelle.

Er sättigte mit einer Flasche Wein vierzig Personen.

Stich in Batavia sacra.

C. Visscher sc. nach P. Soutman. Heilige von Flandern.

Er trägt einen Thurm, schlägt mit dem Kreuzstock eine
Quelle aus dem Boden; neben ihm zwei Krüge.

> „Fontes et vina creavit".

> **J. B. Budde** inv.   E. Rittinghaus sc.   Düsseld. Heiligenbilder

In bischöflicher Kleidung.

> **J. Matham** sc. B. 11.

Willigis.
Erzbischof von Mainz, † 1011. 23. Febr.

Mit einem Rad.

> Er war früher Rademacher.

Winfried s. Bonifaz.

Winibald s. Wunnibald.

Witburga.
Jungfrau in England, † 743. 17. März.

Ein Kirchenmodell in der Hand.

> Gemälde in der Andreaskirche zu Burlingham.

Wolfgang.
Bischof von Regensburg, † 994. 31. Oct.

Darstellungen aus seinem Leben.

> Alte Holzschnitte in Hie hebt sich an das leben vnnd legend des
> Sand Wolfgangs. Landzhut, 1515.

Mit einem Beil.

> Er warf das Beil in die Weite und sprach: wo ich dich finde,
> da soll meine Wohnung sein. Er fand es am Nordende des
> heutigen St. Wolfgangsees.

> Metallsch. c. 1425. T. O. Weigel's Sammlung No. 20. Abbildung
> im Werke.

> Holzschnitt ebenda, No. 128.

> Holzschnitt in: hystorie vnnd leben des Sant Wolffgangs. (c. 1500.)

Er hält ein Kirchenmodell.

> **H. Burgmair** fec. Holzschnitt.

> Holzschnitt c. 1470. T. O. Weigel's Samml. No. 150. (Das Beil
> ist auf dem Thurm.)

> Auf Münzen von Baiern, Henneberg, Oettingen, Regensburg und Zug.

Studierend; das Beil auf dem Dach der Kirche im Grunde.

Anonymer Stich c. 1460. T. O. Weigel's Samml. No. 416. Abbild. im Werke.

Wolfholdus.

Priester zu Hohenwart in Baiern, † nach 1100. 1. Febr.

Ein Engel öffnet ihm die Kirchenthür.

Er besuchte oft des Gebetes wegen in nächtlicher Zeit die Kirche.

Stich in Bavaria pia.

Wulfram.

Bischof von Sens, † 695. 20. März.

Er tauft den Sohn des Herzogs Rathbodus.

Stich in Batavia sacra.

Vor ihm ein gekröntes nacktes Mädchen.

Soll dieses etwa das Heidenthum vorstellen?

C. Visscher sc. nach P. Soutman. Die Heiligen von Flandern.

Wulstan (Wolstan).

Bischof in England, † 1095. 19. Jan.

Die Sonne leuchtet auf seine Leiche.

Sie soll dreissig Tage über diese geschienen haben.

Wunnibald (Winebald).

Abt von Heidenheim, † 763. 18. Dec.

Mit einem Pilgerstabe.

Stich in Batavia sacra.

Mit einer Maurerkelle.

Neben ihm wird an einer Kirche gebaut.

H. Burgmair fec. Holzsch.

Yvo s. Ivo.

Zacharias.

Vater des h. Johannes Bapt., Priester. 5. Nov.

Ein Engel verkündigt ihm die Geburt eines Sohnes.

Luc. 1, 11.

Mosaik in der Apsis der Basilica Maria Maggiore zu Rom. 6. Jahrh. Abbild. in d'Agincourt Pl. 16.

Miniatur des 9. Jahrh. Abbild. in: Paciaudi, Antiquitates christ. p. 75.

Andrea del Sarto px. im Kloster dello scalzo zu Florenz.
B. Eredi sc. D. Vitus sc.

P. L. Bombelli sc. nach A. Sacchi.

Zacharias schreibt auf der Tafel, wie sein Sohn genannt werden soll.

> Luc. 1, 63.

G. Bonasone sc. nach Giac. Fiorentino.

C. Tinti sc. nach A. del Sarto.

Zdenko.

Krieger. Mart. 22. Dec.

Mit Schwert. Vor ihm liegen ausgerissene Zähne.

> Sein Martyrium.

Ph. Kilian sc. nach J. F. Hess.

Zeno.

Martyr in Bologna. 11. Febr.

Er widersteht dem Kaiser, der ihm befiehlt, der Ceres zu opfern.

Zeno.

Bischof von Verona, † c. 380. 12. April.

Mit dem Pedum, darauf der Fisch hängt (wie sonst das Sudarium).

> **Morando** px. Abbild. in Jameson.

Mit Fischruthe und einem Fisch.

> Der Fisch dürfte hier das alt-christliche Symbol der Taufe vorstellen.

Holz-Statue (gemalt) in seiner Kirche zu Verona.

Auf Münzen der Stadt Verona.

Zenobius.

Bischof von Florenz. 5 Jahrhundert. 25. Mai.

Darstellungen aus seinem Leben.

> **Ghiberti** fec. Drei Basreliefs am Bronze-Sarkophag des Heiligen.

Er wird vom Teufel geplagt.

> Anonymer alter Stich.

Er erweckt ein todtes Kind.

Die Mutter des Kindes übergab dasselbe, als sie nach Rom abreisen musste, dem Bischof. Es starb. Der Bischof liess es auf einen öffentlichen Platz tragen und betete so inständig, dass der Todte zum Leben zurückkehrte.

Rid. Ghirlandajo p. Florent. Gallerie. Umriss in: Musée de Peinture etc. par Duchesne ainé. No. 307.

Masaccio px. Abbild. in Jameson.

Mit einem Buch, worauf drei Kugeln.

Giotto p. Das Bild in Florenz. Auf demselben zugleich der h. Johannes Bapt. Beide verehren Maria.

Zita (Sita).
Jungfrau von Lucca, † 1272. 27. April.

Sie gibt am Brunnen einem Pilger zu trinken.

Sie hatte dabei das Wasser in Wein verwandelt.

Stich in: G. M. Velzi, Ragguaglia etc. — di Santa Zita. Lucca 1826.

Isab. Piccini sc. in: Vita beatae Zitae Virg. Lucensis. Ferrara 1688.

Mit Sack und Buch.

H. Burgmair fec. Holzschnitt.

Glasbild in der Cathedrale zu Winchester. Abbild. bei Carter.

Mit Buch und Schüssel.

Glasfenster in Winchester. Abbild. bei Carter.

Zoë.
Mart. in Rom, † 286. 5. Juli.

Bei den Haaren aufgehangen.
Ihre Marter.

Sie wird verbrannt.
Ihre Todesart.

J. Callot sc.

Abbildung in: L'invocation des Saints.

Zoerardus.
Eremit in Ungarn, † c. 1020. 17. Juli.

Im hohlen Baumstamm betend, umgeben von spitzigen Nägeln, der Kopf von hängenden Steinen bedroht.

J. Sadeler sc. nach M. de Vos. (Solitudo).

Schouten sc. in: Les Vies des SS. Pères.

Zosimus.
Bischof. 4. Jahrh. 4. April.

Bettler sind um ihn versammelt.

Gegen diese war er wohlthätig.

Zosimus.
Priester. Einsiedler. 5. Jahrh.

S. Maria von Egypten.

Zoticus.
Martyr. 10. Febr.

Gekreuzigt.

Im Pontus unter Maximinian.   Martyrol. Rom.

A. Collaert sc.   In Ricci: Triumphus ☩ Chr. crucif.

II.

DIE ATRIBUTE

MIT

IHREN HEILIGEN.

A.

Acker. Den Acker bebauend; bezeichnet den weltlichen Stand: Hilarius, Bischof von Arles.

Adler. Evangelisten-Symbol: Johannes Apostel. — Er gewährt mannichfachen Schutz: Bertulph. — Prisca. — Servatius.

Aehren. Die durch Fürbitte der Heiligen erlangte Fruchtbarkeit der Felder: Ansovinus. — Walpurga.

Aeste (dürre): Paula Romana.

Almosen austheilend. Symbol der thätigen Nächstenliebe: Adalard. — Adelaide. — Adelindis. — Andronicus. — Antonin, Erzb. — Caecilia. — Elisabeth, Landgr. — Gisela. — Gregor von Utrecht. — Guntram. — Gutmann. — Hildegard. — Homobonus. — Johannes, Almosengeber. — Johannes Tossignano. — Irmina. — Laurentius Diac. — Laurentius Justin. — Mathilde. — Nicolaus von Bari. — Notburga. — Oda. — Olympias. — Paulinus von Nola. — Rochus. — Thomas von Villanova.

Altar. Vor demselben betend: Attala. — Vor demselben ermordet: Bonifaz, Bisch. — Stanislaus, Bisch. — Thomas von Canterbury.

Alterssakrament. Siehe Monstranz.

Ambos. Marterwerkzeug: Adrian.

Anker. In Beziehung auf das Patronat der Schiffer: Johannes von Nep. — Als Marterwerkzeug: Clemens von Rom.

Apfel. Auf eine Begebenheit im Leben sich beziehend: Sabas, Einsiedler.

Arme, bedienend: Eberhard von Salzburg. — Gregor der Gr. — Heinrich von Treviso. — Odo. — Mit ihnen betend: Didacus. — Speissend oder tränkend: Ottilia. — Catharina von Siena. — Zita. — Waschend. Nächstenliebe und Demuth: Editha. — Elisabeth von Ungarn. — Erendruda. — Gallicanus. — Hedwig. — Isabella.

Arzneischale. Auf ärztliche Hilfsleistung anspielend: Cosmas und Damian. — Pantaleon.

Asche. Zeichen eines bussfertigen Lebens: Landelin, Abt.

Augen. Ihrer Augen grausam beraubt: Leodegar. — Lucia. — Ottilia.

Aussätzige. Sie werden ohne Scheu aufgenommen oder geheilt: Julianus Hospit. — Philippus Ben. — Thomas von Canterbury.

Axt s. Beil.

B.

Bad. In den Dämpfen des Bades erstickt: Caecilia

Bäckerschaufel. Symbol des weltlichen Standes: Aubert.

Bär. Meist Begleiter oder Diener von Einsiedlern; oft von einem Dorn in der Tatze befreit, für diesen Dienst erkenntlich und zahm gemacht: Aventin. — Cerborius. — Columba Mart. — Columban. — Corbinian. — Edmund König. — Florentius. — Gallus. — Gerius. — Humbert. — Jacob von Tarent. — Maximin von Trier. — Remedius.

Balken. Der kurze B. wird durch das Gebet verlängert: Aemilian.

Bart. Frauen wächst wunderbarer Weise ein Bart, um ihre Schönheit zu entstellen und von Versuchungen zu befreien: Galla. — Paula barbata. — Wilgefortis.

Baum. Chorographisches Symbol: Salvator. — Als Marterwerkzeug. An den Baum gebunden oder aufgehängt, leiden die Heiligen ihr Martyrium. Oft blühen dürre Bäume plötzlich auf: Aemilian. — Angelus. — Corona. — Eutropius. — Maximus von Salzburg. — Sebastian. — Hohler Baum als Wohnung strenger Anachoreten, zuweilen noch durch Nägel beengt und unbequem gemacht. Strenges Leben oder Busse: Bavo. — Gerlach. — Ulmar. — Zoërardus. Siehe auch Wald.

Baumäste während dem Gebete tragend: Polychromius, Anachoret.

Becher. Er deutet, besonders mit einer Schlange oder Spinne vereint, meist auf wunderbare Rettung von versuchter Vergiftung hin: Benedict. — Conrad. — Eduard I. — Jacobus de Marchia. — Joseph Barsabas. — Lupus von Sens.

Beil mit Beziehung auf Begebenheiten im Leben: Sisoe. — Wolfgang. — Als Marterwerkzeug: Hermenegild. — Josaphat, Bisch. — Judas Thadd. — Lucius. — Matthaeus.

Berg. Er war Propst auf dem Berge Soractes: Nonnosus.

Besen. Symbol der Demuth: Raingardis.

Besessene s. Teufel austreiben.

Bett. Im Bett das Martyrium erduldend: Adelbert, König. — Felix, Mart.

Bettler um sich versammelnd: Ludwig von Toulouse. — Zosimus. Siehe auch Almosen, Arme. Aus Demuth wurde freiwillig ein Bettler Johannes Calybita

Beutel. Auf eine Begebenheit im Leben hindeutend: Matthaeus. — Mit Almosen s. Almosen.

Bienenkorb. Die Biene ist das Symbol der Beredsamkeit: Ambrosius. — Bernhard von Clairvaux.

H. Bilder. Als Maler derselben: Andreas von Creta. — Methodius. — Gegen Bilderstürmer vertheidigend: Tarasius.

Blind. Auf das Gebet blind geworden: Salome.

Blinde heilend: Sabinus von Spoleto. — Valentin.

Blumen. Symbole von Tugenden: Maria, Mutter Christi. — Amelie. — Angelus.

Bohnen als Nahrungsmittel, nehmen wunderbar nicht ab: Maria, Einsiedlerin.

Bohrer als Marterwerkzeug: Leodegar.

Brandeum. Das Linnen, worin die Leiber der Martyrer eingewickelt werden. Wunder daran: Gregor d. Gr.

Bratspiess. Als Marterwerkzeug: Quintin.

Brennessel. Anspielung auf den Namen: Johannes de Urtica.

Brod. Allegorie und hist. Bedeutung: Gott Sohn. — Als Nahrungsmittel; es bedeutet im abstracten Sinne alle irdischen Bedürfnisse; bei Heiligen oft ihre einfache Lebensweise: Amatus. — Berthold. — Eugenia. — Maria von Egypten. — Onuphrius. — Als Almosen, den Armen mitgetheilt: Bathilde. — Gottfried von Kappenb. — Nicolaus von Bari. — Philippus de Rebaldis. — Rosa von Viterbo.

Brücke. Als Baumeister derselben: Benezet. — Von derselben in den Fluss gestürzt: Johannes von Nepomuk.

Brunnen. In allegorischer Deutung: Gott Sohn. — Maria, Mutter Christi. — (Leerer) als Wohnort von Einsiedlern: Johannes in puteo. — Johannes von Rheims. — Aus dem Leben: Zita.

Brust. Mit einem Stein auf die Brust im Busseifer schlagend: Hieronymus, Card. — Jacobus Erem. — Zerschnitten oder durchbohrt: Martyrium: Agunda. — Eucratis. — Beider Brüste grausam beraubt: Martyrum: Agatha. — Anastasia. — Benedicta. — Dionysia. — Eulalia. — Macra.

Buch. Wenn es das Evangelium (das Buch der Bücher) bedeutet, kommt es den Evangelisten und Kirchenlehrern zu. — Es bezeichnet die geistlichen Schriftsteller der Kirche und ist als das von ihnen verfasste Werk zu nehmen. — s. Kirchenlehrer. — Bedeutet die Ordensregel bei Ordensstiftern. — Als Andachts- oder Gebetbuch kommt es vielen Heiligen zu; in erster Reihe den Geistlichen, Nonnen und Einsiedlern. — Schlechte Bücher werden verbrannt: Dominik. — Johannes Capistr. — Paulus Apostel.

Büchse, darin das Blut Christi: Longinus.

C.

Cardinalshut. Den Stand bezeichnend: Bonaventura. — Petrus Damianus.

Charitas. Als Wort erscheinend: Franz de Paula. — Petrus Canisius.

Cherubim s. Engel.

Christus hat sich oft und auf mancherlei Weise seinen Heiligen geoffenbart. Zuerst im Allgemeinen sind solche Erscheinungen genannt: Anselm. — Anub. — Conrad von Const. — Franz Ser. — Margaretha von Alacoque. — Margaretha von Cortona. — Martin. — Sadoth. — Tharsilla. — Theodor Tyro. — Theresia. — Offenbart sich als Kind: Edmund Erzbischof. — Felix von Cantal. — Irmina. — Petrus von Alexandrien. — Rosa von Lima. — Lässt sich als Kind tragen: Anton von Padua. — Catharina von Bologna. — Christophorus. — Joseph. — Simeon. — Stanislaus Kostka. — Theilt himmlische Lehre mit: Cajetan. — Vermählt sich geistiger Weise: Catharina von Alexandrien. — Catharina von Siena. — Maria Magd. von Pazzis. — Erscheint als Gärtner: Maria Magdalena. — Erscheint mit dem Kreuze oder den Leidenswerkzeugen: Adelbert König. — Erendruda. — Franz Ser. — Ignatius von Loyola. — Johann vom Kreuz. — Robert von Arbrissel. — Segnet vom Kreuze, indem sich wunderbar eine Hand vom Kreuze frei macht. Es sind hier Wunder an hölzernen oder steinernen Crucifixen gemeint, an denen der Crucifixus lebendig wird: Hedwig. — Nilus. — Umarmt vom Kreuze mit frei gewordener Hand. Hier gilt dieselbe Bemerkung: Benedict. Lutgardis. — Margaretha von Ungarn. — Krönt mit Dornen: Catharina von Siena. — Legt sein Kreuz auf: Anna a Cruce. — Johannes vom Kreuz. — Gibt von seinem Blute zu trinken: Cajetan. — Jacob de Bevagna. — Erscheint in der Hostie während der Wandlung, um seine reale Gegenwart im Altarsacramente zu beweisen: Gregor der Gr. — Sein Bild, Antlitz oder das Schweisstuch der h. Veronica: Johannes Gualbertus. — Judas Thad. — Petrus und Paulus. — Veronica.

Communion. Das Abendmahl austheilend: Faustin und Jovita. — Gaudentius von Rimini.

Crucifix s. Kreuz.

Cypresse. Marterwerkzeug: Theodula.

D.

Dattelzweig. Bedeutung unbekannt: Ansanius.

Dämon s. Teufel.

Delfin. Von Delfinen getragen und gerettet: Callistratus.

Diakonenkleid besteht aus Dalmatik und Stola: Stephanus. — Timon. — Vincenz Mart.

Disputation. Unterredung, Besprechung, Erörterung h. Glaubenssachen: Catharina von Alex. — Damasus. — Fabiola.

Dolch. Marterwerkzeug. — Bibiana.

Dorn. Aus dem Leben: Gerlach. — Zwischen Dornen sich wälzend, um die Sinnlichkeit zu tödten: Benedict. — Franz Ser.

Dornbusch, welcher wunderbar Weintrauben trägt. — Maximus, Mart.

Dornenkrone bei Heiligen symbolisch zu nehmen als Aehnlichwerden mit Christo in Leiden und Drangsalen des Lebens: Gott Sohn. — Catharina von Siena. — Johannes von Gott. — Ludwig König. — Rita. — Rosa von Lima. — Theresia. — Veronica de Julianis.

Drache hat immer die Bedeutung des Bösen, des Teufels. Deshalb wird er auch stets von den Heiligen überwunden, diese treten auf ihn oder führen ihn gefangen in Ketten oder vernichten seine Macht mit dem Kreuzzeichen: Ammon. — Anatolia. — Elisabeth Aebt. — Florentius und Vindemialis. — Georg. — Germanus von Amiens. — Ignaz von Loyola. — Litphardus. — Lupus von Sens. — Marcellus. — Margaretha Mart. — Paulus von Leon. — Romanus Bischof. — Victoria. — s. auch Teufel.

Drechslerbank, die weltliche Beschäftigung andeutend: Bernhard von Tironio. (Im Texte sind Bernhard von Tir. und von Abbeville als zwei Personen irrthümlich geschieden; es handelt sich nur um eine Person.)

H. Dreieinigkeit oder Trinität sich offenbarend: Anastasius. — Felix von Valois. — Franz de Paula. — Johannes de Matha.

Dreifuss glühend, als Marterwerkzeug: Jutta.

Dromedar an denselben gebunden; Martyrium: Julian von Cilicien.

E.

Eber verliert seine Wildheit: Emilius.

Eiche als Symbol des Heidenthums wird gefällt: Bonifaz.

Einhorn ist Symbol der Jungfräulichkeit: Agatha. — Firmin. — Justina.

Eingeweide werden mit einer Winde herausgezogen; Martyrium: Erasmus. — Thiemo.

Engel offenbaren sich als Boten Gottes den Heiligen: Adelgunda. — Albert von Schottl. — Andreas. — Anna. — Anub. — Augustin. — Bathilde. — Benedict. — Bernhard. — Bonaventura. — Brigitta. — Bruno. — Candida und Gelasia. — Carl Bor. — Cassian. Coronati. — Dunstan. — Emerich. — Ephesus. — Euticius. — Filomena. — Franz de Paula. — Geminian. — Gertraud von N. — Goëricus. — Gregor d. Gr. — Gregor von Langres. — Gudula. Gummarus. — Helena. — Hermann. — Hildegard. — Hildegunde. — Hubert. — Januarius. — Innocenz I. — Johannes von Gott. — Isidor Labrador. — Julianus und Basilissa. — Lidwina. — Magdalena de R. — Maria Magdal. — Maria Magd. de Pazzis. — Maria von Egypten. — Matthaeus. — Mercurius. — Montanus. — Nicolaus Stud. — Onuphrius. — Pachomius. — Pardus. — Petrus von Alc. — Petrus Can. — Petrus von Lux. — Philippus Neri. — Primus und Felicianus. — Ragenufla. — Rochus. — Romuald. — Sebastian. — Sergius. — Sturmio. — Theresia. — Tillo. — Wenzel. — Wolfholdus. — Zacharias. — Trösten oft den leidenden Gerechten: Faustin und Simplicius. — Felix Mart. — Franciscus Xav. — Guthlacus. — Leontius. — Gewähren Schutz in Gefahren (Schutzengel): Columba. — Faustin und Jovita. — Francisca Rom. —

Joseph. — Isaac. — Ladislaus. — Petrus Ap. — Valerian. — Tragen Gerechte durch die Luft: Caecilia. — Catharina von Alex. — Petrus Nol. — Petrus Reg. — Machen Musik, um den Gerechten einen Vorgeschmak der himmlischen Seligkeit zu geben: Franz Ser. — Servulus. — Severinus Abt. — Reichen das Abendmahl: (Panis Angelorum) Ottilia. — Stanislaus Kostka. —

Enthauptung als Martyrium: Afra von Brescia. — Alban. — Anastasius von Persien. — Basilissa u. Anastasia. — Cantian. — Catharina von Alex. — Chenelmus. — Christoph. — Chrysogonus. — Cornelius Papst. — Cosmas und Damian. — Cyriacus. — Donatus Mart. — Eobanus. — Felicitas. — Firmin. — Fremundus. — Georg. — Humbert Bisch. — Johannes Bapt. — Juventius und Maximus. — Leodegar. — Litphardus. — Longinus. — Lucius 1. — Marcellin. — Maurelius. — Mauritins. — Matthias. — Melorius. Nazarius und Celsus. — Nereus und Achilleus. — Pancratius. — Paulus Ap. — Petrus von Alex. — Phocas. — Placidus. — Primus und Felicianus. — Prisca. — Quintin. — Secundian und Marcellin. — Secundus. — Sigismund. — Theodota. — Wenefrida.

Entzückung s. Extase.

Erdbeben verhütend; als Patron gegen den Elementarschaden: Emydius.

Erdrosselung als Martyrium: Cunera. — Godeleva. — Ludmilla.

Erschlagen. Martyrium: Engelmann. — Narciss von Spanien.

Erstochen. Martyrium: Angelus. — Dagobert. — Irenacus. — Justina von Padua. — Placidus und Flavia. — Romulus.

Ertränkt. Martyrium: Eugenius. — Johannes Agni. — Pigmenius. — Werner.

Extase. Entrückung den irdischen Verhältnissen, Entzückung im Vorgefühl himmlicher Seligkeit, Freisein von allen irdischen Schranken, höchster Grad der Andacht: Aloysius. — Anton von Padua. — Catharina von Siena. — Didacus. — Franciscus Ser. — Paulus Ap.

F.

Fackel, aus dem Leben: Franz Xav. — Gudula. — Tozzo. — Als Marterwerkzeug: Anatolia. — Cyriacus. — Dioscorus — Dorothea. — Eutropia. — Theodotus. Siehe auch Feuer.

Fahne. Symbol des Sieges; bei Martyrern bedeutet sie die glückliche Ueberwindung der Marter, den geistigen Sieg; sonst auch das Patronat über Städte, Institute etc.: Gott Sohn (nach seiner Auferstehung.) — Faustin und Simplicius. — Felix von Valois. — Marcus. — Petrus Nol. — Reparata. — Ursula. — In Beziehung zum weltlichen Kriegsdienst, Atribut von kriegerischen Königen, Soldaten: Benignus von Rom. — Constantin. — Georg. — Hippolyt. — Johannes Capistr. — Ladislaus. — Mauritius. — Palmatius. — Proculus. — Secundus. — Ursus. — Wenzel.

Falke steht in Beziehung zu einer Begebenheit im Leben: Agilolf. — Bavo. — Jeron. — Otho.

Fass als Marterwerkzeug: Antonia. — Aus dem Leben: Willibrord.

Feigenbaum, aus dem Leben, allegorisch: Marcus Evang.

Fell von Thieren, als Kleidung: Abraham. — Marius Eins. — Roland. — Wilhelm von Maleval.

Felsen. Von demselben herabgeworfen: Pantaleon. — Der sich wunderbar selbst öffnet: Ariadne. — Aushöhlen, um sich eine Wohnung zu bereiten: Leobardus. — Marsus. — Martius.

Felsenhöhle als Wohnung der Anachoreten kommt unzähligemale bei diesen vor.

Fenster. Von demselben herabgeworfen: Serapion Mart.

Fesseln. Aus dem Leben: Adjutor. — Balbina. — Als Marterwerkzeug: Achatius. — Calliopia. — Leonard. — Leontius. — Martin V.

Feuer. Schadenfeuer wird gelöscht: Aidan. — Florian. — Schadet nicht, wenn es berührt wird: Angela von Foligno. — Bernhard von Clairv. — Cunigunde. — Timon. — Ueber dasselbe aufgehangen und gemartert: Agapetus. — Andochius. — Als Martyrium. Unzählige Martyrer wurden verbrannt: Agatha. — Apollonius Eins. — Chrysantus und Daria. — Conrad. — Febronia. — Fructuosus. — Januarius. — Marinus Bisch. — Nemesius. — Nicetas. — Pelagius und Nilus. — Piomius. — Polycarp. — Polyeuct. — Potamiana und Marcella. — Regina. — Thecla. — Zoë.

Fichtenzapfen. Allegorie: Afra von Cypern.

Fisch. Allegorisch: Gott Sohn. — Hat Beziehung zu Begebenheiten aus dem Leben: Anton von Padua. — Arnolf. — Benno. — Berthold. — Bradanus. — Comgall. — Eanswida. — Gregor von Tours. — Kentingern. — Maurilius. — Ulrich. — Walther. — Zeno, Bisch.

Fischotter. Allegorie auf eine sumpfige Gegend: Cuthbert.

Flamme als Bezeichnung der göttlichen Erleuchtung oder der feurigen Gottesliebe: Augustin. — Brigitta von Schw. — Dionys Carth. — Franciscus Xav. — Gregor d. Gr. — Vincenz Fer.

Fliegen, deren Stiche Marter bereiten: Marcus Bisch.

Flügel, wohl Allegorie des freudigen Gottgehorsams: Vincenz Ferr.

Fluss s. Wasser.

Folterbank Marterwerkzeug: Processus und Martinianus.

Friedfertigkeit, welche feindselige Gesinnung umstimmt oder Feinde versöhnt: Hartmann. — Johannes a. S. Fac. — Leo I.

Frösche als Landplage, die getilgt wird: Hervaeus.

Früchte als Preis der Arbeit: Isidor, Bauer. — In allegorischer Bedeutung: Dorothea.

Fuchs wird in Gegenwart der Heiligen zahm: Bonifaz Bisch. — Brigida.

Fuss mit Wunden auf demselben: Peregrinus. — Rochus. — Die Füsse angekettet als Bussmittel: Martin, Eins. — Füsse und Hände abgeschnitten; Martyrium: Emmeran. — Jacobus intercisus. Mit Füssen gestossen; Marter: Optatus. — Quiricus.

27

Fusswaschung an den Armen, ein Werk der leiblichen Barmherzigkeit: Arnolf. — Elisabeth, Landgr.

G.

Galgen, aus dem Leben: Ferreolus.

Gans, aus dem Leben: Martin von Tours.

Garten in allegorischer Bedeutung: Maria, Mutter Christi. — Aus dem Leben: Cyriacus. — Fiacrius.

Gastfreundschaft ausübend: Gentian. — Malachias.

Gefangene aus der Haft befreien: Leonard. — Petrus Nol.

Geissel. Symbol der strafenden Gerechtigkeit: Ambrosius. — Selbstgeisselung, strenge Lebensweise, vorzüglich bei Anachoreten: Agnebertus. — Alexandra. — Ansbert. — Benedict. — Bonifaz Bisch. — Coleta. — Conrad von Constanz. — Dominik Eins. — Dominik loric. — Franz de Paula. — Guttlacus. — Julian di S. Agost. — Lea. — Petrus von Alc. — Syncletica. — Walther. — Als Marterwerkzeug: Amphibalus. — Andreas Ap. — Andreas Bobola. — Athenogenes. — Benedicta. — Blasius Bisch. — Concordia. — Ferreolus. — Gervasius. — Justus und Pastor. — Paulus Ap.

H. Geist s. Taube.

Geldkiste, aus dem Leben: Rumold.

Gemüse pflanzend; dem Anachoretenleben angehörend: Bavo. — Copres. — Malchus. — Marcella. — Melania jun. — Olympias. — Quiriacus Eins. — Silvanus Abt. — Simeon Erem.

Geschirr oder Gefäss mit verschiedenem Inhalt: Andronicus. — Justa und Rufina. — Rupert.

Gesicht verhüllt, bei Einsiedlern: Pior Eins.

Getreidesamen aussäend: Gatian. — Isidor, Bauer.

Gewitter durch das Gebet abwendend: Deodatus.

Giftbecher s. Becher.

Glocke, aus dem Leben: Anton Erem. — Piamon.

Globus, auf eine Begebenheit hindeutend · Anatolius. — Benedict.

Götzendienst. Weigerung den heidnischen Gottheiten zu opfern; es kommt entweder ein Götzenbild oder ein heidnischer Altar vor: Auxentius. — Caecilia. — Coronati. — Gordian und Epimachus. — Mauritius. — Maximilian. — Victor Maurus. — Zeno. — Denselben zerstörend, indem entweder Bildsäulen und Altäre umgeworfen oder Tempel zerstört werden: Abercius. — Adauctus. — Alexander Mart. — Artemius. — Benignus Mart. — Cuthbert. — Eustorgius. — Herculanus. — Lucius. — Nicolaus Bisch. — Philippus Ap. — Theodor Tyro. — Titus. — Urban I. — Willehad. —

Goldarbeiterwerkzeuge, auf die weltliche Beschäftigung sich beziehend: Anastasius aus Persien. — Eligius.

Grab bezeichnet die Weltverachtung oder die Vorbereitung auf einen seligen Tod: Agnes de monte Pulc. — Deocarus. — Etheldreda. — Eucharius. — Jacobus Erem.

Grabeshöhle. Das Grab Christi: Pelagia von Antiochien.

Granatapfel, aus dem Leben: Johannes von Gott.

Griffel, Marterwerkzeug: Felix von Pisa.

Grube, in derselben lebendig begraben; Martyrium: Castulus.

Gürtel Mariae (cintola); Legende aus dem Leben derselben: Maria Mutter Christi. — Thomas Ap.

H.

Hacke als Marterwerkzeug: Abacum. — Felician. — Trudbertus. — Als Werkzeug der weltlichen Beschäftigung. Isidor, Bauer.

Hängend, oft mit beschwerten Füssen; Frauen in der Regel bei den Haaren aufgehängt; Martyrium: Christina. — Fausta. — Marian. — Marius Mart. — Severianus. — Zoë.

Hahn aus dem Leben: Petrus Ap. — Vitus.

Hammer, Marterwerkzeug: Reinold. — Auf weltliche Beschäftigung hindeutend: Eligius.

Hand als Symbol der Allmacht: Gott Vater. — Beide Hände abgehauen; Martyrium: Adrian. — Fides. — Martha, Mart. — Quiriacus, Mart. — Quirin Bisch. — Sabinus, Mart.

Harfe. Symbol: Caecilia (als Patronin der Musik).

Hase verliert seine Wildheit: Albert von Siena.

Haut, abgeschunden, Martyrium: Bartolomaeus. — Gudelia.

Heilung. Wunderbare Heilung von Besessenen: Apor. — Deodatus — Von Blindheit: Didacus. — Florentius. — Goëricus. — Der Lahmen: Arbogastes. — Solus. — Von Kranken überhaupt: Agnes de monte Pulc. — Anselm. — Bavo. — Benedict. — Birinus. — Brigida. — Clotilde. — Disibodus. — Eleutherius. — Erhard. — Facius. — Fina. — Fortunat. — Franciscus Xav. — Jacobus major. — Ignatius Loy. — Macarius Antioch. — Maclovius. — Marcus Evang. — Martin. — Maternus. — Maurus. — Mechtildis. — Nilus. — Pantaleon. — Paulus simpl. — Remigius. — Vincenz Fer. — Waltrude.

Helm, glühend, als Marterwerkzeug: Julianus von Ancyra.

Herz als Symbol der innigsten Gottesliebe: Amelburga. — Anton von Padua. — Catharina von Siena. — Eulogius. — Maria de Incarnatione. — Veronica de Julianis. — Brennend, dieselbe Bedeutung, in gesteigertem Maasse: Augustin. — Catharina von Genua. — Erendruda. — Robert Salentin. — Dorngekrönt oder mit dem Kreuze bedeutet die besondere Andacht und Liebe zum leidenden Heilande: Brigitta von Schweden. — Franciscus Sal. — Maria Magdalena de Pazzis. — Von Pfeilen durchbohrt; die Anregung zur Liebe kommt von oben (Sagittae tuae infixae sunt mihi. Ps.

37, 3): Bonifaz. — Gerhard. — Theresia. — Geflügelt; schneller Gehorsam, den die Liebe Gott erweist: Cajetan.

Herzogshut zu Füssen; Verachtung des Irdischen: Wilhelm von Aquitanien.

Heuschrecken, als Landplage, werden getilgt: Marcianus.

Himmelsleiter, Symbol des Tugendlebens, das zum Himmel führt: Romuald.

Hirsch deutet auf Einsamkeit des Waldes, also auf das Einsiedlerleben hin; biblisch aufgefasst, bedeutet er die Sehnsucht nach Gott (Psalm 42, 1): Apollonius Eins. — Attracta. — Catharina von Schw. — Macrina. — Procopius Erem. — Theonas. — Mit einem Kreuz zwischen dem Geweih als himmlische Warnung: Felix von Valois. — Hubertus.

Hirschkuh nährt in der Wüste die Heiligen: Egidius. — Genovefa von Brab. — Simeon von Pad.

Hirt. Als Hirten leben, meist freiwillig, nachdem sie einen höheren Stand verlassen haben: Armogastus. — Cuthbert. — Eberhard von Freising. — Genofeva. — Gratian. — Landrada. — Wendelin.

Hobelbank auf den weltlichen Beruf deutend: Joseph.

Höhle als Wohnung, oft bei Einsiedlern. Eine besondere Bedeutung hat sie bei den Sieben Schläfern.

Horn, Symbol der Stärke: Cornelius. — Oswald.

Hostie. Das Brod nach der Wandlung, das Altarsacrament. Andacht zu diesem, oder eine Begebenheit aus dem Leben bezeichnend: Albert. — Burkhard. — Clara. — Juliana Falc. — Norbert. — Sebald.

Hund allegorisch die Wachsamkeit bedeutend: Bernhard von Cl. — Bruno. — Aus dem Leben: Dominik. — Gottfried von Am. — Parthenius. — Rochus.

Hydra, siebenköpfig, bezeichnet die sieben Todsünden: Germanus von Amiens.

I.

J. H. S. Jesus Hominum Salvator. Devise des Jesuitenordens: Bernhardin von Siena. — Dionysius Areop. — Ignaz v. Loyola.

Jäger entdecken oft Einsiedler in der Wüste: Macedonius. — Utho.

Infel, Bischofsstab, aber auch von (infulirten) Aebten geführt. Bei heiligen Bischöfen und Aebten. Drei Infeln, drei Bisthümer bezeichnend. Maternus.

K.

Kameel aus dem Leben: Hormisdas.

Kamm eiserner, als Marterwerkzeug: Blasius Bisch.

Kanone. Symbol: Barbara (als Patronin der Artillerie).

Kelch, symbolisch für das h. Altarssacrament: Gott Sohn. — Barbara. — Donatus. — Johannes Chrysost. — Justus. — Lucian. — Auf das Goldarbeiter-Handwerk bezüglich: Eligius.

Kelter, Symbol der Leiden: Gott Sohn.

Kerker, als Ort der Marter: Gabinus. — Johannes Bapt. — Leocadia.

Kessel mit siedendem Wasser oder Oel, als Martyrium: Caecilia. — Coronati. — Fausta. — Felicitas. — Juliana. — Justina von Ant. — Regina. — Sabas Mart. — Vitus.

Ketten, mit denselben beschwerten sich oft Heilige, um sich selbst zu kasteien: Acepsimus. — Benvenuta Bojana. — Catharina de Cardonne. — Eusebius Bisch. — Friedrich Abt. — Julian de S. Agost. — Marana und Cyra. — Paschal. — Romanus Eins. — Thalassus und Limnus. — Wilhelm von Aquit. — Auf Begebenheiten ihres Lebens deutend: Balbina. — Columba Mart. — Symbolisch die Befreiung der Gefangenen aus der heidnischen Sclaverei bezeichnend: Felix von Valois. — Johannes Matha. — Petrus Nolascus. — Als Marterwerkzeug: Ferreolus. — Hieronymus Aemil. —

Keule als Marterwerkzeug: Andreolus. — Apollinaris Mart. — Dorotheus. — Ewald. — Telesphorus. — Timotheus.

Kind. Ein kleines unmündiges Kind redet und bezeugt die Unschuld des Angeklagten: Briccius. — Goar. — Aufnehmen und für dasselbe sorgen: Nicolaus Bisch. — Vincenz von Paul. — Waltrude. — Erziehen und unterrichten: Angela von Merici. — Brigitta von Schweden. — Joseph von Calas. — Marcella. — Petrus Claver. — Walpurga.

Kirche brennend, der Heilige wehrt dem Element: Lupus von Sens. — Bauend oder stiftend: Aegil. — Gerald. — Mauront. — Modoaldus. — Othmar. — Perpetuus. — Pirminius. — Siegebertus. — Wunibald.

Kirchenmodell in der Hand tragend; symbolisch die Stiftung oder den Bau einer Kirche andeutend: Amandus. — Angela von Fol. — Ansgar. — Apollinaris Sid. — Bathilde. — Bertha Aebt. — Botolph. — Carl d. Gr. — Cunibert. — Cunigunde. — Delphinus. — Domnolus. — Gisela. — Hedwig. — Heinrich Kaiser. — Leopold. — Ludgerus. — Milberga. — Otto. — Plectrude. — Richard Bisch. — Sebald. — Virgilius. — Wilhelm Abt. — Willehad. Willebrod. — Witburga. — Wolfgang.

Kleeblatt als Symbol der Dreieinigkeit: Patricius.

Kleid. Kirchenkleider nähend: Maura. — Kleid und Rüstung eines Kriegers, auf den weltlichen Stand sich beziehend, mit Ausnahme von Michael, bei dem es Bezug auf seinen Kampf mit dem Satan hat: Alipius — Erpho. — Gengulph. — Georg. — Gereon. — Nabor und Felix. — Obitius. — Secundus. — Sergius und Bacchus. — Victor von Mars. — Vitalis. — Männliche Kleidung bei Frauen,

bezieht sich auf Begebenheiten aus dem Leben: Apollinaris Eins.
— Eugenia. — Euphrosyna. — Pelagia von Ant. — Theodora von
Alex.

Klippe, aus dem Leben: Adrian.

Klosterbau bei Stiftern von Klöstern; zuweilen mit dem Modell: Alferius. — Begga. — Indugeberga. — Ratto. — Robert de Molesme.

Kohlen deuten auf den früheren weltlichen-Stand hin: Alexander Bisch.
— Feurige, tragen in der Hand oder im Gewande, ohne zu verbrennen, um ihre Unschuld zu beweisen: Anatolius. — Briccius. —
Helenus. — Lambert. — Siehe auch Feuer. Glühende, als Marter:
Agatha. — Charitina. — Tiburtius.

Kopf eines h. Martyrs tragend: Grata. — Den eigenen abgeschlagenen tragend. Es kommt dieses Wunder in den Heiligen Legenden oft vor: Alban Bisch. — Documanus. — Dionysius Areop.
— Exuperantius. — Firmin. — Fuscianus und Victoricus. — Justus Knabe. — Lucanus. — Mytrus. — Nicasius. — Ositha. —
Piat. — Proculus Bisch. — Trophimus. — Valeria.

Korb mit Früchten oder Blumen: Dorothea. — Dorotheus. — Johannes
Damasc. — Marcus Bisch. — Flechtend, Beschäftigung der Einsiedler: Arsenius. — Martinian.

Kornähren. Patronat einer reichen Erndte: Apollinaris Mart. —
Fara.

Krähe schützt die Leiche des Heiligen: Vincenz Mart.

Kranke pflegen, bedienen für sie beten, ein Werk der Barmherzigkeit:
Camillus. — Carl Bor. — Catharina von Schw. — Cirus. —
— Cosmas und Damian. — Crescentius. — Eduard II. — Genovefa. — Goar. — Gotfried von Am. — Innocenz Priester. — Joachim Piccol. — Leo IX. — Ludwig IX. — Margereth Kön. —
Rochus. — Sulpiz.

Kranz von Rosen. Anspielung auf den Namen: Rosalia.

Kreuz kommt im eminenten Sinne als erstes christliches Werkzeug des
Martyriums dem Sohne Gottes als Erlöser zu. Kreuz oder Crucifix,
sehr oft bei Heiligen wiederkehrend, allgemein die Liebe zu
Christus bezeichnend, besonders Mitgefühl mit seinen Leiden. Ein
schweres, Christo nachtragen (Math. 16, 24): Davinus. — Didacus. —
Jacob von Nisibi. — Thomas von Kempis. — Als Marterwerkzeug;
Kreuzigung: Agricola und Vitalis. — Alexander Mart. — Apollonius Mart. — Arcadius. — Asterius. — Astius. — Bartolomaeus.
— Benedicta. — Blandina. — Calliopia. — Carpophorus. — Christoph Knabe. — Cosmas und Damian. — Dionys von Mailand. —
Dismas. — Eulalia. — Faustus. — Febronia. — Gudelia. — Hugo
von Lincoln. — Jacob Ghisai. — Johannes de Goto. — Julia. —
Lucilian. — Lycarion. — Marcianus. — Marinus Eins. — Martha
und Maria. — Nestor. — Paul Michi. — Petrus Ap. — Petrus von
Damasc. — Philippus Ap. — Philomenus. — Pionius. — Simeon
Bisch. — Sixtus I. — Tarbula. — Thalus und Trophimus. —
Theodor von Perga. — Theodulus. — Timon. — Timotheus und

Maura. — Venantius Mart. — Vincenz Mart. — Wilgefortis. — Wilhelm von Norw. — Zoticus.

Kreuzstock oder Kreuzfahne tragend: Ansanus. — Antonius Erem. Erzengel Michael. — Johannes Bapt. — Lebuinus. — Philippus Ap.

Kriechend auf Händen und Füssen; selbst gewählte Busse: Johannes Chrysost.

Krippenspiel als Erfinder desselben: Franz Ser.

Krokodil. Symbol des bösen Geistes: Benus. — Theodor Tyro.

Krone bezeichnet bei Martyrern den Sieg über das Leiden. Wo die Krone auf der Erde liegt, ist sie das Symbol der Weltverachtung: Angelus. — Caecilia. — Jucunda. — Juliana. — Lupus von Bergamo. — Minias. — Pancratius. — Polycarp. — Reparata. — Sabina. — Susanna. — Ultan. — Bezeichnet den fürstlicher Stand; wo sie bei Seite oder auf der Erde liegt, gilt oben angegebene Symbolik: Adelaide. — Agnes von Böhmen. — Alois. — Carl d. Gr. — Clodoaldus. — Ferdinand III. — Helena. — Johanna von Valois. — Leopold. — Ludwig von Baiern. — Margaretha von Ungarn. — Sigismund. — Stephan von Ungarn.

Krug mit Wasser, nüchterne Lebensweise der Anachoreten Agathon. — Beda. — Marius Eins. — Narcissus von Jerusalem.

Küchengeräthe, die weltliche Beschäftigung bezeichnend: Johannes de Leon. — Martha.

Kugel, feurige, aus dem Leben: Martin Bisch. — Zenobius.

Kuh, wüthende, Martyrium: Felicitas und Perpetua.

Kuss während der Marter: Felicitas und Perpetua.

L.

Lamm. Allegorische Darstellung des Erlösers: Gott Sohn. — Johannes Bapt. — Sinnbild der Unschuld, wohl auch Anspielung auf den Namen: Agnes Mart. — Agnes de Monte Pulciano.

Lampe, brennend, aus der Parabel von den klugen Jungfrauen, kennzeichnet die sittliche Wachsamkeit: Albert von Sicilien. — Hiltrude.

Lanze, Attribut des Kriegerstandes und des Heldenmuths: Erzengel Michael. — Hippolyt. — Victor von Marseille. — Als Marterwerkzeug: Adalard. — Adalbert Bisch. — Apollonia. — Barbara. — Benignus, Mart. — Canut. — Clintanaeus. — Coloman. — Coronatus. — Demetrius. — Donatian. — Eduinus. — Emmeran. — Germannus Abt. — Gerold. — Ischirion. — Mathias. — Paul Michi. — Reginbert. — Sophias. — Thomas Ap. — Wenzel. — Wilhelm von Norvich.

Laterne dieselbe Bedeutung wie Lampe: Dorothea W. — Gudula.

Lebensrettung des Nächsten; aus dem Leben: Hyacinth. — Mansuetus. — Maurus. — Nicolaus von P. — Ositha.

Leiche. Der Anblick einer solchen erweckt Bekehrung: Franz Borgias.

Leidenswerkzeuge Christi. Andacht zum leidenden Heiland: Bernhard von Clairvaux.

Leiter als Symbol des Weges zum Himmel; sie erinnert an den Traum Jacobs: Bernhard Ptol. — Johannes Climacus. — Pardus.

Licht, brennend, Bedeutung wie bei der Lampe: Arcadius. — Mamertus. — Aus dem Leben: Blasius Bisch. — Brigida.

Lilie. Symbol der Unschuld: Mariä Verkündigung. — Adelbert. — Agnes de Monte Pulc. — Albert von Sicilien. — Aloysius. — Anton von Padua. — Cajetan. — Casimir. — Catharina von Siena. — Ceslaus. — Columba. — Dominik. — Elzear. — Erzengel Gabriel. — Euphemia. — Filomena. — Franciscus Xav. — Gertraud von Niv. — Guido Montemarti. — Heinrich Kaiser. — Joseph. — Joseph Filingeri. — Justina von Padua. — Kenelm. — Ludwig von B. — Margaretha von Ungarn. — Milon. — Minias. — Pulcheria.

Lilien, drei, auf das französische alte Wappen hindeutend: Clodwig. — Clotilde. — Fursy. — Ursicinus (bei diesem auf das Basler Wappen bezüglich).

Linnen worin man das Blut der Martyrer auffing und aufbewahrte: Potentiana. — Praxedes.

Löwe Symbol des Evangelisten: Marcus. — Legt seine angeborene Wildheit ab und lebt friedlich mit Heiligen, besonders Einsiedlern: Abdon. — Gerasimus. — Hieronym. — Johannes Eins. — Josaphat. Eins. — Venantius Bisch. — Verschont die ihm vorgeworfenen christlichen Martyrer: Adrian. — Aemilian. — Euphemia. — Germanicus. — Januarius. — Pantaleon. — Pontianus. — Prisca. — Thecla. — Durch einen solchen haben die Marterpalme errungen: Basilius von Ancyra. — Ignatius Mart. — Macarius von Rom. — Natalia. — Richarius. — Silvanus Mart.

M.

Mädchen, nackte, als Versuchung der Heiligen oder als Symbol des Heidenthums: Albert von Sic. — Antonius Erem. — Apelles. — Hieronym. — Wulfram.

Magd, den Dienst einer solchen aus Demuth verrichtend: Raingardis. — Rosa von Lima.

Malend h. Bilder: Facius. — Lazarus Mönch. — Lucas.

Mandorla. Glorie in mandelförmiger Gestalt: Gott Sohn. — Maria Mutter Christi.

Mantel, denselben mit den Armen theilend: Martin von Tours. — Unversehrt über das Feuer haltend: Gonzales. — Verkehrt tragend: Johannes Climacus.

Maria. Die Mutter Christi erscheint in realer Eigenschaft in den biblischen Darstellungen und bei der h. Anna. — Offenbarte sich nach der Legende oft den Heiligen Adolph. — Benedict. — Bernhardin. — Bruno. — Cyrillus von Alex. — Gertraud von Nivelle. — Johannes Evang. (auf Pathmos). — Johannes Damasc. — Leonard. - Opportuna. — Petrus Nol. — Philipp Ben. — Philipp Neri. — Radbodus. — Sadoth. — Stanislaus Kostka. — Verena — Offenbart sich auch oft mit dem göttlichen Kinde: Andreas Corsini. — Anton von Padua. — Bernhard von Cl. — Bogumil. — Cajetan. — Emerich. — Francisca Rom. — Franciscus Ser. — Gebhard. — Hieronym. — Hyacinth. — Ignaz Loy. — Ludwig IX. — Reicht das göttliche Kind dem Heiligen dar: Franz de Paula. — Vermählt sich geistiger Weise: Hermann Joseph. — Reicht Heiligen ihre Brust dar, um ihnen himmlische Weisheit einzuflössen: Alanus. — Bernhard von Cl. — Dominik. — Fulbert. — Gibt Heiligen diverse Kleidungsstücke. Gewöhnlich wird von Ordensstiftern erzählt, dass sie den Zuschnitt ihres betreffenden Ordenskleides aus der Hand der Madonna erhielten: Alberic. — Ildefons. — Norbert. — Reicht die Leidenswerkzeuge ihres Sohnes dar: Coleta. — Reicht Brod zur Nahrung, das nie abnimmt: Albert von Siena.

Marienverehrung. Madonnencultus. Ist dieser überhaupt in der kath. Kirche weit verbreitet, so ist eine oft glühende Andacht zu Maria im Leben der Heiligen fast auf jeder Seite verzeichnet. Iconographisch wird diese Andacht aufgefasst als ob sie vor der sich offenbarenden Madonna stattfände (also im Geiste), oder vor einem Marienbilde (oder Statue): Angelina. — Antonius de Olivadi. — Bathilde. — Bernhard von Cl. — Bruno. — Edmund. — Eusanius. — Evangelista und Pellegrinus. — Felicitas. — Ferdinand III. Giselbert. — Hroznata. — Hyacinth. — Julianns von Cuenza. — Laurentius de Brund. — Raineldis.

Marmorbrüche, darin arbeiten die zu schwerer Strafe verurtheilten Christen: Polian und Nemesian.

Martyrer begraben, war in der ersten Zeit des Christenthums ein eben so gefährliches als verdienstvolles Unternehmen: Potentiana. — Seraphia und Erasma.

Maurergeräth, auf die weltliche Beschäftigung hindeutend: Marinus Diac. — Wunibald.

Meeressturm stillend: Marcus. — Nicolaus Bisch. — Philibert. — Thomas ab Aquino.

H. Messe, das Messopfer darbringend: Albinus. — Gerhard. — Gregor der Grosse.

Messer als Werkzeug des Martyriums: Albert von Vercelli. — Bartolomaeus. — Christina. — Johannes de Prado. — Landericus. — Petrus Mart. — Rudolph. — Simon von Trient.

Metall, glühendes, in den Mund gegossen; Martyrium: Primus und Felicianus.

Metallkleid tragend, um sich selbst zu kasteien: Baradat.

Mitra, Bischofsmütze, die auch von infulirten Aebten getragen wird. Oft erscheint die Mitra in Wolken, von Engeln gehalten, was dann die bischöfliche Würde des Heiligen oder dessen Erwählung zum Bischof bedeutet: Alexander Bisch. — Petrus von Tessin. — Auf der Erde zu den Füssen des Heiligen, zeigt sie an, dass dieser aus Demuth die Bischofswürde ausgeschlagen habe: Goar.

Modell einer Kirche, eines Klosters, einer Stadt tragend: S. diese.

Mörser, in einem solchen zu Tode zerstampft: Victorinus.

Monstranz, das Ostensorium, worin die geweihte Hostie sich befindet und womit das Volk gesegnet wird. Als Symbolum bezieht sie sich stets auf das Sacrament und dessen Anbetung: Agnes. — Andreas Avell. — Anton von Padua. — Bruno. — Clara. — Eleutherius. — Francisca. — Franciscus Borg. — Franciscus de Paula. — Johannes Capistr. — Paschal. — Paschasius Radbertus. — Scholastica. — Stanislaus Kostka.

Mühlstein als Werkzeug des Martyriums: Agathopidus. — Aurea. — Christina. — Quirin. Bisch.

Münze, aus dem Leben: Amatus.

Musikinstrumente spielend: Caecilia. — Engel.

N.

Nähend. Arbeitsamkeit: Nonna.

Nadeln als Werkzeug der Marter: Ferreolus.

Nagel im Kopf. Martyrium: Julianus von Emesa. — Severus von Rom. — Angenagelt, Martyrium: Macarius von Antiochien. — Quintin. — Tryphon.

Nase, sich selbst abschneidend, um allen Versuchungen aus dem Wege zu gehen: Ebba.

O.

Ochse. Symbol des Evangelisten: Lucas. — Symbol des Teufels: Benus. — Wilden Ochsen vorgeworfen, Martyrium: Marciana. — Triphaena. — Ochsen werden auf der Weide gehütet: Wendelin. — Ein glühender Ofen, der dessen Form hat; Martyrium: Eustachius.

Ochsenköpfe beziehen sich auf ein Wappen: Fursy.

Oelfläschchen mit wunderbarem Oel: Walpurga.

Oelkessel, Martyrium darin: Johannes Evang.

Oellampe, wie Lampe, auch Anspielung auf den Namen: Lucia.

Oelzweig, Sinnbild des Friedens, hier auch auf den Namen anspielend: Oliva.

Ofen, glühender, Martyrium: Eleutherius. — Ephesus. — Pelagia von Tarsus.

Ohr, an diesem gemartert: Aquilina.

Orgel spielend: Caecilia.

Ostensorium enthält in der kath. Kirche Reliquien oder h. Bilder, die dem Volke zur Verehrung (auch zum Kusse) dargereicht werden. (Zu unterscheiden von Monstranz. S. diese): Doda.

P.

Palme. Symbol des Siegers, darum vorzüglich in der Hand der Martyrer: Agnes. — Alban. — Albert von Lüttich. — Alexander

Mart. — Alipius. — Angelus. — Apollonia. — Apollonius Diac. — Barbara. — Bonifaz. — Clara. — Cyprian. — Emydius. — Euphemia. — Fabius. — Felicitas. — Felix und Fortunat. — Florian. — Friedrich von Utrecht. — Gervas und Protas. — Johannes Sarcander. — Johann und Paul. — Jucunda. — Juliana. — Julianus von Mans. — Julitta. — Justa und Rufina. — Justina. Justus Knabe. — Lambert. — Landelin. — Lucia. — Margaretha Mart. — Martin V. — Mauritius. — Natalia. — Nereus und Achilleus. — Ottilia. — Pancratius. — Petronilla. — Placidus. — Reginald. — Reparata.

Palmbaum, daran gekreuzigt: Paphnutius.

Palmzweige als Bekleidung: Onuphrius.

Panzerhemd wie Kriegskleid: Wilhelm von Maleval.

Passionswerkzeuge Christi, Andacht zum leidenden Heiland · Coleta. — Edelburga. — Theresia.

Pech siedend, Martyrium: Cyriacus.

Pedum, Bischofsstab, auch von (infulirten) Aebten geführt. Bei h. Bischöfen, Aebten und Aebtissinen oft vorkommend.

Peitsche, mit derselben gegeisselt, Martyrium: Juliana. — Sylvia. — S. auch Geissel als Marterwerkzeug.

Petrus, Apostel, erscheint in Visionen: Germanus von Paris. — Petrus Nolascus.

Petrus und Paulus. Ebenso: Famianus. — Thomas Ap. — In geschichtlicher Darstellung: Praxedes und Pudentiana.

Pest, für Abwendung derselben betend: Petronius.

Pfahl als Marterwerkzeug. Abacum. — Benjamin. — Dorothea. — Edmund Kön. — Eulampius und Eulampia. — Fabian. — Urban.

Pfau als Symbol der Unsterblichkeit: Barbara. — Aus dem Leben: Liborius.

Pfeile als Werkzeuge des Martyriums: Benjamin. — Canut. — Carpophorus. — Christina. — Cosmas und Damian. — Demetrius. — Faustus. — Franciscus Caracciolo. — Gudelia. — Johannes de Prado. — Sebastian. — Theodor von Heraclea. — Ursula. — Als Symbole der Gottesliebe, die sich vom Himmel in das Menschenherz einsenkt: Catharina von Genua. — Dorothea Wittwe. — Theresia. — Aus dem Leben: Otto.

Pferd, aus dem Leben: Aidan. — Von Pferden zu Tode geschleift; Martyrium: Anastasius Mart. — Calepodius. — Conon. — Hippolyt. — Irene. — Martinian und Saturian.

Pflug, aus dem Leben: Cunigunde. — Ecianus. — Richard Bisch.

Pforte. Himmelspforte. Durch Andacht und Tugend gelangt man auf die Fürsprache der Gottesmutter zur Seligkeit. Maria Mutter Christi.

Pilger. Als solche erscheinen oft Heilige, der Pilgerstab oder Pilgerhut mit der Muschel kennzeichnet sie als solche. Eine höhere Auffassung basirt auf dem Gedanken, dass das Leben auf Erden überhaupt eine Pilgerfahrt ist. „Wir haben hier keine bleibende Stätte, sondern suchen eine zukünftige". Heb. 13, 14.: Albert von Schottland. — Alexius. — Aurelia. — Brigitta von Schweden. — Coloman. — Engelmund. — Franz Xav. — Jacobus maj. — Ignaz von Loyola. — Jodocus. — Johannes de Matha. — Irmgard. — Lucanus. — Lucius. — Ludanus. — Melania sen. — Michelina. — Mutius. — Paula Rom. — Richard Kön. — Rochus. — Sebald. — Stanislaus Kostka. — Veronus. — Wilhelm Abt. — Wunibald.

Pilgerstab, auf die Pilgereise des Tobias bezüglich: Erzengel Raphael.

Pistole die in ein Kreuz endigt: Ludwig Bertrand.

Posaune des jüngsten Tages. Memento mori (et resurgere!) Hieronymus.

Predigt als Verkündigung des Gotteswortes, besonders bei Bischöfen, Missionaren und Priestern. Eine besondere Art von Predigt ist jene, die an die Thiere gerichtet wird, um die Lauheit der Christen zu beschämen: Anton von Padua. — Franciscus Ser.

Q.

Quellen werden oft von Heiligen, besonders Einsiedlern entdeckt oder, wie die Legende erzählt, wunderbar der Erde entlockt: Alto. — Antonin von Toul. — Clemens. — Columban. — Engelmund. — Epiphanius. — Ephraates. — Gengulph. — Gummarus. — Jodocus. Isidor Bauer. — Venantius Bisch.

R.

Rabe lebt vertraulich mit Heiligen, bringt Einsiedlern Brod: Benedict. — Bonifaz Bisch. — Ida. — Oswald. — Paul Erem. — Rächt den erschlagenen Heiligen, indem er dessen Mörder verfolgt: Meinrad. — Als Symbol des Teufels: Amatus.

Rad, auf den weltlichen Beruf hinweisend: Willigis. — Als Marterwerkzeug: Catharina von Alex. — Donatus Mart. — Quintin.

Räuber bekehrend: Alexander Mönch.

Rasirmesser. Marterwerkzeug: Epimachus und Alexander.

Rauchfass. Symbol des Diaconats: Stephan Protomartyr.

Recht sprechend, aus dem Leben: Ludwig IX. König.

Regen, fruchtbarer, auf die Fürbitte des Heiligen eintretend: Adalbert Bisch. — Desideratus. — Heribert. — Macht wunderbarer Weise nicht nass: Albinus.

Rehkuh, aus dem Leben: Maximus von Turin.

Reichsapfel, die kais. Würde bezeichnend: Heinrich.

Reliquienkästchen, auf die Verehrung der Reliquien bezüglich: Bernward. — Eligius (der ein solches verfertigt). — Juliana. — Nicolaus Alberg.

Richtscheit, den weltlichen Beruf andeutend: Thomas Apostel.

Ring, aus dem Leben: Canswida. — Eduard II. — Godeberta. — Marcus. — Oswald. — Eiserner Ring um den Leib gewunden, als Bussübung: Gregor von Urbino.

Rosen. Sinnbild der Schönheit, hier der geistigen, der Tugend: Hiltrude. — Rita. — Rosa von Lima. — Rosa von Viterbo. — Im Gewande tragend, gewöhnlich aus Brod, das den Armen getragen wurde, verwandelt: Casilda. — Elisabeth Landgr. — Elisabeth von Port. — Franz Ser.

Rosenhag als Inbegriff aller Schönheit: Maria Mutter Christi.

Rosenkranz. Eine vom h. Dominik eingeführte Art des Gebetes. Sie war meist für solche Leute berechnet, die des Lesens unkundig sind, also in einem Gebetbuch kein Regulativ für fromme Gedanken finden konnten; natürlich wurde eben damit auch dem gedankenlosen Gebete Vorschub geleistet. Das Nähere darüber s. Menzel, Symb. II, 286*): Ciomus. — Dominik. — Dorothea W. — Johanna von Valois. — Johannes Berchman. — Joseph de la Purificacion. — Julianus di S. Agostino. — Leopold.

Rost als Marterwerkzeug: Agnes. — Laurentius. — Macedonius und Theodulus.

Ruthe als Marterwerkzeug. S. Peitsche.

S.

Sack, um Almosen für die Armen einzusammeln: Felix von Cantal. — Zita.

Sacrament. S. Monstranz.

Saege, auf die weltliche Beschäftigung hindeutend: Joseph. — Marterwerkzeug: Simon Ap.

Säule, feurige, Merkmal eines h. Lebens: Athanasius. — Briocus. — Ephrem. — Als Wohnort: Simeon Stilites. — An derselben gebunden und gefoltert: Gott Sohn. — Abdon. — Alexander Papst.

Salbengefäss tragen die Heiligen, welche Jesum vor der Bestattung salben wollten: Johanna Chusa. — Joseph von Arim. — Maria Magdal. — Maria Salome.

Sand, aus dem Leben: Copres.

Sarg. Betrachtung über die letzten Dinge: Gualfardus.

Scapulier: Reginald Erem.

Scepter. Symbol der Fürstenwürde; bei h. Königen, Fürsten etc.

Schafe hütend: Drogo. — Genovefa. — Landrada. — Malchus.

Schale, welche er bei der Taufe der Friesen brauchte: Odulph.

Schatten, der Kranke heilt: Petrus Ap.

Schatz ausgrabend: Guntran. — Lupicinus.

Schauspieler, heidnische, die plötzlich zu Christen werden: Genesius. — Porphyrius.

Scheere als Marterwerkzeug: Fortunat Mart. — Als Symbol des weltlichen Standes: Gutmann (Schneider).

---

*) Künstler haben oft, besonders Einsiedlern, die lange vor Dominik gelebt haben, einen Rosenkranz in die Hand gegeben. Natürlich ist es da ein Anachronismus.

Scheiterhaufen. Martyrium: Afra von Cypern. — Agnes. — Anastasia. — Apollonia. — Apollonius. — Aristion. — Augusta. — Columba. Mart. — Martina. — Vincenz Mart.

Scheuer deutet auf reiche Erndte durch Fürsprache des Heiligen hin: Ansovinus. — Brigitta von Schweden.

Schiff haltend; deutet auf ein Wunder oder eine Begebenheit aus dem Leben hin: Anselm. — Bertulph. — Werenfried. — Als Ort des Martyriums: Christina. — Restituta.

Schiffbrüchige retten: Castor. — Nicolaus Bisch.

Schild deutet auf den kriegerischen Stand hin: Erzengel Michael. — Quirin. — Wenzel. — Wilhelm von York.

Schinden. Martyrium: Bartolomaeus. — Crispin und Crispinian.

Schlacht, in derselben erscheinen, um die Feinde zu schlagen: Anatolius. — Jacobus maj. — Ulrich.

Schlachtaxt. Marterwerkzeug: Olaf.

Schlange, im natürlichen Sinne, schadete den Heiligen nicht. Ps. 90: Christina. — Didymus. — Gaudentius von Auxerre. — Hilarius von Poitiers. — Itisberga. — Mamertin. — Paternus. — Phocas von Ant. — Thecla. — Verdiana. — Warpurga. — Schlangen und anderes Ungeziefer werden vertrieben: Caprais. — Godericus. — Patricius. — Pirminius. — Martyrium: Anatolia. — Im figürlichen Sinne Symbol des Giftes, welches unschädlich erscheint, indem sich eine Schlange aus dem Gefäss mit dem Gifte herauswindet: Eduard I. — Jacob de Marchia. — Johannes Ap. — Als Symbol und Erscheinungsform des Teufels; sie erinnert an die Schlange des Paradieses: Caluppanus. — Catharina de Cardonne. — Philippus Ap.

Schleier. Aus dem Leben: Adelaide. — Adelgunda. — Agatha. — Bova. — Leopold.

Schloss, am Munde befestigt, Martyrium: Raymundus Non.

Schlosserwerkzeug, den weltlichen Stand anzeigend: Baldomer.

Schlüssel, aus dem Leben: Benno. — Zita. — Symbol des kirchlichen Hirtenamtes: Petrus Ap.

Schmiede, den weltlichen Beruf betreffend: Apelles.

Schnee. Das Wunder des Schneefalls im Hochsommer gibt Anlass zur Gründung der Kirche Maria Schnee: Maria, Mutter Christi.

Schraubenpresse. Martyrium: Johannes und Barachisius.

Schreibend sind die Kirchenlehrer, Bischöfe, Aebte dargestellt. Schreibgeräthe gehören insbesondere den vier Evangelisten, als Verfassern des Evangeliums an.

Schuhe in der Hand tragend, weil sie barfuss zur Kirche ging: Hedwig. — Mit Stacheln, als Marterwerkzeug: Anthemus. — Eutropius. — Sozon.

Schuhmacherwerkzeuge, den irdischen Beruf anzeigend: Aquila und Prisca. — Crispin und Crispinian. — Theobald.

Schutzengel s. Engel.

Schwan deutet auf das Einsiedlerleben hin: Cuthbert. — Hugo von Grenoble.

Schwein als Begleiter: Anton Eins. — Monon.

Schweisstuch mit dem Antlitz Christi: Veronica.

Schwert. Das siebenfache Schwert, symbolisch für Schmerz. Mater dolorosa. — Attribut des Helden: Constantius. — Erzengel Michael (Flammenschwert). — Aus dem Leben. Gentian. — Als Werkzeug des Martyriums: Abdon. — Accursius. — Agnes. — Alban. — Albinus. — Alexander Papst. — Angelus. — Anthemus. — Aquilinus. — Artemius. — Augusta. — Bonifaz Soldat. — Cajus. — Catharina von Alex. — Cyprian. — Desiderius von L. — Dympna. Eduard I. — Euphemia. — Euphrasia. — Firmin. — Florian. — Friedrich von Utrecht. — Gereon. — Heinrich von Upsala. — Jeron. — Johannes Sordi. — Juliana. — Julianus von Mans. — Justina von Padua. — Juvenal. — Kilian. — Lambert. — Landelius. — Manuel. — Mathias. — Mauritius. — Maximilian. — Menna. — Mercurius. — Pancratius. — Paulus Ap. — Pelagius. Petrus Mart. — Pius I. — Protasius. — Romanus. — Serenus. Sigismund. — Stephan I. — Thomas von Cant. — Ursus. — Victoria. — S. auch Enthauptung.

Sense, Wunder aus dem Leben: Albert von Ogna.

Sichel als Ackergeräth: Serapion Eins.

Silbergefässe, ein Geschenk gehen als Almosen weiter: Pambon.

Sonne. Sinnbild eines heiligen Lebens und der himmlischen Erleuchtung: Anastasius. — Columban. — Nicolaus Tolent. — Thomas ab Aquino.

Sonnenstrahl, auf welchen ein Kleid aufgehängt wird: Deicolus.

Spaten auf das Bebauen des Landes deutend: Moses. — Phocas von Sinope.

Speer, mit dem die Seite Christi am Kreuze geöffnet wurde: Longinus. — Als Marterwerkzeug: Abundius. — Ingenuinus.

Spiegel, aus dem Leben: Geminian.

Spinne rettet das Leben vor den Verfolgern: Felix von Nola.

Spinnend. Fleiss im irdischen Berufe: Alexandra. — Elisabeth Landgr. — Gertraud von Niv. — Maria d'Ognies.

Stab, blühend: Joseph. — Heilend: Gebhard.

Stacheln, als Marterwerkzeug: Agathocles. — Nicomedes. — Spiridion.

Stadt segnend oder gegen Unglück vertheidigend: Faustin und Jovita. — Felix von Sevilla. — Gallus. — Lampert.

Stadtmodell tragend, als Patron derselben: Blasius von Ragusa. — Paulinus von Lucca. — Petronius.

Stallknecht. Zum Dienst eines solchen verurtheilt: Ferdinand. — Marcellus Papst.

Stein, aus dem Leben: Comgall. — Hieronym. — Medardus. — An den Hals. Marterwerkzeug beim Ertränken: Calixtus. — Florian. — Theodosia.

Steinigung. Marter: Aeschillus. — Barnabas. — Chrysanthus. — Cointha. — Elphegus. — Emerentia. — Maximus von Ephesus. — Onesimus. — Philippus Ap. — Polychronius Bisch. — Stephan. — Symphorose. — Timotheus. — Vitalis.

Stern. Sinnbild des h. Lebenswandels, oder einer besonderen himmlischen Erleuchtung: Angela von Foligno. — Athanasia. — Bruno. — Dominik. — Johannes Nep. — Petrus von Alcant. — Swibert.

Stier. Wilden Stieren vorgeworfen: Blandina. — Saturnin.

Stigmatisation. Die Wiederholung der Wundmale Christi an denselben Stellen des Leibes der Heiligen: Brigitta von Holland. — Catharina von Siena. — Franciscus Ser. — Gertraud.

Stock als Werkzeug der Marter: Franciscus Regis. — Stephan jun.

Stola, mit einer solchen erwürgt: Paul von Constant.

Störche versammeln sich familiär um den Heiligen: Agricolus.

Strick als Werkzeug des Martyriums: Beatrix. — Desiderius. — Laurendius Erzb. — Sira. — Als Symbol der Demuth und des Opfers Carl Bor.

Stuhl, glühend, Marterwerkzeug: Attalus.

T.

Taube im realen Sinne; als Opfer: Joachim. — Aus dem Leben: Albert von Ogna. — Alexius von Falc. — Columba (wohl Anspielung auf ihren Namen). — Medardus. — Als Symbol des h. Geistes: Dreifaltigkeit. — Gott h. Geist. — Adelgunda. — Angela von Fol. — Athanasius. — Basilius, Kirchenlehrer. — Benedict. — Cornelia. — Cunibert. — Cyrillus von Alex. — David. — Dunstan. — Gregor d. Gr. — Gregor von Naz. — Hilarius von Arles. — Ida. — Maurilius. — Petrus von Alcantara. — Petrus Coelest. — Remigius. — Scholastica. — Theresia. — Thomas ab Aquino. — In derselben Eigenschaft bei der Wahl zum Bisthum thätig: Evortius. — Fabian. — Severus Bisch.

Taufe ertheilend; besonders bei Aposteln und Missionaren: Ammianus. — Augustin von Engl. — Bonifaz Bisch. — Firmin. — Franz Xav. — Georg. — Johannes Bapt. — Marcus Evang. — Philipp Diacon. — Empfangend: Afra von Brescia. — Augustin. — Ottilia. — Sollte travestirt werden: Genesius.

Teufel versucht die Heiligen auf die mannigfachste Art, indem er entweder die Begierlichkeit wecken will oder ihre Geduld auf eine harte Probe stellt. Merkwürdiger Weise wagt er sich meist an Einsiedler, die gerade die grosse Welt verlassen haben, um ihren Versuchungen zu entgehen. Incidit in Scyllam, qui vult vitare Charybdin: Albert von Sic. — Amatus. — Anton Erem. — Euphemia. — Goar. — Gudula. — Guthlacus. — Ignatius Loy. — Johannes in puteo. — Ivan. — Madelbertha. — Marcus Erem. — Mutius. — Pachomius. — Petrus Coelest. — Theodora Kais. — Zenobius. — Wird von den Heiligen vertrieben, bewältigt, selbst (wie bei Procop) zum Dienste gezwungen: Bernhard von Cl. —

Brigitta von Schw. — Cyriacus. — Erz. Michael. — Etheldreda.
Germanus von Amiens. — Hilarion. — Johannes von Rheims. —
Juliana Mart. — Justina von Padua. — Oswald. — Patricius. —
Pithyrion. — Procop Erem. — Ubaldus. — Venantius Bisch. —
Teufel austreibend, d. h. die vom bösen Geiste Besessenen heilend:
Adeltrudis. — Aichardus. — Conrad. — Dunstan. — Epiphanius.
— Ewald. — Gregor Thaum. — Hidulph. — Hugo von Rouen.
— Johannes Thaum. — Melanius. — Radegonde. — Romaricus.
— Rufinus.

Theater, s. Schauspieler.

Thiere, unreine, Symbol des Heidenthums: Petrus Ap. — Wilde, verlieren ihre Gefährlichkeit und werden zahm: Maria, Mutter Chr.
— Blasius Bisch. — Blasius Erem. — Euphemia. — Macarius
von Alex. — Mamas. — Marinus Eins. — Wilden Thiere vorgeworfen. Martyrium: Andronicus und Athanasia. — Tatianus.

Thierfelle als Bekleidung, s. Fell.

Thurm, aus dem Leben: Barbara. — Maternus. — Maximin.

Tonne, Marterwerkzeug; Nicephorus.

Topf in Scherben, Martyrium: Felix von Nola.

Todte begraben: Basilissa und Anastasia.

Todtenerweckung, Wunder aus dem Leben: Anton von Padua. — Benedict. — Bertoldus. — Bonaventura. — Carl Bor. — Ceslaus.
— Coleta. — Dominik. — Donatus Mart. — Francisca. — Franciscus Xav. — Fridolin. — Gothard von Hildesheim. — Gregor
von Tours. — Jacobus Maj. — Ludwig von B. — Lutrutis. —
Martial. — Martin. — Palladius. — Paulus Ap. — Petrus Ap. —
Poppo. — Simon von Roxas. — Zenobius.

Todtenkopf findet sich oft auf Heiligenbildern; er hat stets die Bedeutung der Betrachtung des Todes und der letzten Dinge.

Treppe. Unter derselben wohnend: Alexius.

U.

Ueberschwemmung, derselben Einhalt thuend: Frigdianus.

Umarmung, symbolisch die unbefleckte Empfängniss Mariae darstellend:
Joachim.

V.

Vase, aus dem Leben: Anastasia. — Cosmas und Damian. — Ubal-
desca.

Vermählung mit Christo; im mystischen Sinne: Catharina von Alexand.
— Godeberta. — Mit Maria, s. Maria.

Versöhnlichkeit. Feinden verzeihend: Nicephorus.

Violine, s. Musikinstrumente.

Vögel, aus dem Leben: Maria, Mutter Christi. — Blasius Bisch. —
Conrad von Piac.

25

W.

Wachskerze als Marterwerkzeug: Caesarius.

Wäsche, den irdischen Beruf anzeigend: Hunna.

Wage, Verdienste abwägend: Antonin Erzb. — Erz. Michael.

Wald ausrodend, um das Land urbar zu machen: Alto. — Sturmio. — Willibald.

Walkerstange, Marterwerkzeug: Jacob min. Ap.

Wasser, über die Oberfläche desselben wandelnd: Birinus. — Conrad. — Franca. — Franciscus de Paula. — Johannes a. S. Facundo. — Maria de Socos. — Mutius. — Petrus von Alc. — Raymund von Pen.

Wasserkübel, mit demselben das Feuer löschend: Florian.

Weberstuhl, den Fleiss im Berufe anzeigend: Athanasia.

Weihkessel oder Weihwedel (Aspergill), um mit dem geweihten Wasser den Teufel zu vertreiben: Exuperantius. — Margaretha Mart. — Paula Rom.

Weihrauch brennend, schadet nicht den Heiligen, die ihn auf der Hand tragen mussten, um den Götzen zu opfern: Cyrilla. — Procopius Mart.

Weinstock in Beziehung zum Sacrament: Gott Sohn. — Aus dem Leben: Elpidius. — Maximus. Mart. — Urban Bisch.

Weisheit Gottes offenbart sich: Laurentius Just.

Weltkugel, als Symbol der Allmacht, kommt in der Hand Gottes vor. Dann auch bei h. Königen neben dem Scepter

Winkelmass oder Richtscheit: Thomas Ap.

Wittwen und Waisen väterlich schützend: Ivo.

Wolf als dienender Gesell von Heiligen: Arnulph. — Bernhard von Tir. — Donatus. — Simpert. — Vedastus. — Bewacht die Leiche der Heiligen: Carpophorus. — Edmund König.

Wurfspiess. Marterwerkzeug: Gengulph.

Z.

Zähne, mit Gewalt herausgerissen, Martyrium: Apollonia. — Augusta. — Zdenko.

Zange als Werkzeug der Marter: Agatha. — Alexander Papst. — Andreas Bobola. — Apollonia. — Baldomer. — Coloman. — Fabian. Martina. — Mit derselben den Teufel vertreibend: Dunstan.

Zelttücher, deuten die weltliche Beschäftigung an: Aquila und Prisca.

Ziegel, Marterwerkzeug: Eusebius Bisch.

Zunge, unversehrt, Symbol der sacramentalen Verschwiegenheit: Johannes Nep. — Herausgerissen, Martyrium: Eusebius Priester. — Galaction. — Livinus.

Zweig, blühender, kommt zuweilen für Palme, als Sinnbild des Sieges, vor: Bibiana.

III.

DAS PATRONAT

(oder fürsprechende Amt)

DER HEILIGEN.

———

Der Gedanke, welcher dem Gebrauche in der katholischen Kirche, Heilige um Schutz und Fürsprache anzurufen, zu Grunde liegt, ist bedeutend älter, als es im ersten Augenblick den Anschein hat, ja er ist eigentlich bereits viel angewendet und gebraucht, in allen seinen Formen fertig, in die Kirche übertragen worden und zwar aus dem römischen Heidenthume. Bekanntlich wurden die Dii minorum gentium et graduum von den Heiden als eine Art Vermittler zwischen dem unwürdigen Menschen und dem höchsten Gotte angesehn; bei den Griechen und Römern hatte jede Stadt, jede Familie, jedes Thal, jedes Gebüsch, ja selbst einzelne Höhlen und Bäume ihre besonderen Schutzgottheiten (Dii tutelares). Aber die Kirche hätte sich gewiss bedacht, eine Idee in ihre Gebräuche aufzunehmen und diese so besonders zu pflegen und zu verbreiten, wenn sie nicht in ihren eigenen Gründungsdokumenten (der Bibel) Anhaltspunkte für selbe gefunden hätte. Und nach solchen brauchte sie nicht lange zu suchen, denn es ist natürlich, dass der Schwache den Schutz und die Freundschaft des Stärkeren suche. Nach kath. Lehre sind Heilige verklärte Lieblinge Gottes; die Liebe, die nie aufhört, öffnete ihnen den Himmel und sie hören darum nicht auf, in Liebe der Menschen, ihrer früheren Brüder, zu gedenken. Dem Menschen steht nun der Zutritt zu Gott selbst durch das Gebet immer und überall offen, aber der sündhafte Mensch glaubt seinem Gebete eine grössere Macht zu verleihen, wenn ein Gott wohlgefälliger Fürsprecher ein solches Gebet befürwortet und der Erhörung würdiger macht.

War einmal dieser Gedanke aufgenommen und hatte er in der Kirche irgendwie Fleisch und Blut gewonnen, so blieb er natürlich bei ·seiner Lebensfähigkeit nicht auf Einer Stufe stehen. Wir haben diesen dritten Abschnitt nur in Form eines Inhaltsverzeichnisses gegeben; der Leser wird aus den kurz angegebenen Schlagwörtern den grossen Umfang gewahren, den das Patronat der Heiligen im Laufe der Zeit genommen hat.

Einmal müssen die Heiligen helfen, wo es sich um Erreichung eines irdischen oder überirdischen Gutes handelt, das anderemal, wo ein drohendes Uebel entfernt werden soll. Folgerichtig hat das gläubige Volk das helfende und rettende Amt unter die Heiligen an der Hand der Legende vertheilt. Es ist in dieser Hinsicht alles, das Grösste wie das Geringste, nach einem Principe geordnet, wie in einer grossen Hauswirthschaft oder einem geregelten Staate. Kein irdisches Wohl, das nicht einem Protector unterstände, kein Unglück, vor dem nicht schützend ein Heiliger stände. Seele und Leib des Einzelnen, der letztere sogar noch nach seinen einzelnen Gliedern specialisirt, ist von gleichem Schutze beschirmt. Es galt nur noch einen Schritt weiter zu thun, um auch sein Thun und Lassen, speciell seine Berufsarbeit einem gleichen Schutze unterzustellen. Man vergleiche die Patrone der Gewerbe mit den im 1. Abschnitt angedeuteten Lebensumständen des betreffenden Heiligen, man wird oft staunen müssen über die Wahl just dieses Heiligen für diesen oder jenen Stand. Oft thut sich hierin Witz und Humor hervor, wenn z. B. Färber den h. Mauritius wählten (weil er gefärbt — ein Mohr war), oder Salpetersieder die h. Barbara (weil ein Blitz ihren Vater erschlug!) etc.

Wie einzelne Christen, Familien, Gemeinden, Gewerke ihre besonderen Schutzpatrone hatten, so auch ganze Städte und Länder. Unser Verzeichniss ist keineswegs abgeschlossen, doch ist es reicher, als alle bisher aufgestellten. Auch diese Abtheilung hat, besonders für den Historiker, Numismatiker etc. ihre Bedeutung, weshalb wir uns alle Mühe nahmen, alles hierher Gehörige zu sammeln und mitzutheilen.

Patrone der Künste, Gewerbe und Beschäftigungen.

Sie erscheinen zumeist auf Zunftfahnen und Zunftsiegeln dargestellt.

Aerzte. Cosmas und Damian. — Pantaleon.

Ammen. Tryphaena.

Architecten. Barbara.

Armbrustschützen. Christophorus.

Artillerie. Barbara.

Bäcker. Honoratus.

Bartscherer. Cosmas.

Bauersleute. Isidor. — Lucia. — Walstan.

Bergleute. Barbara.

Bettler. Alexius.

Böttcher. Firmin von Amiens.

Brauer. Adrian. — Arnold. — Nicolaus von Bari.

Buchbinder. Johannes Evang.

Bürstenbinder. Barbara.

Cavallerie. Georg.

Dienstmägde. Zita.

Drechsler. Bernhard von Tironio.

Facultät, theologische. Augustinus. — Thomas von Aquin.

    „   philosophische. Catharina von Alexandrien.

    „   medicinische. Cosmas und Damian.

    „   juridische. Ivo.

Färber. Mauritius.

Feuerwerkmacher. Barbara.

Fischer. Magnus. — Nicolaus von Bari.

Gärtner. Fiacre. — Phocas von Sinope. — Urbanus.

Gastwirthe. Theodotus.

Gelehrte. Gregor d. Grosse.

Glaser. Marcus Evang.

Glöckner. Barbara.

Glockenspieler. Barbara.

Goldschmiede. Dunstan. — Eligius.

Hirten. Drogo. — Wendelin.

Hufschmiede. Johannes Bapt.

Hutmacher. Barbara. — Clemens. — Severus.

Jäger. Eustachius. — Hubertus.

Johanniter-Orden. Johannes Bapt.

Juristen. Ivo.

Kaufleute von Lyon. Homobonus.

Kinder. Nicolaus. — Ursula.

Köche. Johannes de Leon. — Laurentius.

Maler. Lazarus. — Lucas.

Malteser. Agatha.

Matrosen. Nicolaus.

Maurer. Barbara. — Thomas Ap.

Müller. Arnold. — Victor von Marseille.

Musiker. Caecilia. — Dunstan. — Germanus von Paris. — Gregor der Grosse.

Notäre. Marcus Evang.

Papiermacher. Johannes Evang.

Philosophen. Catharina von Alexandrien.

Physiker. Cosmas und Damian. — Pantaleon.

Pilger. Alexius. — Brigitta von Schweden

Raketenmacher. Barbara.

Reisende. Julianus Hospitator.

Salpetersieder. Barbara.

Sattler. Gualfardus.

Schäfer, s. Hirten.

Schauspieler. Genesius. — Veit.

Schiffer (Seeleute). Christoph. — Goar. — Gonzales (Elmo). — Nicolaus. — Phocas von Sinope.

Schlosser. Baldomer. — Eligius

Schmiede. Barbara. — Eligius. — Homobonus.

Schneider. Gutmann. — Homobonus. — Johannes Bapt. — Lucia.

Schnitter. Walstan.

Schüler. Hieronymus Kirchenlehrer.

Schützen. Sebastian.

Schuhflicker. Theobald.

Schuster. Crispin und Crispinian.

Seiler. Catharina von Alex. — Paulus Ap.

Silberbergleute. Anna.

Soldaten. Georg.

Spinner. Catharina von Alex.

Steinmetzen. Blasius. — Marinus. — Reinold.

Studenten. Aloys. — Catharina. — Gregor d. Gr. — Hieronymus. — Laurentius. — Maria Magdalena.

Tänzer. Veit.

Tapetenwirker. Franciscus Ser.

Theologen. Augustin. — Thomas ab Aquino.

Tischler. Joseph.

Töpfer. Fiacre. — Goar.

Tuchhändler. Ursula.

Wachszieher. Nicolaus.

Wäscherinnen. Hunna.

Waffenschmiede. Barbara.

Weber. Barbara. — Crispin und Crispinian. — Stephan.

Weinbauer, Winzer. Urban.

Ziegelbrenner. Fiacre.

Zimmerleute. Barbara. — Eulogius. — Joseph.

Patrone für das Wohlergehen besonderer Theile des menschlichen Körpers.

Augen. Clara. — Lucia. — Ottilia.

Brüste (weibliche). Agatha. — Mamertus.

Füsse. Johannes Evang.

Kopf. Ottilia.

Pudenda (weibliche). Apollinaris. — Briccius.

Schulter. Laurentius.

Unterleib. Erasmus.

Patronat der Heiligen in besonderen Lebensverhältnissen.

Brautleute. Ambrosius von Siena.

Familie Medici. Cosmas und Damian.

Gebärende. Leonard. — Margaretha Mart. — Maria von Oignies. — Notburga. — Vitalis.

Gefangene. Barbara. — Leonard.

Hetären (reuige) Afra. — Lucia. — Maria Magdalena. — Maria von Egypten.

Kranke (im Allgemeinen) Johannes v. Gott.

Schwangere. Madelbertha.

Sünder (reuige) Martin.

Verbrecher (die zur Hinrichtung geführt werden) Dismas.

Patronat der Heiligen zur Erlangung verschiedener Güter oder Befriedigung diverser Wünsche.

Fruchtbarkeit (überhaupt). Johannes Evang. — Martin. — Medardus. — Paulus Ap. — Urban.

Fruchtbarkeit der Feldfrüchte (reiche Ernte). Ansovinus. — Iodocus. — Walpurgis.

Fruchtbarkeit der Gartenfrüchte. Fiacre.

Fruchtbarkeit des Weinstockes. Medardus.

Gutes Gelingen eines Unternehmens. Servatius.

Gute Hauswirthschaft. Martha.

Gute Herberge. Julianus Hospitator.

Einen guten Ehemann zu bekommen. Anton v. Padua. — Nicolaus.

Fruchtbarer Regen. Desideratus. — Heribert.

Schönes Wetter. Serenus.

Wiederfinden verlorener Sachen. Anton v. Padua. — Arnold. — Vincenz.

Männliche Nachkommenschaft. Felicitas.

Patronat der Heiligen gegen Krankheiten, Unglücksfälle und verschiedene andere Uebel.

Schutz gegen alle Uebel im Allgemeinen. Maria. — Schutzengel. — Die vierzehn Nothhelfer.

Gegen Armuth. Anna.

„ **Augenkrankheiten.** Clara. — Lucia. — Ottilia.

„ **Besessenheit.** Romanus.

Gegen saures Bier. Ludwig von Frankreich.

„ **Biss giftiger Thiere.** Phocas von Antiochien.

„ **Blitz.** Barbara.

„ **Blutfluss.** Casilda.

„ **Brand des Getreides.** Jodocus.

„ **Brustkrankheiten.** Agatha. — Mamertus.

„ **Drüsengeschwüre.** Cosmas und Damian.

„ **Dürre.** Genovefa von Paris.

„ **Epilepsie.** Bibiana. — Cornelius. — Joachim von Siena. — Johannes Evg. — Johannes Bapt. — Johannes Chrysostomus.

„ **Erdbeben.** Emydius.

„ **feindliche Belagerung.** Genovefa von Paris.

„ **Feuersbrünste.** Agatha. — Florian. Germanus von Paris. — Laurentius.

„ **Fieber.** Albertus Siculus. — Petronella. — Salvator.

„ **Gefangenschaft.** Leonard.

„ **böse Geister.** Cyriacus.

„ **Gewitter.** Deodatus.

„ **Gift.** Benedict. — Johannes Evang.

„ **Gliederschmerzen.** Burckhard.

„ **Haemorrhoiden.** Fiacre.

„ **Hagel.** Johannes Bapt. — Paulus Ap.

„ **Halsschmerzen.** Blasius.

„ **tolle Hunde.** Hubertus. — Parthenius.

„ **Husten.** Quintin.

„ **Körperschwäche.** Ulrich. — Urban von L.

„ **Kopfweh.** Athanasius. — Bibiana.

„ **Krätze.** Marcus Evang.

„ **Krebs** (Krankheit). Aldegunda.

„ **Kropf.** Balbina.

„ **Lähmungen.** Wolfgang.

„ **Leibweh.** Briccius.

„ **Mäuse.** Gertraud von Nivelle.

„ **Meineid.** Felix von Nola.

„ **Pest.** Adrian. — Anton. — Egyd. — Rochus. — Valentin. — Zosimus.

„ **böse Pferde.** Eligius.

„ **Pocken.** Martin.

„ **Podagra.** Mauritius. — Quirinus.

„ **Raupen.** Magnus.

„ **Rose und Entzündung.** Antonius Erem. — Benedict.

„ **Rückenschmerz.** Laurentius.

Gegen **Schiffbruch.** Maclovius. — Maria von Socos. — Nicolaus.

„ **Schlagfluss.** Wolfgang.

„ **Schlangenbiss.** Paternus.

„ **Schwindsucht.** Maclovius.

„ **Seuchen der Thiere.** Wendelin.

„ **Steinschmerzen.** Apollinaris. — Liborius.

„ **Sturmwinde.** Florian. — Nicolaus. — Theodor. — Valerian.

„ **Tanzwuth.** Johannes Bapt. — Veit.

„ **unbussfertigen Tod.** Barbara. — Christoph. — Marcus Evang.

„ **weibliche Unfruchtbarkeit.** Egidius. — Florian.

„ **Ungeziefer.** Pirminius.

„ **Verleumdungen.** Johannes von Nep. — Johannes v. Rheims.

„ **Verlust von Sachen.** Arnold.

„ **Wahnsinn.** Dympna. — Romanus.

„ **Wassernoth.** Maurelius.

„ **Wassersucht.** Eutropius. — Liborius.

„ **alte Weiber.** Andreas Ap.

„ **Zahnweh.** Apollonia. — Christoph. — Gregor Erem.

Patrone der Elemente und Thiere.

Feuer. Florian.

Gänse. Ambrosius. — Ferreolus. — Martin.

Hähne. Gallus.

Hausthiere (überhaupt). Theodulph.

Hornvieh. Pelagius.

Hunde. Hubertus.

Lämmer. Johannes Bapt.

Mäuse. Gertraud. — Udalrich.

Pferde. Anton von Padua. — Eligius.

Rindvieh. Pelagius.

Schafe. Lupus (sic!) von Sens. — Wendelin.

Schweine. Antonius Erem.

Storchnester im Dorf. Agricolus.

Wasser. Nicolaus.

Patrone der Länder und Städte.

Aachen (Stadt). Maria. — Carl d. Grosse.

Achaja (Fürst.). Donatus. — Johannes Bapt.

Aix (St.). Martha. — Maximin.
Albani (St. bei Mainz). Albanus.
Albanien (Königr.). Marcus.
Alcala de Henares (St.). Didacus. — Jucunda. — Justus.
Altaich (Stift). Petrus Ap.
Amiens (St.). Firminus. — Johannes Bapt. — Martin.
Amsterdam (St.). Michael.
Ancona (St.). Cyriacus. — Kilian. — Paulus. — Petrus.
Andernach (St.). Michael.
Angers (St.). Albanus. — Mauritius.
Annaberg (St. in Schlesien und Braunschweig). Anna.
Antequerra (St.). Euphemia. — Justinus.
Antiochien. Georgius. — Petrus.
Antivari (St.). Georgius. — Marcus.
Antwerpen (St.). Nicolaus. — Philippus.
Appenzell (Canton). Mauritius.
Apulien (Fürst.). Matthaeus. — Petrus.
Aquila (St.). Petrus. ·
Aquileja (Patriarchat). Maria.
　　„　　(St.). Hermagoras.
Aquitanien (Herzogth.). Johannes Bapt.
Aragonien (Königr.). Johannes Bapt.
Aremberg (Herzg.). Christus.
Arezzo (St.). Donatus Mart.
Arles (Erzb.). Dionysius.
Arles (St.). Trophymus.
Ascoli (St.). Maria. — Emydius. — Helena. — Petrus.
d' Ashton under Hill (Gloucest.-Sh.). Barbara.
Assisi (St.). Anzano. — Franciscus Ser.
Asti (Bezirk). Sebastian. — Secundus.
Asturien (Herzg.). Ephrem.
Attendorn (St.). Petrus.
Augsburg (Bisth.). Maria.
　　„　　(St.). Afra. — Hubert. — Magnus — Ulrich. — Virgilius.
Auranches. Andreas Ap.
Autun (St.). Lazarus. — Leodegar. — Nazarius.
Auxerre (St.). Euphemia. — Germanus v. Auxerre. — Justinus. —
　　Stephanus Mart.
Avignon (St.). Benezet. — Johannes Bapt. — Paulus und Petrus.
Bacharach (St.). Werner.
Badajoz (St.). Maurus. — Vincenz.
Baden (Mkgraf.). Christophorus. — Petrus.

Bamberg (Bisth.). Maria. — Georg. — Heinrich und Kunigunde. —
*Helena.

„ (St.). Hedwig. — Heinrich und Kunigunde. — Otto.

Bar (Herzg.). Johannes Bapt. — Michael.

Barcelona (St.). Eulalia. — Sabinus. — Severus v. Rom.

Basel (Canton). Christus.

„ (Bisth.). Maria. — Franciscus v. Ass. — Helena. — Ursicinus.

„ (St.). Maria.

Batenbug. Maria. — Carl d. Gr. — Johannes Bapt. — Ladislaus. —
Ludgerus. — Martinus. — Michael. — Stephanus. — Ulrich. — Victor.

Bayern (Kgr.). Maria. — Benno. — Georg. — Helena. — Johannes
Bapt. — Petrus. — Severin. — Stephan Mart. — Wolfgang.

Bayonne (St.). Leo.

Bearn (Herrschaft). Johannes Bapt.

Beauvais (Bisth. u. St.). Lucian.

Bellay (Bisth.). Johannes Bapt.

Benedictbeuern (Kloster). Anastasia.

Benevent (Herzg.). Michael.

St. Benigno (Abtei). Benignus. — Tiburtius.

Berg in Zülphen (Grafsch.). Maria. — Martinus. — Michael. — Oswald.
Pancratius. — Stephanus.

Bergamo (St.). Christus. — Firmus. — Lupus v. Bergamo. — Marcus.

Bergen. Pancratius.

Berlin (St.). Nicolaus. — Paulus Ap.

Bern (Canton u. St.). Petrus. — Vincenz.

Beromünster (Abtei). Michael.

Besançon (Bisth.). Claudius. — Ferreolus.

„ (St.) Johannes Bapt. — Linus. — Stephanus.

Biandrate. Serenus von Marseille.

Biberach. Gunthilda.

Biscaja. Ignatius Loyola.

Blois (St.). Maria. — Caecilia.

Böhmen (Kgr.). Adalbert. — Cosmas und Damian. — Johannes Bapt. —
Johannes Nep. — Ivan. — Ludmilla. — Norbert. — Procop. —
Sigismund. — Veit. — Wenzel.

Bologna (St.). Maria. — Benedict. — Catharina von Alex. — Catharina von Bologna. — Eligius. — Dominicus. — Florian. — Franciscus Ass. — Lucas. — Petronius. — Petrus und Paulus.

Bonn (St.). Johannes Bapt.

Bordeaux (St.). Andreas Ap. — Delphinus. — Giselbert. — Martial.

Bosnien (Kgr.). Gregorius.

Boulogne (St.). Joseph.

Bourbon (Herzg.). Majolus.

Bourges (St.). Stephanus. — Ursinus.

Bozzolo (Fürst.). Maria. — Eusebius. — Johannes Bapt. — Petrus.

Brabant (Herzg.). Andreas Ap. — Petrus. — Philippus Ap.

Braga. (St.). Apollonius. — Leontius. — Martin.

Brandenburg (Kurfürst.). Johannes Bpt. — Paulus.

Braunschweig (Herzog.). Maria. — Andreas. — Anna. — Jacobus major. — Longinus. — Ludger.

Braunschweig (St.). Anna. — Christophorus. — Petrus.

Brederode (Herrsch.). Maria. — Helena. — Johannes Bapt. — Petrus.

Breisach (St.). Stephanus.

Bremen (St.). Maria. — Ansgar. — Georg. — Petrus. — Willehad.

Brescia (St.). Andreas. — Apollonius. — Faustinus und Jovita.

Breslau (Bisth.). Johannes Bapt.

  ,,   (St.). Hedwig. — Johannes Bapt. — Wenzel.

Brieux (St.). Briocus.

Brixen (Bisth.). Cassian. — Stephanus.

  ,,   (St.). Ingenuinus.

Bronkhorst (Grafsch.). Martin. — Michael.

Brügge (St.). Andreas. — Daria. — Donatian.

Brüssel (St.). Gudula. — Michael.

Bulgarei (Fürst.). Cyrillus und Methodius.

Burgos (St.). Juliana Mart. — Radegonde. — Victoria.

Burgund (Herzg.). Maria. — Andreas. — Johannes Bapt. — Petrus. — Philippus.

Cadix (St.). Martha. — Susanna von Rom.

Cahors (Bisth. und St.). Gengulf. — Stephan Mart.

Calabrien (Herzg.). Petrus.

Cambray (Erzb. und St.). Maria. — Johannes Bapt. — Maximilian.

Camerino (Fürst u. St.). Anastasius. — Ansovinus. — Paulus. — Venantius.

Campen (St.). Johannes Bapt.

Canarische Inseln. Avitus.

Canterbury. Anselmus.

Carthagena (St.). Candida. — Charitina.   Fulgentius. — Hypolit. — Modestus.

Casale (St.). Maria. — Georgius.

Castiglione (Fürst.). Maria. — Aloysius. — Antonin von Flor. — Cyriacus. — Franciscus Ass. — Geminianus. — Martinus. — Nazarius. — Petrus und Paulus. — Sixtus.

Catanea (St.). Agatha.

Cattaro (St.). Marcus. — Stephanus.

Cebus. Adalbert.

Chalon sur Marne (Bisth.). Maria. — Marcellus. — Stephan.

Chalon sur Saone. Marcellus. — Vincenz.

Chartres. Maria. — Savinianus.

Chiemsee (Bisth.). Sebastian. — Sixtus.

Chieti (St.). Justinus.

Chili (Republ.). Jacobus maj.

China. Joseph.

Chur (Bisth.). Maria. — Lucius. — Martinus.

Ciudad Roderigo. Athanasius.

Civita vecchia (St.). Maria. — Petrus und Paulus.

St. Claude (St.). Claudius.

Clermont (Bisth.). Maria. — Apollinaris. — Sidonius.

Cleve (Herzg.). Maria. — Johannes Evang. — Johannes Bapt. — Martin.

Cluny (St.). Petrus und Paulus.

Coblenz (St.). Castor.

Cöln (Erzb.). Johannes Bapt. — Judas Thadd. — Drei Könige — Petrus.
   „ (St.) Maria. — Bruno. — Cunibert. — Gereon. — Johannes Bapt.
   — Quirinus. — Simon. — Ursula.

Coimbra. Otto.

Colmar (St.). Martinus.

Como (St.). Abundius von Thess.

Compostella (St.). Jacobus maj.

Constanz. Maria. — Conrad von Constanz. — Ida. — Pelagius.

Corbach (St.). Kilian.

Corbie (Abtei, Picardie). Petrus. — Vitus.

Cordova (St.). Columba. — Dominicus. — Eulogius. — Faustus. —
   Isaac. — Lupus von Sens. — Narciss. — Valerian.

Corfu (Insel). Marcus. — Nicolaus.

Correggio (Grafsch.). Maria. — Johannes Nep. — Quirinus. — Reparata.

Corsica. Maria.

Cortona (St.). Margaretha von Cortona. — Vincentius.

Corvey (Abtei). Maria. — Vitus.

Coslar (St.). Judas Thadd.

Cremona (St.). Homobonus.

Creta (Insel). Titus.

Cronsfeld. Georg.

Cuenza. Julianus von Mans.

Culenbourg. Barbara.

Daenemark (Kgr.). Laurentius.

Dalmatien (Kgr.). Marcus.

Dauphiné (Grafsch.). Johannes Bapt.

Daventer. Lebuin.

Deutschland. Albanus. — Andreas. — Georg. — Helena. — Johannes Bapt. — Sebastian.

Deutscher Orden. Maria. — Elisabeth.

Dezana (Grafsch.). Carl Bor. — Dorothea. — Georg. — Germanus. — Hubertus. — Martin. — Mauritius. — Petrus. — Victor.

Diepholtz (Grafsch.). Stephan.

Dijon. Benignus von Rom.

Dissenhofen (St.). Dionysius.

Dombes (Fürst.). Marcus. — Stephanus.

Dorpat (Bisth.). Petrus.

Dortmund (St.). Johannes Bapt. — Reinold.

Drontheim. Olaf.

Dublin (Bisth.). Laurentius.

Düren. Oswald König.

Durham. Cuthbert.

Edinburgh (St.). Egydius.

Eichstädt (Bisth.). Maria. — Walpurgis. — Willibald.

Einsiedeln (Abtei). Maria. — Meinrad. — Michael. — Nicolaus v. Flue.

Elsass. Fridolin. — Lazarus. — Ottilia.

Elst. Werenfried.

Embden (St.). Petrus.

England (Kgr.). Maria. — Eduard. — Georg. — Michael. — Thomas von Canterb.

Erfurt (St.). Martinus.

Essen (Stift). Maria. — Cosmas und Damian. — Engelbert.

Este. Geminianus.

Fabriano (St.). Petrus.

Faenza (St.). Carl Borr. — Petrus.

Fano (St.). Maria. — Laurentius. — Petrus.

Fermo (St.). Maria. — Anna. — Bartholomäus. — Petrus.

Ferrara. Maria. — Barbara. — Franciscus Ass. — Geminianus. — Georg. — Gotthard. — Johannes da Tossignano. — Maurilius. — Petrus. — Prosper. — Sixtus. — Theodor v. Heraclea.

Finnland. Heinrich von Upsala.

Fischingen (Abtei). Hubertus. — Ida.

Flandern (Grafsch.). Andreas. — Johannes Bapt. — Philippus.

St. Florent de Saumur (Abtei) Florentinus.

Florenz. Cosmas und Damian. — Crescentius. — Johannes Bapt. — Reparata. — Zenobius.

Foligno (St.). Maria. — Felicianus. — Jacob de Bevagna. — Petrus.

Folkestono. Eanswida.

Forli (St.). Valerian.

Franecker (St.). Johannes Bapt.

Franken. Kilian.

Frankfurt a. M. (St.). Bartholomaeus. — Carl d. Gr. — Helena. — Johannes Bapt. — Paulus.

Frankfurt a. O. (St.). Adalbert. — Hedwig.

Frankreich. Maria. — Dionysius. — Genovefa v. Paris. — Georgius. — Johannes Bapt. — Ludwig. — Martin. — Michael. — Philibert.

Freiburg (Breisgau). Maria. — Alexander Soldat. —
   ,,   (Schweiz). Nicolaus.

Freising (Stift). Maria. — Corbinian.

Friedberg (Burg). Georg.

Fugger (Grafsch.). Georg.

Fulda (Bisth.). Bonifaz.

Gaëta (St.). Erasmus.

St. Gallen (St.). Maria. — Gallus. — Laurentius. — Othmar.

Gazoldo (Grafsch.). Maria. — Franciscus Ass. — Sixtus.

Geldern (Herzogth.). Johannes Bapt. — Martin. — Petrus.

Genf (St.). Petrus.

Gent (St.). Bavo. — Donatian. — Johannes Bapt. — Livinus. — Sebastian.

Genua (Republ.). Maria. — Johannes Bapt. — Georgius.

Gertruidenburg (St.). Gertrud von Nivelle.

Ghistella (in Belgien). Godeleva.

Giessen. Pancratius.

Girona (St.). Lambert. — Narciss.

Glarus (Canton). Fridolin. — Philippus.

Glasgow. Kentigern.

Glogau (St.). Maria.

Göttingen (St.). Maria.

Goslar (St.). Maria. — Judas Thadd. — Matthäus. — Matthias. — Simon Ap.

Granada (St.). Anastasius. — Gregor d. Gr. — Johannes v. Gott.

Grenoble (Bisth.). Hugo von Grenoble. — Vincentius.

Griechenland. Nicolaus von Myra.

Gröningen (St.). Bonifaz. — Johannes Bapt. — Martin.

Gronsfeldt (Grafsch.). Georg. — Martin.

Guastala (Herzogth. u. St.). Maria. — Barbara. — Carl Bor. — Catharina von Alex. — Franz Ass. — Petrus und Paulus. — Sixtus.

Gubbio (Herzogth. u. St.). Crescentius. — Franciscus Ass. — Petrus und Paulus. — Ubaldus.

Guimaräus (St.). Damasus.

Haag (St.). Ladislaus.

Halberstadt (Bisth.). Andreas. — Stephan.
Halle (St.). Mauritius.
Hamburg (St.). Maria. — Petrus.
Hameln (St.). Maria. — Bonifaz.
Hannover (St.). Maria. — Andreas. — Anna. — Matthias.
Harlem (St.). Bavo.
Hatzfeld (Grafsch.). Maria
Havelberg (Stift). Constantius. — Laurentius.
Heerenberg (Grafsch.). Maria.
Heidelberg (St.). Johannes Bapt.
Heiligenstadt (St.). Martin.
Heinsberg. Johannes Bapt.
Heliopolis. Barbara.
Henneberg (Grafsch.). Johannes Bapt. — Wolfgang.
Hennegau (Grafsch.). Andreas. — Johannes Bapt.
Herford (Abtei). Maria. — Petrus und Paulus.
Hersfeld (Abtei). Bonifaz. — Wiebert.
Hessen (Landgrafsch.). Elisabeth. — Petrus.
Heydt. Martin.
Hildesheim (St.). Maria. — Anna. — Anton v. Pad. — Carl d. Gr.
    — Christophorus. — Gotthard. — Lambert. — Matthias.
Hirschau (St.). Aurelius.
Höxter (St.). Maria. — Vitus.
Hohenstein (Grafsch.). Maria. — Andreas.
Holland. Andreas — Johannes Bapt.
Holstein (Herzogth.). Andreas.
Horn (Grafsch.). Martin.   Michael.
Huy (St.). Maria. — Lambertus.
Jägerndorf (St.). Maria.
Jevern (Herrsch.). Maria. — Jodocus.
Ilmstadt. Godfried von K.
Imola (St.). Cassianus.
Ingolstadt (St.). Johannes Bapt.
Ioachimsthal (St.). Joachim.
Irland (Königr.). Columbanus. — Patricius.
Island (Insel). Patricius.
Jülich (Herzogth.). Maria. — Egydius. — Hubertus. — Johannes Bapt.
    — H. drei Könige. — Petrus.
Jumièges (St.). Philibertus.
Ivondun (St.). Julita.
Kärnthen (Herzgth.). Leopold.   Rupertus.
Kappenberg (St.). Gottfried von Kappenberg.

Kempten (Abtei). Hildegardis.

„ (St.). Magnus.

Kiew (St.). Hyacinth.

Kildare. Brigitta.

Kirchenstaat. Christus. — Maria. — Amadeus. — Antonius. — Bruno. — Cyriacus. — Cresentius. — Francisca Romana. — Franciscus Ass. — Geminianus. — Georgius. — Herculanus. — Johannes Bapt. — Joseph. — Justina. — H. drei Könige. — Laurentius. — Magnus. — Matthaeus. — Michael. — Petrus und Paulus. — Pius. — Quiriacus. — Romualdus. — Thomas. — Ubaldus. — Ulricus. — Venantius.

Klosterneuburg (Stift). Leopold.

Kremnitz (St.). Georgius.

Kloster zum h. Kreuz (in Nordhausen). Eustachius.

Laibach (St.). Nicolaus. — Petrus.

Langres (St.). Justus. — Urban von Langres.

Laon (St.). Maria.

Lauenburg. Mauritius.

Lauffenburg (St.). Johannes Bapt.

Lausanne (Bisth.). Maria. — Dionysius.

Leipzig (St.). Johannes Bapt.

Leon. Isidor. — Pelagius. — Vincenz Mart.

Leuchtenberg (Landgrafsch.) Georgius.

Leyden (St.). Pancratius.

Liegnitz (St.). Hedwig. — Petrus.

Limburg (Herzgth.). Andreas. — Johannes Bapt. — Petrus.

Limburg an der L. (Grafschaft). Petrus.

Limoges (St.). Martial. — Stephan.

Lippe (Grafsch.). Andreas.

Lissabon (St.). Adrian. — Natalia. — Vincenz Mart.

Lithauen. Hyacinth.

Livland. Maria.

Liverdun. (St.). Petrus.

Lodi (St.). Antonius. — Sebastianus.

Löwen (St.). Petrus.

Lothringen (Herzgth.). Deodatus. — Georgius. — Nicolaus. — Petrus. — Stephanus Mart.

Lucca. Anselm — Frigdianus. — Martin. — Paulinus v. Lucca. — Petrus.

Lübeck (St.). Maria. — Johannes Bapt.

Lüneburg (St.). Johannes Bapt.

Lüttich (Bisth.). Maria. — Bartholomaeus. — Dionysius. — Georg. — Hubertus. — Jacobus maj. — Johannes Bapt. — Lambert. — Ludwig. — Nicolaus. — Petrus und Paulus.

Luxemburg (Herzogth.). Andreas Ap. — Johannes Bapt. — Petrus. — Philippus.

Luzern (Canton. Georg. — Leodegar. — Mauritius.

Lyon (St.). Homobonus. — Johannes Bapt. — Irenaeus.

Macerata (St.). Maria. — Julianus. — Petrus und Paulus.

Mâcon (St.). Gervasius und Protasius. — Vincenz.

Madrid (St.). Dominik. — Eustachius. — Isidor. — Sabinus. — Valerius. — Victor von Mailand. — Wilgefortis. — Wilhelm.

Mähren (Markgf.). Cyrillus und Methodius. — Wenceslaus.

Magdeburg (Erzbisch.). Gereon. — Judas Thadd. — Martinus. — Mauritius. — Simon.

Mailand. Maria. — Ambrosius. — Anselmus. — Carolus Borrom. — Gervasius und Protasius. — Petrus. — Victor von Mailand.

Mainz. Maria. — Alban. — Augustin. — Johannes Bapt. — Martin. — Mauritius. — Petrus. — Willigis.

Malaga. Cajus. — Cornelius.

Maldeghem (Flandern). Barbara.

St. Malo. Maclovius.

Malta (Insel). Johannes Bapt.

Mans (St.). Gervasius u. Protasius. — Julianus.

Mansfeld (Grafsch.). Georgius.

Mantua. Maria. — Aloisius v. Gonz. — Andreas. — Anselmus. — Barbara. — Carolus Bor. — Catharina v. Alex. — Franciscus Ass. — Georgius. — Longinus. — Lucia. — Mauritius. — Petrus. — — Petrus Coelestinus. — Philippus Neri. — Virgilius.

St. Marino (Republ. u. St.). Marinus.

Marsal (St.). Stephanus.

Marsberg (St.). Petrus.

Marseille (St.). Lazarus. — Maria Magd.

S. Martial (Abtei). Martialis.

S. Martin de Tours (Abtei). Martinus.

Massa (Herzgth.). Cerbonius. — Petrus.

Mastricht (St.). Bartholomaeus. — Philippus. — Servatius. — Urban.

Maubeuge (Kloster). Adelgunde.

Meaux (Bisth.). Maria.

Mecheln (St.). Romuald.

Mecklenburg (Herzth.). Maria. — Christophorus. — Johannes Bapt.

S. Medard (Abtei in Soissons). Medardus. — Sebastian.

Meissen (Stift). Donatus.

Mende (St.). Privatus.

Merida. Eulalia.

Merseburg. Laurentius.

Metz (St.). Arnulph. — Clemens. — Eucharius. — Goëricus. — Paulus. — Stephanus.

Minden (Bisth.). Andreas Ap. — Petrus.

Mirandola (Herzgth.). Agatha. — Alexander Papst. — Antonius. — Franciscus Ass.

Modena (Herzogth.). Maria. — Franciscus Ass. — Geminian. — Georg. — Gotthard. — Homobonus. — Johannes Bapt. — Petrus Mart.

Moërs (Grafsch.). Andreas.

Mons. Benedict. — Waltrudis.

Montalto (St.). Maria. — Franciscus Ass. — Sixtus.

Montelimart (Herrsch.). Johannes Bapt.

Montfort (Grafsch.). Maria. — Johannes Bapt.

Montpellier (St.). Petrus. — Rochus.

Montserrat Johannes Bapt. — Johannes Evang. — Martinus. — Theodor von Heraclea.

Morea (Fürst.). Marcus.

Moskau. Nicolaus.

Münster (Bisth.). Carl d. Gr. — Petrus und Paulus.

„ (St.). Lambert. — Ludger.

Münsterberg (Herzgth.). Johannes Bapt.

Münsterberg-Oels (Herzgth.). Jacobus maj.

Nantes (St.). Petrus.

Narbonne. Justus und Pastor.

Nassau (Grafsch.). Johannes Bapt.

Navarra (Königr.). Firmin. — Franciscus Xaver. — Gaudentius. — Raymund.

Neapel (Kgr.). Maria. — Andreas Avell. — Januarius. — Johannes Bapt. — Leo. — Maria Magd. — Michael. — Nicolaus. — Petrus Coelestinus.

Neuburg (Kloster). Maria. — Agnes.

Nenss (St.). Quirinus.

Nevers (Grafsch.). Gervasius und Protasius.

Nimwegen (St.). Maria. — Carl d. Gr. — Georg. — Stephan. Mart.

Nivelles (St.). Gertraud von Nivelles.

Nördlingen (St.). Johannes Bapt.

Nordheim (St.). Maria.

Northumberland (Königr.). Martinus. — Petrus.

Norwegen (Königr.). Olav.

Novellara (Grafsch.). Maria.

Noyon (Bisth.). Eligius. — Godeberta. — Medardus. — Stephanus.

Nürnberg (St.). Johannes Bapt. — Laurentius. — Sebaldus.

Oesterreich (Erzh.). Maria. — Andreas. — Coloman. — Florian. — Helena. — Johannes Bapt. — Leopold. — Severin.

Oettingen (Grafsch.). Sebastian. — Wolfgang.

Oldenburg (Grafsch.). Maria. — Lambertus.

Olmütz (Erzb.). Maria. — Cyrillus und Methodius. — Wenceslaus.

St. Omer (St.). Martinus. — Petrus.

Oppenheim (St.). Johannes Bapt.

Oranien (Fürst.). Maria. — Florentius. — Johannes Bapt.

Orvieto (St.). Petrus.

Osnabrück (Bisth. u. St.). Carolus Magn. — Crispin und Crispinian. — Egidius. — Petrus und Paulus.

Ostfriesland (Fürst.). Carolus Magn. — Johannes Bapt. — Ludger. — Petrus. — Stephanus.

Oviedo. Eulogius. — Spiridion.

Oxford (St.). Fridesvida.

Paderborn (Bisth.). Maria. — Anton v. Padua. — Carolus Magnus. — Liborius. — Petrus.

Padua (St.). Anton von Padua. — Justinus.

Palermo (St.). Joseph Filingeri. — Rosalia.

Pampelona. Delphinus. — Firminus. — Victor von Mailand.

Paris (St.). Eustachius. — Genovefa. — Gervasius. — Martinus. — Romanus. — Severinus — Stephanus.

Paris (Universität). Catharina v. Alex.

Parma (Herzgth.). Maria. — Antoninus. — Antonius. — Franciscus Xav. — Hilarius von Arles. — Johannes Bapt. — Thomas. — Vitalis.

Passau (Bisth.). Stephanus Mart.

Pavia (St.). Michael. — Quirinus (St. Cyr).

Pedena (Istrien). Barbara.

Pegau. Jacobus maj.

Pergola (St.). Maria. — Petrus.

Perigueux. Stephanus Mart.

Peronne. (St.). Furseus.

Perpignan (St.). Honoratus. — Johannes Bapt.

Perugia (St.). Maria. — Herculanus. — Petrus.

Pesaro. Maria. — Andreas. — Antoninus. — Antonius. — Franciscus Ass. — Helena. — Hieronymus. — Jacobus maj. — Johannes Evang. — Michael. — Ubaldus.

Pescara (Markgraf.). Crescentius.

Pettau (St.). Georgius

Pfalz (Fürst.). Maria. — Johannes Bapt. — Petrus. — Stephanus.

Pfalz-Zweibrücken. Petrus.

Phönizien. Barbara.

Piacenza (Herzgth.). Antoninus. — Antonius. — Conrad von Piacenza. — Donatus. — Felician. — Franciscus Ass. — Franciscus Xav. — Justina. — Martinus. — Petrus. — Vitalis.

Piemont. Benignus von Rom. — Georg.

Piombino (Fürst.). Maria. — Anastasia. — Augustin.

Pisa (St.). Maria. — Rainer.

Ploczko (Herzgth.). Johannes Bapt.

Poitiers (St.). Hilarius. — Radegonde.

Polen. Adalbertus. — Hyacinth. — Johannes Bapt. — Josaphat Bisch. — Stanislaus.

Pommern (Herzgth.). Maria. — Otto.

Ponthieu Jodocus.

Portugal (Kgr.). Maria. — Jacobus maj. — Thomas Ap. — Vincenz.

Posen. Stanislaus Kostka.

Prag (St.). Norbert. — Vitus. — Wenceslaus.

Preussen. Maria. — Adalbert. — Dorothea Wittwe.

Provence (Grafsch.). Johannes Bapt. — Maria Magd. — Quiriacus.

Puy (Bisth.). Maria.

Quedlinburg. Servatius.

S. Quentin (St.). Quintinus.

Ragusa (St.). Blasius Bisch.

Ratenburg (Herrsch.). Victorinus.

Ravenna (St.). Maria. — Apollinaris.

Ravenspurg (St). Georgius. — Gervasius.

Recanati (St.). Maria.

Reckheim (Herrsch.). Maria. — Georg. — Petrus. — Victorinus.

Regensburg (St.). Petrus. — Stephan Mart. — Wolfgang.

Reggio (Herzgth.). Maria. — Daria.

Remiremont (St.). Romaricus.

Rennes (St.). Ivo.

Reutlingen (St.). Lucas.

Reval (St.). Maria.

Rheims (Bisth. u. St.). Maria. — Paulus. — Remigius.

Rhodez. Amandus.

Rietberg (Grafsch.). Johannes Bapt.

Riga. Maria.

Rimini (St.). Gaudentius. — Julianus von Cil. — Julianus von Mans.

Riom (St.). Paulus.

Rom (St.). Christus. — Petrus und Paulus. — Pius.

Ronciglioue (Grafsch.). Maria.

Rosenberg (Grafsch.). Christophorus.

Rouen (St.). Maclovius. — Nicasius — Romanus.

Roussillon (Herrsch.) Johannes Bapt.

Roy (Luxemburg). Barbara.

Russland (Kaiserth.). Andreas. — Georg. — Nicolaus.

Saalfeld (St.). Petrus.

Sabionetta (Herzgth.). Maria. — Catharina v. Alex. — Johannes Bapt. — Sixtus.

Sachsen. Bonifaz. — Georg. — Johannes Bapt. — H. drei Könige. — Rupertus. — Vitus.

Saintes. Eutropius.

Salamanca (St.). Cosmas und Damian.

Salerno (St.). Michael.

Saluzzo (Grafsch.). Agapetus. — Constantius.

Salzburg (Erzb.). Maria. — Chrysanthus. — Daria. — Johannes Bapt. — Martinus. — Michael. — Radegonde. — Rupertus. — Vincenz. — Virgilius. — Vitalis.

Saragossa (St.). Isidor. — Maximus von Nola. — Paul Ap. — Theodor v. Her. — Vincenz Mart.

Sardinien (Königr.). Mauritius.

Savello (St.). Petrus.

Savona (St.). Maria. — Johannes Bapt.

Savoyen (Herzgth.). Maria. — Amadeus. — Carolus Bor. — Johannes. Bapt. — Mauritius. — Theodorus.

Schlesien. Adalbert. — Hedwig. — Johannes Bapt. — Petrus.

Schleswig (Herzogth.). Andreas.

Schlick (Grafsch.). Anna. — Joachim.

Schottland (Königr.). Andreas.

Schwaben. Conrad von Constanz.

Schwarzburg (Grafsch.). Andreas. — Martin.

Schweidnitz (St.). Petrus. — Wenceslaus.

Schweden (Königr.). Brigitta. — Georg.

Schweiz Maria.

Schwyz (Canton). Martin.

S. Sebastiano (St.). Sebastian.

Sebenico (St.). Michael.

Seeland. Johannes Bapt.

Segovia (St.). Fructuosus.

Seligenstadt (Stift). Benedict. — Marcellin.

Serbien (Fürst.). Stephanus.

S. Severino (St.). Maria. — Petrus.

Sevilla (St.). Bibiana. — Isidor von Sevilla. — Leander. — Narciss.

Sicilien. Maria. — Albertus Siculus. — Andreas. — Andronicus. — Johannes Bapt. — Johannes Evangl. — Leo. — Petrus. — Petrus Coelest. — Rosalia. — Vitus.

Siebenbürgen (Grossfürst.). Maria. — Ladislaus.

Siena (St.). Maria. — Ansano. — Chrysanthus.

Sinigaglia (St.). Paulinus von Lucca.

Sitten (Bisth.). Carolus magn. — Catharina v. Alex.

Soissons (St.). Gervasius und Protasius. — Sebastianus.

Solferino. Petrus.

Solothurn (Canton). Ursus. — Victor.

Soriano. Euticius.

Sorrent (St.) Antonius.

Spanien (Kgr.). Andreas. — Jacobus maj. — Lucas. — Michael.

Speyer (Bisth.). Maria. — Martin. — Maximilian. — Philippus. — Stephanus.

Spoleto (Herzg.). Maria. — Johannes Evang. — Petrus. — Pontianus.

Stade (St.). Petrus. — Willehad.

Stettin (St.). Maria.

Steyermark (Herzgth.). Ladislaus. — Leopold.

Strassburg (St.). Maria. — Arbogastús. — Ottilia.

Stuttgart (St.). Christus.

Tarragona (St.). Fructuosus. — Thecla.

Terni (St.). Maria.

Thorn. Maria. — Michael.

Thüringen (Landgraf). Bonifaz. — Elisabeth.

Toledo (St.). Delphinus. — Fulgentius. — Honoratus. — Ildefons. — Julianus. — Justus und Pastor. — Leocadia. — Lucia. — Raymund von Pennafort. — Victor. — Vitalis.

Tongern (Abtei). Servatius.

Tortosa. Marciana.

Toul (Bisth.) Deodatus. — Petrus. .

Toulon (St.). Honoratus.

Toulouse (Grafsch.). Egidius. — Germanus v. A. — Stephan.

Tours (St.). Martinus.

Trebnitz (St.). Hedwig.

Treviso (St.). Marcus. — Michael.

Trier (Erzb.). Maria. — Eucharius. — Helena. — Johannes Bapt. — Justus. — Maternus. — Matthias. — Maximin. — Petrus.

Triest (St.). Justus.

Trivultio (Grafsch.). Maria. — Georg.

Troyes. Lupus v. Sens. — Petrus.

Ueberlingen (St.). Georgius.

Ulm (St.). Georg.

Ungarn (Kgr.). Maria. — Johannes Bapt. — Ladislaus. — Ludwig. — Michael.

Unterwalden (Canton). Martinus. — Nicolaus van der Flue.

Upsala (St.). Heinrich von Upsala.

Urbino (Herzgth.). Maria. — Crescentius. — Franciscus Ass. — Georgius. — Hieronymus. — Michael. — Thomas.

Uri (Canton). Martinus.

Utrecht (St.). Bonifaz. — David von Wallis. — Johannes Bapt. — Kilian. — Martin. — Paulus.

Valence (Bisth.). Apollinaris. — Felix. — Fortunatus. — Joh. Bapt.

Valencia (St.). Desiderius. — Maurus. — Urban. — Vincenz.

Valladolid (St.). Paulus Ap.

Velsen (Holland). Engelmund.

Vence. Eusebius v. Rom.

Venedig (St.). Maria. — Justina. — Marcus. — Theodor v. Heraclea.

Verdun (Bisth.) Maria. — Joseph. — Petrus. — Stephanus.

Vermandois (Grafsch.). Quintinus.

Verona (St.). Firmus. — Zeno.

Vicenza (St.). Maria. — Donatus. — Felix und Fortunat.

Vienne. Johannes Bapt. — Martin. — Mauritius. ·

Vigevano (St.). Georg.

Viterbo (St.). Maria. — Laurentius. — Petrus.

Volterra (St.). Justus.

Wallis. Theodulus.

Warendorf (St.). Laurentius.

Werden. Maria. — Ludger. — Martin. — Stephan.

Werth. Mauritius.

Wesel (St.). Johannes Bapt.

Westervoort. Werenfried.

Westphalen (Herzgth.). Josephus. — Petrus.

Wien (St.). Leopold

Wismar (St.). Laurentius.

Worms (Bisth.). Maria. — Burkhard. — Petrus. — Servatius.

Würtemberg (Herzogth.). — Christophorus. — Kilian. — Ulricus.

Würzburg (St.). Maria. — Burkhard. — Christophorus. — Kilian.

York (Erzb.). Petrus.

Ypern (St.). Martinus.

Zamora. Columba. — Ildefons. — Paternus.

Zante (Insel). Marcus.

Zürich (Canton). Carolus Magn. — Exuperantius. — Felix. — Hildegard.

Zug (Canton). Michael. — Oswald. — Wolfgang.

Zwoll (St.). Michael.

Druck von Hunderstund & Pries in Leipzig.